线式战术时代的战争艺术

指文烽火工作室 著

吉林文史出版社
JILINWENSHICHUBANSHE

图书在版编目（CIP）数据

战场决胜者：线式战术时代的战争艺术 / 指文烽火
工作室著. —— 长春：吉林文史出版社，2018.10
ISBN 978-7-5472-5607-7

Ⅰ.①战… Ⅱ.①指… Ⅲ.①战争史 – 史料 – 世界
Ⅳ.①E19

中国版本图书馆CIP数据核字(2018)第248342号

ZHANCHANG JUESHENGZHE：XIANSHI ZHANSHU SHIDAI DE ZHANZHENG YISHU

战场决胜者：线式战术时代的战争艺术

著 / 指文烽火工作室
责任编辑 / 吴枫　执行编辑 / 冉智超
装帧设计 / 周杰
策划制作 / 指文图书　出版发行 / 吉林文史出版社
地址 / 长春市人民大街 4646 号　邮编 / 130021
电话 / 0431-86037503　传真 / 0431-86037589
印刷 / 重庆长虹印务有限公司
版次 / 2019 年 1 月第 1 版 2019 年 1 月第 1 次印刷
开本 / 787mm × 1092mm　1/16
印张 / 23.5　字数 / 380 千
书号 / ISBN 978-7-5472-5607-7
定价 / 139.80 元

目录
CONTENTS

第一篇

强盛的根基

命运不会把一支大军送到你的手上，你必须创造、组织和激励这样一支军队。

——温斯顿·丘吉尔

18 世纪中叶，普鲁士王国的腓特烈大帝在战争领域和军队建设方面均取得了极大成就。他对线式战术所做的改革是同时代无人可与之相比的。正是因为他的成功，普鲁士军队才赢得了远超其实力的军事成就。也是凭借着腓特烈大帝一手打造的军队与胜利，普鲁士王国在欧洲事务中拥有了显赫的地位。

拿破仑战争中的半岛战争，被认为是 1715 年到 1814 年的一百年里所发生的第三次民族解放战争。这场战争说明了，当面对着领土的被征服，并不是所有人民都会无动于衷。虽然当时在战场的军官们仍然把作战指挥视为一种充满荣誉性的单纯事业，但影响战争胜负的关键因素往往已经不是在战斗的第一线了。

作者 /
周执中

时代与国王

两个腓特烈引导下的普鲁士崛起

恺撒渡过了卢比孔河并夺取了罗马，但他真的是凭一己之力办到的吗？

——贝托尔特·布莱希特

崛起于线式战术时代的普鲁士王国，在很多人的心目中是欧洲近代军国主义的象征。王国的前身勃兰登堡－普鲁士公国可以追溯到条顿骑士团，那些戴着羽饰头盔，和斯拉夫人浴血奋战的十字军战士似乎更加强了其尚武的属性。但当王国兴起的时候，那些十字军骑士已经成了旧时代的遗物。普鲁士王国的真正建立者是日耳曼殖民者，他们于易北河与奥得河之间那片冰雪覆盖的低地平原上缓慢地迁徙与征服。

而王国的统治者霍亨索伦家族，根据记载，其先祖曾在德意志地区西南部的斯瓦比亚山有过强征路费的强盗行为。"索伦（Zollern）"这个词在德语中正是"通行费"的意思。这也似乎解释了这个家族对武力的热衷与追求。

渊源：选帝侯与国王

在 15 世纪早期，一个霍亨索伦家族的成员，名为"腓特烈"（霍亨索伦家族最常见的名字之一）的贵族，资助了当时正在竞选神圣罗马帝国皇帝的勃兰登堡选帝侯西吉斯蒙德。对于当时正为资金发愁的选帝侯来说，这笔资助简直是雪中送炭。事实也证明腓特烈没有看错人，后来成为皇帝的西吉斯蒙德将自己原来的"勃兰登堡选帝侯"的位子送给了他。于是原居住于德意志地区西南部的这个家族搬到了不太友好的东北部地区——勃兰登堡选侯国。这是一个充满了松木、沼泽和沙地的枯燥平原。

新入主的霍亨索伦家族镇压了当地的贵族势力，并一点点地扩张着自己的领土。在 1618 年时，选帝侯很幸运地得到了一笔"横财"——东普鲁士。但是这个省份与勃兰登堡本土之间横亘着西普鲁士地区，并由波兰占有。

此外，霍亨索伦家族也试图控制莱茵河下游的区域。在 1666 年，勃兰登堡选帝侯被确认为马克、克利夫斯和拉文堡三个地区的合法拥有者。自此，勃兰登堡－普鲁士公国由互不衔接、难以统辖的三个部分组成：核心区域的勃兰登堡、波罗的海沿岸的东普鲁士以及位于西德意志的威斯特伐利亚地区。

当时，"神圣罗马帝国"是对一片混乱且相对独立的公国与城市的统称。这个国家名义上以奥地利的哈布斯堡王室为尊，实际上是封建地主各自为政。霍亨索伦家族所辖的土地，在经济和文明程度上都远比其他德意志地区落后，并且很难受到外界势力的影响。在古罗马帝国时代，其政令就只达奥得河；"太阳王"路易十四时代，先进的法国文化也没对勃兰登堡的臣民造成多大影响。当地居民是日耳曼殖民者与斯拉夫部落的混合，还有贵族和地主之外的波兰原住民。普鲁士人中，名字以"斯克（ske）"和"施克（schke）"结尾的，一般都能追溯出波兰人的血统。当时人记载："纵使这些人在外观和行为上都已经彻底地日耳曼化了，观察入微者还是能发现他们那与众不同的粗俗与傲慢，这是根植于他们浮华无礼的天性上的。"

当西德意志的贵族开始成为律师、行政官员和商人时，普鲁士的容克地主依然以务农为业。他们鼓励农民付出更大的努力去开拓那些贫瘠与多沙的土地。这是一个天生就适合做军官的阶层，他们靠拳头、话语和棍棒进行统治，并十分了解他们的权威系于对血缘的团结与规矩的遵守。一个 18 世纪的奥地利军官曾写道："我十分尊敬这个贫穷国家的贵族们。正是这个阶层让普鲁士军队变得如此优秀。"

上图: 大选帝侯腓特烈·威廉,勃兰登堡 – 普鲁士的中兴者

上图: 勃兰登堡附近哈肯堡的费尔贝林战役纪念碑

17世纪,路德的宗教改革在德意志地区导致分裂,并引发了三十年战争。勃兰登堡 – 普鲁士公国当时的统治者是大选帝侯腓特烈·威廉,他十分厌恶普鲁士因几乎毫无反抗能力而在战争期间任由瑞典军队在领土上自由进出。腓特烈·威廉确信,一支强大的武装军队是御敌于国门之外,不受轻侮的基础。从那时起,他就有了一种雄心,要建立欧洲大陆上名列前茅的军事力量。

不过,建立一支强大军队的代价是巨大的。因为勃兰登堡 – 普鲁士公国并不像法国或奥地利那样富有,所以腓特烈·威廉必须把整个国家的力量与人民的价值观都引导到军事上。当时他取缔了贵族议会,重建了财政,还进行了土地再开发。通过这些措施,他建立了一支总数一万八千人,小而精锐的陆军。在费尔贝林战役中,这支军队击败了不可一世的瑞典军队,并使腓特烈·威廉得到了"大选帝侯"的尊称。

不过,重视军事,并不等于普鲁士人过着"简单朴素的斯巴达生活"。大选帝侯——普鲁士公爵腓特烈一世就是个爱好浮华与富丽堂皇的人,但是他确实有一些重大的成就。他首先说服了神圣罗马帝国皇帝利奥波德一世封他为普鲁士王国的第一任国王。除此之外,在西班牙王位继承战争中,他还鼓励安哈尔特 – 德绍的利奥波德亲王率领普鲁士军队参战,加入英军名将马尔伯勒公爵(原名约翰·丘吉尔,英国首相温斯顿·丘吉尔就是他的后代)一方,使普鲁士军队和军官都获得了战场经验。腓特烈一世死后留下了一支四万人的强悍军队。

继承：国家与军队

　　似乎是有意与其父亲作对一样，腓特烈一世的继承者腓特烈·威廉（同样叫作腓特烈一世）反对奢华与享乐。他看重普鲁士人性格中的率直、勤奋和朴素，并着重培养他们。他还鄙视一切华而不实的文学作品，认为军事条令是唯一值得学习的东西。为此，他把波茨坦和柏林的王室公园改造成了阅兵场。在腓特烈一世的寝宫，每天都能听到部队的出操声，偶尔还能听见火炮发射的巨响。

　　可以说，腓特烈·威廉是普鲁士近代军国主义的奠基者。他对普鲁士军队建设所发挥的作用比他著名的儿子腓特烈二世（即腓特烈大帝）还要大。1732 年，腓特烈·威廉建立城区征兵制度———一种让农民每年参加两三个月军事训练，作为后备力量的制度——保证了国内的士兵来源。除此之外，腓特烈·威廉还把父亲留下来的四万人军队扩充到了八万三千人。这是当时欧洲第四大的军队，而普鲁士王国两百二十五万的人口在欧洲只排第十三位。腓特烈·威廉为了在有限的人口基础上建立一支庞大军队而又不妨碍国内正常生产，开始大量招收国外雇佣军部队（当时欧洲各国都流行招收外国雇佣军，腓特烈·威廉是试图将其设为常备军的先行者之一）。此后，这种制度几乎成了普鲁士王国的惯例。

　　腓特烈·威廉还创建了普鲁士第一支骠骑兵部队，建立了普鲁士的军备产业，并且计划重新列装普鲁士士兵的燧发枪与佩剑。利格制造商弗朗索瓦·赫努尔帮助腓特烈·威廉完成了武器换代。此后，整个 18 世纪，普鲁士军队的装备几乎都没有再变更过。1718 年，普军还引进了一种新的铁制推弹杆。这种推弹杆比欧洲其他国家使用的木制推弹

上图： "军人国王"腓特烈·威廉和他的家庭

杆更加高效快速，极大地提高了普鲁士燧发枪的射速。此后，射速也成了普鲁士军队的主要追求目标之一。

　　腓特烈·威廉时代，一个更具有象征意义的举措是军队服饰的更换。腓特烈·威廉决定抛弃法国式军服（当时欧洲的潮流）花哨的外表与花纹，改用能令人感到严肃与冷静的靛蓝色（著名的普鲁士蓝）军服以代表庄重。当时路德派是普鲁士宗教的主流，而这种军服正能体现路德派的虔信精神以及对忠诚守信、勤奋工作的赞赏。

　　也是从那时候起，普鲁士人开始展现出被后世人所认识的那种严谨特性。1760 年，突袭勃兰登堡的奥地利将军拉西曾把柏林的房屋描述为"耸立在大地上的整齐的步兵连"。这意味着，普鲁士也渐渐给了人们"干净整洁"的印象。

　　1721 年，腓特烈·威廉击败瑞典，夺取了包括什切青（北海的重要出口港）在内

的西波美拉尼亚地区。这在战略上是个极大的成功，因为通过这个地区，东普鲁士与核心领土勃兰登堡被连成了一片。

虽然腓特烈·威廉做出了种种令人惊叹的成就，并显著提升了普鲁士王国的国力，但是外国观察家（尤其是神圣罗马帝国的仲裁者奥地利）却似乎并不认为他是个威胁："这个人是如此坦诚与尽忠职守，因此他不会把军队用于神圣罗马帝国的福祉之外。"

在1734年，腓特烈·威廉派遣了一支先遣军帮助奥地利军队在莱茵河上抵抗法国人。这支部队归萨伏伊的欧根亲王（"一个令人尊敬的旧时代的遗迹"）指挥。普鲁士军队得到了欧根亲王发自内心的赞赏："普鲁士军队是德意志人里面最优秀的。其他的都是绣花枕头。"

虽然腓特烈·威廉是个出色的君主，但是历史学家关注的却往往是他残酷暴戾与性格乖张的一面。这主要是由于他对家人出奇刻薄，尤其是对王位继承人腓特烈王子——也就是后来的腓特烈二世（虽然当时腓特烈王子还没有成为国王，但为了方便区分，之后统称为腓特烈二世）——格外刻薄。

腓特烈二世，生于1712年，幼年时受到他人"敏感、睿智、身材优美"的评价。少年时，他受母亲汉诺威的索菲·多萝西亚和姐姐维尔赫迈恩的影响，对文学和法国文化感兴趣，而这些东西正是其父亲腓特烈·威廉所痛恨的。腓特烈二世还厌恶数学和地理，即使这些后来成了军事科学的基础。因此腓特烈二世也就遭到了父亲无尽的痛骂与羞辱。即使有外国宾客在场，老国王也毫不给王子情面。腓特烈二世对音乐的爱好（他能拉小提琴、弹大键琴，最擅长的乐器是长笛）也属于腓特烈·威廉奚落的对象。甚至有一次，

腓特烈·威廉忽然冲进王子的房间，把后者珍爱的书籍和乐器全部付之一炬。

因为恶劣的家庭关系，1730年，腓特烈二世做了一次尝试，试图穿过西德意志逃往法国。两个年轻的军官与他同行。但这次出走很快就被发觉，腓特烈·威廉对儿子的叛逆举动火冒三丈，将其列为逃兵，交给法庭审处。

在普鲁士，逃兵要被判处死刑。当时外国观察家都屏住了呼吸，想看看腓特烈·威廉是否真的会狠下心来杀死自己的血亲与继承者。普鲁士的法庭也感到很为难，最后只得宣布无力判决这个案件。于是，王子被转移到昆斯特林的一座城堡里监禁，而和其一同出逃的军官少尉冯·卡特，则在王子房间窗户下的广场被斩首。

同年11月，腓特烈二世向其父亲表示无条件效忠，总算走出了监禁并开始参加一些地方行政工作。从这个时候起，腓特烈二世学会了将公私事务分开处理，不让公务受到私人感情的影响。一段时间后，腓特烈二世因为要出席姐姐与拜罗伊特侯爵的婚礼，被允许重返柏林。腓特烈·威廉也开始考虑对儿子进行军事教育，他对儿子说："弗里茨（对名为"腓特烈"的普鲁士国王的通用昵称），记住我跟你说的这些话。永远要保持一支强大的军队，没有比军队更好的朋友。而且没有它，你也不能生存。我们的邻国处心积虑地想要毁灭我们，我已经察觉到了他们的企图，而总有一天你也会的。不要浪费时间在幻想上，而要实事求是。君主只有在这样的原则中才能获得和平与安定。"

实际上，腓特烈二世此前已经接受过一些军事教育，并且是由负有盛名的普鲁士将军负责的。腓特烈二世的老师之一就是前文提到过的安哈尔特－德绍的利奥波德亲王，绰号"老德绍"。早在西班牙王位继承战争中，老德绍

1739 年的普鲁士王储，
日后的腓特烈 二世

就曾在布伦海姆和卡萨诺战役里与萨伏伊的欧根亲王并肩作战。1712 年，他晋升元帅，并作为参谋长整训普鲁士军队，提倡将军事活动作为普鲁士人生活的重心，即使和平时期也是如此。他撰写的军事著作《以史为鉴》成为接下来一个世纪里普军的重要教材。除军事指导工作以外，老德绍还负责腓特烈二世的军事教育。

不过直到 18 世纪 30 年代，腓特烈二世的军事教育还是很薄弱，而且由于讨厌数学和地理等重要的军事学科，在后来的军旅生涯中，已经身为名将的腓特烈二世都不能画出一张正规的军事地图。总之，为了对腓特烈二世实行良好的军事教育，老德绍在 1715 年至 1720 年间将普鲁士与瑞典作战期间的军事命令整理成册，并以此为基础提出了十六条战略大纲。这份文件在 1738 年被呈献给腓特烈二世。

除了性格粗暴的典型士兵老德绍，腓特烈

二世还有一位重要的军事指导人，那就是风度翩翩、仪表堂堂的库尔特·克里斯托弗·冯·什未林。什未林出生在瑞典治下的西波美拉尼亚地区，在荷兰与瑞典军队中服过役。1720 年，他作为一名历经沙场的老将加入了普鲁士的军队。就个人品质来说，什未林尊崇法国文化，并且努力保持上流社会的作风。在 1741 年的战局中，什未林还写信给腓特烈二世道："我身边的葡萄酒已然告罄，现在只能悲惨地以啤酒度日。陛下，请给我送一桶莱茵河上的葡萄酒过来。您并无缺乏美酒之虞，所以想必不知道没有它时的苦楚。只要有一桶葡萄酒，我就能与我英勇的战士们畅饮干杯。"

每天早上骑上战马之前，什未林都会独自在房间里祷告。他的勇气和力量几乎与老德绍不相上下。他还在腓特烈二世的第一场战役中发挥了力挽狂澜的作用。曾有人统计发现，什未林所带领的部队是七年战争里普军中保存最完好的一支，远比按老德绍的方法训练出来的部队情况要好。此外，什未林与部队待在一起的时间比任何人（包括腓特烈二世）都要长。在敌人的领土上，他的部队也总被赞赏军纪严明、秋毫无犯，而这并不是普鲁士军队的通常作风。

1731 年 11 月 27 日，由老德绍领头的军官团觐见了腓特烈·威廉国王，恳请恢复王太子在军队里面的职务（当时他依然是逃兵身份）。腓特烈·威廉恢复了他儿子军官的身份，还让他去指挥戈茨的步兵团。这是腓特烈二世的第一个实际指挥事务。

正像当时普军普通的步兵团一样，戈茨步兵团由两个连组成，有七百人，驻扎在柏林西北四十英里处的新鲁平和瑙恩。在这里，腓特烈二世获得了短暂的平静。除了日复一日的出操训练外，他终于可以把空闲时间花在诗歌和音乐上。他还经常去不远的费尔贝林战场观摩，并听那些参加过战役的老兵讲述当年的情况。一种军事荣誉心慢慢地在腓特烈二世的心中觉醒了。

每年4月，步兵团上校都要把他们训练的步兵带到柏林，让国王检阅并接受审查。当时腓特烈二世初步彰显了他优秀的能力，他训练的戈茨步兵团总是得到老国王的赞赏。因此腓特烈二世在1735年被拔擢为少将衔。因为腓特烈二世在军事表现上的改善（倒不如说是心意的转变），父子俩的关系也在慢慢恢复。

说一下题外话，腓特烈·威廉还有一个怪癖是偏爱高个子士兵。他建立了一个三千人的"巨人掷弹兵团"，根据一些记载，这些人里面最矮的也有6英尺（将近1.83米）高，还有一些竟然能达到8英尺（约2.43米）的高度。不过这些高个子的来路并不光明正大。他们许多都是从德意志各地以拐卖和强抢的方式带来的，有时还会引起外交纠纷。这类搜集士兵的活动王太子有时也参加。腓特烈二世继位后，"巨人掷弹兵团"解散，只留下一个营纪念前国王。

对高个子士兵的喜爱是历史学家关于腓特烈一世国王最津津乐道的话题之一。因为这似乎从侧面反映了腓特烈·威廉乖张暴戾的性格，也能验证他对家人和侍从的刻薄。但鲜为人知的是，腓特烈·威廉亲自写作，在其死后才发表的《政治遗嘱》里有这样一段话："我的一生小心翼翼，以不让奥地利皇室对普鲁士的力量产生嫉恨。因此，我拼命追求实际上完全不感兴趣的两样东西：金钱与巨人士兵。只有在这样伪装的怪癖下，我才能聚集大量的财富与一支强大的军队，而不被奥地利所注意。现在这些遗产由我的继承人任意使用，而他不再需要我使用过的面具。"老国王的良苦用心可见一斑。

崛起：名将与战场

腓特烈二世在戈茨步兵团学习了一定的军事理论与指导经验，而更深入的军事实践已经在前面等着他了。

1734年对腓特烈二世来说是一个特殊的年份。在这一年，他结识了旧时代中最伟大的将军——欧根亲王，并得到了他第一个实际参与战争事务的机会。这个机会就是波兰王位继承战争。一开始，这场战争只是波兰王位候选人之间为争夺王位而进行的战争，后来却扩大到了莱茵河边，导致法国与神圣罗马帝国（以奥地利为领导，远算不上一个统一的帝国）发生武装冲突。神圣罗马帝国这一方的军事指挥官正是萨伏伊的欧根亲王。

为了支持这场冲突中的奥地利一方，腓特烈·威廉派出了一支万人军队，包括5个步兵团与3个龙骑兵团。这支军队在4月份离开柏林，而腓特烈二世与他的军官团6月份在莱茵河边加入了这支部队。

7月7日，腓特烈二世到达了维瑟河谷。在那里的指挥部，他与欧根亲王互相恭维了一番。他还与冯·格勒斯费尔德将军共进午餐，并兴致勃勃地听后者讲解加农炮运作的原理。敬酒时的碰杯声与法国炮兵的轰击声相和，让腓特烈二世感到很兴奋。

其实当腓特烈二世到达欧根亲王军中时，法国正以九万五千人的部队包围莱茵河边的要塞——菲利普斯堡。要塞周围崎岖的地形使法军不得不分成三部分，而靠近莱茵河德国沿岸的那部分法军大概有五万人。当时欧根亲王手上的兵力有七万四千，虽然总兵力稍弱，但占了局部优势。欧根亲王在打奥斯曼人时曾面临过更大的劣势，因此这次人们也寄望于他以少胜多的能力。

7月8日，腓特烈二世登上了瓦赫－豪塞尔，并观察了法军的阵势。之后，他返回普鲁士军队视察。中途他撞见了欧根亲王并且被邀共进晚餐，发现这位闻名遐迩的老将显得衰老而苍白无力，似乎勇武不如当年了。

7月9日是腓特烈二世此次远征中最活跃

的一天。他击退了一队进犯的法军士兵。然后在一次穿越森林的骑马侦察中，他成为法国炮兵的目标，从天而降的炮弹撕裂了他身边的林木，而他依然保持镇定。事后，他的勇气得到了欧根亲王的高度赞赏。晚上，欧根亲王和维滕堡公爵来到这位年轻英雄的营地，同他进行了一次长谈。准备离开时，腓特烈二世给了公爵一个友好的亲吻。欧根亲王立马转过头说道：

上图：*萨伏伊的欧根亲王。1697年，他在森塔战役中击败了御驾亲征的奥斯曼苏丹穆斯塔法二世的十万大军；九年战争中，他与马尔伯勒公爵协作指挥布伦海姆战役，重创法军；之后，他在意大利歼灭法国军队，极大地扩充了奥地利的势力*

"好吧，看来殿下是嫌弃我这苍老和布满皱褶的面颊了。""噢，怎么会呢！"腓特烈二世答道，随即给了老亲王几下大声地亲吻。

腓特烈一世在 7 月 13 日到达欧根亲王的营地，两人随即会面。在谈了许多问题之后，腓特烈·威廉话锋一转，谈到了一个关键的地方：就这段时间的表现来看，王太子能不能成为一名出色的士兵？欧根亲王让腓特烈·威廉完全不必担心这点。亲王表示，腓特烈二世不仅仅会是一个优秀的士兵，更会是一名伟大的将军。

但是在战局中，欧根亲王的伟大似乎已经消失了。对于法军对要塞的重重围困，欧根亲王并没有施行任何有效的解围措施，甚至连基本的妨碍工作都没有开展。7 月 18 日，腓特烈二世从维瑟河谷望见了要塞向法军投降的整个过程。四天后，欧根亲王焚烧了无法转移的辎重并拔营向内卡缓慢撤退。8 月 2 日，腓特烈二世见识到了糟糕的参谋工作是如何让一支七个纵队的大军减员成四个纵队的。

此后，奥地利和普鲁士的联军在内卡山谷的海德堡扎营。法军并未试图威胁这个新营地，因为很明显奥军已经输了这场战争。腓特烈一世在 8 月 15 日离开了军队，而王太子腓特烈二世还要继续在军队里待一段时间。海德堡营地成了德意志各地王公贵族的聚集地，腓特烈二世毫不掩饰对他们的蔑视之情。唯一值得一提的是，他在这里结交了一个好友——奥地利的约瑟夫·文泽尔·冯·利希滕施泰因亲王。他比腓特烈二世大十六岁，两人属于忘年交。亲王作为一名热忱的艺术赞助者，帮助腓特烈二世建立了艺术收藏馆。同时他也是奥地利炮兵的改革者，后来在七年战争中对普鲁士步兵造成了毁灭性的打击。但让人感到惊奇的是，两个人的友谊保持了几乎一辈子。

因为法军明显占据优势，而且法国得悉俄国想要参战的意图，迅速与奥地利缔结了合约，波兰王位继承战争就这么不温不火地结束了。在这场战争中，欧根亲王的表现乏善可陈，当年在意大利的大胆进取的精神似乎完全消失了。但英雄识英雄，他对腓特烈二世的评价证明，在人生最后一段时间里，他还是保持了一名伟大将领所应具有的敏锐眼光。欧洲近代军事史上奇才涌现，风流人物总能独领风骚。在上一个世代，欧根亲王和马尔伯勒公爵被誉为最伟大的军事奇才，但如今他们也只是旧时代的遗物了。薪火相传，旧人逝去，新人引领世代，这场战争正是这样一个见证。

欧根亲王不光敏锐地预见了腓特烈二世作为将领的潜力，对普鲁士的看法也是入木三分。普鲁士军队的专业化给欧根亲王留下了极深的印象。他预感到，不久的将来，哈布斯堡王朝的北部边境上将会出现一个比奥斯曼和法国更可怕的敌人。

虽然在腓特烈二世等新人的活力面前，欧根亲王是显得过于衰老，但腓特烈二世对欧根亲王其人没有任何正面评价的说法也是错误的。腓特烈二世很久之后才认识到了欧根亲王对他的教益。1758 年，他写道："如果我对军事这行比较艰深的方面有一知半解的话，我把这归功于欧根亲王。从他那里我学到了一点，指挥官应该随时抓住大的目标（主要的、更重要的目标），并且把自己所拥有的全部资源投入到这一目标之中。"在那个时候，"大战略"这个术语尚不存在。腓特烈二世在这方面的意识来自于欧根亲王的遗产。

其实，在腓特烈·威廉死前，奥地利和普鲁士就有了关系恶化的倾向。奥地利对普鲁士在德意志各国中日益增强的影响力感到恐惧，因此在西日耳曼公爵领地的继承一事上对普鲁士百般阻挠和诘难。在莱茵河战役中，神圣罗马帝国皇帝查理六世十分不情愿地接受了普鲁士的援助，之后又在1735年私自与法国签订了合约。腓特烈·威廉明白，自己的儿子，日后的腓特烈大帝，会给自己主持公道。他为了普鲁士国力的增长，辛苦奋斗和隐忍了一生，就是为了能将他的继承者解放出来，不再像历代普鲁士君主那样对神圣罗马帝国谄媚奉承。

总之，腓特烈二世在军事行为上的改善，逐渐缩小了他和他父亲的裂隙。1740年5月28日，这对父子达成了和解。当时腓特烈·威廉已经病入膏肓，几天后便撒手人寰。"多么恶劣的一个人啊，"腓特烈二世在很久以后说道，"但他公正，明智，深知治国之道……正是通过他那不知疲倦的努力与工作……我才能达成我今天的成就。"

腓特烈·威廉是个糟糕的父亲，让自己的儿子度过了一个很糟糕的童年。与此相对，腓特烈·威廉却是一个精明能干的国王。他为普鲁士从地方强国一跃而成为欧洲五强之一打下了基础。当腓特烈二世放弃对兴趣的追求，站在国家统治者角度看事情时，他才终于明白了父亲的伟大。日后受到欧洲军事界顶礼膜拜的腓特烈大帝，将自己的成就归功于父亲，想必也是一种"英雄识英雄"吧。

时代：开明君主与有限战争

1740年，腓特烈二世戴上了皇冠，成了普鲁士的新王。从普鲁士的勃兴到腓特烈二世的逐渐成熟，都是霍亨索伦家族的纵向影响。

同时代人对腓特烈二世的横向影响，我们还没有谈到。其实任何人都是在家族的纵向影响和时代的横向影响下塑造成型的，只是对不同的人来说两种影响的大小有所不同，但是任何一种都不可以忽略。

腓特烈二世的那个时代，存在着政治和军事上的两个重要概念：开明专制和有限战争。

在历史学家给腓特烈二世贴的各种标签中，"开明专制"是很重要的一个。当时欧洲正值启蒙时代，人们开始思考政治结构与君主制度，传统的君权神授观念不再那么有说服力。是否是在理性之光的指导下为臣民们谋最大的福利，成了衡量一个国家统治阶级合理性的标准。总之，符合这一标准的国王便是"哲学王"。一个"哲学王"应该实行宗教宽容政策，改革教育与法制，实现行政合理化，提高人民的生活水平。大名鼎鼎的伏尔泰便是开明专制拥簇者中的先驱。伏尔泰相信"一千只老鼠的民主不如一头狮子的独裁"。腓特烈二世和伏尔泰曾结成一种比较亲近的私人关系，伏尔泰想让腓特烈二世成为理想的开明专制君主，而腓特烈二世则钦佩伏尔泰的学识。

腓特烈二世本人在一定程度上也确实符合开明君主的标准。整个欧洲都曾称赞他对懒惰和迷信者的痛恨。1736年，伏尔泰称赞腓特烈二世将成为难得的"哲学王"。鉴于伏尔泰当时在欧洲声望日隆，所以这个称赞对腓特烈二世来说可谓十分受用。1739年，腓特烈二世写下了他的第一篇论述君主责任制的文章——《对马基雅维利＜君主论＞一书的反驳》。在伏尔泰的帮助下，他修改了这篇文章，并在1740年发表为《反马基雅维利论》。

马基雅维利的《君主论》是现代政治学的开端。其最显著的观点是：君主若是为了国家的利益，完全不需要讲任何道义。而在《反马基雅维利论》中，腓特烈二世表达了另一种观点："世界上有两种君主，第一种是自己看到并掌管一切，第二种是把所有事务交给他们的大臣。"很明显他想要当第一种。关于君主的责任，腓特烈二世认为，首先是牢牢地抓紧军队，然后是通过工业、农业与教育的繁荣，实现国家实力的和平增长。人民拥有宗教自由，但不会出现宗教狂热。至于自私自利的士兵，则以铁一般的纪律进行约束。除此之外，为了臣民的利益，在三种情况下进行战争是适当的：第一，防御已经发生的敌国侵略；第二，维护君主的合法权力；第三，防范潜在的威胁。

有一种说法认为，腓特烈二世的开明专制思想对普鲁士的军事发展没有什么益处。但事实恰好相反，说它是最重要的一环也不为过。君主发起战争的三个正当理由里，第三条"防范潜在的威胁"，正是腓特烈二世在1740年突袭西里西亚和在1756年闪击萨克森的理论依据。再后来，为了国家利益不宣而战简直成了普鲁士、德意志帝国与纳粹德国的政治信条。在一战德国的步兵操典中，甚至有"不惜一切代价冲向敌人"的进攻性准则。腓特烈二世本人并没有预见到这点，但他的思想和行为

上图：弗朗西斯·史蒂芬。他是哈布斯堡–洛林王朝的第一位神圣罗马帝国皇帝，妻子是赫赫有名的玛利亚·特蕾莎

影响了之后两百年的德国军事。

不过这些都是后话了。在腓特烈二世那个时代，战争还没有两次世界大战那样惨烈。除了武器的原因外，"有限战争"的概念也发挥了重要作用。

在欧洲的历史中，有一种政治均势的情况。每当出现一个强大的大陆力量，其他国家就会联合起来反对它以维持大陆均势。没有哪场战争是以亡国灭种为目的的，战争导致的无非就是一些边界省份和偏远小国（如意大利和德意志数不清的公爵领地）的频繁易手。这也造成欧洲从未真正地得到统一。

七年战争的情况稍微有一点儿不同，因为腓特烈二世的敌人愿意以惊人的精力去参加战争。但即使如此，他们也从未想过要切断波兰走廊，而这是普鲁士的重要补给线（包括谷物、牲畜、马匹、人力的补给）。就连神圣罗马帝国皇帝弗朗西斯·史蒂芬都通过向普军贩卖补给品而赚得盆满钵满，要知道当时普鲁士可是他的敌人！1748年，弗朗西斯·史蒂芬曾请求英国舰队封锁热那亚，但又精神分裂般地以托斯卡纳大公爵的身份反对这个行动。

总之，腓特烈二世所处的时代依然是个

贵族观念横行的时代，全体国民同仇敌忾对付外敌的民族主义思想是被抑制的。法国文化和法语在欧洲处于至高无上的地位，这种状况被吉本称为"欧罗巴共和国"（有趣的是，1813年欧洲各国组成第六次反法联盟对抗法兰西第一帝国时，盟军间互相交流使用的仍是法语）。真正意义上的"骑士精神"就是从这种世界性的贵族文化中诞

上图：赫尔曼·莫里斯·萨克斯，出生于萨克森，为法国大元帅，曾在丰特努瓦战役中大败英奥荷联军。著有数本军事著作，颇有名气。他提出了具体的作战原则，但认为战争不能以科学原则来概括

生出来的（中世纪骑士的精神可一点不美好）。当时各国的统治者认为，他们与其他国家贵族之间的亲近度要高于与他们本国中贱民阶层的关系，皇室间的通婚则加强了这种意识。和平年代，一个专业军人可以不断更换自己侍奉的君主，而人们也不会指责他朝秦暮楚。就连国家间的敌对关系都只是一种局部和暂时的状态。后来两次世界大战中那种你死我活的争战，是当时的人无法想象的。

也就是这些贵族，帮助欧洲缔造了"有限战争"的状态。在一些国家，尤其是法国，贵族们宣称要通过出身高贵与否来决定是否减免税收。军队的特权垄断阶级也阻碍了那些有真才实学的平民的晋升。腓特烈二世则只从军队的现役步兵里提拔城市中产阶级，其他人不在

考虑范围之内。

同时，在18世纪，受教育的贵族阶层开始接受理智主义的熏陶。这种哲学积极地认为，人能够纯靠脑力对所有令人感到迷茫和困惑的现象做出合理的解释。在当时的文学和艺术中，处处可见此种由热情带来的傲慢。不过，虽然大部分物理世界已经被力学和化学原理所照亮，军事工程师也开始以科学计算来发展围城与堡垒的模式，当时的人们依然怀疑：是否整个战争本身就不太适合用理性来分析？（当时自然没有放之四海而皆准的战争学原理，就连今天也很难确定是否能把战争定性为一门科学。）

因此，著名的莫里斯·萨克斯元帅和其他一些人开始认为，战争是与拥有良好体系的科学原则相悖的。他在1752年写了一句话："一场战役是整个战争中最重要也最危险的行动……一名伟大将军的将道能在如下方面看出来：以明智和确实的策略来达成战役目标，其间不冒任何风险。"当时的人认为，一个优秀的指挥官能通过切断敌人的交通线或用轻步兵掠夺乡间资源（奥军尤其擅长这点）来抢占先手，或者诱敌深入，巧妙地调动敌人。但即使如此，萨克斯还是认为"战争是蒙着一层阴影

的科学，一切科学都有原则和规律，唯独战争是一无所有"。

总之，在18世纪，将军们总能找到相当多的理由和机会来避免一场战役。那时的军队是由几十个团组成的僵化团体，很难分散和灵活行动。把一支军队搬到战场上，是件相当折磨人的事情。从行军序列转换到战役序列就需要花费好几个小时的时间，这个空当敌人早就溜走了。因此在18世纪，一场会战（指双方真刀真枪拼杀过的）的正面意义要高于负面意义。一旦进入到武装冲突的阶段，双方就会通过炮击和近距离燧发枪齐射来互相屠戮。此种经历总是让军官感到悲痛不已，倒不是说他们对士兵有人文关怀，而是每个士兵死亡都代表着三年口粮和训练的浪费。

但是腓特烈二世在一定程度上打破了同时代人身上的这种禁锢。1740年，他二话不说就突袭并夺取了奥地利的西里西亚省，并相信奥地利无胆也无能来抵抗，他可以不受打扰地享受胜利的果实。但腓特烈二世严重低估了奥地利的恢复力，因此在1745年（第二次西里西亚战争），他不得不打了好几场危险的会战，并种下了日后七年战争的祸根。在那场战争中，他差点以彻底失败告终。

值得一提的是，腓特烈二世划时代地把寻求决定性会战当作他的军事原则。这是因为他的敌人大多拥有更强大的人力物力，战争时间一旦拖得太长，资源的劣势就会把普鲁士给压垮。在那个时代，没人像腓特烈二世那样要求部队快速行军，也没人像他那样把作战时间延长到冬季（此前按惯例欧洲冬季是不作战的）。在春季，他也比任何人都早地恢复了军事攻势。腓特烈二世在七年战争前期就几乎消耗完了他的雇佣兵部队（雇佣兵在普鲁士军队中占一半左右），因此他不得不依靠本国士兵以"爱国激情"来作战，这在18世纪可以说是破天荒的举动。不过，战争结束后，腓特烈二世做的第一件事就是重新在军队里面填充外国雇佣兵。另外，他对普通士兵几乎毫无怜悯可言。如果这些士兵是萨克森人或者俄国人就更惨了。这从1760年腓特烈二世对马格德堡的野蛮炮轰就能看出来。

总之，腓特烈二世看上去与他的背景和环境格格不入。一个青年时令人失望的王储变成了大选帝侯与腓特烈·威廉一世的优秀继承人。作为18世纪名人的代表，他十分接近理想的"开明专制"君主的定位，却不是一个"有限战争"的践行者。这可能是因为他的思想过于极端，也有可能是因为他统治着一个不怎么"欧洲化"的国家。

但是不管如何，其实腓特烈二世可以被视作欧洲近代君主和将军的缩影。他们在历代先辈的纵向影响和同时代的横向影响下，依托着近代欧洲各国的政治、经济、科技实力，最终创造出了一个"在鼓点和横笛声中，排着整齐横队，手上持着刺刀的燧发枪，直面炮火与死亡"的线式战术时代，并以此为基础，在两个多世纪里拥有了全球军事霸权。

作者 /
周执中

横队与士兵

简述 18 世纪的普鲁士军队

一切战术都基于迅速将部队列成纵队、在行进中展开成横队的科学。

——米歇尔·奈伊 《军事研究》

对于战史研究者来说，18 世纪是个不容忽视的时代，因为它在线式战术（也就是俗称的排队枪毙）时代中处于一个承前启后的阶段。如果说拿破仑战争是线式战术时代战争艺术的巅峰，那么 18 世纪最为重要的一场战争就可以说是直接启发了这个时期诸多通用的军事法则。

这场重要的战争，就是被温斯顿·丘吉尔称为"第一次世界大战"的七年战争。七年战争改写了欧洲的地缘政治，使人们注意到一个新兴强国——普鲁士的兴起，也让普鲁士军队成为欧洲舞台上的新兴强军。

普鲁士军队吸引人的地方在于，此前它默默无闻，人们对它的记忆还停留在三十年战争中任人宰割的模样，然而它却在七年战争中爆发出了极大的军事力量，仿佛从洪荒中忽然走了出来（虽然事实并非如此）。腓特烈大帝率领下的普军通过七年战争的一系列战役，取得了巨大的威望，以至于战后各国都致力于以其为模板训练自己的军队。

这支军队的成功与腓特烈本人的领导自然是分不开的。一方面，腓特烈是欧洲历史上为数不多的成功军事指挥官；另一方面，腓特烈善于军事改革，能将许多对军队来说本来不利的要素转化为其他国家无法匹敌的优点。

普鲁士的步兵向来被认为是其军事系统中的基石，是普鲁士在虎狼环绕和重重围困下依然得以生存的重要原因。虽然如此，奠定普鲁士步兵力量基础的并不是腓特烈大帝本人，而是他的父亲——腓特烈·威廉一世。对于这支继承而来的高度专业化的步兵军队，腓特烈评价为"一件美妙绝伦的乐器"。因为这支部队无论是纪律还是操练在欧洲都是数一数二的，在战场上总是能随指挥者的意向奏出美妙而精准的旋律。

相比之下，腓特烈继承而来的骑兵和炮兵就没有那么让人满意了。在西里西亚战争前期，普鲁士的骑兵在奥地利骁勇善战的匈牙利骑兵面前完全落在下风，导致普鲁士军队的粮食征发和情报收集都遇到了很大困难，让奥军处处抢了先机。当时的普鲁士骑兵只有在庆典表演和徒步状态时才可一看，战斗时士兵不能很好地驾驭马匹，指挥官也过于愚蠢而不知道如何下命令。而胸甲骑兵，腓特烈认为他们就是一群"骑在大象上的傻大个"，甚至在阅兵中都能摔下马来。既然没有祖辈的余荫，腓特烈只能自己想办法来提升骑兵部队。

至于炮兵，腓特烈一直把他们看作不符合普鲁士军队贵族精神的二流士兵。对炮兵的歧视在当时的欧洲是普遍的，尤其是法国人，他们认为炮兵"机械又呆板"，和那些贩夫走卒似乎没有什么不一样，毫无荣誉精神可言。虽说如此，腓特烈依然意识到了炮兵的重要性。在其初登王位之时，普军拥有下属六个炮兵连的一个炮兵营。1741 年，腓特烈开始建立第二个炮兵营，包括一个连的炮兵下士和五个加农炮连。炮兵下士被分配在其余五个连中，负责榴弹炮和臼炮的保养以及某些特殊作业。1758 年，一个炮兵连被扩充为三百人。1762 年，腓特烈进行了炮兵再组织，每两个团分配三个炮兵营。由此可见，炮兵在普鲁士军队里面的重要性一直在提高。

虽然腓特烈大帝没有从无到有地建立其高效率的步兵部队，但与步兵有关的一切制度都是在其统治时期臻于完美的。一开始十分贫弱的骑兵和炮兵部队也是在他的大力改革下成为劲旅的。因此，说腓特烈是普鲁士

军队重要的奠基人并不为过。接下来,笔者将对普鲁士军队的军官、士兵、步兵、骑兵、炮兵做出说明,分析他们在普鲁士军队里面扮演的角色,以及腓特烈大帝对他们的影响。虽然很多人对腓特烈大帝本人及其军队赞赏有加,但也要注意,任何组织与个人都有弱点与缺陷。这些缺陷有时能造成很大的战略失误,有时则在胜利光辉的掩盖下让人难以察觉。如何看待这些缺陷,就交给读者们自己去判断了。

普鲁士军官团

从普鲁士的军官团开始介绍普鲁士军队是理所当然的。这不仅是因为军官团在整个军事组织中的地位就好像大脑之于身体一样,更是因为普鲁士军官团的整体风格在欧洲军官团中独树一帜。

腓特烈大帝对军官团的要求十分苛刻。军官被要求从青年时就拥有扎实的军事专业知识、对艰苦环境与身心痛苦的适应力,还要能够接受可以预见的贫困晚年生活。与此相对,普鲁士军官则享有比其他军队军官更高的地位与荣誉。

腓特烈·威廉一世培养了普鲁士军官团的吃苦耐劳精神。其他国家的国王把自己包裹在锦缎、花边和丝绸中的时候,腓特烈·威廉与他的军官穿着相同的制服,甚至军队中军阶最低的军官都能声称自己穿着"国王的外套"。他的继承人,腓特烈大帝也注重加强国王与军

官的整体荣誉感。他以和对陆军元帅相同的态度接见普通的下级军官,并且不允许任何指挥官侮辱普通军官。曾有一位来自奥军的将领冯·雷本蒂施打破了这个原则,粗暴地对待他的僚属(在奥军中这很常见)。为此腓特烈在 1743 年 12 月 23 日专门致信道:"我必须申明,普鲁士军队从以前开始就存在,并且今后也会一直保持的惯例是,指挥官应该避免任何对军官的个人侮辱,或者有可能激怒对方的待人处事的做法……不管其他军队习惯如何,你这种行为与普鲁士军队的荣誉是相悖的。"

同时,为了维持军官团的贵族荣誉感,腓特烈规定军官不能与乡野村夫同行。军官应该寻找军阶更高的人做志同道合的同伴,从他们身上学习良好的作风和更高的追求。不过,即使坚信军官比平民地位高,腓特烈

和普鲁士军官身上也没有那种 19 世纪德国军官的傲慢,反倒实行了保护平民的政策。军官与平民起冲突时,腓特烈也会优先袒护平民:"军队里面任何人,上到指挥官,下到鼓手,都不应该欺压普通百姓。军官或士官犯此戒者将会立刻逮捕受罚,普通士兵则予以鞭刑。"

理论上来说,普鲁士军事阶层是一个紧密的贵族圈子。腓特烈赞赏贵族们的忠诚与勇敢,因此他认为自己负有阻止资产阶级兼并土地的责任(大部分贵族都是容克地主阶级,与新兴资产阶级相对)。防止资本主义的精神渗透也被认为是对普鲁士军事社会有益的。例如腓特烈写道:"如果普通人被允许拥有土地,那么他们会开展各种各样的行业,这对他们的品质是有害的,而绝不能成为一个好的军官。"而在骠骑兵、工程师与炮兵中,平民军官占了很大比重。

除了为塑造普鲁士军官团的贵族精神而苦下功夫外,国王看重的还有"成分"。腓特烈大帝曾经赞赏过他父亲将军官团中出身与地位不符的人清除出去的行为。他本人也在七年战争过后清除了军队中大部分中产阶级出身的军官。1786 年腓特烈大帝去世时,中产阶级出身的军官在总数 7000 人中只占十分之一。在高阶军官里面这个比例更加不均衡,大抵有 689 个贵族出身的高级军官,而中产阶级出身的只有 22 个。

虽然在普鲁士军队中,贵族出身是晋升的重要标准,但贵族品格与生活风格被看得更重要。因此军官不允许从事商业或其他有损身份的活动。虽然如此,投机行动是屡禁不绝的。骑兵团得到新补充的马匹时,骑兵军官经常会参与高盈利的非法马匹贩卖而赚得盆满钵满。在这些活动中近卫军指挥官沙

特尔上校是佼佼者，他的活动范围太大，甚至曾被波茨坦的犹太人状告不公平竞争。

虽说如此，"贵族中心主义"的政策并不是特别极端。将军中就有许多低出身的人。比如犹太人康斯坦丁·所罗门、符腾堡的中产阶级翁米、优秀的托拜厄斯·库姆佩尔（鼓手之子），至于外号"混球"的迈尔将军则根本不知道自己的父亲是谁。有时中产阶级出身的军官也能担任一些颇有名望的团的指挥官。如冯·罗迪希将军就是近卫掷弹兵营的首长，而他的父亲只是个普通的连长。又比如冯·施托尔彭将军，一个普通牧师的儿子，担任了第一步兵团的指挥官。

曾有好几十位普通军官在证明自己拥有腓特烈心目中的"贵族精神"之后，被腓特烈擢升为贵族。大卫·克劳埃尔就是一个典型的例子。作为布伦瑞克－贝文的一名50岁的燧发枪兵，他在1744年12月12日于布拉格第一个冲入了济卡贝格堡垒，因此英勇表现被提升为贵族，而可以自称"大卫·冯·克劳埃尔"。

在普鲁士，对"贵族"一词的定义比其他国家要宽松得多。像法国军队那样坚持"至少有四分之一贵族血统"的情况在普鲁士是不可能出现的。以法国标准仔细考究的话，普鲁士很多贵族都担不起贵族之名。实际上大多数德国新贵只要简单地在自己的名字之中插入一个"冯"字就行了。

对于腓特烈来说，真正重要的不是他的军官里到底有多少贵族血统，而是他自己是否拥有对"贵族"的权威定义权（指能拔擢平民到贵族的权力，以及塑造贵族整体精神的权力）。因此像18世纪70—80年代法国贵族害怕被新兴资产阶级取代而走上极端的情况并没有在普鲁士发生。事实上腓特烈本人更偏爱出身贫困的军官，因为"他们最尽忠职守和对岗位负责"。

因此，虽然他对普鲁士军官的要求是严格的，但也具备很好的包容性，同时具有军事指挥才能和贵族精神、德才兼备的军官能得到任用。因为经常保持军官团贵族精神的思想教育和"纯洁性"，军官团成了国王手中贯彻其军事思想的最有效工具。

18世纪的普鲁士军官团中，大概有三分之一是从柏林军官学校毕业的。柏林军官学校从1717年创立开始，到腓特烈·威廉一世统治时期结束，共接纳了1400名学生，其中有39名最终成为将军。二世统治时期则有2981名学生，最终41名成为将军。

军官学校接纳年满13岁的学生（在七年战争时期被调到了10岁），学生接受一定的军事教育之后，就被派到军官、士官或教授手底下工作，三年期满，就可以正式入伍了。军校设在腓特烈大街附近，从前是个斗兽场，内含学习室、宿舍和食堂，可以一次性容纳400名学生。

关于生源的问题，腓特烈·威廉一世的解决方法简单粗暴。他把年轻贵族子弟的名字全部列出来，在其中挑选一部分，然后用卫队护送强制其入学。军校的环境是粗糙而严苛的，但腓特烈·威廉试图说服心怀忧虑的家长这种成长环境对孩子更有利。

直到腓特烈大帝上位时，学校的情况才有了改善。他规定："教师不得再粗暴无礼地对待在校学生。他们必须作为贵族和未来军官的身份以正确的礼节相待，而不是像农奴那样。"同时他也把注意力放在了学校的教育上面，聘请有名的教授来军校授课。每年军校中表现最为优异的12名学生会被送往贵族学院进修。这个学院里到处都是达官显贵的子弟，生活奢侈且前途光明，学生日后能出任高级军官或外交官。

军校中的有能人士一般可以挑选自己喜欢的军团，但实际上这个过程就像"相亲"一样，学生必须用自己的进取心、能力或者人脉来影响军团上校（团指挥官），或者给其留下深刻印象，以此进入自己想要加入的团。挑选新晋军官一般选在冬营时期进行。如果是皇家青年侍从的话，那晋升就更快了，他们中的大部分都得到了理想的职位。

在这样一种关系中，裙带自然是少不了的。大多数团的指挥官都会通过私人关系招募军官。比如年仅15岁的克里斯蒂安·冯·普里特维茨，在没有任何心理准备的情况下，拿着母亲给他的睡衣睡袋和被子枕套加入了贝文团，而原因仅仅是他和指挥官的副官有远亲关系。但这种一般的容克地主子弟在被选中之后，往往会被编入普通的队列。

普里特维茨和他的弟弟一进去就被分配了武器："虽然我是兄弟中年长的那一个，但我的体格和力气都不如弟弟。训练是漫长又艰苦的，每次军官要我们举起燧发枪的时候，我的刺刀都会掉在地上。好在他并不会因此而责怪我。"

像普里特维茨这样的容克子弟，在接受一定训练之后就会被提升为自由下士。虽然自由下士连准尉的标准都够不上，但也是军中下级士官的重要储备资源，地位比普通士兵要高。每天都必须待在团里的自由下士对军队的训练内容必须十分熟练，并且负有扛军旗的特殊责任。这样的自由下士若在战时履行指挥责任，那也就是实际上的士官。七年战争后腓特烈大帝更强调了自由下士的重要性，一次军事会议上他提到应该把自由下士也纳入到军队的训练体制里面去，因为他们对士官责任和军队训练都十分了解。

自由下士之上，年轻的军人会晋升为准尉。准尉，顾名思义是不完全的军官，事实也的确如此。准尉要履行的义务很多，但作为军官所拥有的特权却很少。他们在要塞中没有免费营房，也不能像军官那样携带侍从。聊以自慰的是准尉不需要像其他人那样冲锋陷阵，当营连组成战线的时候，他们总是站在队列的最后一排。一个老兵针对这点发牢骚道："这些轻佻的准尉把阅兵当作舞会散步一样，只是漫不经心和无脑地跟着大队走。"

准尉再升上去就是正式的军官了。普里特维茨声称从准尉到尉官的转变是个不可思议的过程。他成为尉官的时候，得到了一件二手且布满弹孔的外套，获准穿马靴而不是原来准尉穿的长筒橡胶靴。虽然如此，他仍为自己新得到的独立小型防水帐篷和骑马与驮运特权感到欢欣雀跃。这似乎很能代表普鲁士年轻新晋军官的普遍情感，他们除了义务以外终于也拥有特权了。

正如自由下士需要为准尉扛旗一样，尉官也要协助连指挥官处理大多数日常琐碎事务，而薪水却很微薄。因为薪水很少，尉官必须依赖连里的奖金，奖金多少完全是看连长心情。一个步兵中尉每月能拿 13 泰勒 18 格罗申（泰勒和格罗申都是德国的货币单位），少尉和准尉都是 11 泰勒。所谓的"免费军装"是直接从第一个月的薪水里面扣除的，大概 3~4 泰勒。较差水平的伙食每月要花 4 泰勒。而新买一双靴子可能还要 6~7 泰勒的花费。

在数年过度工作和工资不足的情况下，熬下来的人就有可能成为上尉。上尉既是军阶也是受调遣的战术指挥官，在普鲁士军事系统中发挥了重要的作用。一个步兵上尉一年最多能拿到大约 3000 泰勒。骑兵中同样的军阶能拿到更多。上尉处在国家和连队下级、士官和普通士兵之间，作为一个中间人而存在。每年上尉都能拿到国家拨给的经费，这些经费包括士兵的薪水、行政管理杂项、武器和制服的维护费用以及鞋子衬衫袜子等的购买费用。

理论上上尉应该自己负责连队士兵的招募，尤其是驻屯国外的时候。但是一来二去他们发现负责募兵常常连自己的那份薪水都要花掉。所以在七年战争之后，普鲁士军队引入了一种范围更为广泛的军队整体式募兵系统，连队自主募兵的权力受到了限制。因为拥有处理大量资金的权力，同时也不用为募兵问题而烦

上图：身着古典盔甲的海因里希·德·拉·莫特·福柯，背景是格拉茨要塞

恼，普鲁士军队的上尉一职就体现出了相对其他国家同样军阶的优越性。

当然，仅靠普鲁士自己国家的贵族子弟，是不足以满足所有的军官需求的。因此自从大选帝侯和腓特烈·威廉一世欢迎在法国遭受宗教迫害的胡格诺派移民到普鲁士后，外国军官在普鲁士军队中也占了很大的比重。这些法国叛乱者的后代在军官团中的代表是中将豪彻默依和彭那瓦尔——两个人都是西班牙王位继承战争的老兵——以及腓特烈大帝的亲友，高级军官的领导者海因里希·德·拉·莫特·福柯。德意志各邦也是军官的重要来源之一，如来自梅克伦堡的什未林，萨克斯的考和戈尔茨，符腾堡的翁施、富尔和马斯巴赫。甚至奥地利也为普鲁士军官团的形成立下了汗马功劳，一个极具戏剧性的例子是普鲁士中校冯·格明根，在科林战役中他发现自己竟然在与当时身为奥地利中将的亲生父亲对阵沙场。

再算上奥斯曼和俄国军官，1740—1763年，外国军官占了普鲁士将领的六分之一左右（317个将领中有54个是外国人）。将领以下的中下级军官的外国人比例各团皆有不同，但总体来说是在逐渐增加的。七年战争后腓特烈清除军官中的"中产阶级成分"之后，发生了人手不足的情况，于是又引进了大量的外国军官。

由于连队由上尉自己负责，又有很多外国军官，普鲁士军队在很多方面都像旧时代的雇佣兵队伍。连属武器被看作是指挥官的私人存货，因此每个上尉走马上任的时候都会要求800泰勒的拨款作为武器购买资金。团属第二连一般直接从属于团级指挥官，而第一连也就是近卫连（普鲁士几乎每个团的第一连都是近卫连）则从属于将军。当然无论是第二连还是第一连都不是由名义上的上级直接打理的，日常运转都是交给军阶比较低的下级负责。这种连队，甚至是到营、团，都带有强烈的指挥官个人色彩，包括团的命名以及资金的控制，这不禁让人想起中世纪的雇佣军部队。1786年普鲁士春季阅兵的时候，一个法国军官就指挥官与部队的这种联系表达了他的惊讶："普鲁士的指挥官会手持一根军棍，徒步走在军队的前面。"腓特烈大帝本人则直接指挥近卫军的第一营，并且要求其每日报告以便了解详细情况。

上尉之后的军阶性质就有点不一样了，比如营级指挥官少校。当时的欧洲军事组织还没有引入师和军的概念（分别由之后的萨克斯元帅与拿破仑一世引进），因此团可以说就是军队中最重要的单位，普鲁士自然也不例外。而团由营组成，负责指挥营的少校自然是军队中十分重要的纽带。可以说少校担负的营长一职是欧洲战术系统中最基本的战术砖瓦。

普鲁士一个团由两个营组成，所以理论上一个团也就只需要两个少校。但记载表明一个团往往有两个以上的少校，这和腓特烈大帝的习惯也是分不开的。一方面足够的少校储备能够预防不测，另一方面这样也让腓特烈本人有足够的人手派出去担任分遣军的指挥。当时普鲁士没有军级这种独立作战能力很强的单位，因此分遣军成了常用的临时部队，担负独立与支线任务。

一个团的运作由参谋官实际操纵。参谋官一般是少校或中校，有时也可能是上校。如前文所说，团的实际运作者和持有人并不太一样，团名义上的指挥官一般都是将领级。团长的名字往往就是团名，但团长与团的联系不止如此，整个团的风格都会受到团长个人作风的强烈影响。安哈尔特-德绍的利奥波德亲王一开始计划用简单的数字来为团命名，如一二三四等等，称为"德绍总表"。但各团团长反对这种简单的数字指定，因此团名就变得个性化了。每个团的历史都十分鲜活，而团名的变更象征着团的历史的变更。

虽然团长并不参与日常琐碎事务的管理，但资金的统筹规划是团长的责任。除此之外腓特烈和他的副官不会越级指挥营级和连级单位，而是与团长沟通。每年1月1日，团长都会送给腓特烈一份团内军官的名单以及每个军官表现的详细报告。这种评价有时候是比较随便的，如腓特烈最有名的骑兵将领齐腾在他的报告里描述一个尉官"不喜欢喝酒，但醉起来就疯得厉害"，但这些报告确实是腓特烈选贤任能的关键参考文件。

校级军官再往上，就是光荣的将级单位了。普鲁士的将级单位分为：少将、中将、步兵上将与骑兵上将。再往上就是仅次于国王的陆军元帅。

少将一般负责指挥两到三个团组成的旅，或者掷弹兵营组成的联合部队（普鲁士军队各团的掷弹兵一般会集中在一起使用，虽然番号上是分散开来的）。少将对上面要听取命令，对下面要保证落实，所以是个辛苦的细活。另外少将还得负责军队的防卫工作，根据轮流替换的原则每天要有一位少将巡逻各个岗哨，收集情报然后做成报告送给国王。

与少将相比，中将可以以德语中的"阁下"称呼，这个特权显示了中将在地位上要大大优越于一般将领。战争中中将一般指挥两个旅即六个团，这是很大的军事力量，能在战争中发挥举足轻重的作用。中将之上就是指挥全部步兵或骑兵的步兵上将和骑兵上将。他们通常在战役中负责整个侧翼。

中将和上将基本上就是普鲁士军事系统的顶端了。腓特烈二世统治期间陆军元帅并不是一个特别重要的军阶，尤其是不被腓特烈本人重视，到他去世时普鲁士军队里面甚至一个陆军元帅都没有。造成这一现象的一个原因是经济问题，因为陆军元帅的年金有两万泰勒，这对国王来说是笔很大的开销。另一个原因是1740年战役开始的时候，腓特烈发现他的元帅们不太顶用。博尔克、罗德尔和卡特这三个元帅在战争中都表现平庸。只有服役了很久的老帅安哈尔特的利奥波德亲王和新晋元帅什未林能让腓特烈满意，而这两人也是普鲁士军中最有名的勇士。基思元帅和什未林元帅在西里西亚战争中和国王一起出战，表现十分优异（安哈尔特的利奥波德亲王负责另一翼的独立战役）。这些元帅去世后，腓特烈发现他自己的兄弟亨利亲王只满足于当一个陆军上将，并无想要当元帅的意思，因此干脆就不再任命元帅。因为这个原因，贝费尔恩、福开、塞德利茨和齐腾这些优秀的指挥官终其一生也没能当上陆军元帅。

普鲁士士兵

在详细讲述普鲁士军队的步、骑、炮系统之前，有必要概括一下普鲁士士兵的整体情况。

基本来说，普鲁士军队可以分为大陆军和雇佣军两个系统。大陆军指的是从普鲁士本土上募集的普鲁士人部队，这些人往往不是全职服役，而且人数也有所不足。不足的部分用外国人弥补，也就是雇佣军部队。虽说是雇佣军，它却并不是中世纪时那种由队长进行招募，然后向王国出卖服务，类似人力资源公司一样的体系。雇佣军部队从招募到训练都是由普鲁士军官一手负责的，能够完全融入普鲁士军的编制中。

普鲁士本土的兵源是由一种名为"市区招募系统"的募兵体系确保的。这个体系由腓特烈·威廉一世在1727—1735年间创立。他把每个团驻扎在其相应的要塞周围，然后要塞附近那一片地区的老百姓就变成了这个团的征兵对象。同一个地区是允许步兵、炮兵和骑兵部队同时驻扎的，因为三个兵种对新兵的体质和智力要求都不一样，所以能和谐共存。这是个以要塞为中心，由点及面的体系。

1740年腓特烈把这个体系应用于新兼并的西里西亚领土。通过大量的募兵，腓特烈在七年战争时从西里西亚得到了一万名士兵。

七年战争后市区招募系统臻于完美。每一个法律上有义务参加兵役的男丁出生后就被登记在册。这些男丁到了规定年龄，加入军队之后，马上宣誓表示明白自己的军事职责。此外，这些新兵会被告

上图： 勃兰登堡的安哈尔特－德绍步兵团

知，如果逃跑的话就没收他们双亲的财产。团属指挥官会仔细注意这些新人的年龄、身高和外表等情况，然后在春季阅兵前选择自己中意的士兵补充到团里。

根据人民的勇武程度，腓特烈大帝将自己的统治区域从高到低排名为：波美拉尼亚与勃兰登堡、马格德堡与哈伯斯塔特、下西里西亚（信路德宗）、上西里西亚（信天主教）、东普鲁士（其贵族极其狡猾）、普属威斯特伐利亚（但明登与黑尔福德的士兵很不错）、柏林。

位于波罗的海周边平原上的波美拉尼亚地区有着能当"世界上最好的士兵"的直率、可靠、勇敢的人民。腓特烈认为，有一支波美拉尼亚人组成的军队，他甚至能把恶魔给赶回地狱。

威斯特伐利亚则是另一个极端。其中的威塞尔地区所规定必须招募的三个团几乎都要由外国人充数，因为"这些省份的平民既软弱又优柔寡断，只能造成低能的士兵"，而贵族"整天沉溺酒色，毫无理智可言"。至于腓特烈自己的首都，他从不从这里的人里招募近卫军成员，因为"柏林人是他臣民里面最没用的一类人"。

从数字上来说，1751年，普鲁士军总数13.3万人，其中普鲁士人有5万；1768年，普鲁士军总数16万人，其中普鲁士人7万；1786年，普鲁士军总数19万人，其中普鲁士人8万。普鲁士本地人在军中一直占着较低的比例（保持在50%以下），这就尽量减少了普鲁士的人口负担，毕竟腓特烈死时这个国家也只有500万人口，绝对谈不上人力资源富余。免除兵役名单上市区与城镇的数量也一直在增多，如柏林、波茨坦、勃兰登堡的一些地区，克莱芙公国与默尔斯公国，

以及作为纺织业中心的西里西亚的许多地方（政治敏感地区）。除此之外，像商人、工匠、小土地所有者、炊事员等从事专门行业的人也不在腓特烈的兵役范围内。一方面这些人在拉动经济增长方面至关重要，另一方面腓特烈也认为他们绝对做不了优秀的士兵。

有兵役责任的普鲁士人也只需要在春季阅兵的几周和夏季训练时参加军训，其他几乎十个月时间都能回家与家人待在一起。如果是骑兵，甚至能把马带回他的农场。

总体来说普鲁士本土募兵体制运转得非常好。这些受训的士兵回家后往往在平常的工作上表现更为优异——"因为你知道高水平的纪律性和秩序在军队中往往是最重要的"。

法国观察家马奎斯·德·图朗温注意到市区招募系统的招募官只从最优秀的人之间挑选士兵。图朗温写道："普鲁士军队里面就算是最普通的燧发枪兵都能和我国军队中的精锐掷弹兵相提并论。"市区募兵的另一个好处是地域性。同一个团的人都是从同一个省份募集而来的，因而彼此知根知底。这样他们就能够互相谅解，在战役中产生一种同志精神。

市区招募系统的政治价值也同样重要，尤其是它帮助腓特烈消化了新兼并的西里西亚省。在西里西亚新建立的要塞附近，各种面包商、酒商与屠夫都聚集起来，拉动了当地经济的发展。而被招募到普鲁士军队中的西里西亚人，回到自己的故乡后往往能发挥领导性的作用，因为他们在军中受到了德语教育和基础教育，所以提高了西里西亚整体的文明程度。

最后，市区招募系统贯彻了普鲁士一贯的保持本土人力资源的原则。1743 年 6 月 1 日的《普鲁士步兵条例》规定："指挥官必须节约对于市区人力的使用，以使其兵力成为一种长期而能够确保的资源。"对这个命令的长期

执行终于在七年战争最危险的时期，普鲁士兵力枯竭的时候，拯救了这个国家。

除了本土募集来的大陆军以外，普鲁士军队里还有数量更多的外国人，负责在战争中承受第一波冲击。每个团都会派遣军官与士官到欧洲各地，尤其是德意志地区，想尽各种办法说服身高达标的人加入普鲁士军队。腓特烈·威廉一世出了名的"巨人掷弹兵团"几乎都是从欧洲各地招募过来的，有时还会引起外交纠纷。腓特烈二世还是王太子的时候也帮他父亲干过招募士兵的事情。

雇佣兵基本都是法国人和意大利人："不打仗时，这群人就把时间消磨在戏剧、跳舞和唱歌上面，偶尔谈谈美酒女人与战场奇遇。他们基本都是些心胸豁达的人，就是同伴拿的薪金比自己多，也不会有丝毫不满。但他们对大陆军与雇佣军之间的差别待遇感到不愉快，尤其是夏季训练结束后，大陆军能舒舒服服地回家。这些人大多是农民与劳工，生来粗鲁，加上莫名其妙的自尊心，让他们经常发出抗议不满的声音。"

大量招募"不可信赖的外国人"在经济上与军事上代价都是很高的。腓特烈大帝统治期间，在雇佣兵上共花费了 1840 万泰勒，并且必须派遣军官时刻监视他们，以防止他们逃跑。因此常规步兵无法作为灵活度很高的轻步兵（经常要在战线前数百米自由活动）以及征发队（在外国作战时负责收集粮食，也就是打草谷）使用。

刚入伍的外国人一般都能拿到一件普鲁士蓝外套、6 格罗申币（普鲁士步兵的薪金一般是每月 2 泰勒，分期支付，五天一次，含伙食费）和一些面包（普鲁士实行粮食配给制度，每隔一段时间会发放定量面包，费用从工资里扣除，战时免费），然后被领到军需官处，拿到鞋子、

马裤、袜子、帽子等种种必需品后，便要去见上校，举行入伍仪式。仪式在教堂里举行，每个新兵要抓住军旗的一角，倾听副官朗读冗长的战争条例和客套话文章，之后高举旗过头顶，然后解散。仪式之后，士兵的生命就不再属于他自己，而是属于腓特烈大帝了。

但这并不是说新兵就成了正式士兵。他们还要集训，达标之后才是可用之人。集训一般持续一年。这一年时间新兵会一直和老兵住在一起，老兵负责告诉新兵如何清理制服与装备，如何行军礼，教授新兵种种军中知识。每天早上在柏林公园都能看见各团的尉官在负责新兵的训练。如果新兵蛋子表现疏忽或者粗心大意，就要立马吃军官一杖击。训练完成，新兵拥有了专业的军事知识之后，就走出新兵营，正式加入连队。

值得一提的是，普通士兵最需要注意的就是普鲁士军队那著名的严苛纪律。"士兵们对指挥官的畏惧必须甚于他对敌人的畏惧。"这条简明的军事原则在腓特烈撰写的《骑兵指导》（1763）与《政治准则》（1768）中都有提到。这条原则最先是由斯巴达人提出的。腓特烈从最近的欧洲历史中得到教训，讲究士兵荣誉感与自尊自主的荷兰军队的衰败给腓特烈提了个醒：军纪才是维持一支军队战斗力的最重要的铁则。再没有比军官的剑和士官的军棍更能激发士兵向前的东西了。因此，腓特烈要求"士兵对军官的盲从，军官对指挥官的盲从，校官对将领的盲从，将领全体对国王一人的盲从"。

1749 年 6 月 21 日，腓特烈对各团发布了士兵触犯军纪的惩罚条例。用棍杖或者拳头打击在普鲁士军中已经司空见惯，属于军官与士兵间的日常交流。士兵马裤上有污渍、军服扣子没扣好、错误使用滑膛枪、转身过早或过迟等，都要招来惩罚。

上图：普鲁士执行夹道鞭刑

比普通体罚更严重的惩罚是监禁与入狱（腓特烈大帝本人年轻时就曾因为想逃跑而被监禁过），有些时候甚至要处以床架刑（用锁链拷在床架上）或木马刑。犯了盗窃罪的要在手上烙上"S"形印记然后赶出军队。逃兵有时会被割掉鼻子与耳朵。问题最严重的直接吊死和枪毙。1755 年，近卫军的一名普通士兵杀了一名士官后，得到的惩罚是从下肢开始用车轮碾压至死，以达到杀鸡儆猴的效果。

在所有惩罚手段中，普鲁士军官最喜欢的大概是夹道鞭刑。不仅因为它在严厉程度上对严重犯罪来说再适合不过，也因为它每次都能招来数百人围观。德·胡林将军描述道："很多人被活活打死。"

夹道鞭刑是针对醉酒或者闹事的士兵的，但实际上经常被用于惩罚抓回来的逃兵。

普鲁士步兵团

不过，严苛的军纪只是手段而不是目的。军纪严苛为的是让军队拥有较高的组织度。而腓特烈大帝时期普鲁士军队的最核心组织，就是步兵团。一个步兵团大致由 1700 人组成，其中包括 1400 名士兵、50 名军官、160 名士官、40 名乐手，十几名医药护理人员以及一个人事部门（包括书记、会计、救济品分发员、审计员和教务长等）。

一个团由两个相等力量的营组成。一个营有行政编制和战术编制两种编制。行政编制指的是和平时期方便管理时营的组织方法。一个营由 6 个连组成（5 个火枪连和 1 个掷弹兵连）。一个连中有一个上尉、一个中尉、一两个下尉、一个准尉和最多 16 个士官（后根据 1768 年法令增加到了 40 名）。在西里西亚战争与七年战争中，普鲁士一个步兵连一直保持 114 人的规模（38 人一行，共三行）。除此之外还有辅助兵。辅助兵有时包括以前在军中服役的老兵，他们被市区招募系统的招募官编到军队里面做后备人员。

再说营的战术编制。每个营在战时会分成4 个分营，每个分营有 2 个排，总计 8 个排。每个排每行 24 人左右（第六和第七排是每行 23 人）。由少校指定士官和军官到特定的排里面去，上尉指挥奇数排，中尉指挥偶数排。

另外，腓特烈大帝还倾向于把强力而具有攻击性的军事单位集中在一起使用。这种军事单位就是一个团里面固有的两个掷弹兵连。在

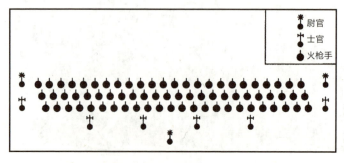

上图：普鲁士步兵的基本战术单位

上图: 普鲁士步兵第二团士兵

上图: 普鲁士掷弹兵

阅兵式或战争前，团里的两个掷弹兵连会被分离出来，与其他团的另外两个掷弹兵连合并，组成一个掷弹兵营，总计700名军官与士兵。与火枪兵营不一样，掷弹兵营的战术编制与行政编制是一致的，一个掷弹兵连就相当于一个分营，因此也就省了转化的麻烦。但这又造成了其他的问题。因为掷弹兵营是由团属单位中分离出来组成的，而当战场上掷弹兵营全军覆没时（时有发生，考虑到他们担任的重要突击任务也不足为奇），一个团的再集结就会出现问题。更不用说掷弹兵在战场上消耗得很快，很多时候要把好几个掷弹兵营的残余兵力集合在一起组成联合掷弹兵营继续作战。

虽然大多数人都有掷弹兵一米八以上的印象，但普鲁士的掷弹兵实际上身材较矮小。作为弥补，他们都是些"值得信赖且身体健硕的人"，"正值壮年，能长途行军"。普鲁士对掷弹兵的仪表也有特殊的要求：不能显得柔弱，要有威武的外观，黝黑的皮肤，

黑发配上浓密的胡须，不能显得太随和，要不苟言笑。掷弹兵的高帽十分与众不同。这种帽子是掷弹兵在17世纪时发展出来的黄铜前沿高帽——那个时候他们是真的需要丢炸弹，而帽子必须确保不被举起的双臂给弄掉（三角帽或二角帽显然不行）。另一个与众不同的地方是行军乐，掷弹兵的行军乐只有吹奏乐和鼓乐两种。鼓手会轮流敲击鼓面和鼓的木制边缘，奏出抑扬顿挫的音乐。

因为掷弹兵平常都隶属于各个团，在战时才组合起来，因此对腓特烈大帝来说，为掷弹兵营找到合适的指挥官总是一件很困难的事情。于是他决定创造第二种类型的掷弹兵——常设掷弹兵营。显然，这是独立于团而存在的常备掷弹兵营单位。第二次西里西亚战争期间，腓特烈大帝创造了两个这样的掷弹兵营，在战争结束后又创造了四个。常设掷弹兵营包括6个连，和平时期驻扎在要塞里。

掷弹兵毫无疑问是勇敢的战士，但他们

无论是在数量、训练还是社会特权上面都比不过近卫军。近卫军的核心是为数一千的近卫军第一步兵营，由腓特烈大帝在1740年以他父亲的近卫团为前身转化而来。在外观上，他们的显著特征是帽子上缀有白羽毛，外套前饰有黄金。虽然黄金能体现出其地位的尊贵，但花费还是太大了，所以两年后近卫军更换了新外套。旧的外套甚至可以卖到20泰勒一件。

近卫军拥有诸多特权，日常职务却很少，因此引起了其他士兵的敌视。但在阅兵中近卫军的表现确实是无与伦比的，动作整齐划一，每步之间都保持相同的间隔，给予了旁观者强烈的震撼。近卫军还有第二和第三营以及一个平时在第六步兵团训练的近卫军掷弹兵营，这

是在1740年为了纪念腓特烈·威廉一世的老掷弹兵而创立的（服饰与武器保持不变）。

另外，普鲁士军队里还有相当于轻步兵的燧发枪团。不过虽然是轻步兵，燧发枪兵也要像其他线列步兵一样靠大队排枪来增强杀伤威力。燧发枪兵一般都是从新吞并的领土里面招募而来的。根据腓特烈大帝的看法，这些地方的人无论是忠诚心还是身材都不如波美拉尼亚与勃兰登堡人。除此之外，腓特烈大帝还从他父亲那里继承来了4个很好的燧发枪团，但他马上把他们转化成了线列步兵。考虑到燧发枪兵较矮小的身材，腓特烈给他们配发了比较短的火枪以及缩小版的掷弹兵黄铜前沿帽，这些帽子让他们在战役中显得威武可怖。

除了燧发枪兵，普鲁士军队里还有一支真

上图：近卫掷弹兵

上图：普鲁士第四十八燧发枪团

上图: 普鲁士猎兵

正的轻步兵力量，那就是猎兵。猎兵要求头脑敏捷且精力充沛，有良好的作战技巧，而且必须对军队保持较高的忠诚度以应付独立作战（也就是说不能当逃兵）。就像当时的许多国家一样，腓特烈把这个工作交给他的林木工人与猎场看守人，这也就是"猎兵"名称的起源。

普鲁士猎兵的前身是 1740 年募集的 60

名向导，他们的任务是进行侦察和引导军队通过地形复杂的地方。外观上，他们穿着绿色外套、皮制马甲和马裤，装备有大口径来复枪，枪身较短但十分精准，而且制动能力很强，一枪就能放倒一头正在奔跑的野猪。猎兵可以从远处狙击对方的步兵，但是在骑兵面前极其软弱，因为他们没有配备刺刀，而且装弹时间十分长（来复枪是线膛）。

1744年腓特烈大帝建立了两个猎兵连，每连100人，普鲁士猎兵连正式在历史舞台上出现。在七年战争中最艰苦的时候，如1760年，猎兵的力量被加强了，扩充为800人的一个营。可惜普鲁士猎兵一直命途多舛。1760年10月，这一猎兵营在施潘道附近的开阔地上与哥萨克骑兵遭遇，几乎全军覆没。幸存者在来年冬天被组织为3个猎兵连，战后其中一个被解散，因此猎兵数量又降为300人。

巴伐利亚战争爆发时，普鲁士军队总计有6个猎兵连。因为种种原因，猎兵在这场战争中表现很差劲，但腓特烈依然有扩建轻步兵军队的想法。1784年他建立了第一个猎兵团，由10个连组成。后来他又想要新增两个团，却没有时间与精力去做这件事了。总而言之，腓特烈统治下的普鲁士从未有一支能与奥地利克罗地亚轻步兵匹敌的部队。根本原因还是在于普鲁士本土兵源的缺乏，因为大量依赖雇佣兵而逃兵现象严重的军队（虽然就算是普鲁士人逃兵也不少）当然不会鼓励轻步兵这种灵活性和独立性极强的兵种。

因为轻步兵的缺乏，腓特烈大帝提出的权宜之计便是组织自由营——从绿林土匪之流的人渣中募集雇佣兵。

因为七年战争的到来，有三位外国雇佣军头子到柏林毛遂自荐。他们分别是巴列丁奈特的诺布尔中校、萨克森的迈尔中校以及荷兰的安祖利上校。这三位都在1756年8月18日获准建立他们自己的自由营，再算上卡尔班的一个营，七年战争开始时总计有4个营。之后自由营的数量还在继续增加，但他们低劣的战斗价值显而易见，用罗斯巴赫战役中抓到的法国战俘组成的拉潘营就是个很好的例子。1758年腓特烈抱怨道："我们的自由营都是些软弱的逃兵组成的，他们连正面面对敌人都不敢。"

情况在1759年11月变得更加恶劣，因为自由营唯一有能力的翁施将军在马克森被俘了。

从数字上来看，组织自由营最成功的是腓特烈·威廉·冯·克莱斯特。他从1759年开始，召集了10个自由骠骑兵中队、3个自由龙骑兵中队、1个自由猎兵营。不过一开始这些部队的名声就很差，因为他们在1759年从亨利亲王的领地向法兰克尼亚发动突袭时，到处烧杀抢掠。

七年战争结束后，腓特烈大帝命令所有的自由营集结到要塞周边——鲍尔上校新创立的自由营到威塞尔，其余的都去马格德堡。这些士兵到达要塞附近，马上被重重包围，要求放下武器。自由营的士官和士兵被重新编入线列步兵或者驻屯兵团，军官则被解职，并且其亲兵被要求无条件缴械。

巴伐利亚继承战争开始时，腓特烈大帝又组织了12个新的自由营。但其中只有3个营有实际行动，而且表现得和他们的前辈一样差。

上图: *自由营的士兵*

自由营为了机动性，只配备了帐篷、少量行李和轻量级的大炮。一个满编自由营战力在500~700人之间，而七年战争中常见的人手缺乏，使实际人数大概只有这个数字的三分之一或者四分之一。

普鲁士的要塞防卫是交给一种比较特殊的二流步兵——驻屯步兵营和驻屯炮兵连负责的。腓特烈大帝从父亲那里继承了4个驻屯步兵营，然后在第一次西里西亚战争中又新增了4个步兵营和1个炮兵连以防卫从奥地利那里夺取来的新要塞。在腓特烈统治结束时，普鲁士有12个驻屯步兵营，由一位中将和六个少将负责指挥。

七年战争中，腓特烈因为兵力枯竭的原因，把驻屯步兵营纳入了应付德意志地区军队（反普鲁士德意志国家）与俄罗斯等边界威胁的分遣军里面。在这之后新设立的5个驻屯步兵团在规模上比其前身要大，然而战斗力还是一如既往地不行，这从皇后对1745年4月由冯·克拉茨少将负责指挥防御柏林的驻屯步兵团的评论上就能看出来："这些士兵并不是身经百战的战士。而只是从周边乡镇募集而来的一群农民。他们骑马时的场景尤其可笑，因为他们连正规军服都不穿，身上只挂一件农民外套。"

此外，民兵也是普鲁士军队中的一支力量。这是一种地域性较强的暂时性部队。因为在七年战争中东方省份面临俄罗斯入侵的危险，普鲁士在1757年5月—7月开始第一次组织民兵。很明显当时的普鲁士还没有之后德意志解放战争中的那种爱国主义热情，因此没能够征召起足够的部队。波美拉尼亚的民兵总计有12个步兵营、10个掷弹兵连，以及规模虽小却很优秀的骠骑兵和猎兵部队。东普鲁士有1个营，诺伊马尔克、马格德堡区各3个营。总计有17000名士兵。

组织军队是为了更好地发挥战术，而战术植根于武器装备。普鲁士步兵的负荷大概是全欧洲最重的。按照乌利齐·布雷克的说法，一个普鲁士士兵身上要挎五条皮带，分别装载衣服、食物、杂物（如水壶、镜子、梳子等）、滑膛枪和佩剑，合计大概有60磅重。士兵常常觉得自己是在火炭上行军。腓特烈大帝在1744年对士兵做了机动力方面的行军试验，得出结论："战斗开始前士兵必须把背包和其他全部累赘都卸下来。"虽然步兵的行李如此之多，但日常用品和装饰品不在我们讨论的范围内，我们就谈谈普鲁士的武器装备。

普鲁士步兵的子弹带是由一条宽的白色皮革做成的，挎在左肩上，一个黑子弹盒就悬挂在右臀附近。一个子弹盒能装载大概80发子弹，而士兵被配给的子弹数量大概是60发（1741年以前是30发）。所以子弹盒里面往往还留下较大空间，腓特烈于是提醒士兵把子弹集中放在中间。15个铅弹共重1磅左右（每个重31~33克），药包有半盎司重（15~16克，在1755年增重到19~53克）。

与滑膛枪相配套的刺刀是一种焊接在金属套管上的三角形截面细长刀片，宽度对应滑膛枪的口径，平常挂在剑鞘附近。莫尔维茨战役的教训让腓特烈大帝下令只要士兵当值就该上好刺刀，以防万一。

普鲁士的第一款制式步枪是腓特烈·威廉一世在1723年推行的波茨坦1723年款。枪身长3英尺5.5英寸（约1.1米，燧发枪团的火枪枪身较短），口径四分之三英寸（约1.9厘米）。火石比较粗糙，但很厚实。枪托设计精巧，以胡桃木为原料。7年战争前福开的团发现格拉茨郡的枫木相比胡桃木来

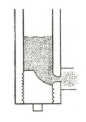

▌上图: 普鲁士波茨坦制式步枪　　　　▌上图: 圆锥形点火孔

说更便宜（虽然强度不足），因此腓特烈大帝下令普及这一新材料。颜色方面，近卫军、近卫军掷弹兵营以及第三步兵团一直独树一帜，保留着浅棕色的枪托；七年战争结束前其他团则使用红色或者红褐色的枪托，战后统一漆成黑色。

普鲁士的推弹杆是一根坚硬的铁杆，由安哈尔特-德绍的利奥波德亲王在1698年引入军中的推弹杆改进而来。和奥地利相比，普鲁士的推弹杆有明显的优势，因为奥地利的推弹杆依然是木制的。30年后，布伦瑞克的费迪南亲王发明了圆柱形推弹杆，让普鲁士在这方面的技术依旧保持领先地位。圆柱形推弹杆的底部与顶部一样宽，士兵可以花更少的力气从枪管里面抽出推弹杆。1777年，施潘道的工厂给14万条滑膛枪配备了圆柱形推弹杆。新的推弹杆比原先的要重1磅多，为了补偿这点，枪身被缩短到燧发枪团的水平。

另一个节约时间的发明是圆锥形点火孔，由尉官冯·弗赖塔格在1781年引进。击发槽和点火孔相连的部分做成了圆锥形，用推弹杆压缩火药，就会自动通过点火孔，使火药入槽。

1776年，普军通过一个可分离的红皮盒对打火石的雨天防护做了改进。这个盒子的后面是空的，方便扣簧和击发槽的活动。士兵每年的演习中都要练习安装此防护盒进行运动射击，其余时间它就挂在子弹盒上。

由上可知，普鲁士火器系统的最大特点是追求射速而不是准度，在射速上普鲁士士兵可以做到别国普通士兵的三倍。因此准度也就成了一个比较大的隐患。一方面扳机和击发装置离得太远，另一方面贴腮的枪尾设计得太高，使瞄准几乎成为一件不可能的事情。除此之外，刺刀、枪身和推弹杆加起来有3磅重，致使普鲁士士兵总是射在目标下方。吉贝尔观察到："就算是受训水准最高的近卫军，对着士兵形状的木制靶子一轮齐射后，也是跑靶的多于击中的，而且都打在了腿上。其他子弹则落在了靶前的地面上。"

普鲁士第一个军事训练大纲是腓特烈·威廉一世在《1714年步兵条例》里提出来的。1742年6月腓特烈大帝出版了自己的《军事指导》，这本书是《1743年步兵条例》的基础。之后的1766年和1773年，《步兵条例》基本没做什么大的改动。如前面所说，虽然《步兵条例》对阵形和战术规定得很详细（如四线阵、方阵变阵、以排为单位的齐射以及纵队呈直角变为横队），但不一定能应用于实战。这些都要在下面细谈。

普鲁士的线列步兵一般被编排得十分拥

挤。根据 1743 年条例，一个士兵的右手必须放在右边士兵拿滑膛枪的左手后面，这个配置显然是很糟糕的。于是在 1748 年，一个比较人道的规定出炉了，士兵间的间距变成了手肘相接的宽度，每个人大概有 1 英尺 10 英寸（约 0.55 米）的私人空间。两列之间的距离有两步到 1 英尺（约 0.3 米）左右。

在 17 世纪火器还不太发达，许多士兵依然装备长矛的时候，紧密的阵线在军队里面是比较普遍的，可以达到冷兵器保护热兵器的效果。然而对于滑膛枪来说，想要发挥威力却需要比较疏散的阵形。普鲁士军队一直在努力适应这个新的时代需求。譬如腓特烈·威廉一世治期间普鲁士使用的四列横队的阵形到他的儿子上位后就改成了三列。按照腓特烈大帝的观点，三列横队既可以保证充足的横面火力，又能使军队的后续力量不至于过低。虽说如此，七年战争中普鲁士由于人力缺乏，实际上连三线阵都无法组成，只能勉强组成两列（两列横队也并不差，后来英国的名将威灵顿就偏好两列横队）。但只要人手充足，腓特烈大帝总是倾向于三列阵的，他自己解释道："三线阵使军队能得到后排火力的支援（四线是做不到的，因为后面的人被前面的人遮住，无法瞄准），而当第一排的那些高个子士兵倒下时（体积大，不可避免要吃对面很多子弹），后排的人就可以上去补充。"

腓特烈在 1747 年 5 月 2 日规定了军队的行军速度：一开始以每分钟 90~95 步的速度冲刺，然后慢慢减速到每分钟 70~75 步（依然很快）。腓特烈统治结束时，行军已经有了很明确的标准：每步走 28 德寸（接近 0.74 米），一分钟走 75 步，和英国驻印度部队的连队步伐一样。普军士兵在训练、阅兵、行军、自由休息时间甚至搬运行李的时候都要按照这个速度走路，因此计算步数这个工作就深深地印在了士兵的脑海里，而他们的双腿就像钟点计时一样已经习惯以相同的步伐走路了。从纵队转化为横队时，或向斜面方向席卷以到达指定位置时，速度是第一要求，因此士兵必须达到每分钟 120 步。

行军方式上，普鲁士士兵的双腿和双脚都贴得比较紧，步伐幅度不大，转弯时才大跨步，因此并不十分费力。火枪必须时刻上好刺刀，对向前方，与身体垂直；或者以手托住枪托，火枪向上。

方阵是从古典时代开始步兵就用来对付骑兵威胁的一种方式，在普鲁士军中也是存在的。1743 年以前，军中的主流是快速团方阵，之后被慢性团方阵所取代。较小的单位则有营方阵（1743 年被取缔，1752 年又恢复），组成方式与团方阵类似，由侧翼的排绕到中心两个排的后面。腓特烈情有独钟的方阵却遭到了将领们的嫌弃。对他们来说，只需要转动最后一列步兵，然后对骑兵来个火枪齐射就可以了。

普鲁士的基本战术单位是营（正面 150~200 步）、分营（正面 40~50 步）和排（正面 20~25 步）。

平常普鲁士军队以纵队行军，排为单位。也就是说，由一个排在前面领路，其他排在后面排成一条直线。排的纵队分为两种：一种是紧密纵队，排与排间隙很小；一种是开放纵队，排与排的间隔和排的正面一样宽（也就是 20~25 步），让排有足够大的空间从纵队转为横队。

七年战争开始前，普鲁士士兵训练了如何到达指定位置并转化成横队，要求两分钟内做到。战后萨尔登和其他军官开始研究如

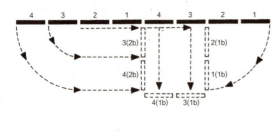

下图: *两个营的快速团方阵*

下图: *两个营的慢性团方阵*

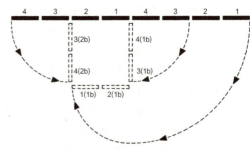

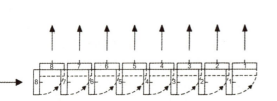

上图: 开放纵队的平行行军转变方式

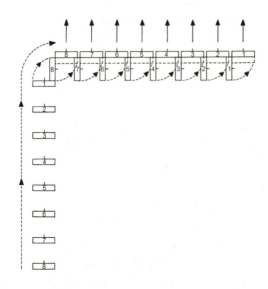

上图: 开放纵队用列队部署的方式从纵队转化为横队

何以营为单位,根据轴心旋转而直接变成横队,这对军队训练来说是很大的革新。

但如何从纵队行军转变为横队战阵,依然还有疑问。腓特烈通常的解决方法是让 8 个排平行前进,也就是说虽然是纵队,但纵队的深度比较浅。到达指定位置后排直接中心旋转,就组成了阵形。但有时因为地形或者其他种种限制,平行行军是做不到的。在这种时候,开放纵队就会在战场左翼以 8 个排连成一线,与对面呈直角状前进。接到上级命令后向右行军,到达指定位置后重复一遍平行行军的过程。这种布阵方法叫列队部署。

开放纵队对于阵形转变来说比较方便,但有时部队也会以紧密纵队的方式前进。紧密纵队变为横队的方法于 1745 年被提出,并且收到了《1748 年步兵条例》里。这种运动方式被称为施拉格行军:紧密纵队的第一排保持不动,之后的排向右或者向左(取决于他们的布阵地点)斜线前进。

1752 年施拉格行军被取缔,紧密纵队转而使用抽屉式部署。抽屉式部署要求第一排水平地向右移动,第二排到第七排也是同样方式移动,最后第八排移到最前面去。

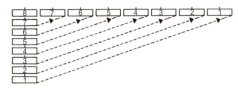

下图: 紧密纵队的施拉格行军方式

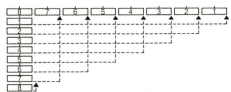

下图: 紧密纵队的抽屉式部署

虽然关于步兵行军和变阵有如此多的要求，但真正成功实施的只有四场战役：1741年的莫尔维茨战役、1756年的罗布西茨战役、1757年的赖兴贝格战役和大杰格斯道夫战役。而且每场战役普鲁士军队都是平行行军。

1752年腓特烈大帝在《政治准则》中写道，他的军官和士兵勤勉训练，因此"能比地球上的任何其他部队更快地组成战线"。普鲁士军事训练也给外国观察家留下了相当深刻的印象。对米拉波来说，普鲁士军队在简单的运动中取得了一种完美的状态。大卫·邓达斯写道："虽然普鲁士的步兵出现得缓慢而庄重，但他们的一举一动都十分的准确，从不会浪费时间在纠正错误上。他们比其他任何军队都更快到达指定地点。在组成战线时他们以一种完美的秩序发起攻击。"

但士兵们知道其中的猫腻："显然当200到250人一排的营组成战线，以一种宽大的正面直线前进时，总是容易给那些一知半解的人（指外国观察家）留下深刻的印象。但这是只在训练场上才能体验到的奢侈，而且即使在训练中也经常发生各种问题。譬如演习如果发生在耕地和草地上的话，和谐的秩序就会变为混乱。当一个士兵走错一步时，

就会引发一系列问题，而那个士兵要想方设法地重新和大部队保持一致。但这个时候可能别的士兵又走错了。种种错误累积在一起，行进中的队伍就有可能崩溃。"

虽然步兵操练谈不上完美（仍然比其他国家好很多），在射速方面普鲁士却是真正地无人能出其右。根据沙恩霍斯特的说法，旧普鲁士军队装弹一次需要11秒，而配备了拥有圆锥形点火孔和圆柱形推弹杆的新式步枪的普鲁士兵只需要8~9秒，多出来的3秒正好用来下射击命令。因此旧式步枪一分钟能射击4发子弹，而新式步枪则能达到5到6发。七年战争之后，射速在腓特烈眼里越发重要，他把射击速度当作检阅军队的标准之一。在训练场里面表现最好的营一分钟最多能射出7发子弹，但实战中能不能射出3发都有疑问。而且并不是每个人都赞成高频率射击，如高迪就抱怨道："这个该死的'分钟射速'要求让士兵变得极度疲劳，导致他们几乎什么事情都干不了。你只用一根手指就可以打倒他们。"

腓特烈大帝在1740年第一次走向战争时，普鲁士军队使用的是马尔伯勒公爵和安哈尔特－德绍的利奥波德亲王在西班牙王位

继承战争中发明的排射击战术。这种战术要求连续齐射，保持火力覆盖，并且总要有已经装填好的滑膛枪在手，以达到连续不停射击的效果。排射击，顾名思义，以排为单位射击。射击顺序为一八二七三六四五（从右往左数），从分营的角度来看，顺序是一四二三（从右往左数）。总而言之，就是从两翼开始射击，中间最后。士兵可以在站定时射击，也可以在行军时射击。如果是后者，士兵以大概每分钟45步的速度行进，后继兵力与其隔着三大跨步的距离，给予火力支援。

不过排射击在实战中达不到理想要求："一开始你下令一个排开火，结果发现两三个排同时进行了射击，接下来可能整个营都爆发出一顿齐射。很多士兵在装弹以后就会马上开火。有时候士兵混杂在一起，第一排士兵射击后无法采取半跪姿势（以给后排士兵让出视野）。"

七年战争以前腓特烈就被迫允许实际战役中进行营齐射（而不是以排为单位轮流射击），但腓特烈规定侧翼的几个营还是得实行排射击。到腓特烈去世为止，普鲁士训练场依然以排射击训练为主。这让很多将领感到懊恼。富有经验的指挥官都偏好营齐射："经过长期而残酷的战斗，在许多士兵死伤的情况下，你根本不能控制他们还按照训练规定上所说的那样进行射击。"

有时候还会遇到这种情况：碰到来自敌人的骠骑兵或者克罗地亚轻步兵的袭扰时，用齐射是浪费子弹，不射击则很头疼。这种时候就会用小规模战斗来应付。具体操作方法是，由两列士兵出阵，组成两行，开火后退回阵形，然后由另外两列士兵出阵，继续组成行，然后开火退回，如此反复。这听起来很麻烦，但实际操作有成功案例：布雷多燧发枪团在库勒斯道夫战役中用这个方法成功地驱逐了奥地利和

上图：洛伊滕战役中的普鲁士步兵

俄国的骑兵。

不过,腓特烈大帝在统治的前20年时间里,曾经错误地陷入了一种幻想:振奋人心的士兵冲锋比子弹射击更有用。这算是腓特烈军事生涯中最大的错误,同时也是他作为军事战术家的失职。

起初,腓特烈大帝可能是受了当时广为流传的古典军事史学的影响。这股思潮要求对18世纪中期的军事战术进行重新评价。因此,不仅仅是腓特烈本人,同时代的其他权威如法国的萨克斯元帅和福拉尔、奥地利的廷根和克芬许勒将军都对冷兵器战术情有独钟。普鲁士军队向冷兵器路线转变的第一个标志是1741年腓特烈大帝要求步兵当值时刺刀必须时刻装备在火枪上。《1743年步兵条例》里面,腓特烈则向士兵保证说,没有任何一支军队胆敢直面刺刀冲锋。

冷兵器路线的"正确性"似乎在1745年的血腥战役里得到了印证。安哈尔特－德绍的利奥波德亲王(并非著名的那个老德绍,而是其儿子)在没有开火的情况下,指挥安哈尔特团进攻萨克森人并取得了突破。但大家似乎没有注意到成功是因为有来自安哈尔特团两翼的步兵火力支援。

在索尔战役与恺撒斯多夫战役中普鲁士军队做了一些不好的尝试:他们径直地冲向了敌人的炮台。虽然他们被赶出来了,但是敌人从炮台中追了出来,普鲁士得以在开阔地将其歼灭。这引起了腓特烈大帝的注意。他在《将领原则》中建议通过首先发动冲锋然后主动退却的方式引诱敌人离开自己的炮台,以刺刀反击歼灭之。因此腓特烈大帝强调了自己的冷兵器比火器更有用的观点:"是大胆的突进击败了敌人,而不是火力……向前行军比躲在后面放枪更快决定战斗结

果,并且速度越快我们损失越少。"

于是腓特烈给横队的第一行士兵引入了一种更长更坚硬的刺刀。1755年2月腓特烈给第三行的士兵以及士官配备了巨大的3英尺(约0.91米)长的长矛。长矛的重新出现让普鲁士的战术倒退了60年。

7年战争刚开始时的罗布西茨战役中,腓特烈大帝很少有机会试验冷兵器冲锋的效果。然而在第二年的布拉格战役,普鲁士军队在不开火的情况下进行刺刀冲锋,在奥地利的炮火轰击下,有好几个团全军覆没。冯·瓦尔纳将军直截了当地把责任归咎于腓特烈大帝的新军事路线。

于是腓特烈大帝被迫重新思考普鲁士应该采取什么样的军事战术。作为一个具有反思精神的君主,自我批评过度是他的优点,同时也是缺点。普鲁士又重新回到了火器路线。罗斯巴赫战役中普鲁士骑兵得到了决定性胜利,而洛伊滕的胜利是由普鲁士步兵强大的火力奠定的。因此之后普鲁士的战术都以发挥火力为主,再也没有变更。

腓特烈大帝在1768年写道:"在以前的年代,让军队熟练运用冷兵器是很重要的。但是现在加农炮就是一切,士兵不能用刺刀取得胜利……火力的优越性才是获胜的关键。在对敌人一个防御位置发起攻击时,射速快的军队比射速慢的军队要有利很多。"于是射速又变成了普鲁士军队的第一标准。在腓特烈统治的最后几十年,普鲁士步兵几乎只开火。德·胡林将军在1786年参观军队的时候,穆麟德告诉他"这些士兵从来没近到过敌人一百步之内"。

虽然在路线上有过错误,并且腓特烈自己走了极端,但普鲁士的常规步兵依然以训练有素著称。在同等数量下,开阔地作战,

普鲁士的正规步兵绝对不会输给奥地利的正规步兵，腓特烈对这点很是自满。但如果是轻步兵的话情况就不一样了——奥地利的克罗地亚轻步兵经常在乡间的狭窄地对普鲁士军队进行袭扰。

上图：什未林元帅在布拉格战役中阵亡

这些克罗地亚人是奥地利从奥斯曼边境收来的基督徒逃亡者，他们敏捷、强壮，并且对哈布斯堡王室极端忠诚。他们意识到了普鲁士步兵的密集队伍在狭窄的地形中威力会大打折扣。几乎每个普鲁士团都有过在狭窄地形遭遇克罗地亚轻步兵的痛苦回忆。

腓特烈大帝在《将领原则》中警告他的将领，克罗地亚轻步兵很擅长在对自己有利的地形作战。但腓特烈却在普通士兵面前极力贬低他们。1758年腓特烈大帝对自己的将领坦白，他比起其他部队，实际上更担心克罗地亚人的威胁，但他必须通过贬低他们的方式让普鲁士一般士兵获得对抗他们的信心。

腓特烈经常提醒自己要解决克罗地亚轻步兵袭扰的问题，但普鲁士严重的逃兵问题使腓特烈大帝很难找到合适的人来指挥和组建这种灵活性极高的部队，而自由营的战绩通常很悲惨。一直到晚年，腓特烈才有了创建一支非普鲁士人正规轻步兵部队的想法。

普鲁士骑兵团

如一开始所说的，腓特烈大帝的创造性影响在骑兵这一兵种上表现得比其他任何兵种都显著。1740年战役开始时，普鲁士骑兵表现十分拙劣，但随着战争的进行，其专业化程度和士气越来越强。七年战争时，他们在罗斯巴赫、洛伊滕与弗莱贝格战役中都承担了关键性的突击任务。这一成就一方面要归功于腓特烈本人对马上战争的深刻理解，另一方面要归功于他的两个卓越助手——"骠骑兵王"汉斯·约阿希姆·冯·齐腾和总是睡眼惺忪的弗里德里希·威廉·冯·塞德利茨，后者大概是18世纪普鲁士军队里面最具领导天赋的指挥官。

普鲁士的骑兵跟由农奴组成、时时受压迫的步兵截然不同。胸甲骑兵（重骑兵）和龙骑兵（中型骑兵）是从市区招募系统里面家境最好的一拨人里选拔，他们往往被允许在不当值时把马匹带回自己家的农场。外国雇佣兵也是一样，他们的条件比在步兵中服役的同僚要好很多。考虑到军队的安全和对逃兵的防范都极大地仰赖骑兵的忠诚心，骑兵的挑选标准自然不同于一般的步兵。

高标准选出来的骑兵的领导者带有现代军官的风格。塞德利茨的一个挚友描写道："他坚信指挥官必须对部队的每一个细节都有丰富的知识和超常的理解，只有这样才能赢得真正的权威……塞德利茨相信对于军官来说仅仅下命令是不够的，他得以身作则，而且必须要做得很优秀。"

骠骑兵的情况稍微有些不一样。市区招募系统并不给骠骑兵提供服务，而且普鲁士人也不太了解轻骑兵到底是什么样的岗位。腓特烈大帝一开始被迫用匈牙利的逃兵和乡野村夫来组成骠骑兵部队，但后来他发现，骠骑兵那刺激的生活和到处劫掠发家致富的生财方式很容易就能吸引普通人加入。

腓特烈不像他父亲那样对身材高大的士兵情有独钟，但因为胸甲骑兵需要担负铁胸甲，而且要在没有协助的情况下翻身上马，因此他坚持胸甲骑兵和龙骑兵的最低身高必须有 5 英尺 5 英寸（约 1.65 米），实际要求往往比这还要高。骠骑兵则是以"轻"为主，所以刚好相反，最高身高不能超过 5 英尺 5 英寸。

在普鲁士的骑兵当中，胸甲骑兵是最受到重视的。他们从中世纪的重装骑兵直接发展而来，拥有高大的马匹和铁制的胸甲，担任碾压对方骑兵和粉碎敌军侧翼的任务。

腓特烈拥有 13 个胸甲骑兵团（包括 1740 年创建的近卫军胸甲骑兵团），总计 63 个骑兵中队。其中 12 个历史较早的骑兵团每个包括 5 个骑兵中队，而近卫军只有 3 个。和线列步兵一样，胸甲骑兵中队分为行政和战术两个编制。行政上一个中队包括 2 个骑兵连。战术上则分为 4 个排。

把每个中队的编制外人员也算进去的话，一个胸甲骑兵团或者龙骑兵团大概包括 37 个军官、70 个士官、5 个兽医、10 个医疗看护人员、20 个号手和鼓手，加上一个人事部门，总计 872 人。七年战争中一个骑兵中队有 185 人，包括 6 个军官、10 个士官、150~160 个士兵、2 个号手、3 个鼓手、1~2 个兽医以及一个小型参谋部（包括医疗护理人员）。一个团的马匹数量大概是 740 匹（包括军官使用的 80 匹马）。

胸甲骑兵的制服兼具实用性与美观。首先，他们配备了一个巨大的三角帽，这个帽子单个人来戴显得很奇怪，但一群人聚集在一起戴着则显得威武壮观。三角帽上环有铁带，以防御来自敌人的攻击。1762 年腓特烈大帝又在三角帽上加了白羽毛，起初是为了

更容易区分开普鲁士胸甲骑兵和奥地利胸甲骑兵，因为两者着装很相似。不幸的是这一装饰在欧洲成了一大潮流，人们反倒忘了其最初的目的。

骑兵在衬衫外面穿马甲，然后套一件深麦秆色的克尔塞呢绒外套。由于染料来源多样，让骑兵们的外套保持同一颜色是很困难的，因此在腓特烈大帝统治的最后几年，外套干脆不染色，统一全白。马裤是软革制的，护脖是黑色或红色。装甲防护是一块厚的铁制胸甲（实际上是两块，用黄色皮革串在一起）。近卫军使用的是抛光过的铁胸甲，其他团的则漆成黑色。军官的胸甲前面镀金，两边是镶边的饰物，颜色是其所属团的特定颜色，普通士兵的胸甲镶边也是这一颜色。

胸甲骑兵常用一条较窄的皮革带挎过右肩绕在身上，上面挂一个小子弹盒在左臀附近（位置刚好和步兵相反）。子弹盒里装有 18 发卡宾枪子弹和 12 发手枪子弹。卡宾枪不使用时就挂在右手边的卡宾枪带上。卡宾

上图: 德累斯顿第七胸甲骑兵团骑兵

枪带是一条色彩缤纷的较宽的皮革带，挎过左肩绕在身上。每一个胸甲骑兵和龙骑兵都拥有两把手枪，平常就放在马鞍附近的手枪皮套里面。另外，军官和士官都不配备卡宾枪。

所有骑兵的佩剑都挂在腰带的左手边。胸甲骑兵剑的样式是腓特烈·威廉一世定下来的，剑身长1米左右。这是种剑身很宽的直剑，两边锋利，适合劈砍，但刺击时却容易折弯。这种剑的缺点是剑柄的握手处过于狭窄，紧要时刻难以抽出。

龙骑兵在三十年战争中首先崭露头角。当时的指挥官想要一个能把骑兵的速度和步兵的火力结合在一起的部队，于是创造出了龙骑兵。龙骑兵的能力不止如此。腓特烈·威廉一世把普鲁士的龙骑兵改造成了能和胸甲骑兵一起参加骑兵冲锋的武装力量。

腓特烈大帝继承了10个龙骑兵团，又在1744年创造了第十一个。第五和第六龙骑兵团较大，包括10个中队。其他龙骑兵团和普通的胸甲骑兵团一样，每个包括5个中队。

和胸甲骑兵相比，龙骑兵缺乏护甲，而且穿的是步兵式样的外套（一开始是白色，1745年6月改成天蓝色）。龙骑兵的卡宾枪配备了刺刀，长度刚好是步兵滑膛枪与胸甲骑兵卡宾枪的折中。其卡宾枪和黑色子弹盒都挂在绕过左肩的黄色子弹带上，佩剑剑柄较胸甲骑兵的更轻，而且并无不能抽出的情况，上面有个老鹰头饰。

至于著名的骠骑兵——其实就是轻骑兵——最初源于匈牙利。作为一个通行全欧洲的兵种，骠骑兵把速度和机动性看成最重要的品质——他们执行巡逻、侦察、奇袭、追击以及在战场上保障重骑兵侧翼与后背等任务。

普鲁士的第一支骠骑兵部队在1721年由龙骑兵将领武特罗建立。腓特烈·威廉一世一开始并不重视骠骑兵，直到1729年他在看望女儿拜罗伊特伯爵夫人的旅途中对点着火炬护送他的当地骠骑兵留下了深刻的印象。因此他在1731年又建立了一个新的近卫骠骑兵部队，六年后发展成了6个骑兵中队的规模。

腓特烈1740年继承王位的时候，普鲁士总计有9个骑兵中队：3个近卫骠骑兵中队和6个普鲁士骠骑兵中队。这些骑兵单位在1741年再组成为5个新成立骠骑兵团中的4

下图：骑兵用卡宾枪与手枪

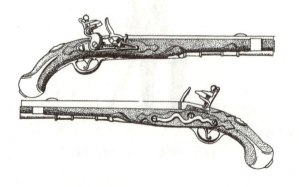

下图：龙骑兵的佩剑

个：番号第一的绿骠骑兵，番号第二的红骠骑兵，番号第三的蓝骠骑兵和番号第五的黑骠骑兵。剩下的第四骠骑兵团的白骠骑兵是用波兰逃兵组建的。1742—1745 年间新组建了 3 个骠骑兵团，1760 年组建了 1 个（波斯尼亚骠骑兵），1773 年又组建了 1 个。骠骑兵团的规模很大，每团 10 个中队，总计 1100~1500 个人。

在着装上普鲁士骠骑兵完全模仿奥地利军中的匈牙利骠骑兵，身穿紧身夹克衣（奥斯曼式）、衬毛皮的上衣和皮质紧身裤、包裹住裤子的靴子。1757 年普鲁士原创了狼皮帽和熊皮帽，夏季则戴倒花盆形状的毡帽。平常服役时帽子上会系一块长布包住帽子，但战争或阅兵时可以系得松一点。

大多数骠骑兵配备枪身较短的滑膛卡宾枪。第二次西里西亚战争之前，每个中队会挑选出精锐 10 人，配备良马和来福卡宾枪，接受特殊的射击与侦察训练。

普鲁士骠骑兵刚登上战争舞台的时候表现就不尽人意。他们看到奥地利的骠骑兵在丘陵地带出没，但无能为力。第四骠骑兵团（白骠骑兵）只能在瞟见奥地利骠骑兵出现时无奈地怒吼。甚至在莫尔维茨战役中，普鲁士骠骑兵唯一的成就就是抢劫了自己人的补给。因此腓特烈在战役后发布了一个侮辱性的命令："女人、骠骑兵和脚夫，只要被抓到有抢劫行为，当场绞死，不要犹豫。"

1741 年 7 月 22 日对罗斯堡的突袭极大

上图： 第六骠骑兵团骑兵

地提振了骠骑兵的士气。少校冯·齐腾带领 6 个骠骑兵中队冲锋，短时间内就将奥地利人赶出了城镇，还逼迫齐腾以前的导师巴兰耶抱着木板渡河，仓皇而逃。巴兰耶随后发信祝贺他的前学生齐腾组织了如此成功的突击。

第一个骠骑兵条例在 1743 年 12 月 1 日出炉。作为首要任务之一，军官必须每天都组织士兵参加骑马训练，因为"陛下要求马上的骠骑兵能在袭步中弯腰捡起地上的东西，或者在全速奔跑中取下对方的帽子"。骠骑兵还要学会如何分散战斗，如何使用好马刀和卡宾枪。

对骠骑兵来说比较不幸的是，七年战争爆发前，齐腾失去了影响力。阅兵时齐腾犯了一些愚蠢的错误，让腓特烈大帝对他的信

左图： 骠骑兵用卡宾枪

任大打折扣。更让腓特烈失望的是齐腾拒绝参加一切军事推演。齐腾的职位由冯·温特费尔德将军接替了。此人的野心是让骠骑兵成为开阔战场上有力的武器。1747年9月27日温特费尔德发布了一些骠骑兵指导，要求骠骑兵掌握比胸甲骑兵和线列步兵更好的战场技巧。腓特烈感到很满意，在阅兵中他发现一个骠骑兵团在纪律和装备上都达到了不输给龙骑兵的水准。

骠骑兵的威力于1757年5月6日在布拉格受到了考验，他们在危急时刻加入战局并击败了奥地利右翼的骑兵。之后的托尔高战役（1760年）中，齐腾骠骑兵团的军官和士兵把溃散的胸甲骑兵和龙骑兵重新组织起来进行了反冲锋。

关于温特费尔德将军把普鲁士骠骑兵团转化为重骑兵的替代品是不是走了一个错误的路线，一直争议不断。而腓特烈也不曾想过改变这一局面。无论如何，这导致了普鲁士军队在巴伐利亚继承战争中轻骑兵工作的全面失败。

此外，普鲁士骑兵体系中还有一个很特殊的军队——波斯尼亚骑兵。这支军队大概是普鲁士骑兵大家庭里面最具喜剧性的一支。它的创立者是阿尔巴尼亚的一个珠宝商，名字叫瑟金斯。1744年，在和萨克森政府签订了提供4000名雇佣军的合同之后，75岁的他奔赴乌克兰去招募士兵，返回时带来一支小型且来源多样的部队，却发现他的签约者没有办法支付足够的薪金。于是他找到腓特烈大帝毛遂自荐（很像江湖郎中的诈骗行为，但对腓特烈很有吸引力，外国人本来就是普鲁士军队的主要来源）。结果就是这些流浪的雇佣兵在1745年加入了普鲁士军队的第五骠骑兵团。

波斯尼亚骑兵的武器是长矛，这些人的勇武和战斗技巧值得承认。但他们的战术纯粹是

双手持矛，不拉缰绳，先发出一声大吼震慑对方，寄希望于长矛上飘扬的旗子能吓住敌人的马匹。

波斯尼亚骑兵在七年战争中做出了一些改变——他们绑上了阿拉伯人的头巾。一开始敌人确实会被他们奇异的装扮震慑到，但随即就发现这些根本不是来自东方的奥斯曼人。

1763年时波斯尼亚骑兵有10个中队，战后被缩减到1个。比较莫名其妙的是1778年波斯尼亚骑兵又增加到了10个中队。特拉特诺战役中奥地利的武姆施莱特与埃斯特海兹骠骑兵团给4个正在冲锋的波斯尼亚中队让路，让他们径直通过，然后从背后发起攻击，歼灭了大部分波斯尼亚骑兵。

1740年11月24日腓特烈创建了猎骑兵，并让约阿希姆·申克担任向导队长，工作是"训练好的向导并让他们时刻准备好工作，当军队前进或分遣队派出时，能有熟悉各种道路的向导伴随"。西里西亚战争结束前猎骑兵总计有

上图: *波斯尼亚骑兵*

6 个军官和 112 个士兵，后来发展成了 162 名精挑细选的骑士。在穿着上，他们和徒步的猎兵没有太大区别。战争时猎骑兵处于国王的第一副官的直接指挥下，和平时期则驻扎在波茨坦，半数以上作为皇家信使工作。

以上骑兵部队，根据兵种的不同，战马的装备情况也不同。至少在腓特烈统治中期，战马的大小和骑兵的身材是成正比的。当时骑兵的战马，有时是由独立的团直接购买，有时则是由军队统一购买并分发给骑兵。腓特烈要求胸甲骑兵的战马必须有 5 英尺 3 英寸（约 1.6 米）高，而龙骑兵的战马则要 5 英尺 2 英寸（约 1.57 米）高。当然，骠骑兵的战马一如既往地要小一些。1757 年腓特烈在迈克尼龙骑兵团的开路下进入哥达城镇，在场者回忆："人和马都很有普鲁士人的味道，高大、强壮，并且英俊。"

胸甲骑兵和龙骑兵的战马来源一般是北德意志地区强壮的当地马种——耐力很强的荷尔施泰因马（和 19 世纪的同名马不是一回事）。正是荷尔施泰因马非同一般的耐力，让 26 个普鲁士骑兵中队得以在索尔战役中穿越沟壑，爬坡上山，忽然出现在奥地利人的面前。

考虑到马匹的需求，骑兵会分散到有足够马厩设备和饲料的乡镇驻扎。大概有三分之一的骑兵团驻扎在西里西亚，四分之一在东普鲁士，驻扎在其他省份的比较少。春季阅兵和秋季演习时会将骑兵中队召集起来，但结束后他们便能马上带着马匹回驻屯地。冬季时骑兵比较清闲，主要是负责照料马匹和训练新兵。

在粮食配给最充足时，胸甲骑兵和龙骑兵每日能得到 8 磅燕麦、11 磅干草、14~15 磅碎稻草。按照 20 世纪的标准来说，燕麦有点少，但干草和稻草很充足。七年战争后因为经济萧条，干粮配给有所减少。巴伐利亚战争后，每年 7 月 1 日至 9 月 1 日，马匹要被骑兵带到地方农场去放牧，减轻国家负担。1780 年情况也不容乐观，即使是拜罗伊特龙骑兵团也只敢在规定的训练季节每天骑马，其他时间都是徒步。

普鲁士的骑兵训练基本来说没有成文条例。但惯例上新兵的训练需要两年时间。塞德利茨对士兵的训练是：首先徒步，之后骑木马，骑马无碍后必须在没有马镫的情况下保持毫不出错。骑兵不仅需要用稻草人练习剑术，在马背上装弹，还必须在骑马跨越平地、壕沟和藩篱的时候保持稳定。每天早上塞德利茨出门时都要骑马跃过门前的水洼，跳过宅院大门，他要求所有骑兵都要能做到这些。

在战阵变换上，骑兵没有步兵那么复杂，但有许多相似之处。胸甲骑兵和龙骑兵的基本战术单位是中队。一个中队拥有 140~190 名军官和士兵，分为 4 个排，每排 40 人左右。中队前面是中队指挥官和 4 个军官。扛旗者站在第二排中间，一个士官在他前面。左右翼靠近鼓手的位置各有一名士官，剩下的军官和士官都部署在中队后面。

骑兵一般以排或中队的开放纵队前进，为了穿过狭窄的道路，一个纵队一般是 5 行，有时候甚至只有 2 行。因为骑兵的短缺，旧式的三列阵在 1757 年被重新编为两列（和步兵一样）。两列阵的效果出人意料的好，因此在 1760 年成为普鲁士军队的惯例（骠骑兵除外，因为其一直是两列阵）。不过骑兵条例不能正确反映实际情况的变化，因此 1764、1774 和 1779 年条例依然将骑兵三列阵作为阅兵场上的常规模式。

关于纵队转化为横队，骑兵的方法几乎和步兵一样。1756年5月腓特烈引入了一种新的方式，要求第六个中队（从前往后数）先保持不动，前面5个中队向右移动，找到足够大的空间之后，以直角角度向左转，组成横队。第六中队后面的5个中队同理，只是方向向左。在大杰格斯道夫战役、罗布西茨战役和赖兴贝格战役中普鲁士骑兵采用了这种变阵方式。

腓特烈从来没有忘记过莫尔维茨战役中缓慢前进的普鲁士骑兵被敌人碾压的悲惨情景。他说道："我父亲给我留下了一个糟糕的骑兵部队。没有一个军官拥有专业的骑兵知识。士兵害怕他们的马匹并且很少练习骑术，只知道像步兵一样徒步行进。骑兵过于笨重，在我的第一场战争中表现如此之差，因此我必须得重塑他们。"

腓特烈大帝对其父亲的指责并不完全公平。腓特烈·威廉一世将普鲁士军队的马匹从54个中队提升到114个中队，更新了龙骑兵的装备，还建立了普鲁士的第一支骠骑兵部队（即使成效不好）。诚然腓特烈·威廉训练出来的骑兵移动缓慢，但他意识到了持剑冲锋的骑兵的威力要远远大于仅是坐在马背上用手枪或卡宾枪开火的骑兵。1734年腓特烈·威廉甚至禁止龙骑兵使用剑以外的武器。

上图：塞德利茨在罗斯巴赫发起的骑兵冲锋

毫无疑问，腓特烈大帝成功地创建了一支跑得又快又远的骑兵部队。关于骑兵的理念，他阐述道："我让骑兵中队快速冲锋是因为恐惧能裹挟懦夫们一起前进——他们明白在一群突进的骑兵中间犹豫或者停止都会被其他人踩成碎片。我的意图是在两军甚至还没开始白刃战时就用骑兵的高速将敌人突破：因为在一场骑兵混战中，不存在任何协调与组织，军官的命令也毫无意义可言。"

我们可以把腓特烈大帝对骑兵冲锋的改进归纳如下：

一、1741年6月30日，就在莫尔维茨战役之后，安哈尔特－德绍的利奥波德亲王的一份报告中第一次提及骑兵冲锋的问题。腓特烈认为骑兵部队应该在最后三十步进行冲锋，而且只能持剑。

二、《1742年骑兵指导》规定骑兵冲锋在一百步外开始。

三、1743年新的《骑兵条例》规定：进攻敌人时，在保持紧密队形的情况下，首先快步前进，然后全力冲刺；当第一线敌人被突破后，指挥官马上重组队伍并且立刻继续攻击敌人第二线。

四、1774年7月25日，关于骑兵攻击阵形出台了更详细的规定：就一翼的骑兵来说，第一线全部由胸甲骑兵团组成。胸甲骑兵采取紧密阵形，骑兵与骑兵之间膝盖贴着膝盖，中队与中队的最大间距不超过十步。胸甲骑兵与后面的主力龙骑兵相隔三百步，龙骑兵之间间距较宽，活动余地较大。在主力龙骑兵和胸甲骑兵之间也布置龙骑兵，负责给第一线接近支援。骠骑兵包裹住重骑兵的侧翼和后背。

五、1745年6月4日，拜罗伊特龙骑兵团在霍亨弗里德堡战役发动了令人叹为观止的强力冲锋。龙骑兵开始作为冲击骑兵出战。

六、1747 年，根据塞德利茨的建议，腓特烈规定骑兵部队的主体陷入混乱后应该面对敌人重组战线。这是从 1745 年兰茨胡特战役中吸取的教训——支骠骑兵部队遭到背后打击后完全失去了优势。

七、1748 年 8 月 14 日规定，如果骑兵的第一线陷入了困难，第二线应该不等待命令立刻支援。这一要求在 1756 年的罗布西茨战役中得到了贯彻执行。

八、1759 年 3 月 16 日一部新的《骑兵指导》建议指挥官让步兵先打开敌人战线的一个缺口，然后骑兵中队以迅雷不及掩耳之势冲入这一缺口，给敌人造成混乱。腓特烈在《政治准则》一书中甚至将骑兵纵队冲锋称为普鲁士的国家机密。

七年战争之后，腓特烈依然督促普鲁士骑兵实行大规模的集体冲锋。但是塞德利茨等指挥官已经意识到，这种漫长且密集的冲锋方式对人和马来说要求都太高，马匹口粮供不应求，马本身又负载过重，导致不能完成指标。

马的毛色是判断其品质的重要标准之一。1751 年腓特烈规定：纯黑的马匹分配给胸甲骑兵，颜色稍浅或者黑棕色的分配给龙骑兵。至于骠骑兵的短腿波兰马则没有颜色规定。短腿波兰马是在南部波兰、俄罗斯、摩尔达维亚和瓦拉吉亚购买的。波兰马在速度和急停方面十分优秀，1760 年冯·瓦尔纳将军和他的八百骠骑兵成功地把奥地利约瑟夫大公的龙骑兵团逼入绝境并抓了 400 个战俘。

七年战争中马匹的损耗相当惊人。光是 1759 年普鲁士就损失了两万匹战马。但腓特烈还是能募集到需要的马匹。如维尔纳将军在 1760 年就成功地从梅克伦堡得到了两千匹马，第二年春天在图林根也得到了相当多的资源；在萨克森有数不清的马匹订单；通过犹太人中转商也购得了大量波兰马。

虽然数量能保证，但质量不可避免地就要下降了。1763 年波兰马在龙骑兵团里面出现，一开始只是配备给后排的骑兵，但最后全团都普及了。胸甲骑兵也是一样，只有大部分军官依然使用德意志本土产的良马。

最后说说腓特烈大帝自己骑的马。这是一种高大且强壮，被称为"古老的英格兰马种"的英国马。这种马每匹要价 75 英镑。不仅是国王，所有的将领都骑英国马，是否骑英国马被视为判断其地位尊贵高低的重要标准。

普鲁士炮兵团

相对于对步兵和骑兵的重视，腓特烈和技术兵种间的关系就不太乐观了。腓特烈本人在炮兵方面毫无疑问是天才的发明家，而且在堡垒的战略性使用上也是出类拔萃。但从来没有人像他那样对自己的炮手和工程师漠不关心、充满偏见和厌恶。这种反差的原因来自哪里？

首先，那个时代炮兵和工程兵都被认为是不光荣的中产阶级职业。这种职业要求吃苦耐劳，能忍受单调乏味的工作，精确计算物理反应。这些品质在欧洲军事贵族身上都是难以想象的。

其次，腓特烈自己在军队里面提倡贵族主义精神。1784 年腓特烈把三个非贵族出身的军官生送到了炮兵部队。他很少提到炮兵，就算有也只是在战役报告里面，而且从来没有单独给炮兵军官授予荣誉和奖励。实际上，腓特烈大帝统治的大部分时间，炮兵部队连个明确的负责人都没有。克里斯蒂安·冯·利格将军或许算一个，他在腓特烈·威廉一世时期创造了普鲁士火炮军工厂。中校冯·迪斯考被指定为炮兵总监，在1762年被拔擢为少将。但是炮兵几乎所有重要的决定都是由腓特烈大帝做的，迪斯考只是拥有执行权。

其他兵种毫无疑问也受到了腓特烈的影响，米拉波写道："如果你和普鲁士军官生活在一起的话，你会发现步兵、骑兵和骠骑兵的军官在地位上和炮兵军官比都有巨大的优越性。炮兵军官似乎也意识到了自己的地位，这从他们的言行举止上可以看出来。军官之间经常三五成群地混在一起，不在乎对方是来自步兵还是骑兵，但对炮兵来说是例外。与炮兵军官间的友情是不可能的。"

18世纪90年代，从与法国对抗的战役中返回的骑马炮兵在进柏林门前甚至要把帽子上的白羽毛摘掉，以免被认为在挑衅胸甲骑兵。炮手使用滑膛枪也被认为是放肆的行为，除非是七年战争时担任紧急哨兵任务的。1764年10月4日，为了护卫奥兰治亲王与普鲁士公主的婚姻，军队给一些炮兵发放了滑膛枪，但在庆典结束后又马上收了回来。

就成员来说，炮兵军官和其他兵种相比是毫不逊色的，但炮兵整体的士气却一直很低迷。这不仅仅是因为腓特烈大帝给这些人的待遇较低，而且还因为对炮兵来说离任、退休和出国

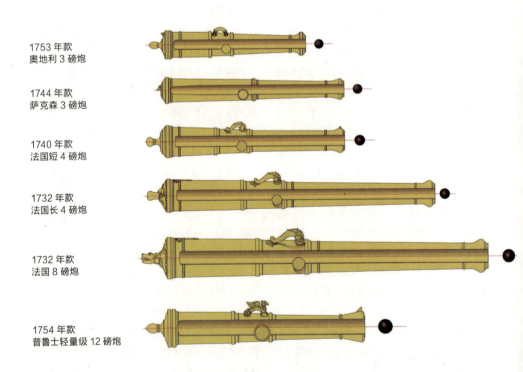

1753年款
奥地利3磅炮

1744年款
萨克森3磅炮

1740年款
法国短4磅炮

1732年款
法国长4磅炮

1732年款
法国8磅炮

1754年款
普鲁士轻量级12磅炮

上图：当时欧洲的六种火炮

旅游都很难得到批准。腓特烈怀疑他们会把军事机密告诉潜在的敌人。因为处于一个封闭的状态，所以普鲁士炮兵既不能也不想去研究国际上最新的火炮科技，只能闭门造车。因此普鲁士的炮兵理论家，少校冯·腾佩尔霍夫作为《普鲁士炮兵下士》一书的作者很受腓特烈的重视。他在1783年升任为第三炮兵团的指挥官。

炮兵科学日益复杂也是导致腓特烈和炮兵间关系恶化的原因之一。作为一个喜欢直接干预其他兵种事务的国王，腓特烈懊恼地发现炮兵并不能像骑兵和步兵那样令人满意地回应他的指导。他抱怨道："在欧洲所有的炮兵里面你都能发现其反复无常的怪诞本质，总是造成不必要的麻烦。"因此，军事指挥官和技术兵种间的隔阂越来越大。

虽然腓特烈对炮兵没有什么好感，但他还是很努力地扩充炮兵实力。在腓特烈统治期间，炮兵数量从789人提升到8600人以上，扩军分为以下几步：

一、1740年，腓特烈大帝从其父腓特烈·威廉一世处继承1个战地炮兵营（6个炮兵连）。

二、1741年腓特烈建立了第二个炮兵营。

三、1744年2个炮兵营合并为1个战地炮兵团。七年战争爆发时此团拥有72名军官和2402名士兵。

四、1758年，每个炮兵连的炮兵数量增加到300人。新建了2个炮兵连，战地炮兵团又被拆分为3个营。

五、1759年在兰茨胡特首次创建骑马炮兵。

六、1762年现有炮兵被整编为2个团，每个团含3个营，每个营含5个连。

七、1763年，七年战争之后2个战地炮兵团被拆分为3个较小的团，每团包括2个营。第一和第三团驻在柏林，第二团驻在柯尼斯堡。一个连的士兵数量减少到194人，全部由本地人组成，其中94人一年中大部分时间处于缺席状态。

八、1772年，在柯尼斯堡组建了第四个炮兵团。

九、1783年，又新增了3个炮兵加强连。

最后，普鲁士的炮兵扩充到43个连，平均每个连200名军官和士兵。在具体编制中，各个炮兵连又分别被编入战地炮兵营和驻屯炮兵部队。

战地炮兵营里每门炮都处在尉官和士官的直接指挥下，大概配备8名人员，其中只有一半是炮兵，另外一半是临时从步兵中找过来的。炮手一般都是市区招募系统里面比较矮小瘦弱的人。炮手基本穿着步兵式的边缘为红色的蓝军装，军官可以穿刺绣的马甲。骑马炮兵以帽子上的白羽饰和其他炮兵区分开来，穿马靴。一位优秀的炮手有机会被任命为炮兵军官，或者至少是炮兵下士。总计有60~90名炮兵下士被分配到各营中。炮兵下士有管理榴弹炮和围城臼炮的特殊责任。

驻屯炮兵部队由被认为是"身心都不适合战场"的士兵和军官组成。1740年腓特烈继承了4个驻屯炮兵连，总计400名士兵。腓特烈把这4个连编为一个营，接着在占领西里西亚后又创造了一个新的驻屯炮兵营负责占领地的防卫工作。腓特烈统治结束时总计有14个驻屯炮兵连（每连力量不等），分别驻扎在维塞尔、马格德堡、希维德尼察、尼斯、格拉茨、格沃古夫、布里格、科塞尔、布雷斯劳、什切青、科尔堡、柯尼斯堡和格鲁琼兹等地。

1731年，普鲁士炮兵之父冯·利格将军

根据口径大小将普鲁士火炮分为四类：3磅炮、6磅炮、12磅炮与24磅炮。

3磅炮与6磅炮是团属或营属火炮。炮兵在每场战役开始前会被分配到各个营，负责炮火支援，因此炮兵的机动性和运输的便利性很重要。腓特烈在第一次战争之后发现6磅炮过重，于是在1741年8月11日写信给安哈尔特－德绍的利奥波德亲王，表示把普鲁士军中所有的6磅炮都换为轻量的3磅炮（后膛的药室比之前的版本要小，因此所需药引也少）比较好。利奥波德认为3磅炮毫无问题是方便移动的，但在威力和打击范围上都比不过6磅炮。最初腓特烈也感到迟疑，但在1742年春他还是给全军引入了一种轻型的3磅炮（和普鲁士军中已经存在的3磅炮是两回事），每个团都配属2门。新炮是16倍径，重472磅。8个人掌管一门炮，3匹马拉动。

腓特烈坚信轻的小药室后膛炮的好处，在1755年根据迪斯考的设计又引入了轻型6磅炮。轻型6磅炮也是16倍径，重616磅，但只需要4匹马拉动——比新的轻量3磅炮多

一匹马，比旧的6磅炮要少一匹马。虽然轻量6磅炮只需要1.5磅药引，但平射距离达到了1000步（一步相当于30英寸，即76.2厘米），仰射距离1500步，榴霰弹的攻击范围也有400步。同年又引入了第二种轻量3磅炮，8倍径，重455磅。腓特烈的打算是在战役中将轻型6磅炮分配给军队的第一线，把轻型3磅炮分配给第二线。

新型炮系没能经得住七年战争的考验。因为这种炮药室较小，士兵很难装入药引，而且在准度和攻击范围上也都比不过奥地利的新炮系，从1758年开始，腓特烈被迫放弃小型药室设计，而且试图加长3磅炮和6磅炮的炮身。1770年腓特烈得到了新设计：20倍径的3磅炮，轻型（8倍径）和重型（22倍径）两种不同的6磅炮。

普鲁士军中的12磅炮是典型的重炮——在战役中摆放在炮台或者有利地形上。如营炮一样，腓特烈在18世纪50年代中期抛弃了旧型火炮，而在七年战争开始时选择了新的小药室型火炮。小药室型火炮是迪斯考在1754年

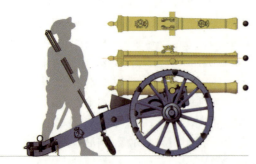

上图: 1746 年款普鲁士团属 3 磅炮

上图: 布鲁默固定炮

上图: *1766 年的 10 磅榴弹炮*

设计的，炮身重 988 磅，由 8 匹马拉动。不过这种炮在 1757 年的布雷斯劳战役中遗失了大部分，腓特烈不得已只能用齐腾从格沃古夫堡垒带来的旧型 12 磅炮弥补重炮的缺额。因祸得福，这种音译名为"布鲁默"的旧型炮在洛伊滕战役中效果不错，因此在普鲁士军队中保留了下来。后来一种新型的 12 磅炮又被引进，处于重型布鲁默和轻型 12 磅炮（就是之前大部分遗失的那种）之间，名为奥地利 12 磅炮。看名字就明白这种炮是根据奥军的火炮设计出来的，1759 年制造了 80 门。

24 磅炮站在重炮家族的顶端，重 1800 磅。霍亨弗里德堡战役和洛伊滕战役中 24 磅炮都发挥了重要的作用，但无论如何它作为战地火炮还是太重了。于是腓特烈把它改为了攻城炮，其火力可以轻而易举地轰碎城墙。

还有榴弹炮，榴弹炮是一种粗硬的大口径火炮，主要用来发射爆炸榴弹。1740 年普鲁士只拥有一种类型的榴弹炮——18 磅，腓特烈试图引入不同的火炮。冯·霍尔兹曼中校在 1743 年发明了 10 磅榴弹炮，1744 年又发明了新型 18 磅炮。1758 年出现了一种 7 磅营属榴弹炮，战场试验效果优异，因此 1762 年每营都配置了一门这样的火炮。

七年战争后榴弹炮也出现在重炮家族里。这种 10 磅榴弹炮的杀伤范围可以达到 4000 步，腓特烈大帝将其归入将领的调遣。

臼炮可以看作是安装在木制炮床上的一种大型榴弹炮，几乎只用于围城工作。在腓特烈继承王位前，利格总计引入了 3 种重量级的臼炮：10 磅臼炮（312 磅重）、24 磅臼炮（758 磅重）和 50 磅臼炮（1456 磅重）。腓特烈对利格的臼炮工作很满意，因此暂时没做改动。不过 1755 年迪斯考发明了一种轻型 24 磅臼炮，使用加农炮型的运输车，取代了 10 磅臼炮。

值得一提的是，普鲁士第二炮兵营首长欧内斯特·冯·霍尔兹曼中校是一位杰出的炮兵革新家，他的发明不仅极大地提升了普鲁士军队的火力，还成了全欧洲竞相模仿的先进装备。在腓特烈大帝统治的早些时候，他自费建造了一种实用性的弹药前车，将弹药车和前车连接在一起，让大炮有独立的弹药补充能力。腓特烈大帝很欣赏这个发明，于 1742 年在营炮兵里面普及了弹药前车。

1747 年霍尔兹曼解决了炮管降低与升高的问题。从前炮管的校准问题都是通过钉入或取出一个嵌入后膛的楔子来解决的。这一方法既麻烦又不准确。因此霍尔兹曼把楔子换成了螺丝，让大炮能直接转动。除此之外，霍尔兹曼在迪斯考新设计的轻量 12 磅炮后增加了一个校准螺丝，更大地提升了准确性。

在炮架方面，普鲁士保持利格在 1717 年设计的样式，木制炮架漆以普鲁士蓝，铁制炮架漆以黑色。

坚硬的铁制实心弹是普鲁士炮兵的主流炮弹。3 磅炮的炮弹与火药装在用弹底板绑在一起的毛制皮包里。更重的火炮则是炮弹和火药包分开填装。为了减轻重量，腓特烈

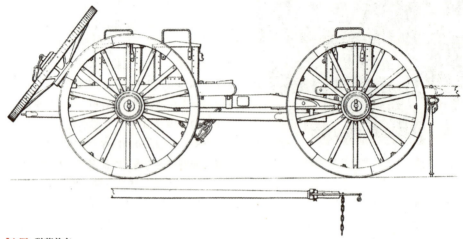

上图: 弹药前车

上图: 奥地利12磅炮。这张照片显示了霍尔兹曼关于火炮转动的发明，照片上火炮已经调到了最高角度

还曾制作过一种内填火药的空心弹，配备给12磅炮。

近距离杀伤的主力炮弹是霰弹。霰弹是在用木或金属薄片做的圆筒里填入大量核桃大小弹丸的炮弹。圆筒在射出炮口时会散开，然后炮弹以宽弧形向四面扩散。最常见的圆筒是铜制的，内封一颗3盎司重的霰弹（铅球）。3磅炮的圆筒里装填50发霰弹，6磅炮是80发，

12磅炮是150发，24磅炮是300发。1748年对各重量级榴霰弹平射距离的评估是：3磅炮550步，6磅炮650步，12磅炮800步，24磅炮1000步。因为霰弹的散射非常厉害，所以有效射击距离其实很短，营属大炮只有100步。另外，虽然铅弹的散射范围并不比铁弹小，但铅弹在互相撞击的过程中会变形而让威力大打折扣，因此腓特烈最终还是把铅弹改成了铁弹。

葡萄弹是射击距离较远的霰弹，弹丸的尺寸和台球一样大。霍尔兹曼还发明了一种木制圆筒葡萄弹用于 24 磅炮，内装不少于 9 颗的 3 磅重炮弹。

火炮运输大概是最能体现腓特烈勤俭节约（甚至是吝啬）精神的一个方面了。与其像奥地利那样建立独立的炮兵运转组织，腓特烈宁愿在和平时期把必要的马匹、运输车和驾手都交给军需部管理。其他马匹都是从农民那里征收而来的，而农民必须保证这些马匹处于良好的状态，还要在动员时付给炮兵 40 泰勒的费用（12 磅炮的炮手没有报酬）。驾手都是从骑兵的市区招募系统里挑出来的身材矮小的人，没有接受过任何军事训练，在早期只是由几个退休的骑兵指挥。1756 年的时候，这些胆小怕事的驾手有 1341 人。他们在战役中经常带着前车和马一起逃跑。因此在 1760 年腓特烈不得不把一些在役的骑兵分配到各个固定炮区监视这些驾手。

上图：葡萄弹

一门炮需要的驾手、马匹和运输工具是很多的。轻量级 3 磅炮与它的弹药前车（70 个实心弹与 20 个圆筒霰弹）需要 3 匹马和 1 个驾手。轻量级 6 磅炮与弹药前车（108 个实心弹和 22 个圆筒霰弹）需要 4 匹马和 2 个驾手。重型 6 磅炮在轻型的基础上还要加上 120 个实心弹。

布鲁默和奥地利 12 磅炮分别需要 12 和 10 匹马拉动。弹药上限是 70 发实心弹和 30 个圆筒霰弹，由两个分开的弹药车运输，每车 3 匹马。轻量级 12 磅炮和它的弹药前车（44 发实心弹）由 8 匹马拉动，另有 66 发炮弹由独立的弹药车运输。总计平均每 10 个 12 磅重炮需要 1 个上尉、4 个尉官、10 个士官、120 个炮手、5 个监察骑兵、110 个驾手和 226 匹马。

然而炮兵运输队的规模不仅如此，它还需要携带浮桥、挖掘工具和步兵的军火。

每场战争结束时，大量的火炮和运输工具都会被尽快送回。驾手欢天喜地地回家，活下来的马匹回到负责的农场。重炮运回堡垒，营属大炮则贮藏在各个团的仓库里（主要是柏林和布雷斯劳，1753 年后还有马格德堡、什切青和柯尼斯堡）。可以说直到下个动员命令到来前，炮兵这个兵种都是暂时不存在的。

被遗弃的炮兵待在柏林，每年春季集合在一起进行 3~4 星期的射击练习。炮兵缺乏行军训练，也从不会和其他兵种进行协调运作。至于春季阅兵和秋季演习中，炮兵只需要发射礼炮欢迎到场的步兵和骑兵。这导致炮兵缺乏作为一个部队的整体荣誉感，毕竟即使在战时他们也只是分散到各个步兵营单独工作。

在战场上，营属火炮的 7 磅榴弹炮和轻量级 12 磅炮都是先由马拉到距离敌人 1200 步远的地方，之后纯靠人力推动。以 3 磅炮为例，士兵一到四拖着与弹药车车尾相连的绳子前进，士兵五到八则从后面推动。炮兵的移动速度比行军中的步兵稍快，而且被要求在步兵开始战斗前至少要开两次火，所以必须移动得足够远。而重炮从头到尾都是马力拉动。

由于炮兵在普鲁士军队中一开始就处在从属的地位上，所以腓特烈在改造火炮和制定战术方面都不会遭到任何阻力妨碍。莫尔维茨战役中普鲁士损失了一些轻量级火炮，因此腓特烈命令营炮兵的布置位置不得超过己方步兵 50 步距离。但一直到 1754 年腓特烈都没有仔细地考虑过营属炮兵的事务。一般炮兵在离敌人 1200 步远的时候使用实心弹，400 步远的时候则改用霰弹，移动方式如上文

所述。

但在重炮方面腓特烈花的心思就多了。1744 年 8 月他规定 24 磅炮和一些榴弹炮集中在军队的一翼使用，使火力集中。12 磅炮则像高一级的营属火炮，区别只是在战斗中被分配到了各团。

重炮在战场上的表现很不稳定。霍亨弗里德堡战役中，普鲁士重炮在奥地利骑兵突破普鲁士步兵第一线的时候横扫了对方。索尔战役中普鲁士步兵却在没有任何炮火支援的情况下拿下了敌人的固定炮台。在恺撒斯多夫战役中，普鲁士炮兵完全没能压制住奥地利的炮兵，导致普鲁士步兵的右翼与中部在敌方霰弹的轰击下损失惨重。

在西里西亚战争与十年战争之间，腓特烈大帝没有意识到奥地利在炮兵上做的改进——建立了炮兵预备队和高度职业化的炮兵部队。

普鲁士各种类火炮分布情况（单位：门）

火炮种类	西里西亚腓特烈所属	西里西亚福柯将军所属	萨克森亨利亲王所属	波美拉尼亚多纳将军所属	总数
12 磅布鲁默炮	30	—	20	—	50
奥地利 12 磅炮	50	10	28	19	107
轻量级 12 磅炮	20	20	6	10	64
24 磅炮	—	—	—	1	1
7 磅榴弹炮	24	—	5	15	44
10 磅榴弹炮	12	6	4	1	23
18 磅榴弹炮	—	—	—	2	2
25 磅榴弹炮	7	—	—	—	7
重炮数总和	143	36	63	56	298

因此在 1757 年的布拉格战役与科林战役中，普鲁士步兵遭到了敌方火炮的血腥大屠杀，而炮兵几乎没有发挥任何作用。

罗斯巴赫战役中，人们重拾了对普鲁士重炮的信心。该战的敌人是法国人与德意志人（站在普鲁士的对立面），他们的炮兵远不如奥地利。紧接着，普鲁士又在洛伊滕战役中战胜了奥地利。这场战役中，普鲁士的 12 磅炮保持前进状态并在战斗开始前就打瘫了奥地利的两门火炮，之后推进到格兰茨堡。同时中部与左翼的重炮也对步兵进行了支援。两边的炮兵都推进到了宽阔地带，对洛伊滕镇的争夺到了白热化的地步。普鲁士炮兵向西南方开火，对聚集在一起的奥地利炮兵进行了毁灭性打击。说到把机动性和杀伤力结合起来，洛伊滕战役中的普鲁士重炮在 18 世纪可以说是无出其右。

腓特烈因此规定重炮应该"持续前进，像在洛伊滕那样"，炮兵要在一开始就压制住敌人的炮兵，然后向斜线方向轰击，打开敌人步骑兵的缺口。然而曹恩道夫战役并没有达到他的期望，因为炮手低估了距离，让炮击效果大打折扣。与此相反，库勒斯道夫战役中普鲁士炮兵组成了半圆形阵列，沉重打击了俄国人。

不幸的是，当腓特烈几乎要把他的炮兵发展到拿破仑时代的水准时，步兵的惨重损失转移了他的注意力。本来 12 磅炮在行军时都是集中在纵队中间的，但 1760 年普鲁士军队从德累斯顿到利格里茨时，腓特烈将它们拆开并分配到了步兵里面，每旅（4~7 个营）10 门。这显然是为了加强步兵的威力。

虽然普鲁士重炮在战场上的表现依然不错，但腓特烈看来是打算把重炮永久分配在步兵里面了，这给行军造成了很多不便。亨

1756 年夏季的普鲁士战地火炮情况（单位：门）

营属火炮	总量	型号	弹药与马力
3 磅炮	160	多样	108 枚实心弹，22 枚榴霰弹；3 匹马，1 名驾手
博夫里 3 磅炮	18	博夫里 M1746	108 枚实心弹，22 枚榴霰弹；3 匹马，1 名驾手
6 磅炮	62	迪斯考 M1754	70 枚实心弹，20 枚榴霰弹；4 匹马，2 名驾手

固定炮	总量	型号	弹药与马力
12 磅炮	30	多样	70 枚实心弹，30 枚榴霰弹；4 匹马，2 名驾手
迪斯考 12 磅炮	30	迪斯考 M1754	70 枚实心弹，50 枚榴霰弹；4 匹马，2 名驾手
24 磅炮	26	霍尔兹曼 H1740	70 枚实心弹，30 枚榴霰弹；6 匹马，3 名驾手
10 磅榴弹炮	20	M1744	20 枚榴弹，20 枚榴霰弹；6 匹马，3 名驾手
25 磅臼炮	10	迪斯考 M1755	55 枚炮弹，10 枚燃烧弹；4 匹马，2 名驾手
50 磅臼炮	4	霍尔兹曼／利格	52 枚炮弹，20 枚燃烧弹；6 匹马，3 名驾手

利亲王偏好把 4~8 门炮集中起来，必要时才分配给步兵，而且要保证有一定的预备火炮。这让他在弗赖贝格的危急关头时手头有 16 门火炮可以调动。

七年战争促进了普鲁士炮兵的两大发展：榴弹炮的大量使用和骑炮兵天才般的创立（虽然也有人争论说俄罗斯的彼得大帝才是骑炮兵的最初创立者，但那和腓特烈的骑炮兵完全不是一个东西，而且后来俄罗斯也完全模仿了普鲁士的做法）。

荷兰人在 17 世纪 90 年代的时候就设计了榴弹炮，但第一个将榴弹炮的作用发挥得淋漓尽致的却是腓特烈大帝。如果是要将敌人扫出战场，可以使用大仰角射击；开阔地上的战斗则可以使用平射，因为跳弹的威力比直接击中还要大。并且榴弹炮出奇地适合发射葡萄弹，其中一个原因是其炮口口径较大，可以发射大型炮弹。因此榴弹炮被广泛装备应用于营属火炮、重炮甚至是骑炮兵。

完成 18 世纪为数不多的反重炮射击的也正是榴弹炮。利格里茨战役中奥地利的重炮对普鲁士造成了很大的困扰，直到萨尔登少将命令炮兵下士克雷奇默用榴弹炮横扫对方："他第一次开炮，只是在奥地利火炮前爆炸并迫使奥地利人后退，因而使我们有机会发射第二次。第二次射击直接击中了奥地利的弹药车。当时有一个奥地利人站在弹药车前面，给其他士兵分发炮弹，当炮弹击中弹药车时这个人和他附近的炮手都被炸上了半空。另外还有八个人非死即残，现在敌人终于放弃了他们的重炮。"

飞行炮兵在其他国家已经装备了一个世纪之久。他们使用的是一种和骑兵一起行动的轻量级火炮。然而腓特烈在七年战争中创立的骑炮兵却不一样，这种快速移动的炮兵不仅仅只是骑兵的附属部队，还可以根据指挥官的命令"像风一样"移动到战场上任何有利位置。

腓特烈选择了轻型 6 磅炮作为骑炮兵的最佳火器。马匹都是精挑细选出来的，可以随时进入冲锋状态，7 名炮手都乘马前进。腓特烈对自己的发明抱有极大的信心，而且做好了一次又一次重建它的准备。第一个骑炮兵部队于 1759 年 5 月在兰茨胡特设立，3 个月后便损失在了库勒斯道夫战役中。同年 8 月腓特烈在菲尔斯腾瓦尔德组织了拥有 10 门火炮的骑炮兵部队，不过这支队伍又在麦克森被俘。第三个骑马炮兵队在 1760 年春成立，一直存活到了战争结束。同时亨利亲王在兰茨贝格也建立了自己的骑炮兵。

骑炮兵在速度上超过了步兵，但是却比不上骑兵。因此有些人认为即使是骑炮兵最成功的战例（1759 年的普里奇战役和 1762 年的赖兴巴赫战役），徒步炮兵只要训练有素也能达成。

七年战争后两个骑炮兵部队被解散，但不久后又重新组建了。1768 年的骑炮兵部队拥

上图: 骑炮兵的炮手

有 20 门 6 磅炮和 4 门榴弹炮。1773 年，普鲁士又开始在波茨坦训练从步兵调到炮兵里去的协助人员。到巴伐利亚继承战争时，普鲁士已经有 6 个骑炮兵部队（每队 9 门火炮）能登上战场。

在 18 世纪已经过了四分之三的时候，腓特烈大帝回顾过去，发现自己被拖入了一场以奥地利和俄罗斯为敌人的火炮军备竞赛。由于缺乏预算和对机动性的喜爱，腓特烈大帝十分讨厌发展炮兵。1768 年他抱怨炮兵已经成了"花费的无底洞"。上一场战争中他在炮兵上总计花了 145 万泰勒。其中 30 万泰勒用在了火炮的换代、武装新堡垒的建造和炮弹的制造购买上。

1756 年腓特烈侵入萨克森的时候，只带了 7 万人和 222 门火炮。在接下来的战役中，为了跟上奥地利的步伐，腓特烈被迫增加火炮数量，终于在 1760 年的托尔高战役时达到了每 1000 人装备 6 门炮的水平。不过这也给普鲁士的火炮运输造成了很大的麻烦。1756 年马格德堡只有 1700 匹马能用来输送火炮。腓特烈在 1778 年花了好几个星期的时间才凑齐 4000 匹马。

70 年代早期腓特烈试图把他所有类型的大炮都搬到战场上。营属 7 磅炮和 12 磅重炮负责给步兵提供直接支援，就像七年战争后期那样。在关键点集中优势火力突破敌人阵线也是很重要的，因此腓特烈将 12 磅布鲁默和 40 门新型 10 磅榴弹炮用作预备火炮。

腓特烈在 1771 年发布了《炮兵条例》的草稿。1778 年和 1779 年，他发表了更进一步的《炮兵指导》，详细的最终版本则在 1782 年 5 月 10 日定稿。在《指导》中，腓特烈警告了炮手过早开火的危险，并谴责了反重炮射击。可以说，在人生的最后，腓特烈也发扬了他那小心谨慎的精神。

纵观腓特烈大帝的一生，先是在西里西亚战争中大展拳脚，让普鲁士登上了欧陆强国的舞台，接着又在七年战争中靠实力和运气保住了普鲁士的列强地位。到了 18 世纪末，腓特烈大帝本人已经成为普鲁士军事荣耀的象征。但实际上，普鲁士军队才是其军事胜利的基石。这些士兵保家卫国的想法，可以用腓特烈大帝在洛伊滕会战前夕的演说来表达："我们是在为我们的荣耀，我们的妻子，我们的子孙而战。"

作者 /
康伯克

溃疡的晚期

浅谈半岛战争中西班牙土地上决定性的大战役

只有等所有的内政、军事和管理权力集中于（约瑟夫）国王一人之手，并且
国王陛下收到来自皇帝的指令符合当前实际情况后，陛下才能完全对西班牙负责。

——约瑟夫国王的总参谋长儒尔当元帅写于 1812 年 5 月的备忘录

1813 年，欧洲大地硝烟一片，2 支势均力敌的力量的战争结果将决定欧洲未来的命运。当拿破仑率领新组建的大军团在中欧同反法联盟打得难解难分之际，其兄长统治下的西班牙王国却如风中残烛般摇曳。与此同时，威灵顿统帅下的三国联军实力已然超出了在半岛的法军，5 月下旬威灵顿从西班牙边境出发，仅用了 1 个多月便将法军彻底击败，并一路追亡逐北至法西边境。但是拿破仑不会坐视不管，他把在德意志的苏尔特元帅派回了千里之外的比利牛斯山，试图挽救这个垂危的战场。在西班牙土地上双方军队最后的大战就此爆发。

兵败如山倒：法军的大撤退

1813 年 6 月 21 日，法军在维多利亚会战①中遭到决定性失败，随后丢弃了所有的火炮和物资，朝潘普洛纳（Pampeluna）方向撤退。战败的法军在黑夜中一路逃亡，直至精疲力竭。通往萨尔瓦铁拉（Salvatierra）的逃亡之路两旁布满了营火，疲惫的士兵分食背包中所剩无几的口粮。法军几乎所有的火炮和辎重都被遗弃，连儒尔当的元帅手杖和约瑟夫国王的夜壶都落入联军之手。拿破仑的兄长——约瑟夫国王跑在队伍的最前面，他抵达了离战场 16 英里之外的萨尔瓦铁拉，吃了一顿忧郁的晚餐。在休息了 3 个多小时之后，约瑟夫再次上马前往潘普洛纳，而他的部队艰难地跟在后面。兵败如山倒，此刻又下起了大暴雨，法方从国王到士兵的所有人都已是身心俱疲，但是联军并没有紧跟其后。

联军司令部迟迟未给骑兵下达追击命令，造成的后果就是在前往萨尔瓦铁拉的路上，联军几乎没抓到俘虏。联军步兵的行动也是拖拖沓沓，而法军早已逃到数英里之外。联军这么做的一个原因是维多利

▌上图：被遗弃在战场上的约瑟夫国王的私人财物

---

① 按照拿破仑在 1813 年初的命令，约瑟夫在春季就已离开马德里，将巴里亚多利德设为总部。1813 年 5 月，威灵顿自西班牙边境地区出发，一路横扫法军各道防线，迫使约瑟夫国王集结军队撤退至维多利亚进行主力决战。在 6 月 21 日的维多利亚会战中，法军被彻底击败，丢弃了几乎所有火炮和物资。

亚会战激烈的战斗导致联军官兵体力大降，另一个更重要的原因是相当多的军官和士兵都参与到当天夜里的大劫掠中，满载战利品而归，一夜没怎么休息，很多人甚至彻夜未归。

维多利亚会战的战利品极为丰厚：151门火炮、415箱弹药、100辆弹药车、数不清的金币。"整个西班牙的财宝"都堆在离战场不远的法军营地里，大量的钱财就这样落到了联军军官和士兵手中。连威灵顿很在意的一笔钱——会战前法国刚刚送达维多利亚的500万法郎军费，最终也只交上来一小部分。威灵顿在给陆军大臣巴瑟斯特（Henry Bathurst）[1]的信（写于6月29日）中表达了他的愤怒：

"我们的军队自出发以来一直保持着良好的秩序，一直到会战当天的表现都是最高水准。但是这种事，像往常一样，毁掉了所有的军纪。士兵们在原本应收归军用的100万英镑中大肆搜刮，只交上来大约10万英镑。会战当晚本该好好休息一下，吃喝一顿，却被用来搜寻财宝。结果就是他们

无法继续追击敌人，完全都是被强拉起来的。大雨又进一步增加了他们的疲惫，我确信现在的掉队减员达到了战斗损失的两倍……这就是现在英国军队纪律状况带来的后果。我们或许可以取得伟大的胜利，但除非彻底改变当前的军队组织系统，强制所有军官和士兵尽忠职守，否则我们不会得到丝毫的好处。"

同以前一样，威灵顿每次遇到这种事都要大发雷霆，几天之后在另一封信中他写下了那段著名的话：

"我们军队中服役的士兵都是地球上的渣滓……低级军官根本不尽职尽责地维持士兵军纪，士官们（正如我反复指出的那样）也一样糟糕。说这些人是我们的战士真是丢脸。"

大胜之后因丧失军纪贻误战机，任何一位最高指挥官恐怕都不会有好态度。然而不管怎样，愤怒之余，威灵顿要面对的追击任务依然艰巨而诱人。

在22日下达的命令中，威灵顿要求希龙（Girón）的西班牙第四军【先锋为隆加（Longa）

---

[1] 巴瑟斯特在内阁中的实际职位是陆军和殖民地事务大臣（Secretary of State for War and the Colonies），本文以下简称为陆军大臣。

维多利亚会战前威灵顿的军队序列

部队番号及指挥官姓名			军官	士兵	总计
第 1 师：霍华德（Kenneth Alexander Howard）	旅长：斯托普福德（Stopford）	第 1 冷溪近卫团；第 1 苏格兰近卫团；第 60 团第 5 营的 1 个连	56	1672	4854
	旅长：霍尔基特（Halkett）	第 1、第 2、第 5 英王德意志战列团；第 1、第 2 英王德意志轻步兵团	133	2993	
第 2 师：罗兰·希尔爵士（Sir Rowland Hill）【不久后实际指挥权归威廉·斯图尔特（William Stewart）】	旅长：卡多根（Cadogan）	第 50 团第 1 营；第 71 团第 1 营；第 92 团第 1 营；第 60 团第 5 营的 1 个连	120	2657	10834
	旅长：宾（John Byng）	第 3 团第 1 营；第 57 团第 1 营；第 1 临时团（包括第 31 团第 2 营和第 66 团第 2 营）；第 60 团第 5 营的 1 个连	131	2334	
	旅长：奥卡拉汉（O'Callaghan）	第 28 团第 1 营；第 34 团第 2 营；第 39 团第 1 营；第 60 团第 5 营的 1 个连	122	2408	
	旅长：阿什沃斯（Ashworth）（葡萄牙旅）	第 6、第 18 葡萄牙战列团；第 6 猎兵团	3062		
第 3 师：托马斯·皮克顿爵士（Sir Thomas Picton）	旅长：布里斯班（Brisbane）	第 45 团第 1 营；第 74 团；第 88 团第 1 营；第 60 团第 5 营的 3 个连	125	2598	7437
	旅长：科尔维尔（Colville）	第 5 团第 1 营；第 83 团第 2 营；第 87 团第 2 营；第 94 团	120	2156	
	旅长：鲍尔（Power）（葡萄牙旅）	第 9、第 21 葡萄牙战列团；第 11 猎兵团	2460		
第 4 师：劳里·科尔爵士（Sir Lowry Cole）	旅长：威廉·安森（Willam Anson）	第 27 团第 3 营；第 40 团第 1 营；第 48 团第 1 营；第 2 临时团（包括第 2 团和第 53 团第 2 营）	139	2796	7816
	旅长：斯凯里特（Skerret）	第 7 团第 1 营；第 20 团；第 23 团第 1 营；1 个布伦瑞克连	123	1926	
	旅长：斯塔布斯（Stubbs）（葡萄牙旅）	第 11、第 23 葡萄牙战列团；第 7 猎兵团	2842		

第5师：奥斯瓦尔德（John Oswald）代替利斯（James Leith）挥	旅长：海（Hay）	第1团第3营；第9团第1营；第38团第1营；一个布伦瑞克连	109	2183	6725
	旅长：鲁滨逊（Robinson）	第4团第1营；第47团第2营；第59团第2营；1个布伦瑞克连	100	1961	
	旅长：斯普赖（Spry）（葡萄牙旅）	第3、第15葡萄牙战列团；第8猎兵团	2372		
第6师：帕克南（Edward Pakenham）代替克林顿（Henry Clinton）指挥	旅长：斯特林（Stirling）	第42团第1营；第79团第1营；第91团第1营；第60团第5营的1个连	127	2327	7347
	旅长：欣德（Hind）	第11团第1营；第32团第1营；第36团第1营；第61团第1营	130	2288	
	旅长：马登（Madden）（葡萄牙旅）	第8、第12葡萄牙战列团；第9猎兵团	2475		
第7师：达尔豪西伯爵（Earl of Dalhousie）	旅长：巴恩斯（Barnes）	第6团第1营；第3临时团（包括第24团第2营和第58团第2营）	116	2206	7287
	旅长：格兰特（Grant）	第51团；第68团；第82团第1营；"不列颠尼克"猎兵团	141	2397	
	旅长：勒科（Lecor）（葡萄牙旅）	第7、第19葡萄牙战列团；第2猎兵团	2437		
轻步兵师：查理·阿尔滕（Charles Alten）	旅长：坎普特（Kempt）	第43团第1营；第95团第1、第3营	98	1979	5484
	旅长：范德勒（Vandeleur）	第52团第1营；第95团第2营	63	1399	
	无所属旅	第17葡萄牙战列团；第1、第3猎兵团	1945		
葡萄牙师：西尔韦拉（Francisco da Silveira）	旅长：达·科斯塔（Da Costa）	第2、第14葡萄牙战列团	2492		5287
	旅长：坎贝尔（Campbell）	第4、第10葡萄牙战列团；第10猎兵团	2795		
葡萄牙独立旅：帕克（Denis Pack）		第1、第16葡萄牙战列团；第4猎兵团	2297		2297

葡萄牙独立旅：布拉德福德（Thomas Bradford）	第 13、第 24 葡萄牙战列团；第 5 猎兵团	2392		2392
皇家骑乘炮兵和驭手		23	780	803
步行炮兵及车队、弹药运输队		100	2722	2822
英王德意志炮兵		17	335	352
葡萄牙炮兵		330		330
工程工兵和坑道工兵		41	302	343
机关、参谋部人员		21	126	147
运输队		37	165	202
骑兵		354	7963	8317

的师】，沿着通往巴约讷的大路，追击莫屈内（Maucune）将军护送的庞大法军运输车队，并尽可能切断留守比斯开的富瓦（Foy）同法军主力的联系。威灵顿则率主力追击约瑟夫。根据情报，法军克洛泽尔（Clausel）的部队（4 个师）正向洛格罗尼奥（Logroño）靠近。会战当天（21 日）他距离维多利亚战场尚需要一天的路程，因此没能增援约瑟夫国王。可能现在克洛泽尔已经得知了法军惨败的消息，但也有可能他对此并不知情，如果这一支法军在 22 日下午出现在维多利亚以南，无疑会给威灵顿带来不小的麻烦。因此威灵顿把第 5 师和一些骑兵留在维多利亚，另外第 6 师[1]正从波马尔城（Medina de Pomar）赶来，预计中午抵达，留守兵力共计 12000 人，足以预备不测。

做完准备工作后，威灵顿在 22 日 10 点下达命令，追击部队分成 3 路纵队前进，全军将在萨尔瓦铁拉会合。

当天下午，威灵顿的军需总监将军

上图：晚年的格雷厄姆

① 第 6 师在维多利亚会战后的一个半月时间里指挥权多次更替，帕克南、克林顿、帕克等人相继担任过总指挥，请读者注意辨别。

地图标注（从左上顺时针）：

比斯开湾　　　　法　国

7月1日富瓦和雷耶渡过比达索阿河退入法国境内

巴约讷

7月1日格雷厄姆出现在河南岸，法军摧毁了通往法国的大桥

圣让－德吕兹

约瑟夫6月28日在圣让－德吕兹建立指挥部，7月11日他被拿破仑"解职"回到莫尔福丹尼

圣塞瓦斯蒂安要塞遭到围攻

圣塞瓦斯蒂安

埃尔纳尼

富瓦，6月28日

尼夫河

6月24日富瓦在撤退途中于托洛萨同追击的格雷厄姆展开激战

富瓦，6月27日

埃利松多

圣让－皮耶德波尔

克洛泽尔于7月15日抵达

富瓦6月22日抵达蒙德拉贡，继续向北撤退，没有试图与北撤的约瑟夫会合

托洛萨

比达索阿河

蒙德拉贡

贝阿萨因

希尔于7月13日建立起指挥部

克洛泽尔于7月15日抵达

格雷厄姆6月22日转向北追击富瓦

6月21日威灵顿击败约瑟夫

维多利亚

萨尔瓦铁拉

潘普洛纳

瓦特

约瑟夫6月24日抵达潘普洛纳遭到联军封锁

约瑟夫，6月22日

特尔维诺

威灵顿6月26日抵达潘普洛纳，决心继续追击克洛泽尔

克洛泽尔于从萨拉戈萨出发经由哈卡继续向北退往法国本土

克洛泽尔6月22日得知约瑟夫战败的消息，随后他朝洛格罗尼奥撤退

阿拉贡河

哈卡

洛格罗尼奥

埃布罗河

塔法利亚

卡赛达

6月29日威灵顿放弃追击克洛泽尔返回潘普洛纳

克洛泽尔，6月23日

通往萨拉戈萨

克洛泽尔继续撤退，6月30日至7月2日停留在萨拉戈萨，随后于7月3日继续向哈卡撤退

通往萨拉戈萨

上图：法军的撤退和联军的追击路线

（quartermaster-general）①乔治·默里爵士（Sir George Murray）向威灵顿建议说，或许应该派一支军队沿萨尔瓦铁拉到比利亚弗兰卡（Villafranca）的道路向北进发，这样可以绕过大大小小的要塞直接切入通往巴约讷的大路，有机会在比利亚弗兰卡截住法军车队。威灵顿采用了这一建议，命令格雷厄姆立刻带领第1师，帕克（Pack）的葡萄牙旅和布拉德福德（Bradford）的葡萄牙旅，以及安森的骑兵旅离开预定路线向北进军。不过从萨尔瓦铁拉到比利亚弗兰卡的道路对骑兵和炮兵实在是勉为其难，并且这份命令是下午3点发出的，所

以只有少数部队在雨中调头，格雷厄姆本人甚至直到次日（23日）早上才收到威灵顿的命令。联军参谋系统的糟糕问题又一次暴露出来，因传令引发的混乱使格雷厄姆损失了太多时间，他本该于23日晚进攻比利亚弗兰卡，但最终进攻计划拖了一整天。就在这宝贵的24小时里，法军运输车队安然通过了比利亚弗兰卡前往托洛萨（Tolosa）。

格雷厄姆走后，其余联军部队继续沿着原先的道路追击。法国方面，约瑟夫国王在伊鲁尔松（Irurzun）停留了数个小时，命令雷耶带着他的葡萄牙军团（包括2个师、1个骑兵

---

① 这个职务实际相当于英军的总参谋长。

旅和失去火炮的炮兵）离开主力，取道圣埃斯特万（Santesteban）和巴斯坦谷地（Bastan）回到比达索阿河下游的法国边境，南方军团和中央军团继续撤往潘普洛纳。6月22日下午，克洛泽尔抵达特尔维诺，并终于得知法军在维多利亚会战遭到惨败的消息。帕克南发现有法军迫近后，派人通知了刚走没多久的第5师和希龙的西班牙第四军。但克洛泽尔并没有急着进攻维多利亚，而是转而沿埃布罗河撤退。

经过日夜兼程的追赶，威灵顿终于在24日同法军后卫交战。但法军大部经过潘普洛纳附近撤往法国本土，没有在潘普洛纳停留，只有约瑟夫国王和他的参谋们24日晚在城中歇脚。当天夜里，加赞（Gazan）带领法军南方军团经由龙塞斯瓦列斯山口（Roncesvalles, Pto.de）向圣让－皮耶德波尔（St-Jean-Pied-de-Port）撤退。25日拂晓，埃尔隆（d'Erlon）的部队沿通过马亚山口（Maya, Pto.de）的道路撤退。几个小时后英军先锋的轻骑兵就来到潘普洛纳城下。当天夜里，威灵顿得到了克洛泽尔的消息，准备试图堵截这支孤立的法军，于是下令第4师和轻步兵师向通往图德拉（Tudela）的大路进发；第3师和第7师等到希尔将军赶到后出发，希尔则接替当前的部队监视潘普洛纳。

事实上，捉住克洛泽尔的唯一希望就是在图德拉截住他，但站在事后者的角度来看，除非克洛泽尔反应过于迟钝，否则威灵顿的希望非常渺茫。26日，克洛泽尔在洛

多萨（Lodosa）渡过埃布罗河并摧毁了身后的大桥，27日下午经过急行军抵达图德拉。此时离他最近的英军骑兵尚在25英里之外，步兵就落得更远了。随后克洛泽尔只在图德拉停留了很短的时间，28日拂晓再次启程并于30日抵达萨拉戈萨，见到了阿拉贡总督帕里（Paris）将军。所以实际上从26日开始，克洛泽尔已经基本脱离危险，威灵顿寄希望于米那的西班牙游击队能在图德拉截住法军，但米那也无能为力。

27日晚，威灵顿得知克洛泽尔已经逃离图德拉，于是放弃了追击的打算。克洛泽尔在萨拉戈萨停留了3天（6月30日—7月2日），7月6日抵达哈卡，又做了几日停留。7月11日，他得到消息，帕里将军在西班牙部队的威胁下没做多少抵抗便放弃了萨拉戈萨，于是他向北翻过比利牛斯山回到法国本土，15日抵达圣让－皮耶德波尔。克洛泽尔带回了11000名步兵、500名骑兵和6门轻型火炮，撤退途中损失了1500人，包括丢弃的伤病员和掉队的士兵。

29日，威灵顿停止追击后命令部队休息一天，准备追击约瑟夫国王的主力部队，同时还要留下不少部队封锁潘普洛纳要塞。7月1日，威灵顿下令希尔将军打头向北经由圣埃斯特万进入巴斯坦山谷追击埃尔隆。在介绍这一段之前，我们先回到6月22日那天来看看另一支联军的追击情况。

在维多利亚会战2天前的6月19日，富瓦接信称约瑟夫国王正一路沿着埃布罗河撤退，然而在这个

上图：富瓦将军，他常年身居半岛战场，是拿破仑眼中的"未来四元帅"之一

关键的时刻,富瓦认为比斯开一带的防御工作更重要,没有即刻动身前往战场。21日莫屈内护送的庞大运输队通过了塞林纳山口。随后莫屈内见到了富瓦,告诉他身后一直传来响彻云霄的枪炮声,但他不知道到底发生了什么。最终,从维多利亚战场逃散下来的溃兵带来了惨败的消息,称约瑟夫正朝着潘普洛纳逃跑,所有的大炮都被丢弃了,联军很快就会沿着巴约讷大道进攻。

22日一早,隆加的师向北追击法军,希龙的大部队下午3点也出发了。但没过多久,克洛泽尔出现在维多利亚以南,希龙不得不又折返回到维多利亚。确认克洛泽尔远去后,希龙再次踏上之前的道路。这样一来,在天黑前他只走了预计行程的一半。所以22日真正进行追击的只有隆加的师。富瓦带领手中数个营南下并在塞林纳峡谷碰到了隆加,当天下午双方一直保持着交火,富瓦本人也受了轻伤。第二天下午富瓦继续向后方撤退,并命令还在护送运输队的莫屈内将军立刻离开车队,带领手头所有的可战之兵南下封锁比利亚弗兰卡,防止有敌人从这里经过威胁法军的后方。24日早晨莫屈内抵达比利亚弗兰卡,运输车队则在无人护送的情况下经由托洛萨(Tolosa)继续北进。直到这时法军的侦察兵才证实富瓦之前的猜测,一支强大的联军部队的确从萨尔瓦铁拉向比利亚弗兰卡进军。24日格雷厄姆下令进攻比利亚弗兰卡,莫屈内则且战且退,为其余法军的撤退争取到了足够的时间。

战斗过后格雷厄姆手头有了10000名英葡士兵和16000名西班牙士兵,而撤退到托洛萨的富瓦得到了附近几处要塞守军的增援,现在人数也上升至16000名。25日联军发现法军主力已在托洛萨城两侧部署完毕,没有放弃阵

上图: 维多利亚会战前的隆加上校(画面中央骑白马者)。手工匠出身的隆加是半岛战争中一名杰出的游击战领袖,在1813年他以上校的身份指挥一个2000人规模的师,屡建奇功

上图：托洛萨城中的大桥，天黑时分法军在被合围前成功撤过该桥。可以看到托洛萨城外环绕的群山

地的意思，一场恶战在所难免。直到这时富瓦仍然不清楚维多利亚会战的结果，他是在冒险同优势兵力的敌军交战。

托洛萨城坐落在狭窄的峡谷里，扼守着重要的交通枢纽。法军抓紧时间加固了托洛萨的防御工事，堵死城门，在城墙上部署火炮。富瓦派4个营的兵力护送运输车队撤退，其余兵力都用来防守托洛萨。他在城镇两侧的高地上部署了数个旅，并把莫屈内的师作为预备队部署在城镇后方的大道上。格雷厄姆见状，派出了强大的迂回兵力准备进攻托洛萨的侧翼和后方，其余部队从正面进行牵制。与此同时比斯开一带的非正规部队同联军取得了联系，格雷厄姆要求他们尽可能封锁托洛萨后方的巴约讷大路。

6月26日上午，联军开始行动，正面的部队行动缓慢，但布拉德福德的旅迂回到东侧后趁防守的法军分神之际夺取了山脊。法军试图发动反攻，但葡萄牙人顽强地守住了阵地。下午6点法军的后方传来枪声，于是格雷厄姆下令发动总攻。双方立刻爆发激烈

的交火，法军全线接敌，难以进行调动。但联军指挥官低估了托洛萨工事的防御能力，因此对城镇南侧的正面进攻遭到了彻底的失败。城东的联军向城外的法军3个旅发动猛攻，隆加也出现在法军的背面。法军发现有敌人威胁他们的侧后，于是立即向托洛萨后撤，却被已经堵死的城门拦在外面，只得在另一个赶来的旅协助之下向北撤退。城西的法军先和比斯开民兵交战，随后同葡萄牙部队发生恶战。由于这里的法军之前是城镇守军，混杂着不少训练不足的士兵，在压力之下军心开始动摇，继而陷入混乱。夜幕渐渐降临，联军的火炮终于轰开了南侧的城门，在即将被合围之际富瓦下令全军撤退。在黑夜的掩护下法军没有多少损失便撤离了托洛萨，联军抓了近200名俘虏。法军的损失可能在500人以上，联军的损失比法军少一些。

战斗结束后富瓦继续向北撤退，于28日同他的上司雷耶取得联系。雷耶命令富瓦继续向法国边境撤退，并与圣塞瓦斯蒂安要塞保持联系。圣塞瓦斯蒂安要塞离法国边境非常近，

地理位置极为重要，但是武备废弛。维多利亚会战前两天雷伊（Louis Emmanuel Rey）将军被约瑟夫国王任命为这里的总督，来到后他发现这里的守军仅有1200人，并且工事破败，弹药稀缺。于是雷伊着手加紧要塞的重建工作，清理废墟，部署大炮。28日富瓦抵达圣塞瓦斯蒂安，带走了原先那些不可靠的守军，随后把1个旅（2000人）和所有炮兵留在要塞中。再加上周边小股援军，圣塞瓦斯蒂安在6月底有了3000人的守卫力量。雷伊本想要4000人，但被富瓦拒绝，因为这个要塞规模并不大，没有必要留下太多人。

29日格雷厄姆发觉法军已溜走后没有过于急着追赶。来到圣塞瓦斯蒂安后，他派兵封锁了这座要塞。6月30日雷耶下令所有在比达索阿河南侧的法军部队全部退回法国本土。当天下午联军先头部队出现，第二天双方争夺桥头堡爆发战斗，随后法军摧毁了大桥。消息传到德意志战场，拿破仑怒不可遏，他在给陆军大臣克拉克的信中说道："简直是疯了……他们的表现简直像一群胆小的妇人。"实际上，雷耶的行为无可厚非，法军遭到决定性失败，全军上下士气低落，根本无力再战。如果威灵顿率主力赶到比达索阿河下游的话，法军肯定无法守住边境防线，过河拆桥不过是个时间问题。

饮马比达索阿河——威灵顿，约瑟夫，拿破仑及欧洲局势

"我这里一切进展顺利，除了要塞守军之外，西班牙这边已经没有一个法国人了。在我将防线稳定下来之前我要等一等，看看德意志境内局势发展的结果。"
——威灵顿写给本廷克勋爵，1813年7月8日，伊鲁里塔
"在西班牙的这支军队没有将军，却有一

名充当跑龙套角色的国王。最终（我承认）应该责备我自己。"
——拿破仑写给警务大臣萨瓦里，1813年7月20日，德累斯顿

到7月1日，比达索阿河下游的所有法军都撤回到了法国本土。同一天，在追击克洛泽尔无果而终后，威灵顿也开始从潘普洛纳向北进军追击其余的法军，但在这个节骨眼上又有一桩政治事件让威灵顿非常不爽。6月28日威灵顿得知西班牙加的斯的摄政会议免去了卡斯塔尼奥斯（Castaños）在埃斯特雷马杜拉（Extremadura）和加利西亚军队的指挥权，给他在参议院安排了职位，同时免去了卡斯塔尼奥斯的侄子——前文提到的希龙将军，西班牙第四军的指挥权，让他担任西班牙加泰罗尼亚军团的副指挥。卡斯塔尼奥斯和希龙是西班牙军中为数不多可以和威灵顿进行良好沟通的指挥官。威灵顿成为英、西、葡三国军队最高统帅之后，在1813年年初远赴加的斯同西班牙摄政会议进行谈判。作为谈判结果之一，双方达成协议，摄政会议不得在威灵顿不知情的情况下擅自进行西班牙军队的人事任免，而现在摄政会议公开违反了之前的约定，调走了2名将官。威灵顿很清楚这是摄政会议中的"自由派"人士在同他作对，但在当前关键的时期威灵顿克制着自己，并没有同摄政会议公开决裂。在6月29日给巴瑟斯特的信中，威灵顿清楚地表达了自己对西班牙政府的看法：

"在当前的局势下我很难提出一套行动路线。我们和欧洲的其他主要势力都关注着半岛战争中取得的胜利，但坐在加的斯政府中的那帮家伙们看起来对此毫无兴趣。他们所真正关心的事不过是想听到对其愚蠢宪法的恭维之声……他们对宗教裁判所持的看法也和上面说

得差不多。我在加的斯的时候就告诉过他们仓促执行改革举措的危险性……我现在提及上面的这些事，是希望能够引起（英国）政府的注意……在我看来，只要西班牙还被当前秉持共和原则的议会统治着，我们就不能期望会有永久性的局面改善……我承认，如果共和体制不被打倒的话，我认为西班牙将不是一个有用的盟友。"

加的斯宪法颁布后，对于西班牙宗教制度的改革引发了一批教会人士的抵制，甚至存在爆发内战的风险。关于西班牙内部事务，威灵顿是这样建议的：

"我明白加利西亚省被迫老老实实地接受了议会颁布的关于宗教裁判所的法令，而且圣地亚哥大主教已经搬到葡萄牙去了。而我更倾向于建议政府不要介入西班牙的内部事务，至少不要直接去插手。小心提防外国人插手本国内政是所有西班牙人的特点，英国政府发表的任何反对自由派的声明都会反过来给他们更多的实力和能力。"

这起政治事件仍然不是威灵顿"没能抓住机会扩大战果"的最大理由，他真正考虑的因素在于千里之外的德意志战场。经历了吕岑、包岑两场大规模的会战之后，在奥地利的武装调停下，拿破仑于 6 月 4 日同普俄在特拉维茨签署了停火协议，直到 8 月双方再次走上战场之前，整个欧洲依旧命运未卜。

威灵顿不断给陆军部写信要求得到关于德意志战场的最新情报，然而从萨克森到伦敦再到西班牙，这长长的距离让威灵顿收到的每份新闻都成了事实上的"旧闻"。如果拿破仑真的同联军签署了长期和约，那么他接下来的首要目标极有可能将是伊比利亚。就算威灵顿一路高歌猛进拿下巴约讷和波尔

上图：第一代拜伦公爵卡斯塔尼奥斯

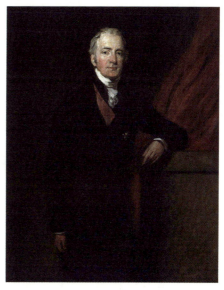

上图：英国陆军大臣巴瑟斯特，他是威灵顿坚定的支持者，并且彬彬有礼，能够长期忍受威灵顿强硬激烈的措辞

多，在拿破仑大军团主力面前除了撤退之别无选择。

在维多利亚会战前，陆军大臣巴瑟斯特甚至还在琢磨一些不切实际的计划，比如如果法军被逐回到埃布罗河北岸，那么是否可以让西班牙和葡萄牙及少量英军部队"牵制"法军，把威灵顿本人和英军主力调去德意志。一旦40000名英军出现在易北河战场，不但联军将有更多的信心同拿破仑开战，英国在谈判中也能处于更有利的地位。还有，就算拿破仑在中欧缔结了长期合约，威灵顿是否可以像1810—1811年守住葡萄牙那样守住当前的比利牛斯防线，如果力不从心的话是否有可能战线维系在埃布罗河一带。

维多利亚会战胜利的消息传到伦敦后，首

相利物浦伯爵仍然抱有不切实际的想法，比如他以隐晦的口气询问威灵顿是否可以在西班牙边境修筑要塞，然后把防守任务交给西班牙人，只留下少量英军协防，而英军主力回到中欧"打大仗"。

这些建议威灵顿显然是无法接受的。7月12日在给陆军大臣巴瑟斯特的信中他清晰表达了自己对当前欧洲局势的看法：

"我未来的行动将很大程度上取决于欧洲北部局势的进展……至于把我调到德意志去，我是摄政王殿下的仆人，我会遵从殿下和政府的决议。但我还是请求重新考量把我留在这里的巨大优势，因为所有人都相信我所做的是对的，而如果去德意志的话，这种优势至少在目前不会有……如果还有一支军

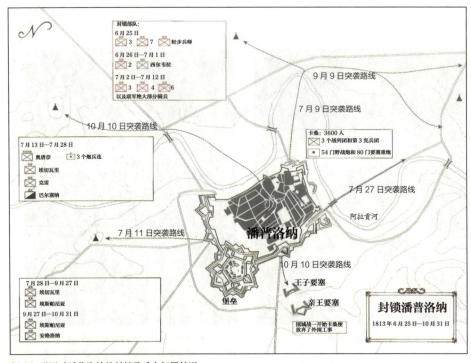

上图：联军对潘普洛纳的封锁及兵力部署情况

队留在半岛的话，那么最好还是让我和他们一起留下……我建议您不要放弃西班牙一寸的土地，我想我可以像守住葡萄牙那般容易地守住比利牛斯。"

对于利物浦伯爵提出的在边境修要塞防线的想法，威灵顿的回答更是直截了当：

"我不认为我们可以按照从里斯本郊外到大西洋的防线那样修筑西班牙边境的防御系统。前者不但长度短得多，而且我方的交通极为简短便捷。而比利牛斯山则非常长，有至少70个关口贯穿山脉，并且目前我得到的结论是交通的便利在敌人一方。我们或许可以在某些关口修筑防御工事，但绝不可能把比利牛斯打造成从塔霍河到大西洋（的防线）那样。"

最后，关于首相提出的把防线的主要任务交给西班牙人的想法，威灵顿也予以了否决，表达了对西班牙政府能力的不信任，称西班牙政府根本无力养活一支足够人数的军队。威灵顿的看法有其事实依据，1813年6月西班牙政府纸面上有160000人的军队，然而把各地实际同法军交战的部队加起来不过区区50000余人。

"我认为您不应该在半岛留下少于60000人的英军，至于西班牙军人数多少随它去吧。"威灵顿这封信写于7月23日，站在事后者的角度看，再有2天法军就要发动反攻，如果真听从了英国政府的这些建议，后果可能不堪设想。最终，威灵顿的耐心得到了回报，拿破仑并非真心渴求和平，他只是在拖延时间，战事于8月重启，并且奥地利也加入到了反法联军一方。

战事重启的消息于9月7日才传到威灵顿那里，而在这近2个月的时间里半岛战场发生的巨大变动丝毫不亚于德意志战场。

此前的7月1日，在追击剩余法军前先要留下足够的部队封锁潘普洛纳，威灵顿追击克洛泽尔时将封锁任务交给了希、西尔韦拉（Silveira）和莫里略（Morillo）的英、西、葡三国部队。当威灵顿停止追击克洛泽尔后，以上这些部队将要离开潘普洛纳，前进至巴斯坦山谷一带。经过再三思考后威灵顿决定把封锁任务交给由爱尔兰裔将军亨利·奥唐奈（Henry O'Donnell）率领的西班牙"安达卢西亚预备军团"。7月2日奥唐奈得到命令带领11000人前往潘普洛纳执行封锁任务，而约瑟夫国王在离开前给了潘普洛纳总督卡桑（Cassan）将军3600人的部队，要塞内还有超过80门大炮，因此11000人的部队执行封锁任务并不算太多。

另一边的法军也没闲着。雷耶向西北方向撤回比达索阿河下游，埃尔隆向北撤向巴斯坦山谷，剩余的法军沿龙塞斯瓦列斯山口撤退，于6月27日在一片混乱中回到法国本土的圣让－皮耶德波

上图：圣让－皮耶德波尔要塞

尔。撤退路上法军溃兵一路靠劫掠为生，回到本土后依旧如此，害得法国农民拖家带口逃入山区。圣让－皮耶德波尔只是个小型要塞，并非补给基地，根本不可能在这里重整军队。6月29日法军主力回到尼韦勒河（R.Nivelle）和尼夫河（R.Nive）下游地区，向法军入侵伊比利亚的后方大本营——巴约讷靠近。就在这时，一纸命令从德意志传来，拿破仑在春季战役中饱受缺少骑兵之苦，命令2个龙骑兵团和7个轻骑兵团立刻离开比利牛斯，启程前往萨克森。这样一来法军的骑兵数量大为减少，好在比利牛斯山脉并不适合骑兵作战。并且威灵顿没有急着入侵法国本土，这给了法军宝贵的喘息的机会。

首先最要紧的事就是补充丢掉的火炮。巴约讷本身就是个巨大的炮兵仓库，7月6日法军的炮兵总管蒂莱特（Louis Tirlet）报告说他已经从库存中弄来了80门大炮，并且承诺到月底从图卢兹、拉罗谢尔等地运来的存货抵达后，法军将会有120~150门大炮，但是弹药箱等装载工具仍然短缺。

食物的补给也是大麻烦，后方从没有人组织过如此大规模的后勤工作，60000名士兵聚集在巴约讷附近，连烤面包饼干的炉子数量都不够。另外法军从维多利亚败退时丢弃了大量马车，运输工具的匮乏一直困扰着法军。这些问题将对日后的作战产生及其重要的影响。

约瑟夫国王6月28日抵达圣让－德吕兹（St.Jean de Luz），他明白自己待在西班牙的日子恐怕马上就要永远结束了，拿破仑不会放

上图： 联军向比利牛斯山进军的路线

过他，因此最好还是把仗打回西班牙去。在7月5日，儒尔当元帅对当前的局势提出了3个行动方案，第一个是集中全军力量进攻格雷厄姆，解除联军对圣塞瓦斯蒂安要塞的威胁；第二个方案是经过龙塞斯瓦列斯山口南下，救援被围的潘普洛纳；第三个方案是留下15000人在比达索阿河下游牵制格雷厄姆，其余兵力经由哈卡（Jaca）进入阿拉贡同克洛泽尔会合，然后南下在絮歇元帅那里补充炮兵，直接威胁威灵顿的侧翼。考虑到法军当前糟糕的纪律和组织状况，短期内的任何进攻行动都不过是幻想而已。

实际上法军眼下最为要紧的任务是尽可能地守住山谷，这里切断了潘普洛纳封锁军同格雷厄姆所部之间的交通线，但这个战略要地偏偏由法军中最虚弱的中央军团防守。因此约瑟夫国王调回了中央军团，把巴斯坦山谷的防御任务交给了南方军团。7月4日中午，英军第2师的先头部队越过了贝拉特山口（Col de Velate），随后和法军发生交火，天黑前法军援兵陆续赶到，兵力达到了13000人，因此希尔决定等待威灵顿本人的到来。7月5日中午威灵顿来到前线，命令继续前进，法军见状撤离了阵地。7月8日早上6点法军撤离了马亚山口，一个小时后希尔占领了该地。威灵顿进入巴斯坦山谷后长舒一口气，他终于打通了同格雷厄姆将军之间的交通线，8日—9日联军纷纷驻扎在巴斯坦山谷各地，威灵顿也准备亲自去见格雷厄姆，计划下一步围攻圣塞瓦斯蒂安要塞的行动。7月15日联军将残余的法军逐出贝拉（Vera），不过这时约瑟夫和儒尔当都已经不再指挥法军了。拿破仑终于被迫关注半岛事务，试图挽救这个垂危的战场。

当威灵顿沿着埃布罗河一路高歌猛进

时，拿破仑还在萨克森与反法联军进行着艰苦的战役，无暇兼顾半岛战场。直到7月1日，维多利亚会战惨败的消息终于传到了德累斯顿。这个令人震惊的消息是陆军大臣克拉克从根本没有参加维多利亚会战的富瓦那里转手来的，约瑟夫本人关于此次战役的报告（日期6月23日，署地伊鲁斯松）也对真相遮遮掩掩。不管怎样，这一切蒙不住拿破仑。得知帝国最大的附庸国已然崩塌，拿破仑大发雷霆。3个星期之前（6月4日）他刚刚同联军在特拉维茨签署了停火协议。此时拿破仑的地位依旧危机重重，东方大批俄军后备军涌向德意志，光复河山的普鲁士在举国动员，态度暧昧的奥地利越来越可能变成危险的敌人，对拿破仑来说西班牙是他手头的重要筹码。到5月中旬的时候，约瑟夫治下的西班牙王国看上去仍然强大，十余万法军占据着大半个伊比利亚，然而仅仅过了1个多月，约瑟夫国王就变成了法国边境的流亡者，马德里、卡斯蒂利亚、莱昂、纳瓦拉和比斯开尽皆丢掉，曾经耀武扬威的北方军团、南方军团、中央军团和葡萄牙军团都成了抱头鼠窜的溃军。并且随着局势的急剧恶化，絮歇元帅不得不先后放弃巴伦西亚和阿拉贡，全力保加泰罗尼亚。这对拿破仑帝国是个极为沉重的打击。威灵顿在如此短的时间内取得令人瞠目结舌的战果，在整个战争史上都是罕见的。

当年一手发动的半岛战争如今落得个这般境地，拿破仑本人难辞其咎。首先他挑起一场非正义战争，在道义上就已失信于天下，其次在指挥上他一直试图遥控傀儡般的约瑟夫。在没有电报没有卫星导航的年代，指挥一个千里之外的战场显然超出了常人的能力。面对如今的残局，拿破仑又急需找一个替罪羊，这个替罪羊就是他的兄长，不幸的约瑟夫。拿破仑不仅要夺去他的头衔和指挥权，还要让他名誉扫地。拿破仑要求克拉克写信给约瑟夫，不但免去了他对半岛法军的最高指挥权，还免去了他对王室卫队的指挥权，并不许他进入巴黎。克拉克忠实执行了拿破仑的命令，要求约瑟夫：

"现如今最重要的事情就是欧洲北部局势，陛下（约瑟夫）您的出现对整个欧洲，特别是法兰西本国都会产生极大的影响，因此皇帝不得不下命令要求陛下您停留在潘普洛纳或者圣塞瓦斯蒂安，不能越过巴约讷。我们已经采取了特别防范措施禁止报纸提及6月21日的事（维多利亚会战）和皇帝对陛下您所做的决定。陛下您不得以任何借口进入法国内部，特别是巴黎，这是明确的命令。出于同样的考虑您身边的随从和西班牙政府的流亡者也不得到加龙河（R.Garonne）北岸。"

拿破仑7月20日给警务大臣萨瓦里的信中确认了以上决定：

"我想我曾经告诉你，我已经决定不要西班牙国王到巴黎来或到任何临近巴黎的地方，他必须待在莫尔福丹尼。如果他来到巴黎或圣克卢，你得采取措施拘捕他——他必须对这一点不存任何幻想。我的意思是，他不应会见我的家庭成员或高级官员、大臣，以及国务会议或元老院部门机构的主席。一句话，在我到达之前，他要完全把姓名、身份隐匿起来。"

然而对于约瑟夫本人来说，最大的羞辱莫过于当面把整个军队的指挥权移交给他的老对头——苏尔特元帅。拿破仑认定只有苏尔特这个"半岛唯一一个有军事头脑"的将领能挽救危局。由于1812征俄战役遭到惨败，拿破仑从半岛调走了大批军队和将领，苏尔特于1813年初离任南方军团司令一职，在德意志

战场的春季战役中作为近卫军总指挥待在中央指挥部。现在拿破仑命令他立刻离开德累斯顿，星夜兼程在几天内赶到巴约讷，接过军队总指挥权，还把自己的政治谈判底牌摊给了苏尔特。拿破仑的想法包括在必要的时候同加的斯摄政会议谈判，可以考虑放回被囚禁在瓦朗塞的费迪南七世，只要摄政会议同意同法国单独媾和并组成联盟对抗英国，则可以将所有法军撤出西班牙等条款。甚至，拿破仑还给了苏尔特特别权力，即如果约瑟夫有违抗命令的举动，苏尔特可以逮捕并关押约瑟夫。

在苏尔特到来前半天，约瑟夫得知了自己被剥夺指挥权并被苏尔特替代一事，他做好了"退位"的准备。第二天（7月12日）早上苏尔特本人出现在约瑟夫面前，约瑟夫把文件交给苏尔特，并告诉他自己准备就在巴约讷城外某个村庄过夜。然而3天后约瑟夫突然秘密离开，不过没跑多远便被追上，接下来的几天内被苏尔特"软禁"直到7月24日，拿破仑另一封从德累斯顿的信传来，同意约瑟夫回到莫尔福丹尼（Mortefontaine）的庄园。约瑟夫便返回自家，没有去巴黎。

就这样，约瑟夫暂时从公众视野中消失了，从此直到1814年出任摄政这段时间内他没有留下什么记载。纵观约瑟夫在西班牙待的这6年里，他的王位一直没能坐稳，多次出走马德里。很明显约瑟夫并不适合做西班牙国王，他不是一个坏人，然而他的性格上最大的缺陷便是缺乏骨气，这使他习惯了在拿破仑的阴影下逆来顺受。拿破仑是这样评价约瑟夫的："（约瑟夫）国王不是一名职业军人，这不是他的错，但他有责任试着让自己成为一名军人。"西班牙人也嘲笑约瑟夫，但是并不痛恨他。在当国王的6年里，他还是对西班牙人采取过很多怀柔和安抚的政策，然而最终一切都化为了

泡影。与约瑟夫一同倒霉的还有儒尔当元帅，拿破仑称再也不想见到他了。儒尔当被勒令退休，回到奥尔良附近的庄园，并在回忆录中称自己的薪俸被砍到了一年仅20000法郎。对于要养活一大家人的他来说，经济上的负担可谓沉重。不过拿破仑最终还是放了他。1814年法兰西遭到入侵时儒尔当又重新得到启用，指挥鲁昂军区。作为元帅中资历最老的一批人中的一个，儒尔当竟然活到了1833年。他的个人回忆录由其他人整理出版，是研究半岛战争很好的第一手材料。

重整旗鼓——苏尔特的到来

"要是我当时像离开巴黎时所想的那样，把达尔马提亚公爵（苏尔特）派到巴利亚多利德接过指挥权，这样的事怎么也不会发生。"
——拿破仑写给萨瓦里，1813年7月20日，德累斯顿

"他（苏尔特）很清楚如何将军队带上战场，带上战场后却不知道该如何用兵。"
——威灵顿评价苏尔特

得到拿破仑的命令后，苏尔特元帅星夜兼程，在短短的3天之内从德累斯顿返回巴黎，随后仅在巴黎待了12个小时之后再次启程前往巴约讷。7月11日下午苏尔特抵达巴约讷，第二天与约瑟夫进行了一次简短而不愉快的会面，接过了军队的指挥权。按照皇帝的要求，撤退到法国境内的4个军团将重组为1个军团——西班牙军团。如今拿破仑给了苏尔特最高的指挥权，并任命他为"皇帝陛下的副指挥官"（Lieutenant de l'Empereur），苏尔特终于实现了长久以来

的心愿，成了西班牙法军的最高司令。然而当前的局面却是再糟糕不过了，法军遭到重创，士气低落，联军步步紧逼，眼看就要进入法国本土。不过苏尔特的聪明之处在于，他把这些归结为一个合理的解释——这一切都是他的老对头，无能的约瑟夫一手造成的。回到巴约讷不久，苏尔特就给军队发表了一份公告，以团为单位在每个连面前宣读，字里行间透露着浓浓的"苏氏风格"：

"士兵们！最近战场上发生的事让皇帝陛下于不久前的7月1日发表了一份帝国法令，派我回来指挥在西班牙的军队，并授予我"皇帝陛下的副指挥官"这一无上荣誉的头衔……士兵们，你们已经知道了，仇视我们的俄国人被欧洲大陆永恒的敌人（英国）挑拨起来发动了大规模进攻，这让我们必须在春季于德意志集结数目庞大的军队，因此你们的很多战友离开了。敌人狂妄自大的阴谋被我们打得落花流水，和平提议被提上了日程，始终关心着臣民福祉的皇帝陛下经过商讨后同意了这一提议。当德意志战场成为大事件的中心时，你们的那个借口保护，实则毁灭半岛人民的敌人，又开始活跃起来了……不幸的是，在这关键的时刻，懦弱和胆怯占据了上风，要塞被丢弃、被自毁，匆忙混乱的撤退让敌人信心大增。这支在西班牙各地流血奋战，凯旋胜利，荣誉满身，威风凛凛，久经沙场的部队，尽管数量上处于劣势，其他方面都无可挑剔，却被迫丢弃了之前所有获得的成果，丢弃了流血战斗多年获得的荣誉。最后，军队愤怒的要求停止这可耻的逃窜，而羞愧难当的总司令（约瑟夫）不得不同意这一呼声，决心在维多利亚进行会战。军队上下的热情和对荣誉的渴求又让谁能够怀疑，在一名合格指挥官的带领下，

左图：法国元帅让-德-迪厄·苏尔特。特此说明，"尼古拉"不是苏尔特的名字，多年来扣在他头上的这个名字从未在其受洗、婚姻、死亡证明书以及法国元帅、法国贵族封授书中出现过，但苏尔特得到这个绰号之后，众多历史著作都误认为"尼古拉"是他的名字

右图：克洛泽尔将军，他是一名积极主动的指挥官，也是拿破仑眼中的"未来四元帅"之一

他们难道不能取得伟大的胜利？士兵们！我体会得到你们的懊恼，你们的悲痛，和你们的自尊。我知道现在的状况皆因他人所致，而弥补这一切将会是你们的功绩。让我们的胜利重新从维多利亚开始，让我们在这座城市里庆祝皇帝陛下的生日，让我们开创一个理应属于所有法国人的伟大纪元。"

这样的一份公告或许是军队急需的，大败之后士们需要安慰，而约瑟夫则理所应当的成为罪魁祸首。关于这份公告还有一件小插曲，法国官方看到这份公告后认为苏尔特对文中"某人"的攻击太过明显，明眼人都知道是在讽刺谁，苏尔特本人给巴黎写信称这并非他本人起草的，陆军大臣克拉克思索再三后决定如期在法国报纸上发表这份公告，对外宣传这是良苦用心的英国人写的。

苏尔特是个复杂的人物，不同的人对他评价多有出入。拿破仑本人对苏尔特的评价是半岛"最有军事头脑"的人，历史学家纳皮尔在书中称："像他这样有着不屈斗志，能充当拿破仑左膀右臂的人屈指可数。"一直想赶走苏尔特的约瑟夫国王在1813年2月1日给拿破仑的信中称，苏尔特"不可信任，刚愎自用，危险恶毒"。苏尔特在政治上的"墙头草"态度是人尽皆知的，在军事方面，同其他人选比

起来，苏尔特的确是合格的。他有着不屈不挠的斗志和精力，即便身处逆境仍然不服输。不过对此不同的人也有不同见解，威灵顿本人后来谈到苏尔特时称他并不能比得上马塞纳，"他（苏尔特）很清楚如何将军队带上战场，带上战场后却不知道该如何用兵。"

不管怎样，在7月12日的时候，摆在苏尔特面前的是一个及其艰巨的任务。他已经写信给拿破仑称他将重整军队，并在仅仅过了13天之后他就发动了新的攻势，在这短短的2周内，完成对军队的重组工作是一项了不起的成就。

7月15日司令部开始重组军队，拿破仑下令废除北方军团、南方军团、中央军团、葡萄牙军团这些已经毫无意义的番号，将所有部队（不包括絮歇元帅的部队）重组为一个新的西班牙军团，并且要求重新分配兵力，新组建的每个师达到2个旅6000人的数目。撤退到法国本土的法国师（不包括外籍部队）共有14.5个（南方军团第5师仅有1个旅，算作半个师），重组之后师的数目仍然会很多，苏尔特有权将这些师重组成几部分，每部分由一名"副总指挥"（lieutenant-general）负责。①这些"副总指挥"每人只能携带参谋官和副官，俸禄仍为每年40000法郎。

Lieutenant General

第一帝国时期，法军实际上没有"中将"这一军衔。虽然有些资料将法语的 General de Corps（军长）对应为英语的 Lieutenant General（中将），但实际上 General de Corps 是 General de Division（一般对应成"少将"）担任的职务，并非是一个军衔。

在大革命前后和第一帝国时期中，法国陆军的 Lieutenant General 作为一个具体的军衔，使用的范围大体有三个：

1. 旧波旁时期使用这一军衔，共和国时期改为 General de Division。另外旧波旁时期使用 Maréchal de Camp 对应外国的"少将"军衔。

2. 共和国和帝国时期，由保王党军队的将领使用。

3. 1814年波旁王朝复辟之后，General de Division 改为 Lieutenant General。在百日王朝期间，拿破仑也沿用了这个军衔。

Lieutenant General 在本文中就是法军西班牙军团的一个职务，而非一个军衔，3名"Lieutenant Generals"的军衔仍旧是 General de Division（少将）。这个例子也再次说明了，拿破仑时期的法军军衔是不能和今天任何一个军衔体系直接对应的。

接下来就是庞杂的重组细节。法军的纸面人数多达117789人，但这其中包括圣塞瓦斯蒂安、潘普洛纳等地的守军8200人，巴约讷预备军团5595名未完成训练的士兵、16184名伤病员和派遣到各地的分队，还有超过4500人的非战斗人员（运输队、医疗队）。除去这些后的可战之兵有84311人，包括72664名步兵，7147名骑兵，约4000名炮兵、工兵和宪兵。苏尔特把这些部队分成9个步兵师，2个骑兵师和一个预备军。9个步兵师来自于原先的十余个师，余下的师级编制都被取消。萨吕在维多利亚会战中重伤身亡，勒瓦尔和卡萨涅被调去了德意志，维拉特转而指挥预备军，于是阿贝接替了维拉特。葡萄牙军团的巴博由于被降职成了旅长，旺德迈森接替他成为师长。达马尼亚克接替卡萨涅。达里卡奥（Daricau）在维多利亚会战中受重伤，马朗森接替他成为师长，

马朗森原先的独立旅也被解除番号。所以原先的部队中没有进行人事调动的师长只有富瓦、孔鲁、莫屈内、托潘和拉马蒂尼埃。

经过此番调动，师级编制得到了重组，然而每个师的兵力不尽相同。拿破仑希望每个师都有大约6000人的兵力，苏尔特给每个师都配备了6个团（除了拉马蒂尼埃的师），但相互之间的兵力差距仍然不小，阿贝的师人数最多，达到8030人，旺德迈森的师人数最少，仅4181人。其根本原因在于团级单位人数不同。拿破仑要求的每个师有2个炮兵连同样无法满足，仅能做到每个师1个炮兵连，苏尔特只好采取折中办法，把预备炮兵的数目砍到仅2个炮兵连和2个骑炮连，其余的补充到各个师里。全军拥有火炮140门，9个步兵师共有72门，维拉特的预备军有32门，骑兵师有12门，另有24门作为全军的炮兵预备队。除此还有数门2磅和3

表格：苏尔特重整之后的西班牙军团（修正数字），超过 1 个营的团在其后的括号中标明营的数目。

9 个步兵师：				
部队番号			重整前该单位隶属部队	总人数
第 1 师：富瓦	旅长：弗里翁	第 6 轻步兵团	葡萄牙军团富瓦的师	5922
		第 69 战列团（2）	同上	
		第 76 战列团	同上	
	旅长：贝利埃	第 36 战列团（2）	葡萄牙军团萨吕的师	
		第 39 战列团	葡萄牙军团富瓦的师	
		第 65 战列团（2）	葡萄牙军团萨吕的师	
第 2 师：达马尼亚克	旅长：沙塞	第 16 轻步兵团	中央军团达马尼亚克的师	6961
		第 8 战列团	同上	
		第 28 战列团（2）	南方军团卡萨涅的师	
	旅长：格鲁阿代	第 51 战列团	同上	
		第 54 战列团	同上	
		第 75 战列团	同上	
第 3 师：阿贝	旅长：里诺	第 27 轻步兵团	南方军团维拉特的师	8030
		第 63 战列团	同上	
		第 64 战列团（2）	北方军团驻维多利亚守军	
	旅长：勒蒙德	第 5 轻步兵团（2）	北方军团阿贝的师	
		第 94 战列团（2）	南方军团维拉特的师	
		第 95 战列团	同上	
第 4 师：孔鲁	旅长：雷伊	第 12 轻步兵团（2）	南方军团马朗森的旅	7056
		第 32 战列团（2）	南方军团孔鲁的师	
		第 43 战列团（2）	同上	
	旅长：施威特	第 45 战列团	南方军团马朗森的旅	
		第 55 战列团	南方军团孔鲁的师	
		第 58 战列团	同上	

第5师： 旺德迈森	旅长：巴博	第25轻步兵团	葡萄牙军团巴博的师	4181
		第1战列团	北方军团驻布尔戈斯守军	
		第27战列团	葡萄牙军团巴博的师	
	旅长：罗盖	第50战列团	同上	
		第59战列团	同上	
		第130战列团（2）	北方军团旺德迈森的师	
第6师： 马朗森	旅长：圣波尔	第21轻步兵团	南方军团达里卡奥的师	5966
		第24战列团	南方军团勒瓦尔的师	
		第96战列团	同上	
	旅长：莫克里	第28轻步兵团	南方军团达里卡奥的师	
		第101战列团（2）	同上	
		第103战列团	同上	
第7师： 莫屈内	旅长：皮诺托	第17轻步兵团	葡萄牙军团莫屈内的师	4186
		第15战列团（2）	同上	
		第66战列团	同上	
	旅长：蒙福尔	第34轻步兵团	北方军团旺德迈森的师	
		第82战列团	葡萄牙军团莫屈内的师	
		第86战列团	同上	
第8师： 托潘	旅长：贝绍	第9轻步兵团（2）	南方军团勒瓦尔的师	5981
		第26战列团	葡萄牙军团托潘的师	
		第47战列团（2）	同上	
	旅长：勒卡米	第31轻步兵团	同上	
		第70战列团（2）	同上	
		第88战列团	南方军团勒瓦尔的师	
第9师： 拉马蒂尼埃	旅长：梅内	第2轻步兵团	葡萄牙军团萨吕的师	7127
		第118战列团（2）	葡萄牙军团拉马蒂尼埃的师	
		第119战列团（2）	同上	
	旅长：戈捷	第120战列团（3）	同上	
		第122战列团（2）	同上	

预备军:		
法军部队番号	**重整前该单位隶属部队**	**总人数**
第 4 轻步兵团第 1 营	葡萄牙军团萨吕的师	
第 10 轻步兵团第 1、第 2 营	北方军团阿贝的师	
第 31 轻步兵团第 3 营	北方军团驻维多利亚守军	
第 3 战列团第 1 营	北方军团阿贝的师	
第 34 战列团第 2 营	北方军团旺德迈森的师	
第 40 战列团第 1、第 3 营	同上	
第 101 战列团第 1 营	北方军团驻维多利亚守军	9102
第 105 战列团第 1、第 2 营	北方军团阿贝的师	
第 114 战列团第 4 营	巴约讷预备部队	
第 115 战列团第 4、第 5 营	同上	
第 116 战列团第 4 营	同上	
第 117 战列团第 4 营	同上	
第 118 战列团第 3 营	同上	
第 119 战列团第 3 营	比斯开守军	
外籍部队番号		**总人数**
诺伊恩施泰因的德意志旅	第 4 巴登步兵团,第 2 拿骚步兵团(2),法兰克福步兵团	2066
圣保罗的意大利旅	第 2 意大利轻步兵团,第 4、第 6 意大利战列团	1349
卡萨帕拉西奥斯的西班牙旅	卡斯蒂利亚步兵团,托莱多步兵团,王家外籍兵团	1168
约瑟夫的王室卫队	近卫掷弹兵团,近卫狙击兵团,近卫腾跃兵团	2019
外籍部队番号		**总人数**
步行宪兵	第 4、第 5 步行宪兵兵团	900
国民卫队		650
预备军总数		17254

注:旅长:图弗诺和布瓦万

西班牙军团骑兵:		
部队番号		总人数
作为军属骑兵行动的部队	第 13、第 15、第 22 猎骑兵团	808
师长：皮埃尔·苏尔特	第 5、第 12 龙骑兵团，第 2 骠骑兵团，第 5、第 10、第 21 猎骑兵团，拿骚猎骑兵团，西班牙骑兵	3981
师长：特雷亚尔	第 4、第 14、第 16、第 17、第 21、第 26 龙骑兵团	2358
骑兵总计		7147

表格注释：西班牙军团可用部队总计：步兵 72664 人，骑兵 7147 人，总人数 79811 人。

除此之外，还有巴荣讷未训练的新兵 5595 人，圣塞瓦斯蒂安、潘普洛纳、桑托纳等要塞守军 8200 人，伤病 14074 人，分遣部队 2110 人，总计纸面人数达到 122367 人。

磅轻型炮，基本上补全了维多利亚会战的火炮损失。

苏尔特选了南方军团司令加赞作为自己的参谋长，其余 3 位军团指挥官——指挥北方军团的克洛泽尔，指挥葡萄牙军团的雷耶，指挥中央军团的埃尔隆自然成了 3 位"副总指挥"，每个人麾下有 3 个师，分成左（克洛泽尔）、中（埃尔隆）、右（雷耶）3 个部队集团。这里的左中右仅仅是名称而已，并不代表行动时的真实部署情况。2 个骑兵师，由皮埃尔·苏尔特和特雷利亚尔指挥。维拉特的预备军主要由重整之后剩余的零散编制部队（约 9000 人）和外籍部队组成，外籍部队包括德意志籍、意大利籍，以及原先约瑟夫国王的西班牙卫队（其实多半是穿着西班牙军装的法国人）和少量亲法的西班牙"伪军"，再加上从比斯开要塞中撤离的步行宪兵和国民卫队，维拉特的预备军总人数达到了超过名 17000 人。

上图：雷耶将军

让一支新近遭败的军队重新发动攻势是很冒险的一件事，相当多的部队撤回比利牛斯不足一个月，人心惶惶，并且还下乡扰民。经过一些时日的休整后，大部分老资历部队开始慢慢恢复秩序，苏尔特对军队发表的公告也起到了一定作用。如今军队重整面临最大的困难在于运输工具严重缺乏，维多利亚会战后法军几乎丢掉了所有运输车辆，撤退的路上根本不可能得到补充。在军需部门的全力奋战下所有的士兵总算分发到了食物，但是如果把战役打回到西班牙，特别是进入纳瓦拉山区后法军低下的运输能力必然会掣肘行军速度。苏尔特后来发动孤注一掷的进攻时士兵随身携带仅 4 天的口粮，弹药的数量也不足。因此这场战役是冒着极大的风险，如果在几天之内法军不能取得决定性的胜利，整个军队都将陷入危险的境地。

可供苏尔特选择的作战方案有 3 个，大体上与儒尔当提出的方案相同。第一种方案是在比达索阿河下游集结主力，解除联军对圣塞瓦斯蒂安要塞的围攻。第二种方案是留下一支部队在比达索阿河下游监视格雷厄姆，其余部队经龙塞斯瓦列斯山口解除潘普洛纳的封锁。第三种方案是集结主力经过哈卡进入阿拉贡与絮歇元帅会合，随后沿埃布罗河进攻威灵顿的侧翼和后方。之前儒尔当认为这是最佳的方案，但由于帕里将军已经放弃了萨拉戈萨，絮歇也撤回了加泰罗尼亚，这一方案变得不可行。

苏尔特最终采取的方案是对儒尔当第二个方案的改进，法军将分2个纵队向潘普洛纳进军，三分之二的部队（雷耶和克洛泽尔）将沿龙塞斯瓦列斯山口进攻并直接前往潘普洛纳，三分之一（埃尔隆）的部队将沿马亚山口进攻，

随后经由贝拉特山口同主力会合。这种"分进合击"的策略有着不小的风险，2支分开的部队中任何一方受到迟滞，后果可能会不堪设想。当然这种方案也有其合理之处，从巴约讷到圣让－皮耶德波尔的道路状况极好，可以短期内在法军左侧集结庞大数目的军队，而威灵顿防守的话就要调兵经过崎岖的纳瓦拉山区，所以开始的一两天内法军有很大可能达成突然性。然而再过几天后，威灵顿是否能够及时回援恐怕就不得而知了。苏尔特赌的正是这个。如果埃尔隆通过马亚山口后能占领巴斯坦山谷，控制这里的道路枢纽，那么威灵顿必须要绕南方的远路回援潘普洛纳。如果相反埃尔隆被阻隔在马亚山口以北，那么法军的行动多半就已经宣告失败。实际上，站在上帝视角来看，纳瓦

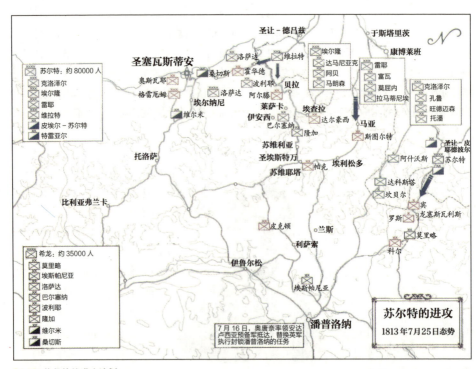

上图：苏尔特的进攻计划

拉山区糟糕的交通和通讯状况为这场即将到来的"比利牛斯战役"增加了非常多的变数，局势的发展最终都超出了两军指挥官们预想的情况。

重整工作基本完成后苏尔特便下达了作战命令，刚刚回到圣让－皮耶德波尔的克洛泽尔立刻准备重新向西班牙进军，埃尔隆率领3个师向马亚山口前进，尚且位于比达索阿河下游的雷耶则要带着3个师前往圣让－皮耶德波尔同克洛泽尔会合，维拉特的预备军代替雷耶的3个师牵制面前格雷厄姆和希龙的部队。25日一早圣让－皮耶德波尔附近的法军终于开始攻势行动，克洛泽尔和雷耶先行出发，埃尔隆则早已在乌达克斯附近准备就绪，维拉特得到的命令则是相机行事，摆出一副进攻的姿态。

在苏尔特回到巴约讷忙着重整部队的日子里，威灵顿也忙于围攻圣塞瓦斯蒂安，并得到了老对手回来的消息。22日威灵顿的侦察部队准确的报告称法军主力离开了比达索阿河下游，向圣让－皮耶德波尔一带集结。就在这几天的时间里圣塞瓦斯蒂安要塞的城墙被轰开了缺口，威灵顿和格雷厄姆觉得24日—25日发动一场强攻便可以顺势拿下这座关键的要塞。由于潘普洛纳的守军暂时没有受到太大的压力，还可以坚守一段日子，因此威灵顿认为苏尔特必定极为担心圣塞瓦斯蒂安要塞的安危，兵力调动不过是一种假象，至多只是在龙塞斯瓦列斯山口一带发动佯攻，吸引威灵顿的主力离开，从而解除对圣塞瓦斯蒂安的围攻。因此23日威灵顿在给科尔的命令里说：

"你要尽可能的支援宾少将守住这些山口，不要让他的部队以及第4师陷入优势兵力敌人的进攻之中，就算有地形优势也无力弥补兵力的劣势。假如被迫放弃宾将军现在占领的山口，你也要做好接下来的工作，阻止敌人向潘普洛纳进军。"

这一次，威灵顿的判断出现了失误，他在圣塞瓦斯蒂安要塞附近一直待到25日，断定法军在纳瓦拉的行动不过是佯攻，真正的主攻来自比达索阿河下游。24日威灵顿得知法军正在龙塞斯瓦列斯山口对面集结庞大数目的部队后，他给格雷厄姆写信说："敌人不过是想把我们的注意力从伊伦（Irún）这里转移开，然后再试图渡过比达索阿河发动进攻。"就这样，威灵顿等着25日强攻圣塞瓦斯蒂安要塞的结果。25日一早强攻失败的消息传来，威灵顿立刻意识到麻烦来临，看来苏尔特对圣塞瓦斯蒂安要塞的坚守能力很有信心，法军主力部队的目标很可能是潘普洛纳。

不过威灵顿对此仍然心存怀疑，当天给格雷厄姆的信中他还是写道："我很难相信苏尔特会带着30000人的部队进入山区的道路，在这里剩余的敌军明天或者是后天估计就会行动。"实际上，威灵顿写这封信的同时，埃尔隆率领21000名法军正在强攻马亚山口。

随后威灵顿骑马赶到围城前线视察，见到了格雷厄姆，在圣塞瓦斯蒂安要塞前呆了一整个下午。天色渐晚，威灵顿在回莱萨卡（Lesaca）的路上收到了坏消息。他的参谋长默里将军写信说听到马亚山口整个下午传来震耳欲聋的枪炮声，但是指挥防守马亚山口的斯图尔特却没有任何报告。回到莱萨卡1个小时后，威灵顿见到了科尔紧急派来的1名军官，称数目庞大的法军正强攻龙塞斯瓦列斯山口，不过截至这名军官离开时联军的防线仍未被突破。当晚又传来了斯图尔特的口信，称他被迫放弃了马亚山口，随后希尔的信件抵达确认了这一情况。苏尔特的计划真相渐渐浮出水面，然而谨慎的威灵顿决定在得到进一步的情报之前，先不要急着命令全军开始行动。

被低估的对手——围攻圣塞瓦斯蒂安要塞

"围攻圣塞瓦斯蒂安要塞的行动给我们好好地上了一课，教导我们如何有效地利用优势做好准备工作，用科学的规则和手段攻击一座防御森严的要塞。而我们对围城的法则置之不理，肆意践踏，让这场原本简单的行动从18~20天延长到了超过60天，造成了3500名

围城士兵的损失。这再一次印证了沃邦元帅提出的经典格言，那就是围城战中仓促的行动并不能提前结束战斗，常常会使其拖得更久，并且伤亡惨重。"

——皇家工兵上校约翰·琼斯的评论

前面提到，在苏尔特为反攻行动做准备的同时，威灵顿也在前线忙于围攻圣塞瓦斯蒂安要塞，希望能在短期内一举拿下此地，而另一座要塞——潘普洛纳则先保持围而不打的态势。同时，威灵顿非常关心德意志境内的战况，并不急着进军法国本土，但前线的每份消息从德意志转到伦敦再转到伊比利亚中间隔了非常多天，这让威灵顿异常着急。奥地利对战争的态度依旧是未知数，梅特涅同拿破仑会谈破裂的消息也要等好久后才传到威灵顿这里，因此

上图：这幅很有可能是威灵顿当时使用过的地图

先拿下边境重要的要塞是合理的做法。7月12日，威灵顿前往比达索阿河下游，把指挥部搬到了莱萨卡，准备监督围攻圣塞瓦斯蒂安要塞的进展情况。

圣塞瓦斯蒂安要塞非常的小，然而周边的自然环境给了这座要塞很多天然的屏障。城镇三面环海，建立在从大陆伸出的一段地峡上，北面有一座名叫乌古尔（Monte Urgull）的山峰，山顶上有一座名为拉莫塔（La Mota）的城堡。圣塞瓦斯蒂安城镇就建在山脚下延绵的岩石和沙丘上。地峡的最南端有一座名为圣巴托洛梅的修女院，在围城战初期法军把这里加固成了一个前线防御工事。从这里到城墙约800码的地段上只有两处有较多建筑，一处称为圣卡特琳娜（Santa Catalina）郊区，有一座大桥横跨乌杜梅阿河

（R.Urumea）两岸，已被法军摧毁。另一处称为圣马丁（San Martin）郊区，离巴托洛梅修女院不远。圣塞瓦斯蒂安要塞的防御工事非常坚固，最外侧由典型沃邦风格的角堡加半月堡保护着，包含反斜坡、隐蔽路、斜堤等常规防御手段。后方则是一段400码长的高耸护墙，城墙上包含2座半棱堡（名为圣胡安半棱堡和圣地亚哥半棱堡）和1座中央棱堡。

事实上，联军在围攻要塞的时候并未直接从要塞正面突击，而是选择了要塞脆弱的东侧。要塞西侧是宽阔的海湾，就算在退潮时也没有多少地表露出水面，因此联军不可能在这里发动进攻。但东侧则不同，这里紧挨着乌杜梅阿河的入海口，河水上涨时可以一直淹没到城墙脚下，退潮时则会留下一段

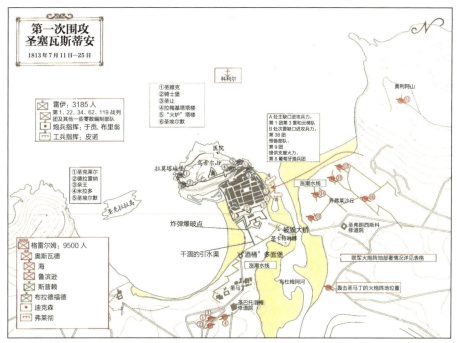

上图： 联军第一次围攻圣塞瓦斯蒂安示意图

50~150 码宽的沙石地面。这里的城墙仅仅是 8 英尺（约 2.44 米）厚的普通样式，并没有大型棱堡加固，也不可能在外侧修筑沟渠护墙之类的工事，仅有的可以提供侧翼交叉火力的地点在北侧的圣埃尔莫（St.Elmo）小型棱堡和正面的 2 座塔楼（分别名为拉梅基塔（Las Miquetas）和"火炉"（Los Hornos）。河水在退潮后仅宽 50 码，很多地方都可以涉水而过。东侧有一座名为乔弗莱（Los Chofres）的沙丘，再往东北方向有一座名为奥利阿（Monte Olia）的山峰，这两个地方都可以布置攻城炮阵地，火力直接面对要塞虚弱的东侧城墙。

圣塞瓦斯安要塞是 17 世纪末期按照沃邦风格建起的，此前真正经历的围攻战只有一次，就是在四国同盟战争期间法国元帅贝里克（Berwick）公爵于 1719 年围攻此地。法军把攻城炮阵地部署在了乔弗莱沙丘上。随后炮火轰开了要塞东侧的城墙，还没等到发动总攻，吓破了胆的总督便下令停止抵抗，把城镇交给了法军，带着人躲到拉莫塔城堡里，几天后也拱手让出了城堡正式投降。要塞重建的时候没有做什么改进，依旧是原来的样式。但贝里克元帅这场轻而易举的胜利反而给 1813 年的联军带来了负面影响，格雷厄姆的首席工兵指挥查理·史密斯少校在进行一番侦查后报告说，贝里克元帅当年的做法就是最佳方案。等威灵顿的指挥部抵达后，指挥全军工兵的弗莱彻爵士（Sir Richard Fletcher），甚至连威灵顿本人看过要塞后也都同意了这一观点。

很明显，以上方案并非传统的攻城方法。虽然轰开东的城墙并不困难，但想要接近缺口必须要等到退潮的时候，士兵冒着枪林弹雨经过一段 150 码无掩护的湿泥地必然要遭受惨重的伤亡。好处在于这种方法或许可以速战速决，免去大量烦琐冗长的围城工作，但是一旦强攻失败带来的后果恐怕要远比伤亡人数的增加更为严重。后来的事实也恰恰证实了这一点。

6 月 28 日富瓦离开圣塞瓦斯蒂安后不久，西班牙人就出现并封锁了这里。最先赶到的是一些比斯开民兵，没有多少战斗力。格雷厄姆赶到后下令用第 5 师和布拉德福德的葡萄牙独立旅替换下这些非正规单位。葡萄牙人在乔弗莱沙丘上扎营，仍然由奥斯瓦德将军代理指挥的第 5 师在西南的阿耶特高地（Ayete）上扎营，面对着圣巴托洛梅修女院。海上的封锁也在同时开始，4 天前乔治·科利尔爵士（Sir George Collier）带领 1 艘巡航舰"监察者"号（HMS Surveillante）、和数艘轻型战舰抵达。但封锁力量仍然远远不够，围城期间不断有法军小船在夜间溜过封锁线带来食物弹药和要塞内紧缺的炮手，守城的雷伊将军也靠这些船只送回伤员。

英美战争的爆发让大量船只去了美国海岸，英国海军部也没想到 7 月份的比斯开湾会缺乏船只可用。威灵顿对此极为不满，给海军大臣梅尔维尔子爵写去了措辞激烈的抗议信，却得到了强硬的回应。由于威灵顿给不少海军军官表达过对海军部的不满，梅尔维尔在信中还"警告"威灵顿："挑拨下级去对抗他们的上司在任何部门都不是合理的做法，这必然会损害公共利益。"收到如此傲慢的回信让威灵顿怒不可遏，他回以一封简短的信称并不想进行无用的争辩，还对海军部进行了一番冷嘲热讽。1813 年的威灵顿侯爵已经不是 1808 年初来乍到的韦尔斯利爵士了，战场上的胜利不断给他增加政治上的话语权，也为他铺平了未来通往内阁的政治之路。

不过，海军部还是尽力完成了最重要的一项任务——把集结在拉科鲁尼亚的攻城炮

表格：联军炮兵阵地部署情况（1813年7月）

炮兵阵地编号	炮兵任务	1813年7月													
		13日	14日	15日	16日	17日	18日	19日	20日	21日	22日	23日	24日	25日	26日
1	轰击圣巴托洛梅修女院	4门18磅	4门18磅	4门18磅	4门18磅	4门18磅	4门18磅								
2	轰击圣巴托洛梅修女院	2门8英寸	2门8英寸	2门8英寸	2门8英寸	2门8英寸	2门8英寸								
3	纵射东侧城墙								6门18磅	6门18磅	6门18磅	6门18磅	6门18磅	6门18磅	
4	纵射东侧城墙								2门8英寸	2门8英寸	2门8英寸	2门8英寸	2门8英寸	2门8英寸	
11	压制米拉多炮台，轰击城堡					2门24磅，2门8英寸	2门24磅，4门8英寸	2门24磅，4门8英寸	2门24磅，4门8英寸	2门24磅，4门8英寸	2门24磅，4门8英寸	2门24磅，4门8英寸	2门24磅，4门8英寸	2门24磅，4门8英寸	
12	轰击城镇工事							2门24磅	2门24磅	2门24磅					
13	打开城墙缺口							4门24磅	4门24磅	4门24磅	4门24磅	4门24磅	4门24磅	4门24磅	
14	打开城墙缺口							11门24磅	11门24磅	10门24磅	12门24磅	12门24磅	12门24磅	12门24磅	
15	直射缺口										4门68磅卡隆短炮	4门68磅卡隆短炮	4门68磅卡隆短炮	4门68磅卡隆短炮	
16	轰击城镇和城堡											4门10英寸臼炮	4门10英寸臼炮	4门10英寸臼炮	

和弹药如期送达前线。6月29日炮队抵达桑坦德，7月3日又在离要塞仅数英里的地方登陆。从拉科鲁尼亚出发的重炮队于7月7日抵达前线，陆军的预备炮兵从罗德里格城出发，历经艰辛也按时到达圣塞瓦斯蒂安。现在联军在围城前线有了足够的火炮，包括28门从拉科鲁尼亚来的火炮、6门陆军重炮，乔治·科利尔爵士也从船上借给威灵顿40门大炮（包括20门24磅炮、6门18磅炮、4门68磅卡隆炮、6门8英寸榴弹炮和4门白炮），这和1年前威灵顿围攻布尔戈斯时的拮据形成了鲜明的对比。

上图： 坚韧不屈的雷伊将军

在正式开始围攻战之前，联军先要拔除圣巴托洛梅修女院这颗钉子，然后才能按计划向前推进。法军也在忙于加固建筑，在公墓修筑了地表工事，后方已成废墟的圣马丁郊区也被改造成了防御点，从修女院到角堡之间法军还修筑了1座多面堡（联军称该多面堡为"酒桶"多面堡，因为法军用酒桶加固泥沙垒起的工事）。攻城重炮抵达后，联军炮兵开始布置火炮，在阿耶特高地上布置了2个炮兵阵地，正对着巴托洛梅修女院，又在乔弗莱沙丘上布置了3个炮兵阵地，面对着圣塞瓦斯蒂安

表格： 联军在轰击修女院和多面堡的战斗中消耗弹药数量

18磅实心弹	2505发
18磅霰弹	19发
8英寸榴弹	331发
6英寸榴霰弹	143发

东侧的"海墙"。在更远处高耸的奥利阿山（Monte Olia）上还有一个炮兵阵地，可以打到要塞东面几乎所有的位置。

7月14日炮击开始，2天的炮轰后（14日—15日）修女院的房顶和护墙都被轰塌，但雷伊将军决心尽可能地守住这个外围据点，他派了2个营部署在圣马丁郊区的废墟中作为预备，15日联军的第一次进攻被法军击退，17日上午10点联军发动第二次强攻，终于取得了成功，法军被逐到圣马丁郊区，在这里留守的2个营法军前来增援，暂时打退了联军的进攻。不过当英军预备队赶到后，法军最终被迫退往要塞。但取得成功的联军士兵势头过猛，一路追到角堡面前，受到法军要塞火炮的打击，蒙受了不必要的伤亡。

现在联军终于可以沿着地峡推进，很快工兵就在被毁的圣巴托洛梅修女院附近建立了多个炮兵阵地，乔弗莱沙丘上也添了数个新的阵地。到19日晚联军在西南侧有了16门火炮，乌杜梅阿河东岸有了23门火炮。当天午夜法军撤离了"酒桶"多面堡，等到7月20日早上8点，联军位于乔弗莱沙丘上的大炮终于开始轰击要塞，第一天的成果非常显著，海墙前面的护墙被轰的七零八落，远处奥利阿山上的火炮利用高抛弹道打出的炮弹甚至可以覆盖要塞内部的街区和角堡的内部工事。20日下午刮起了大风并伴随着大雨，让双方炮兵的瞄准都变得及困难。20日—21日午夜一场暴风雨造访了圣塞瓦斯蒂安，打乱了联军的计划，

第5师葡萄牙旅的士兵冒着暴雨，克服重重困难从圣马丁郊区开始挖平行战壕，但只完成了预计目标的三分之一。

7月21日上午格雷厄姆将军派出谈判代表要求要塞投降，这个要求显然提得太早，要塞的城墙尚未有缺口，雷伊将军绝对不可能同意。于是联军从21日直到24日一直保持着猛烈的炮击，要塞东侧"火炉"塔楼到拉梅基塔塔楼之间的城墙出现了1段50码宽的缺口，倒塌的砖石堆积在河滩上。一些西班牙难民给格雷厄姆提供情报，称拉梅基塔塔楼以北的一段城墙较薄，于是格雷厄姆下令攻城炮轰击这一段城墙，果然1天后也打开了缺口。一些工兵报告称新缺口面前过于狭窄并不适合作战，但毫无疑问2个缺口

必然会分散守军的防御力量。

由于要塞正面的堑壕进度没能跟得上，联军在火炮轰开城墙后并不能紧接着发动突击，给了法军2天宝贵的时间加固内部防御。在"酒桶"多面堡附近，联军工兵发现了1条4英尺（约1.22米）深3英尺（约0.91米）宽的沟，这原本是用作城市的引水渠，在城镇遭到封锁后已经干涸。1名英军工兵中尉里德（Reid）自告奋勇前去摸索，在壕沟里爬了大约230码后发现他已经来到了角堡西侧外护墙的正下方，法军用1扇门堵住了这里。围城者觉得可以把这里用作一个爆破点，堆满火药和沙袋，爆炸后就可以炸毁外护墙并填满墙后的沟渠，随后部队可以踩着废墟进攻角堡。然而也有人提出了反对意见，认为爆炸后冲击力可能仅仅炸开后进入沟渠，并不能炸毁顶上的护墙。不过最终联军还是决定一试，在水沟尽头摆放了沙袋和30桶火药，为了保证有足够的空气，火药并未塞得太拥挤。

到24日要塞正面的战壕终于完工，要塞内的多数可见火炮被压制，正面战壕阵地上大炮发射的炮弹也点燃了东侧缺口后方的建筑物。很快联军指挥部就制定了强攻方案，士兵于午夜时分来到战壕内等待河水的退潮，缺口后方的街区熊熊燃烧着，火光照亮了夜空，格雷厄姆认为在这种环境下士兵几乎无法进入要塞内部，于是驳回了当天发动强攻的请求，这样一来法军又有了1天的防御准备时间，但守城方的情况也不容乐观，在猛烈的炮轰下很多火炮都失去了还击能力，只有一些角落里的火炮尚能开火。法军所占有主要的优势在于防御工事仍然非常有效，倒塌的砖石落在了墙外侧的河道上，海墙的地基仍然完好，从缺口进入内部街区

有 15～20 英尺（约 4.57～6.1 米）的高度，雷伊还下令拆毁了所有紧挨护墙的房屋和通往墙顶的楼梯，因此进攻方必须要把梯子放下去才能进入内部，不然就要直接跳进去。而后方街区也被封锁起来，房屋上密布射击孔。24 日的大火熄灭后，法军修复了一些废墟并搭建了掩体。由于联军纵队的进攻路线必然会经过角堡东侧，雷伊还专门在此布置了大量神射手，并准备了可以沿角堡外侧斜堤滚下的榴弹。雷伊注意到了 24 日联军士兵在战壕中的集结，他料到明天将有一场进攻，于是在午夜下令把在炮轰中保留下来的几门炮重新搬到炮台上，除此还有一些隐蔽的炮位，将对攻城方发动突然袭击。做好了万全准备，法军等待着联军的进攻。

7 月 25 日，联军正式发动进攻，主力部队将集结在战壕的最东端发动突击，经过角堡和城墙来到缺口，这一段退潮的河滩可以提供足够的空间通行。另一支部队从战壕的西侧出击，待角堡外墙下面埋放的炸药引爆后进攻角堡。

主力部队的先头将进攻主缺口，后面跟着的部队继续向北前进攻次要缺口，最后面的部队准备支援任何急需增援的一方。全军的行动将由引爆要塞前的炸药作为开始信号。

攻击部队包括第 1 团（苏格兰皇家步兵团）、第 9 团和第 38 团，葡萄牙第 8 猎兵团的部分射手夜里部署在前线战壕压制城墙上的火力。但是时间计划表上出了岔子，25 日

当天河水退潮的最低时刻在凌晨 4 点，为了争取这宝贵的退潮时间，格雷厄姆下令凌晨 5 点即发动进攻，而这个时候天还完全是黑的。战壕的出口也修得过于狭窄，只能两三个人并肩通行，所以突击部队不得不以一字长蛇阵鱼贯前进。

凌晨 5 点（或者更早），要塞前的炸药被引爆，对外护墙造成的破坏远比想象的要大，炸毁了西侧外护墙，填满了后面的沟渠并对内护墙造成了一定损坏。面对着这里的葡萄牙士兵开始进攻角堡工事，然而法军早有准备，葡萄牙士兵的进攻在法军的防御下并未成功。爆炸的声音传来，最前方的苏格兰皇家步兵团立刻冲出战壕，在一片黑暗中沿河岸前进。退潮的河岸并未像想象中那样好走，遍布礁石海草和水坑。打头的士兵终于来到预定地点，带队的军官甚至已经登上了缺口的最高点，到这个时候守军之前做的准备工作发挥了作用，英军士兵面前并没有直接进入街区的道路，而是一段 20 英尺（约 6.1 米）的落差，后方携带的梯子也没能及时运达。当英军停下来时，法军开始全力还击，房屋里的士兵通过射击孔朝英军士兵开枪，2 座塔楼里部署的火炮也喷吐着霰弹，攻城方的先头部队立刻陷入了混乱。当时，后方士兵尚且走到角堡东侧，在这里开始遭到守军密集的火力打击，附近一段战壕内的火力尤为猛烈。因此据说有很多士兵错误地把这里当成了预定进攻的缺口，在黑暗中向战壕发动

上图： 联军主要进攻区域的剖面图，可以清晰见到从废墟上方到城镇内有一段约 4.88 米的落差

进攻，后面的人也跟着乱糟糟的拥上来，阻挡了云梯队的前进。法军站在工事内从高处滚下点着的榴弹，向密集的人群倾泻子弹。指挥的军官好不容易拉回士兵朝向正确的方向前进，然而这时先头部队进攻缺口已经彻底失败了，河滩上满是死伤的士兵，后方增援的赶到也没能扭转局势。于是先头部队的指挥官下令撤退，前面撤下来的溃兵撞到了后方刚出战壕的部队，所有单位都失去了秩序，演变成一场逃亡。整个撤退过程中联军一直处在法军火力的打击之下。

这场短暂血腥的战斗就这样在一片混乱中结束了，河对岸的炮兵甚至都没等到天亮进行协助。联军的伤亡非常惨重，在参与进攻的2000人中共损失了571人，包括118名俘虏，超过330人都来自不幸的苏格兰皇家步兵团。军官的损失比例非常高，共8人阵亡、30人受伤、6人被俘。守军的伤亡可以说是微乎其微，仅18人阵亡49人受伤。天亮后法军要求1个小时的停火，将河滩上的伤兵抬回到要塞内，否则这些伤员将会在涨潮的时候溺毙。

关于这场失利，第9团第1营的军官戈姆（Gomm）给出了一个一针见血的评论：

"我觉得恐怕我们在罗德里格城和巴达霍斯凭借部队极大勇气获取的成功阻止了工兵制定科学的进攻方案，或许比这更糟……我们的士兵总是在枪林弹雨中表现良好，这让我们的炮兵和工兵的作用变得快捷草率。如果能在城墙上轰开可以攀爬的窟窿，他们就对摧毁防御漠不关心。事实上，到目前为止我们一直倡导靠无谓的牺牲来获得围城战的胜利……他们（炮兵和工兵指挥官）的位子让他们对人性毫不关心，认为普通士兵不过是'抽气机里的一群老鼠'。"

7月24日，威灵顿收到了法军开始行动这一令人不安的情报，他非常希望听到圣塞瓦斯蒂安要塞陷落的好消息，这样就可以集中精力对付战场上的法军。25日凌晨威灵顿在莱萨卡听到了圣塞瓦斯蒂安传来炮声，到上午6点钟突然停止了。11点钟伯格（Burgh）上校带来消息称强攻失败了，这对威灵顿是个不小的打击，于是急忙前往围城前线视察战场。经过22日—24日的连续炮轰，弹药开始告急，威灵顿不得不写信要求送来更多弹药。可以说，圣塞瓦斯蒂安法军的坚守，为己方赢得了先机。鉴于情况紧急，围城必须先暂停，威灵顿立刻写信给格雷厄姆要求他严防一切可能的进攻，马上把大多数攻城炮搬到船上。威灵顿非常在乎攻城炮的安危，要全力保住这些来之不易的必备品。

就这样，圣塞瓦斯蒂安围攻战暂且告一段落，这场不光彩的失利再次暴露出了联军在围城战方面的不足。然而事情到此尚未结束，守城的雷伊将军显然注意到了联军的动作，于是决定在26日—27日夜间发动一次突袭，试探围城军队的动向。凌晨时分5个连的法军从角堡中冲出，守卫战壕的葡萄牙人被打了个措手不及，3名军官和198名士兵被俘，等到后方的援军赶到，法军已经带着俘虏回到了要塞，还对阵地进行了一些破坏。负责守卫战壕的奥哈洛伦（O'Halloran）少校被送上军事法庭，但最终被无罪释放，他被证实已经下达了守卫的命令，不过属下并没有用心遵守。

攻势开始——龙塞斯瓦列斯之战和马亚山口之战

"威灵顿侯爵阁下希望我向你进一步强

调，他认为你必须坚守龙塞斯瓦列斯前的山口直到最后一刻。"

——乔治·默里写给科尔，1813年7月24日

"25日破晓进攻敌军，拿下马亚山口，并在敌人撤退时进行追击。"

——苏尔特于1813年7月23日给埃尔隆的命令

　　尽管比原计划晚了1天，苏尔特仍然尽力在25日一早发动了攻势。法军的主攻方向定在龙塞斯瓦列斯，雷耶和克洛泽尔的34000名步兵将作为主力分两路进攻联军防御阵地，骑兵在这样崎岖的战场上几乎派不上用场，因此跟在步兵队伍后面。另一路进攻方向在马亚山口，由埃尔隆负责。从圣让–皮耶德波尔出发有东、西两条路可直通龙塞斯瓦列斯附近，中间则是一条又宽又深的山谷，名为卡洛斯山谷，山谷中还有1个村庄。东侧的道路情况稍好，可供炮兵、运输车队通行，并且法国工兵前几

天加紧整修改善了路面状况。东侧这条路先后经过皮尼翁庄园（château Pignon）、雷萨尔–阿瑟卡（Leiçar Atheca）山丘抵达阿托维斯卡尔（Altobiscar），在这里道路沿着伊瓦涅塔山（Ibaneta）的山脊继续蜿蜒向前。而卡洛斯山谷西侧的道路则要逊色不少，沿着崎岖的埃罗拉山脊（Airola Ridge）前进到达一处山脊的交汇点——林杜斯（Linduz）高地，随后向西南抵达埃斯皮纳尔（Espinal）。西侧的这条路在今天正好是法国和西班牙的边境线。

　　龙塞斯瓦列斯北面的屏障包括了一系列蜿蜒的山脊，一些地方的树丛甚至一直长到山顶，但在两个主要交战地的制高点都是视野开阔，尤其是从联军一侧向法军一侧看去视野更加清晰。

　　抵达皮尼翁庄园，后苏尔特命令克洛泽尔的3个师——旺德迈森的师、托潘的师、孔鲁的师依次前进，步兵后面跟着骑兵、炮兵和辎重，雷耶部队的轮载物资和炮兵也都在克洛泽尔这里。克洛泽尔对面的英军和西班牙军已经

下图：龙塞斯瓦列斯山口附近，从法军行军经过位置所看到的景色

驻扎在龙塞斯瓦列斯达 3 周，包括英军第 2 师宾的旅和西班牙第四军莫里略的旅。8 天前科尔将军带着自己的第 4 师离开封锁潘普洛纳的阵地来到龙塞斯瓦列斯，接过了指挥权。22 日科尔收到威灵顿的信称法军正向圣让 – 皮耶德波尔一带集结，要求他做好防御装备。24 日科尔又收到一封语气更为迫切的命令，要求防守龙塞斯瓦列斯到最后一刻。早在科尔到来之前，宾和莫里略已经把阿托维斯卡尔面前的山脊道路作为防御重点，第一线防御由宾的旅下面 3 个轻步兵连、第 60 步兵团第 5 营的 1 个连和莫里略"右翼旅"所属 3 个轻步兵连组成，共计 7 个连的兵力，驻守在雷萨尔 – 阿瑟卡山丘。向南 2 英里的主力防守部队由英军第 3 团和"第 1 临时团"（由第 31 团第 2 营和第 66 团第 2 营拼凑成）外加莫里略师中 2 个营组成。宾手下的第 57 团第 1 营和莫里略师"左翼旅"的几个营位于阿托维斯卡尔山坡上，监视着卡洛斯山谷。战场最右侧奥瓦塞塔（Orbaiceta）铸造厂附近部署有莫里略手下的 1 个营（莱昂步兵团，1 个营），守卫着右翼远端迂回道路。以上，龙塞斯瓦列斯山口附近的联军初始守卫力量共计宾的 2000 名英军和莫里略的 3800 名西班牙军。如果战况出现不测，全军将沿着伊瓦涅塔山脊上险峻的道路向后撤退。当科尔将军赶到后，他把自己的指挥部带到了比斯卡莱（Viscarret），命令自己师下面罗斯（Ross）的旅驻扎在埃班皮纳尔，这里离战场所有关键地点都只有三四英里，可在两三个小时之内增援前线。相反，西侧林杜斯高地则没有太多兵力。但收到 24 日晚间威灵顿的警告信和联军同法军接火的报告后，科尔决定把后方预备部队也带上来，并且命令罗斯在深夜 2 点进军占领前方的林杜斯。

上图：莫里略将军

罗斯将军遵守了这一命令，克服崇山峻岭的障碍抵达防守地点。罗斯本人与英军第 20 团在一线，第 7 团紧跟其后，第 23 团携带辎重位于队尾。由于刚刚下过一场暴风雨，路况非常糟糕，短短 3 英里的路让罗斯花了超过 4 个小时，然而他们的辛苦并没有白费，罗斯的这个调动大大影响了 25 日当天的战局。天亮后布伦瑞克连部署在林杜斯前方负责警戒，第 20 团在高地上休息，他们可以清楚看到西北方向驻防的坎贝尔的葡萄牙旅。过了 6 点没多久战场东侧传来了枪声——雷萨尔 – 阿瑟卡遭到了法军的进攻。

前文提到苏尔特的两道主攻方向都是从狭窄的山脊道路上发起的，除此之外他还派了 2 支小型的分遣袭扰部队。其中一支部队由法国边境地区的国民自卫军组成，面对着坎贝尔的营地，并且虚设营火，搞出一副声势浩大的样子。然而坎贝尔并不买账，作为一名主动的指挥官他下令主动进攻面前的这群"乌合之众"，全部将之逐入了山谷。然而这支国民自卫军的行动在一定程度上又算

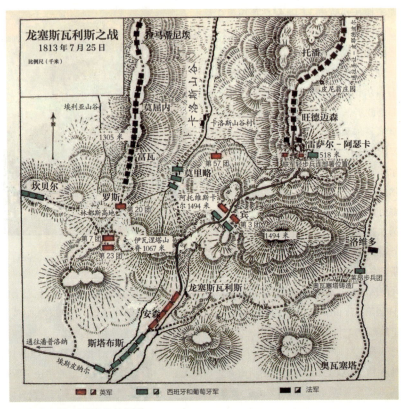

上图: 龙塞斯瓦列斯之战示意图

图内标注文字：

龙塞斯瓦利斯之战
1813年7月25日
比例尺（千米）

布马蒂尼埃
托潘
皮尼斯庄园
莫屈内
旺德迈森
卡洛斯山谷村
雷萨尔－阿瑟卡
1305米
联军轻步兵连部署位置
518米
富瓦
第57团
玖贝尔
莫里略
罗兰
第20团
阿托维斯卡尔 1494米
宾
林都斯高地
第3团
1494米
洛维多
第7团
伊瓦涅塔山脊 1067米
第23团
莱昂步兵团
奥瓦塞塔铸造厂
龙塞斯瓦利斯
安索
通往潘普洛纳
斯塔布斯
奥瓦塞塔
埃斯皮纳尔

■ 英军　　■ 西班牙和葡萄牙军　　■ 法军

是成功了，因为战场上的枪声把更远处负责防守巴斯坦山谷的希和斯图亚特都给吸引了过来，当这2名将军不在的时候，马亚山口旋即遭到法军的进攻。

苏尔特的第二支袭扰部队位于战场最右侧，在这里当地的国民自卫军得到了法军第59战列团【由洛维多（Loverto）上校指挥】的支援，进攻莱昂步兵营。西班牙人一整天都顽强的坚守着阵地，不过这里的交战还是引起了宾和莫里略的紧张，他们担心法军大部会试图从这里迂回。然而，事实证明他们的担心是多余的。

早上6点，克洛泽尔纵队先头旺德迈森的师出现在雷萨尔－阿瑟卡山丘面前，旋即被守卫此地的联军7个步兵连发觉。很明显，防御者的阵地必须要靠正面强攻才能拿下，因为两翼没有短时间内可迂回的道路。法军打头的第1战列团和第25轻步兵团部署成密集的散兵线进攻山丘，然而守军拥有地形的掩护，因此进攻遭到了失败。随后法军士兵四处寻找掩体同联军士兵进行着漫长而无意义的对射，整整耗费了3个小时。与此同时法军后方部队一个营接一个营的赶上来，聚集在山脊上。法军前线部队组成纵队又进行了2次进攻，仍然没有成功。师长旺德迈森赶到后，命令后方3个营沿山坡绕远路试图迂回联军侧翼，赶上来的法军6磅炮也开始轰击联军阵地。宾看到这7个连陷入危险中，遂下令后撤至阿托维斯卡尔，于是联军前哨在尽最大能力阻挡法军后成功溜走。

联军先头部队的迟滞行动非常成功，当克洛泽尔继续向联军在山口前的主阵地进发时，已经是下午3点了。然而联军在阿托维斯卡尔的防御阵地更加坚固，克洛泽尔在查看阵地后，决定派队末孔鲁的师绕过联军阵地东侧5080英尺（约1548.4米）高的山峰进行迂回。可下午5点一场浓密的大雾降临，法军的迂回行动不可能成功。当天的战斗就这样结束了。双方的损失都很小，克洛泽尔在报告中称他手下的3个师共有160人伤亡，数字看上去似乎比实际低了一些。防守的联军伤亡共计120人。

现在我们把视线转到龙塞斯瓦列斯西北的林杜斯高地。前文提到罗斯在早上6点占领了林杜斯，布伦瑞克-奥尔斯士兵在高地前负责侦查警戒。随后战场东侧传来枪声，过了三四个小时后科尔将军赶到龙塞斯瓦列斯，要求罗斯看守面前的阵地，并且告知后方安森的旅和斯塔布斯的旅正往前线赶。安森将支援奥瓦塞塔铸造厂附近的西班牙人，斯塔布斯则去支援宾。大约11点钟，布伦瑞克士兵发觉远处树林中有动静，罗斯命令他们前进一探究竟，罗斯本人带领第20团紧跟其后作为支援，后方2个团跟进来到林杜斯。布伦瑞克士兵在崎岖的山路上前进了大约半英里，同法军先头第6轻步兵团的2个卡宾枪连遭遇。面对优势兵力的敌军，布伦瑞克士兵只好撤退，而罗斯将军想要争取足够的时间，下令第20团先头的1个连【由托维（Tovey）上尉带领】向法军发动刺刀冲锋，法军打头的散兵退入灌木丛中，把阵地交给身后的主力部队。双方士兵从两侧的山坡向上爬，在山脊顶端不足10码的距离上遭遇。1名布伦瑞克军官生动的记下了这场战斗的情景：

"法军士兵本能地向后退了一步，有几个人还转过了半个身子，但他们的军官大呼小叫，威胁当头，满嘴诅咒，驱赶着士兵保持队伍。于是法军士兵镇定地站在原地，刺刀放下准备冲锋，托维的连也是如此。有几秒的时间里双方都在2步之外打量着敌人，突然1名法军尉官径直冲入英军中左劈右砍，然而他立刻被刺刀刺死了，于是双方小心翼翼地做出防御姿势没有贸然冲入敌阵。

刺刀战，传说与现实

纵观拿破仑时代，各个战场上交战的军队都广泛采用刺刀冲锋这一战术，然而实际上，这种战术造成的伤亡非常有限，因为很难发生大范围激烈的短兵接战。可以毫不夸张地说，除去攻城战和工事、村镇争夺战，真正在野战中因拼刺而伤亡的士兵少之又少。约米尼评论说，在开阔地的刺刀冲锋绝大多数时候在接战前就有一方逃之夭夭了，更有普鲁士将军评论道刺刀只有在敌人无路可逃的时候才有用。

回到半岛战场，威灵顿指挥的部队非常喜欢采用刺刀冲锋的战术，凭借着地形优势获得火力优势，待法军的进攻纵队开始动摇后以刺刀冲锋解决战斗，是威灵顿惯用的战术手段。比如英军近卫团在塔拉韦拉，第88团在布萨科都成功采用了这一战术。

这看起来简直更像刺刀操练而不是冲锋。我觉得双方伤亡都不过十来人。1分钟后英军上尉发现法国人有增援接近，他大喊"向后转！"于是士兵们快步后退。当面前清空后我们的5个（注：原文有误，其实是4个）连一齐开火，距离只有100码，每次齐射我们都看到成片的法国人倒下。"

托维上尉本人也有幸留下了这场战斗的记载：

"未及命令下达我便带着自己的人前进……当我们抵达高地另一侧的时候突然撞到了敌军步兵纵队的先头，他们前脚刚刚站到山丘顶上。我的连的人吃了一惊都停下了脚步，直接面对着敌人。1名法国军官要求我们放下武器投降，我则回答'看招！'，于是我们一齐冲锋把敌人赶到了坡下。以上就是这场既惊心动魄又混乱无比的进攻，我的这点人争取到了时间重返自己的团。"

上图：科尔将军

托维的连（75人）在这场短暂的战斗中共11人阵亡14人受伤，最终还得以全身而退，他们给后方士兵争取了足够的时间在山顶上部署。随后双方在通往林杜斯高地的山路上爆发了混乱的战斗，两军间的距离实在是太近了，猛烈的对射造成了可怕的伤亡。英军第7、第23团紧急来到一线防御，法军敲着冲锋鼓点试图冲上林杜斯高地，旋即遭到多个方向英军齐射的打击，先头士兵成片倒下。林杜斯高地两侧完全是险峻的山谷，根本没有道路可供迂回，并且直到下午3点半富瓦后面的莫屈内才赶来增援，更后面的拉马蒂尼埃下午5点才出现。所以整个下午基本只有富瓦的6个营保持着交火。

雷耶在报告中提到在初次交战大约1小时后，科尔部署在后方的增援出现在林杜斯以南。事实上科尔将军得知林杜斯交战的消息，立刻动身去见罗斯将军，并且命令后方安森和斯塔布斯的2个旅放弃原先的路线，向龙塞斯瓦列斯进发。这样一来联军有11000人布置在3英里宽的战场上，法军进攻成功的机会已是极度渺茫。

浓雾让战场暂时安静了下来，苏尔特的处境可谓极其糟糕。克洛泽尔尽管拿下了联军的前哨阵地，却在阿托维斯卡尔面前受阻，而雷耶更是没能取得任何进展。双方的损失都很小，苏尔特估计法军一共损失不足500人，而联军伤亡更是微乎其微，仅350人。联军成功的以较少兵力和代价抵挡住了法军主力整整一天，然而科尔将军此刻却并未感到轻松，他估计面前有大约30000名法军，然而他手上只有13000人。皮克顿的第3师正在赶来的路上，预计还要1天才能到达战场，降临的浓雾进一步增加了战局的不确定度。或许是担忧法军会从东侧深远迂回联军的右翼，科尔做出了一个颇具争议的决定——全线撤退。在给威灵顿的信中科尔称："在优势兵力敌人面前守住山口是没有希望的。"然而威灵顿并不买账，10天后在给利物浦伯爵的总结报告中威灵顿直截了当地说：

"劳里·科尔爵士，他的撤退导致了整条防线的撤退，并不是因为他无法守住自己的位置，而是因为他的右翼遭到迂回。"

据说威灵顿后来还给过如此评价：

"我们给法国人造成的所有打击都没能给我们的将军们在心理上和指挥部队时带来足够的信心，当我在场指挥时他们都是真正的英雄，但当我因故离开时他们就是一群小孩。"

实际上科尔是一名久经沙场的将军，指挥部队经验丰富，并且积极主动。从24日到25日科尔一直在忙于防守，没有闲着。或许是过度的劳累让他没能准确地判断时局，而站在后人的角度看，实际上联军的处境很安全，浓雾一直持续到第二天早上，科尔担心的侧翼迂回始终没有发生。25日—26日夜间联军放弃阵地后朝着潘普洛纳方向撤退。法军直到26日上午才发觉联军已经溜走了。

苏尔特设定的主攻可以说基本上没有达到预定目标，6个师的兵力在2条狭小的山脊上进攻联军防御阵地都没能成功，那么埃尔隆的"次要进攻"情况如何呢？按照计划，埃尔隆将指挥3个师的兵力进攻马亚山口，成功后从西侧迂回对潘普洛纳形成钳击之

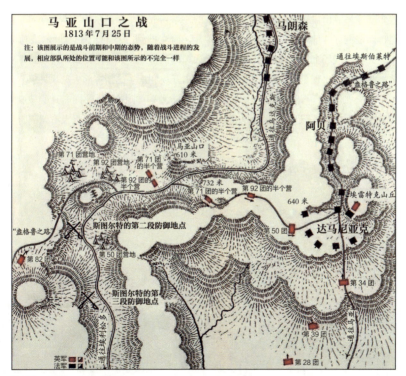

上图：马亚山口之战示意图

势。出发前这支部队先头离马亚山口仅数英里之遥，很快便可以进入战场。苏尔特23日给埃尔隆的命令是：

"埃尔隆伯爵要于24日抵达出发地点，25日破晓进攻敌军，拿下马亚山口，并在敌人撤退时进行追击……埃尔隆伯爵必须抓住时机立刻进攻，拿下马亚山口。然后要沿着敌人撤退的道路追击，谨记必须尽快想办法在指定的地点同军队主力会合，同雷耶将军取得联系……"

很显然，这份命令有一个重要的假设前提，就是法军主力在龙塞斯瓦列斯轻松取胜，并且联军在防线上的驻守部队全部匆忙撤退。苏尔特的估计过于乐观，结果事实完全相反，法军在林杜斯的"迂回"根本没能起到作用，所以驻扎马亚山口的联军并不会匆忙的赶来增援，这样一来埃尔隆在马亚山口遇到的敌人不是在慌忙地撤退，而是据守阵地顽强抵抗。尽管如此，人算不如天算，战场上情况瞬息万变，在马亚山口这一侧的战斗出现了双方都意想不到的状况。

威灵顿防线的中央——巴斯坦山谷由希尔将军负责，守卫兵力包括第2师3个旅（卡梅伦、普林格尔和阿什沃斯）和西尔韦拉的葡萄牙师，第2师由威廉·斯图尔特将军直接指挥，2个英军旅位于马亚山口附近，葡萄牙旅则在马亚山口东侧7英里之外。西尔韦拉的葡萄牙师构成后方第二道防线，坎贝尔则在更远的外侧，与龙塞斯瓦列斯的守军相去不远。同第2师相距最近的援军是防守埃查拉山口的第7师，其次是位于贝拉的轻步兵师和位于圣埃斯特万的第6师。第6师师长克林顿再次病倒了，指挥权暂时归帕克将军。斯图尔特是一名勇敢好斗、积极主动的将军，打起仗来毫无畏惧，且喜欢自作主张，所以威灵顿评论道："我必须要让他被某个人管着才行。"有意思的是"管着"斯图尔特的人就是希尔将军，半岛战争中期和后期的一系列战役中斯图尔特基本都受希尔指挥。

前文提到，25日上午坎贝尔成功驱散了法军国民自卫军。枪声传来，希尔将军立刻起身离开埃利松多的指挥部去见坎贝尔。指挥第2师的威廉·斯图尔特同样离开了马亚山口前往坎贝尔所在的方向，并且没有留下自己不在

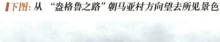
下图：从"盎格鲁之路"朝马亚村方向望去所见景色

时候的预备命令，就这样把指挥权交到了普林格尔手中。普林格尔2天前才刚刚从英国回到半岛，重新指挥1个旅。他既不熟悉地形，也不熟悉部队，现在却突然要指挥3个旅防御整个地段。

这样一来，斯图尔特对25日马亚山口的战局有着不可推卸的责任。法国人的营火在夜间已熹微可见，而斯图尔特偏偏在这个关键时候离开了自己的阵地。马亚山口附近是一片长满青草的鞍部，有2条路经过。其中一条通往乌达克斯的道路经过鞍部中心，直接穿过山口。另一条较小的道路通往埃斯珀莱特（Espelette），沿山坡向南行驶一段后在埃雷特克山峰（Aretesque）附近转向西方同前一条道路会合。后一条路也被称作"盎格鲁之路"（Chemin des Anglais）。鞍部的西侧由卡梅伦的旅负责，道路两旁部署着数个营，在后方山丘上还部署有4门葡萄牙火炮，可以封锁面前的道路。然而由普林格尔负责的地段防御却遭到了忽视，仅有80名士兵负责警戒，并且身后的支援部队也只有4个连（第28团、34团、39团、60团各1个连）。普林格尔的主力在山丘以南2英里之外的马亚村前面，大约有1个小时的路程。

与龙塞斯瓦列斯不同，马亚山口面前有非常多的视野死角，想要完全掌握战场态势是非常困难的一件事。东北通往埃斯珀莱特的道路完全被一座小山完全遮蔽。联军已经得知法军就在4英里之外的乌达克斯和7英里之外的埃斯珀莱特，因此守军本应做好侦查和警戒工作。然而斯图尔特将军却没能做好准备，而恰恰埃尔隆主力进攻的方向正是来自于东北。达马尼亚克的师从埃斯珀莱特出发沿"盎格鲁之路"前进，阿贝的师紧随其后，由于山丘的遮挡，这2个师的行动可

以达成突然性。马朗森从乌达克斯出发，埃尔隆要他并不着急行动，等另外2个师取得进展后再进攻面前的英军。

7月25日马亚附近的天气同龙塞斯瓦列斯一样晴朗明亮，而行进中的法军很好地利用了视野盲区掩护行动。直到上午10点，英军第71团的哨兵报告称远处乌达克斯方向的天际线处有可疑的"物体"在移动，"就像一群牛犊一样"。埃雷特克山丘上的英军第34团也向普林格尔报告称，有敌军在出现后再次消失。出于预警考虑，山丘后方的4个连都得到命令增援前哨，所以埃雷特克山丘上的兵力达到了400人。大约上午10点半左右，埃尔隆的主力在仅半英里之外突然出现，对这支孤立的英军先头部队发起进攻。埃尔隆命令达马尼亚克师中8个轻步兵连的士兵脱下背包堆在地上，组成一大群散兵向小山发动进攻，呈半圆形态势试图包围整个山丘。法军的进攻达成了完全的突然性，英军侧翼遭到迂回，不得不依托地形死守，打退了法军第一次进攻。然而达马尼亚克师的后方的营一个一个赶到，法军第8战列团切断了通往马亚村的道路，因此在援军抵达前，这5个连的英军遭到了全军覆没的命运，6名未受伤的军官和140人被俘，其余260人皆非死即伤。

直到此时，普林格尔紧急派出的3个营援军（第28团、34团、39团各1个营）的先头才刚刚抵达山脚，面着山脊上的法军。普林格尔本人骑马来到左翼，要求已经做好战斗准备的卡梅伦的旅立刻出发。卡梅伦派第50团向东挺进，剩下第71团和第92团监视着乌达克斯方向。枪声的响起也惊动了不远处的阿什沃斯和第7师，普林格尔也派信使前往第7师求援。随后，英军28团、

上图：这一段山脊就是英军第 92 团英勇战斗的战场

34 团、39 团和 50 团发动了一连串拼死进攻，试图将法军赶下山脊。达马尼亚克的 8 个营都已在山脊上站稳脚跟，后方阿贝的师也已出现在视野中。英军 34 团第一个发起进攻，该团的贝尔写道："在这样的敌人面前进攻简直就是找死，但这就是命令，我们就这样走向死亡，越过狭窄的山路，人人累得气喘吁吁。我们毫无胜算，骑着马走在前面的上校永远是最好的靶子，他第一个中弹倒地……我们就这样坚持着推进，找到一处立足点据守阵地。"法军具有居高临下的地形优势，第 34 团的进攻彻底停了下来。英军第 39 团和第 50 团的进攻都以失败告终。见此危局，普林格尔要求卡梅伦再把第 92 团派来支援，卡梅伦从 92 团中分出半个营——超过 400 人的兵力前去增援，与此同时第 28 团最后一个赶到了山脊南侧，同 92 团一齐发动进攻。双方部队在不足 120 码的距离上爆发惨烈的对射，由于人数劣势，英军战线最终被打得七零八落。贝尔这样评价第 92 团的战斗："他们像一堵石墙一样站立着，以一敌二十，直到超过半数头戴蓝色无边帽的士兵们倒在其他勇敢的高地战士身旁。当他们撤退后留下的尸体甚至成了敌人前进的障碍。噢，他们当天的战斗真是太英勇了！"第 92 团这勇敢的半个营在这场血腥的战斗中损失了七成的人，仅有的 2 名生还军官下令撤退。英军第

28 团在山南同法军第 28 战列团爆发战斗，最终，英军第 28 团反攻同样遭到了失败，随后与 34 团、39 团一同退往马亚村。达马尼亚克的 8 个营最终赢得了这场艰苦阵地战的胜利，然后派出 1 个旅的兵力朝马亚村追击。

等到伤亡惨重的 92 团撤下后，法军开始沿着"盎格鲁之路"向前推进，卡梅伦紧急把 71 团的半个营调到右侧堵住通往马亚山口的道路，第 71 团在遭受不小的伤亡后也不得不后撤，而法军经过长时间的战斗秩序也大为下降。大约下午 2 点，离开许久的威廉·斯图尔特将军终于赶了回来，而就在这时法军中马朗森的师也按照计划开始进攻。英军在 2 个不同的方向上受敌，斯图尔特能做的只有撤出马亚山口，退到后方的大路上设防，同时希望第 7 师能够尽快赶来。马朗森看到面前的道路已经畅通无阻，于是把部队分成 2 支纵队，一支沿道路进入山口，另一支从山口北侧沿山坡迂回守军右翼，包抄了后方高地上的葡萄牙炮兵。葡萄牙炮手朝逼近的法军散兵打了一两发霰弹，把其中 2 门炮推下了山谷后逃走。另外 2 门炮由于地形崎岖无法处理，因此被法军俘获。这件事让威灵顿非常过意不去，因为他在半岛战争中一直保持着野战未失一炮的战绩。最终，威灵顿把这 2 门炮的损失归咎于斯图尔特，称他到达战场后取消了普林格尔要求炮兵撤退的命令。

达马尼亚克的师由于在先前的战斗中损失严重，秩序大乱，埃尔隆下令该师停下重整，把后面阿贝的师调上来增援，而马朗森的师成了下一段战斗的主力。大约下午 3 点，战斗再次开始。斯图尔特把可战之兵组成 2 道防线交替掩护后撤，退了大约半英里。英军营地落入法军之手，法军随即进入营地开始抢劫，抢了不少英军的银饷。直到下午 4 点半马朗森的

部队才又恢复秩序继续前进，斯图尔特的部队再次后撤，就在此时法军侧翼突然传来枪声，第7师中的第82团从战场西侧的"盎格鲁之路"上出现，成为当天赶到的第一支增援。第82团尽管只有1个人数不多的营，但还是带头发起了攻击，逐走了马朗森先头的营，然而法军人多势众，英军的反击部队又被推下了山坡。情势看起来十分危急，一些英军士兵的弹药已经耗尽，开始捡石头攻击敌人，斯图尔特本人腿上也中了一弹，然而他坚持指挥不同意离开战场。正当斯图尔特下令全线撤退时，战局又发生了柳暗花明的变化。同样是在战场西侧的"盎格鲁之路"上，第7师的巴恩斯（Barnes）旅长带着2个营——第6团第1营和布伦瑞克－奥尔斯营出现。尽管这支新到的援军只有1500人，并且已经翻山越岭达9英里，他们在无畏的巴恩斯的带领下依旧发动了冲锋。这次突击出乎法军的意料，最先接战的法军营被彻底击垮，数分钟之内就损失了十多名军官。其他的英军部队受此鼓舞，一齐发动反击，残破的92团也在1名幸存的风笛手打击下再次冲锋。法军先头部队在一片混乱中退却，天色渐晚，埃尔隆错误地认为整个英军第7师都赶到，下令阿贝掩护马朗森后退，摆出一副防御的架势。这场英勇的反击成功阻挡了法军的前进，几天后威灵顿在战报中称巴恩斯的冲锋是他所见过最勇敢的，找不到合适的语言表达赞美之情。

英军在反击成功后停了下来，双方保持着零星交火，直到晚上8点黑夜彻底降临。埃尔隆表现得相当谨慎，最终没有让拥有9个营强大兵力的阿贝师投入战斗。天黑后希尔将军赶到，带来了坏消息，龙塞斯瓦列斯遭到35000名法军的进攻，科尔将军已经放

弃了阵地，这样一来希尔将军负责的这段战线也必须顺势后撤。于是筋疲力尽的英军在黑夜中后撤，许多重伤员只能丢在战场上。埃尔隆在黑夜中也没有采取任何行动。

这场战斗双方的损失都很大，英军中卡梅伦的旅有1900人在场，损失约800人，超过340人都来自勇敢的第92团第1营，普林格尔的旅2000人在场，损失超过530人，包括140名俘虏。第7师的援军在英勇的反击中损失140人，加起来英军参战部队共6000人，总损失达到近1500人，超过了四分之一。法军的损失也很大，先头达马尼亚克的师共7000人，损失了1400人，马朗森的师也损失了600人，阿贝的师几乎没有参加激烈的战斗，损失大约在100人。法军总计参战20000人，损失2100人，比例不算太大，但个别部队损失极为严重，比如在英军反击中首当其冲的第103战列团军官共计20人，损失达15人，同英军第92团爆发激烈对射的第28战列团也损失了15名军官。埃尔隆给苏尔特的战报宣称了自己的胜利，但是并没有夸大其词，他已经占领了英军阵地，并一直坚持到天黑——但是战前预计的胜利大追击是肯定没有可能实现了。

孤注一掷——索劳伦会战

"没有比指挥这种广阔战线更让我讨厌的事了，因为我无法亲自指挥下令。"

——威灵顿写给利物浦伯爵，1813年8月4日

7月25日的战斗结束后，无论是威灵顿还是苏尔特都对结果不满意。对威灵顿来说，防线上两个极度重要的地点已经丢掉，这样

一来，集结地点就不再是原先设想的巴斯坦山谷一带，而是退到了潘普洛纳以北——整整要多花1天的时间。苏尔特的日子也好不到哪里去，他原本以为25日一早便可轻松拿下联军阵地，下午就能向潘普洛纳凯旋进军，然而直到天黑他还没能拿下联军所有的阵地。尽管如此，7月26日苏尔特还是给待在美因茨的拿破仑送去了1份吹嘘"光辉胜利"的战报。这份报告通过视觉传信系统从巴约讷经过巴黎抵达莱茵河，于8月1日送达拿破仑手中，与其一同传来的还有雷伊将军在圣塞瓦斯蒂安要塞击退联军强攻的消息。拿破仑随即写信给陆军大臣克拉克指示道：

"我们现在可以告知公众关于西班牙的一些事情了，但关于维多利亚会战和国王（约瑟夫）的事决不准提及。首先你要在大公报上这样写："皇帝陛下任命达尔马提亚公爵

上图： 拿破仑时代的陆上视觉传信系统

作为他的副总指挥，总领在西班牙的军队。元帅于7月12日接过指挥，立刻向围攻潘普洛纳和圣塞瓦斯蒂安的敌人进军。"……这不是为了给法国人看的，而是为了左右欧洲列强们的想法。"

3天后拿破仑给外交谈判代表科兰古的信更有意思：

"你最好宣传一下苏尔特元帅7月25日对英军作战胜利的结果，说圣塞瓦斯蒂安要塞已经解围，30门攻城炮和200辆运输车被缴获。联军对潘普洛纳的封锁于27日解除，指挥围城的希尔将军没能带走伤员，并被迫烧毁了辎重，12门攻城炮被缴获。把这份消息送到布拉格，莱比锡和法兰克福。"

拿破仑这种"预见未来"的宣传攻势用于对反法同盟的心理战或许会起到一定作用，然而1天后又传来了苏尔特写于26日—27日夜间的报告，拿破仑又不得不赶快告知科兰古：

"我刚刚收到另一份由皇后从美因茨发来的密码报告，内容是关于苏尔特在上一封信24小时之后的动向，称他将于27日抵达潘普洛纳。敌人损失了许多人和7门大炮，但似乎还没有产生决定性的结果。我正焦急地等待进一步的信息，这样才能搞清楚苏尔特具体的动向，组成一份完整的局势信息。"不幸的是，苏尔特写于7月29日的下一份报告，就算再怎么开动脑筋，也不能当成夸大宣传的材料了。

回归正题。如果威灵顿25日中午就回到莱萨卡，并且斯图尔特当天上午也在马亚山口现场指挥，可能整个这一段历史都要被改写了。然而历史没有那么多如果，仅凭零碎的信息威灵顿没法判断全局，苏尔特的计划到底是什么，威灵顿自己也没能给出明确的猜测。直到大约午夜时分，希尔将军写于25日下午6点的信送达指挥部，称他发现斯图尔特无法守住山口，

通往潘普洛纳之路——双方军队从 7 月 25 日至 27 日的行动路线

乌达克斯

马亚山口

马亚

7 月 25 日的马亚山口之战双方均损失惨重，埃尔隆误以为英军第 7 师赶到，因此当晚在马亚山口附近扎营，没有发动攻击。

埃尔隆认为自己处于大批敌军的包围之下，因此在 26 日和 27 日没有贸然前进。

圣让—皮耶尔波尔

埃利松多

伊鲁里塔

威灵顿于 26 日凌晨离开莱萨卡，前往伊鲁里塔去见希尔将军，确认马亚山口之战的真实情况，看到法军没有明显动作后威灵顿离开伊鲁里塔前往阿尔曼多斯。

经过 25 日的马亚山口之战后，希尔的部队受损严重，退至伊鲁里塔，然而法军并没有乘胜加紧攻击。

苏尔特的主力部队在 7 月 25 日龙塞斯瓦列斯的战斗中没能占到便宜，然而科韦将军担心侧翼遭到优势敌军迂回，在 25 日—26 日夜间放弃了阵地。

阿尔曼多斯

阿托维斯卡尔

7 月 27 日上午，威灵顿抵达兰斯，得知了科尔和皮克顿继续撤退的消息，随后威灵顿前往奥拉格。

贝拉特山口

雷耶的部队在浓雾中迷失了方向，来到了通往潘普洛纳的大路上。

龙塞斯瓦利斯

布尔格特

奥瓦塞塔

兰斯

利萨索

奥拉格

欧吉

埃斯皮纳尔

比斯卡莱

林佐恩

埃罗

苏维耶塔

7 月 26 日下午 3 点，联军在林佐恩附近设防迟滞法军，下午 4 点皮克顿在林佐恩见到了科尔，商议后决定继续撤退。

27 日中午，威灵顿抵达索劳伦。

为缓解交通，苏尔特命令雷耶的部队离开大路。

注：图中蓝线为法军进军和联军撤退的大致路线，红线为威灵顿抵达战场的路线

索劳伦

萨瓦尔迪卡

阿尔苏萨

潘普洛纳

27 日凌晨，联军撤至萨瓦尔迪卡，上午 9 点法军先头克洛泽尔的部队同样追击至此。

上图： *前往潘普洛纳之路*

于是要求军队撤退。差不多在同时，由于斯图尔特受伤无法写字，他派来的 1 名参谋官也抵达指挥部，称有大批法军正在迫近，第 2 师在战斗中受损严重。然而到目前为止，仍然没有关于龙塞斯瓦列斯的进一步细节。

威灵顿当天夜里肯定没能睡个好觉，凌晨 4 点他再次上马准备前往巴斯坦山谷见希尔将军，确认关于马亚山口情况的真相。

离开莱萨卡之前威灵顿下达了第一份明确的命令：马亚山口已经丢掉，全军从西向东依次后撤，并且格雷厄姆要赶快把围攻圣塞瓦斯蒂安要塞的攻城炮搬到船上，希尔则要尽力守住伊鲁里塔（Irurita），同达尔豪西的第 7 师保持联系。

威灵顿抵达伊鲁里塔后，发现这里完全没有法军的动静，在马亚山口战斗中受损

严重的各支部队都撤到了这里，人数总共有9000名。希尔低估了当面法军的实力，所以让威灵顿认为这里目前并无危险。随后威灵顿南下前往贝拉特山口，下午抵达阿尔曼多斯（Almandoz），把指挥部暂时建在这里。此时威灵顿还是没有收到关于龙塞斯瓦列斯的消息，为以防万一他下令第6师经贝拉特山口前往潘普洛纳，第7师跟进补上第6师留下的空档以掩护希尔的左翼。

埃尔隆26日表现的"过分安静"，这让联军看来或许有些莫名其妙，然而从法军视角来看这些都解释得通。25日的血战让法军的这3个师损失了2000人，在报告中埃尔隆说："从我现在所处的马亚山口右侧直到圣塞瓦斯蒂安一线全都是敌军，我必须要谨慎行事，以免在进入敌人占据优势地位的巴斯坦山谷之后受到掣肘。"因此埃尔隆把主力留在山口附近，派出先锋朝着埃利松多前进了6英里。下午时分阿贝的侦察部队报告称右翼仍有大批联军——这些应该都是贝拉附近的英军轻步兵和苏维利亚（Sumbilla）附近的第7师。达马尼亚克报告称东侧没有敌人，但是希尔正带着大批部队在埃利松多附近据守。直到晚上埃尔隆得知法军的主力已经越过了龙塞斯瓦列斯继续前进，据此估计他当面的联军应该会顺势后撤。于是27日一早埃尔隆下令前进，留下马朗森继续在马亚山口留守1天以监视西面的联军。这样一来，苏尔特打算的全军于潘普洛纳城前会合的计划可以说已经无法实现了。

26日晚大约8点，威灵顿在阿尔曼多斯终于收到了科尔将军关于龙塞斯瓦列斯战况的报告，并得知科尔正朝着潘普洛纳撤退，这让联军总指挥感到坐立难安。威灵顿立刻给皮克顿下命令要求第3师、第4师要不惜一切代价在苏维里（Zubiri）附近拖住敌人，

然而实际情况比威灵顿想象中的要糟的多，此时的科尔和皮克顿正准备撤出苏维里继续退往潘普洛纳。

为了解释清楚科尔和皮克顿的动向，现在我们把目光转回到26日一早。当天早上龙塞斯瓦列斯下着大雾，联军迅速撤出阵地，回到了通往潘普洛纳的大路上。经过一夜的奔波，科尔命令部队在比斯卡莱附近休息了较长时间，法军大部队许久没有出现，直到下午早些时候，一队探路的法军猎骑兵撞到了安森的后卫。雷耶的3个师因道路状况和行军命令造成了混乱，最终跟到了克洛泽尔的后面。这样一来，法军26日真正开展实质性行动的只剩下了克洛泽尔的3个师，而克洛泽尔也是小心行事，下午4点法军在林佐恩（Linzoain）附近遇到了设防的科尔。就在这个时候皮克顿把第3师留在苏维里，本人赶到了一线同科尔见面。好斗的"老流氓"（the old rogue）皮克顿当天的装束也是够滑稽，根据目击者记载，他当天戴着1顶圆高帽，穿着一身蓝色双排扣大衣，手里拿着1把收起的雨伞当马鞭用，士兵们互相转告："老汤米（Tommy）来了，兄弟们，现在打起精神准备战斗。"然而这一次托马斯·皮克顿爵士表现得异常谨慎，同科尔长谈之后他同意继续撤退。

实际上，此时皮克顿和科尔当面的法军只有克洛泽尔的17000人，雷耶的3个师还在后面，所以英军如果防守是可以坚持到天黑的。皮克顿认为从林佐恩到索劳伦这10英里的山路找不到一个适合防御的地方，打算再退后10英里，结果就是第二天（7月27日）苏尔特通往潘普洛纳的道路变得畅通无阻。如果皮克顿在沿线设防，虽然未必能完全挡住敌军，但至少也会让敌人花掉不少时间，而时间，对双方都意味着一切。

26 日—27 日夜间联军一路撤退，法军也没有穷追不舍。27 日天气很好，当天早上撤退的联军抵达了萨瓦尔迪卡（Zabaldica）村，这里是阿尔加河山谷的出口，面前就是潘普洛纳平原。皮克顿所选的防御阵地由一系列分割开来的山峰组成，绵延达 5 英里，最右侧是瓦尔特山，面前有埃格河（R.Egues）作为屏障；中央是圣米格尔山（San Miguel），两侧分别有阿尔加河和乌萨玛河（R.Ulzama）流过；左侧则是长长的圣克里斯托波尔山（San Cristobal）。这里的山丘有着精良的缓坡，非常适合英军的传统战术，比利亚瓦（Villaba）和瓦尔特 2 个村庄填补了战线上的空缺，战线两翼也有河流的保护。然而皮克顿选的阵地有一个重大的问题，就是离潘普洛纳要塞太近。联军背后的

要塞相距圣克里斯托波尔山仅 1 英里，要塞火炮可以覆盖 1200 码以内的目标，而联军背后用来调动联络的大路刚好在这个范围之内。背靠着一座敌人占据的大型要塞进行战斗恐怕是很多指挥官都会竭力避免的。相比之下，科尔对阵地的看法要高明的多，他建议把部队的左翼拿到前面，远端放在索劳伦（Sorauren）附近，正面是一片英军拿手的山坡，非常适合防守。这段山坡在中间位置通过一段山坳同对面的山峰相连，在其他的地方 2 座山被一条河流分开。中央靠右的萨瓦尔迪卡村附近是一片尖坡。整个阵地（除了中央一段山坳）异常坚固，两翼均有河流保护。

最终，皮克顿同意了科尔的建议，于是下令第 3 师部署在瓦尔特山，派 4 个骑兵旅保护右翼。莫里略的西班牙师部署在圣米格

尔山，延伸至比利亚瓦。圣克里斯托波尔山由奥唐内的西班牙师负责，该师还调出 2 个营防守萨瓦尔迪卡村附近的尖坡。当天晚些时候奥唐内又得到 2 个西班牙营的增援。宾将军得到命令随科尔一起行动，占据着奥利卡恩山的最高峰，位于主阵地后半英里的地方。一线防御力量从东到西依次是 2 个西班牙营（防守萨瓦尔迪卡村附近的尖坡）、安森的旅（防守山坳）、坎贝尔的旅（防守山坡中央）和罗斯的旅（防守山坡左翼），斯塔布斯的旅位于坎贝尔身后作为预备队（除去第 7 猎兵团防守索劳伦附近的圣萨尔瓦多礼拜堂）。第 4 师师属炮兵位于山丘东侧斜坡，封锁着面前萨瓦尔迪卡村前的道路。轻步兵组成的散兵线在坡前，主力部队隐藏在后坡。

虽然通往潘普洛纳大路的状况要比山路好得多，然而大量部队在狭窄的山谷中行进仍然大大迟滞了法军的行动速度。苏尔特为了缓解交通压力下令将大路留给克洛泽尔及其身后的骑兵、炮兵和辎重，雷耶的 3 个师在埃罗村附近离开大路，走阿尔加河另一侧的山路。克洛泽尔 27 日上午 9 点即抵达了萨瓦尔迪卡，雷耶走的山路又一次状况糟糕，又下令离开山路，打头的富瓦走到了阿尔苏萨村（Alzuza）附近，莫屈内在伊洛斯村（Iroz）附近扎营，拉马蒂

尼埃也在莫屈内身后不远处，比克洛泽尔晚了大半天的时间。

克洛泽尔是一名积极主动的将军，抵达萨瓦尔迪卡后发现奥利卡恩山被联军占据，不等苏尔特的命令就要求手下的 3 个师依次展开，同科尔的一线部队对峙，随后向苏尔特请求立刻发动进攻。苏尔特于上午 11 点骑马来到前线高地观察。就在这个时候，奥利卡恩西北的山坡上出现一名策马奔驰的人，联军阵地随即爆发热烈的欢呼声——威灵顿本人亲自赶到了战场。苏尔特注意到了对面联军的欢呼声，不过根据书信内容判断，他似乎并没有猜出是威灵顿到了，仅认为是联军后方的增援部队抵达前线。

威灵顿从阿尔曼多斯到索劳伦的这一段旅途发生了不少有趣的故事。由于皮克顿一直没送来关于前线情况的报告，威灵顿内心可谓焦急万分。27 日一早威灵顿带上乔治·默里、菲茨罗伊·萨默赛特（Fitzroy Somerset）和数名参谋官，骑马经过贝拉特山口。抵达兰斯（Lanz）时，他听说皮克顿在继续撤退，这让威灵顿非常不满。于是他让默里写信给希尔，要求希尔附近的数个师向南撤退，而格雷厄姆则仍然要维持对圣塞瓦斯蒂安要塞的封锁，不到最后一刻不解除围城。随后威灵顿继续南下到了离索劳伦仅 4 英里的奥斯提斯（Ostiz），遇到了维持通信联络工作的郎将军，郎警告威灵顿说皮克顿已于前一夜放弃了林佐恩和苏维里，现在已经抵达潘普洛纳近郊，双方可能随时会爆发战斗。得知此消息后威灵顿要求默里留下等待进一步命令，带着身边的随从人员策马向索劳伦方向疾驰，快马加鞭的赶路，身旁的参谋人员纷纷落在了后面，只有菲茨罗伊·萨默赛特勉强跟得上。

抵达索劳伦附近后整个战场尽收眼底，

威灵顿一路疾驰至索劳伦附近的桥上，下马拿出铅笔给默里写信，称经过索劳伦的这条道路已经受到了法军的威胁，附近的部队要走从奥拉格通往利萨索（Lizaso）的另一条路前往战场，希尔将军要立刻出发，争取在午夜前经过贝拉特山口并在那里留下一支后卫，防御埃尔隆可能的追击；圣埃斯特万附近的第 7 师则通过阿莱斯山口（Puerto de Arraiz）前往利萨索。萨默赛特拿着命令冒险走大路返回奥拉格，好在侦查的法军骑兵没有追他。默里在奥拉格得到命令后立刻派人通知各个师行动。威灵顿后来评论说，多亏派萨默赛特紧急回去传令，第 6 师才能于天黑的时候抵达利萨索，并于当地好好休息一晚。

一周后，在给拉尔庞（Larpent）的信中威灵顿给出了精彩的记录：

"当时确实情况紧急，的确是在赛跑。当我抵达索劳伦的桥上时，我看见法国人在对面的山上，很明显我军可以于 28 日在另一侧山上的阵地进行防守，但我觉得我们无

法守住索劳伦，因为这里暴露在敌人的火力威胁下，我们不能依托于此。所以我不得不赶紧在索劳伦写下命令，然后马上送回去。因为如果我不马上把命令沿来的路送回的话，就要绕一个 4 里格远的大圈，要多花一个小时外加一刻钟。我于是停下来写信，旁边的人（巴斯克农民）一直在向我高喊：'法国人来了！法国人来了！'"

送走萨默赛特之后，威灵顿骑马来到战场一线。当天威灵顿以其经典形象出场——短双排扣大衣、无羽饰三角帽，还有那匹结实的坐骑，他的外形轮廓太容易辨认出，身旁的士兵很快认出了他，响亮的欢呼声传遍了全军。班布里奇（Bainbrigge）记录道："我永远忘不了侯爵阁下出现之后每个人脸上绽放的喜悦，一种自信的感觉传遍了全军。没有人再心灰意冷的抱怨我们当前糟糕的处境，现在我们开始谈论把法国人赶回边境是一件理所应当的事。"现实就是如此令人捉摸不透，威灵顿在信中大骂自己的士兵是人渣，用军法管制、惩罚部下毫不手软，可当

下图： *索劳伦村的石桥，威灵顿就是在这里书写了命令*

他真正出现在战场上的时候，他依然能赢得部下的尊重和信任。

伴随着一路的热烈欢呼，威灵顿来到了罗斯将军旁边，用自己的望远镜仔细观察法军的动向。威灵顿很容易地就辨认出了苏尔特，按照班布里奇的记录，罗斯对威灵顿说："苏尔特现在肯定在想着怎么进攻。"而威灵顿则一边观察一边回答道："只有可能我进攻他。"这个时候的法军指挥部在忙什么呢？按照克洛泽尔的副官勒莫尼耶－德拉弗斯（lemonnier–Delafosse）的记载，克洛泽尔当时力劝苏尔特赶快发动进攻，然而苏尔特在看过地图之后予以回绝，然后就在前线吃了顿午饭并小憩了一会，而克洛泽尔倚着一棵橡树，生气地敲打着脑门嘟囔着说："怎么还能有人在这种时候睡着？"

苏尔特 28 日在给陆军部的汇报中称他在 27 日下午的时候发现威灵顿赶到了战场，我

上图: 索劳伦会战

们似乎能从这一点推断苏尔特中午11点的时候大概没有看见威灵顿本人。中午过后，法军向萨瓦尔迪卡发动试探性进攻没能成功，下午晚些时候刚刚抵达阿尔苏萨村的富瓦得到命令向苏尔特方向运动，探清联军的实力，遭到炮击后富瓦下令撤退，向苏尔特报告说瓦尔特山上有联军重兵把守。此后双方渐渐沉寂下来，直到黑夜降临。然而当晚一场狂风暴雨席卷了比利牛斯山区，双方都在大雨中淋成了落汤鸡。历史真是何其的相似，一年前萨拉曼卡会战前夜下了一场大雨，2年后在滑铁卢相同的事又再次发生。

大雨的降临让双方军队的行动告一段落，然而双方统帅都没有闲着。法军的处境并不乐观，现在有整整6个师的兵力挤压在阿尔加河山谷的出口，战场的走向基本是未知数。当晚法军的作战会议上所有在场的高级将领都参加了，包括苏尔特，克洛泽尔，雷耶，加赞和其他参谋人员。克洛泽尔主张把战线延伸到乌萨玛河附近，从这个方向迂回奥利卡恩山，然而该计划遭到反对，理由是炮兵和辎重难以离开大路在糟糕的山路上通行，并且还有消息称另一支联军正沿着兰斯－索劳伦的道路赶来（多半是指英军第6师），所以法军侧翼将受到威胁。另外，从西侧迂回奥利卡恩山也会让法军整条战线变得单薄虚弱。所以一番讨论过后，苏尔特决定用5个师的兵力集中攻击奥利卡恩山的联军主阵地，包括克洛泽尔的3个师（孔鲁、托潘、旺德迈森）和雷耶的2个师（莫屈内、拉马蒂尼埃），得到骑兵增援的富瓦继续留在左翼远端监视着瓦尔特山附近的联军，一些火炮也要尽可能的推到前线进行火力支援。

威灵顿当晚只对阵地部署做了一点点调整，他把重点放在了下达集结命令上。前文提到威灵顿已经把萨默赛特送回去下达过一次集结令，下午4点钟的时候威灵顿又下达了一份更细致的命令：帕克的第6师于明天一早从利萨索出发，尽快赶往奥略卡利斯基塔（Ollocarizqueta），如果路上出现法国人的阻拦，就算绕行附近的山路也不得耽误行程，必须抵达预定地点。炮兵和携带着步兵弹药的车队要跟随帕克一同出发，除非遇到强大敌军的阻拦，否则不许返回利萨索。达尔豪西和希尔已经开始南下，但第2师和第7师的行程较长，威灵顿预计他们将在27日—28日夜间抵达利萨索，如果士兵身体条件允许，这2个师也要跟着帕克南下前往奥略卡利斯基塔。所有可能迟滞部队行军速度的辎重，以及马亚之战的伤员都要从利萨索转移到伊鲁尔松。以上的安排中，只有帕克完成了任务，28日上午10点他抵达了奥略卡利斯基塔，希尔和达尔豪西因为27日—28日夜间的暴风雨耽搁了行程，28日白天才赶到利萨索，所以这2个师没能赶上索劳伦会战。

28日风雨过后天气转晴，视野极佳，双方都能看清对面一线的兵力。法军在早上花了很长的时间完成部署，孔鲁离开萨瓦尔迪卡，来到索劳伦负责防守。拉马蒂尼埃离开伊洛斯填补了孔鲁留下的空档，戈捷（Gauthier）的旅在前面正对着西班牙人防守的尖坡，梅内（Menne）的旅在其左翼作为预备，并且有1个团调到了阿尔加河东岸。莫屈内的师面对着连接2座山峰的山坳，2个旅一前一后部署。旺德迈森的师在莫屈内的西侧，再往西则是托潘的师。苏尔特元帅的弟弟皮埃尔·苏尔特指挥的轻骑兵从山谷中塞满火炮和运输车的道路中挤出来，来到富瓦的师左翼附近展开承担掩护工作。4门榴弹炮被推至萨瓦尔迪卡村前，准备利用其高抛弹道轰击从山口到山尖一段的联军阵地。

法军的大部分行动威灵顿都看得清清楚楚，与此同时，第6师已经于10点左右抵达奥略卡利斯基塔，得知此消息后威灵顿立刻要求第6师走山路向战场靠拢，中午时分第6师先头马登的旅（葡萄牙旅）出现，向索劳伦村方向前进。最终，帕克及时赶到了战场，这对当天的战局产生了重大影响。

法军原本预计的进攻时间设定在下午1点，但在中午克洛泽尔手下的一名军官向他报告称乌萨玛河另一侧可以看到有大批敌军在接近战场。克洛泽尔本想从索劳伦村出发迂回联军阵地的左翼，然而英军第6师的抵达反而使法军的侧翼暴露了，现在战局剧变，克洛泽尔认为他现在必须要阻止英军第6师继续前进，将其牵制在离主战场一段距离的地方。于是中午12点半，孔鲁的师（约7000人）得到命令沿乌萨玛山河谷前进，阻止帕克朝战场进发。

索劳伦会战正式打响。

克洛泽尔要求其余各师立刻进攻，不要再等到预定的下午1点。然而法军没有完全做好准备，因此多多少少还是耽搁了一些时间。孔鲁离开索劳伦村向前推进了大约半英里，突然发现自己正处在三面受敌的危险之中。英军第6师的葡萄牙旅已经在西侧高地上部署完毕，威胁着孔鲁的右翼，在左翼罗斯也派出了散兵向法军开火，在正面第6师斯特灵的旅部署成横队阻挡法军前进，兰伯特的旅在其身后作为支撑，孔鲁不得不下令退回到索劳伦村前，帕克由于得到命令掩护军队左翼，因此暂时没有贸然进攻索劳伦村。

与此同时，其余几个法军师从西向东开始相继进攻预设的位置，托潘的2个旅打头，旺德迈森紧随其后，莫屈内又比旺德迈森的出发晚了一点点，拉马蒂尼埃则是等到1点钟才开始进攻。法军各师在散兵的掩护下排成纵队向山坡进发，联军也是摆开架势准备迎接战斗。勒卡米（Lecamus）从山坡的西北方向进攻罗斯，在其东侧贝绍（Bechaud）进攻罗斯和坎贝尔的接合处；旺德迈森进攻坎贝尔；莫屈内的先头旅进攻山坳出口的安森，拉马蒂尼埃则进攻由英军第40团和2个西班牙营共同防守

下图: 帕克的师翻越面前的这座山抵达战场西侧，下面的村庄就是索劳伦村

的尖坡。最西侧的孔鲁被帕克钉在了索劳伦村前。勒卡米率领自己的旅从索劳伦附近出发，进攻奥利卡恩山的西北角。根据英军方面班布里奇留下的记录，法军先头派出了人数多达8个连的掷弹兵组成了一条厚厚的散兵线向前推进，比以往法军的散兵线人数要多。班布里奇称这些士兵虽然充当散兵的角色，却不是以往见到的轻步兵样式，而是戴着高皮帽像法国近卫军一样，"这些是我所见过最优秀的战士"。在法军压迫下，英军第20团、第23团和第7葡萄牙猎兵团的散兵被迫后撤，勒卡米的旅几乎抵达了山脊，就在这时罗斯将军下令全旅发动刺刀冲锋，勒卡米的4个营难以抵挡，被迅速击退至山下。罗斯并没有追赶过远，因为第二支法军纵队——贝绍的5个营正在朝着圣萨尔瓦多礼拜堂进军，这让勒卡米有了些许重整的时间。贝绍的进攻正对着葡萄牙第10猎兵团，赶走了该团的散兵，一度登上了山脊并在礼拜堂附近站稳脚跟，同英军第7团和第10葡萄牙战列团爆发激战。就在此时罗斯下令自己的部队从侧面进攻法军，贝绍数面受敌也被迫撤下了山坡。同样，罗斯和坎贝尔没有进行追击。

当上述战斗还在进行中时，旺德迈森的2个旅也抵达了前线。这2个旅都组成一个大型纵队，前面由一大群散兵进行掩护，径直冲向坎贝尔的中央和左翼，在激烈交火后赶走了葡萄牙猎兵，抵达了山坡顶点。科尔不得不下令斯塔布斯前去增援坎贝尔，然而人数处于绝对劣势的第10葡萄牙猎兵团（该团仅250人）在重压下崩溃，这样一来罗斯手下的第7团侧翼暴露了出来，与此同时贝绍进行了重整，对罗斯发动了第二次进攻，果然罗斯的第7团丢掉了阵地，在混乱中撤

退。此时莫屈内的先头旅也对面前狭窄的山坳发动进攻。后来克洛泽尔在给苏尔特的报告中说："尽管进攻计划面临着诸多困难，在那一刻我还是对成功有了些许希望。"至此，战斗进入了胶着状态，法军基本在山坡上站稳，并缓慢的压迫罗斯的右翼和坎贝尔的左翼后退，然而此时法军自己也是秩序大乱，爬上一段陡峭的山坡后士兵的体力下降，在激战中大量军官中弹倒下使部队的重整变得更加困难。于是，莫屈内对安森的进攻在一定意义上将决定奥利卡恩山西侧战斗的结果。皮诺托的旅仅仅有3个营2200人，在10分钟之内对山坳的进攻就宣告失败，并且损失惨重，后来法军的战报描述非常简洁明了："进攻遭到了彻底的失败，所有的部队都被打退了，在损失了600~700人和一名上校【第34轻步兵团的道（D'Haw）上校】后退回到了出发的地方。"莫屈内并没有把皮诺托身后蒙福尔（Montfort）的旅调上来反击，因为这是法军仅有的预备队。看到安森打退了法军的进攻，威灵顿决心发动一次大胆的反攻，下令安森派出2个营（第27团第3营和第48团第1营）离开阵地，直接进攻旺德迈森的侧翼，宾也得令上来支援罗斯。

第27团第3营和第48团第1营发动的"对角线冲锋"有如疾风扫秋叶一般席卷了法军战线，勒莫尼耶－德拉弗斯写道："敌人的援军朝着我的师而来，奔跑着发动冲锋，却保持着秩序整齐划一，从远处看甚至觉得这是骑兵在冲锋。他们先击溃了处于其右侧的部队，然后冲入我军阵中，然后又从中央冲至左侧。"威灵顿则在战报中简单写道："我命令第27团和第48团向最先在山坡上立足的敌军以及在其左侧的敌军发动冲锋，敌人被赶下了山坡并损失惨重。"发动决定性冲

上图：从莫屈内的师发动进攻的位置拍摄的联军主阵地

下图：奥利卡恩山东侧的尖坡和山脚下的萨瓦尔迪卡村

锋的第 27 团和第 48 团共计损失了 389 人。至此，法军的主要进攻被打退，然而威灵顿有令在先不得进行追击，因此不少勇敢的法军军官重整部队后仍试图进行徒劳的反攻，由于士兵已是精疲力竭，零星的反击毫无疑问都遭到了失败。至下午 4 点，苏尔特下令所有部队停止进攻退回原位。

在主战场奥利卡恩山两侧，下午 1 点，拉马蒂尼埃进攻由英军和西班牙军共同防守的尖坡，法军的几门榴弹炮试图用高弹道轰击阵地上的联军，然而收效甚微。戈捷派出拥有 3 个营实力的第 120 战列团打头，第 122 战列团紧随其后，组成一个纵队发动正面进攻。就在这时联军突然从后坡出现并发射出毁灭性的火力，打头的第 120 战列团遭到沉重打击，在一片混乱中退下山坡。射击过后联军也同样没有进行追击，而是再次退回到后坡。戈捷下令

重整并把第 122 战列团拉上来支援，再次对同一地点发动进攻，这次取得了进展，第 120 战列团抵达山脊击溃了面前的"葡萄牙团"（实为 2 个西班牙营）并同英军展开激烈对射，但最终"或许是由于地形不利，或者是两次爬上陡峭山坡后过度疲劳（这是雷耶在报告中的说法）"，法军放弃了进攻。第 122 战列团赶到后又发动了类似的进攻，同样没能成功。部队重整期间传来了苏尔特的命令，此处的进攻也顺势停止。英军方面的描述同雷耶的报告吻合度很高，称法军的第一次进攻轻而易举就被击退了，第二次进攻非常危急，在西班牙军队中引发了恐慌，英军第 40 团发动了一次不可思议的冲锋，竟然遏制住了法军纵队前进的脚步，但未及重整即遭到了法军的第三次进攻（第 122 战列团的前进），不过还好顶住了敌军。随后这里只爆发了一些零星战斗。

在索劳伦村附近，帕克的和孔鲁的师一直断断续续地维持着交火，当帕克看到克洛泽尔的其余部队进攻失败之后，准备利用法军战局不利的机会进攻索劳伦村。他下令将自己师中的炮兵带到离索劳伦村很近的地方，派出 2 个英军旅从南面进攻，同时马登的葡萄牙旅绕道侧后从背面包抄法军。然而索劳伦村法军的防御异常坚固，第 6 师的进攻全都遭到了失败，帕克本人头部也受重伤。威灵顿得知后下令第 6 师停止攻势，因为现在法军的进攻全部被击退，费力拿下索劳伦村对联军也没有太多实质性的益处。与此同时，最后一个法军师——富瓦的师还在战场远端同皮克顿的师对峙。富瓦把步兵部署在阿尔苏萨村，在步兵前部署了一大批轻骑兵，沿着埃格河同英军骠骑兵发生了前哨战。这种双方都投鼠忌器的战斗没有产生任何决定性结果。富瓦在战报中称他对牵制了比自己数量多的敌军感到满意。

上图：索劳伦会战画作

会战的报告多有推脱之嫌，他说在 26 日还在朝潘普洛纳进军时就觉得初始的计划无法奏效了，因为他估计威灵顿手头已经有了 50000 人。或许直到 27 日苏尔特还在期盼着埃尔隆的到来，然而 28 日一早传令兵带来的报告清清楚楚告诉他埃尔隆一定来不了。

太阳渐渐落下，这场短暂的"比利牛斯战役"中最重要的一场会战落下了帷幕。威灵顿又一次在具有绝对地形优势的阵地上成功抵挡住了法军的进攻。这一次法军拥有数量上的优势，并且士兵作战也足够勇敢，然而爬上 1000 尺高的山坡之后面对联军横队的优势火力还是败下了阵来。要说法军的战术有什么特别之处的话，那就是或许是多次同英军作战受到了影响，这一次法军的纵队前面有强大的散兵开路，散兵兵力明显超过以往在塔拉韦拉，布萨科等战场。另外，如果威灵顿的第 6 师没能在 28 日赶到战场的话，那么拥有 7000 人兵力的孔鲁师一旦也投入战场，法军在数量上的绝对优势或许会压迫联军不得不放弃阵地。当然，威灵顿是一名谨慎的统帅，在 27 日晚他就已经得知帕克第二天一定能赶到，如果帕克真的无法赶到的话，或许威灵顿会像在一些书信中所设想的，解除对潘普洛纳的封锁朝伊鲁尔松方向撤退。多次提到，苏尔特本人对这场

在这场短暂激烈的战斗中联军一共损失了 2652 人，包括 1358 名英国人，1102 名葡萄牙人和 192 名西班牙人。最重的伤亡来自第 27 团第 3 营，损失了 254 人，该营先是抵挡了莫屈内的进攻，随后又同第 48 团第 1 营一起席卷了旺德迈森师。但总的来看联军的伤亡比例不算高。法军在这场会战中的伤亡没有详细的数据，苏尔特给出的唯一一份精确到团的伤亡数字包括了从 7 月 25 日到 8 月 2 日期间所有的伤亡，所以索劳伦会战没有单独的数据可查。苏尔特本人称仅损失了 1800 人，然而克洛泽尔报告称他的 3 个师损失了 2000 人，再加上莫屈内的师 700 人，拉马蒂尼埃的师约 400 人，加起来法军伤亡肯定超过了 3000 人，甚至有可能接近 4000 人。

一步之遥——法军的转进和第二次索劳伦会战

"我简直无法给在战斗中表现出众的将军、军官和士兵们足够的赞誉。"

——威灵顿写给巴瑟斯特，1813 年 8 月
1 日，圣埃斯特万

当索劳伦会战正打得如火如荼时，双方军队的外围援军终于开始朝着战场进发。根据威灵顿 27 日上午 11 点在索劳伦村外的石桥上下达的集结令，下午时分希尔得令后即率领他手下的部队（包括第 2 师的 3 个旅、西尔韦拉的 1 个旅和第 7 师巴恩斯的旅）向潘普洛纳进发。27 日下午 4 点，威灵顿下达的第二份命令要求希尔晚上在利萨索扎营，避开由于法军占领索劳伦而被切断的大路，如果军队体力尚可的话则要尽力抵达奥略卡利斯基塔。达尔豪西将率领第 7 师（除去巴恩斯的旅）于 27 日晚间从圣埃斯特万出发前往利萨索，随后继续向奥略卡利斯基塔进发，预计于 28 日上午抵达。巴斯坦山谷一带所有的伤病员、辎重、弹药都将前往利萨索，随后转向西前往伊鲁尔松。

然而人算不如天算，晚间暴雨的到来让第 2 师和第 7 师都没能完成预定的行军计划。希尔的部队刚走到山路的顶点时一场突如其来的暴风雨席卷了整个山谷，使得道路被淹没在一片泥泞汪洋之中。天亮之后所有人从泥潭中挣扎着脱身，费力通过山口后抵达奥拉格并由此转向西前往利萨索。小小的村庄里挤满了军人，牲畜和物资。由于部队极度疲劳，希尔不得不给威灵顿写信称他们只有休息到 29 日上午才能继续行进。

达尔豪西的处境比希尔稍好，27 日晚上 7 点威灵顿的命令送达，而此时刚好开始下暴雨。在坚韧毅力的支撑下，第 7 师于雨夜中行军，好在路程稍短，路况也稍好，大部队经过了阿莱斯山口，达尔豪西留下一个葡萄牙猎兵营守卫这里，其余人则于 28 日中午抵达利萨索。达尔豪西告知威灵顿经过休息 6 个小时之后，他的人可以于 28 日晚间出发，预计将于 29 日

清晨抵达，当然经过 2 个夜间行军后部队肯定会相当疲惫。由于相隔不远，希尔把参加了马亚之战的巴恩斯的旅归还给了达尔豪西。7 月 28 日下午，利萨索村挤满了身心俱疲的士兵、伤员、驮畜、辎重，还有大群拖家带口躲避法军的当地农民。负责组织的军官费了大力气把辎重送往伊鲁尔松，人群中弥漫着悲观恐慌的气氛，索劳伦会战胜利的消息传来也没能鼓舞士气。好在当天天气晴朗，士兵们得以安心烤火做饭，第 7 师于晚间又开始了新的行军，而第 2 师继续留在利萨索休整。

希尔和达尔豪西在行军路上之所以没有受到埃尔隆的追击，很大程度上是因为不期而至的暴风雨掩护了英军的撤退。7 月 28 日上午雨过天晴后，埃尔隆才发现希尔已经溜走了，于是命令阿贝作为先锋出发，经过阿尔曼多斯和贝拉特山口，达马尼亚克紧随其后，一直在监视着马亚山口的马朗森则作为后卫来到埃利松多。阿贝的师逐走了留守贝拉特山口的葡萄牙人，报告说道路两旁全是被丢弃的行李物资，还看到在山崖下有跌坏的火炮。当天夜里，法军先头在兰斯附近扎营，负责侦查的第 22 猎骑兵团报告说希尔没有沿着大路继续南下，而是从奥拉格转而向利萨索进发，英军的营火在整个夜间都依稀可见。有一些猎骑兵沿着大路继续向奥斯提斯前进，发现了索劳伦村附近负责巡逻的法军龙骑兵。双方于 29 日清晨获得联系，这也意味着苏尔特和埃尔隆的 2 支军队终于取得了联络。

埃尔隆"迟疑的行动"饱受后世历史学家的批评，但由于英军占据了优势防御地形，很难说 18000 人的法军就能击溃 14000 人的英军。另外埃尔隆把马朗森的师放在马亚山口的时间也过长，这很明显是忌惮侧翼的联军部队。当然这些都是我们后人站在"上帝视角"回顾历

史所得出的结论，埃尔隆当时掌握的信息绝不可能像我们今天这样能够总览全局，因此过分的批评也显得不妥。总之29日一早，埃尔隆抵达兰斯的消息传到了苏尔特那里，而威灵顿几个小时后也获得了第7师的增援。希尔离威灵顿的距离和埃尔隆离苏尔特的距离大体相当，也就是说，如果双方的外围增援都按正常速度向主力靠拢的话，到29日晚双方军队将旗鼓相当，这将使得法军解围潘普洛纳的计划，变成为几乎不可能的任务。

就这样，局势在朝着愈来愈不利于法军的方向发展，或许苏尔特一开始真的在考虑撤退的事宜。在28日晚（此时苏尔特尚未得知埃尔隆靠拢的消息）给克拉克的信中，苏尔特称他要让炮兵和骑兵沿通往龙塞斯瓦列斯的道路回去，因为这些兵种在纳瓦拉山区几乎派不上用场，主力部队在当前阵地上

继续待一会看看联军有什么动作。但29日一早苏尔特得知埃尔隆已经到了兰斯，所以苏尔特的作战计划突然来了个大转弯。

这份新计划完全改变了之前的行军方向。当前苏尔特的目标是潘普洛纳，埃尔隆在某种意义上可以说是他的后卫部队。现在苏尔特又想出了一个新的方案——斩断联军在潘普洛纳和托洛萨之间的交通线，切入威灵顿和格雷厄姆之间，并迫使后者解除对圣塞瓦斯蒂安要塞的围攻，引用29日军团总参谋长加赞下达的命令就是："总司令的意图是要切断潘普洛纳和圣埃斯特万所有敌军之间的联系。"按照苏尔特自己的解释，现在联军的大部分部队都被吸引到了潘普洛纳附近——也就是联军战线的最南端，威灵顿和格雷厄姆之间肯定产生了一个大空档，现在让埃尔隆转而担任先锋切入到利萨索以

┃上图：威灵顿最得力的副手——罗兰·希尔爵士　　┃上图：埃尔隆伯爵

北，就可以切断联军两部分之间的联系。从地图上来看，埃尔隆可以很短的时间内赶到利萨索北面，然而最大的问题在于，其余的法军主力如何能在威灵顿眼皮子底下转移？现在双方之间的间隔仅有2英里，想要悄无声息的沿乌萨玛河谷向西北方向转移是一件极难的事。然而苏尔特还是决定冒险。

苏尔特"新计划"的大体思路是：埃尔隆的3个师将立刻离开兰斯前去对付希尔，他将得到特雷亚尔（Treillard）的龙骑兵增援以便执行侦查任务；孔鲁继续坚守索劳伦村，托潘和旺德迈森将依次从索劳伦背后后经过，向西

北进发；随后莫屈内将替换孔鲁防守索劳伦，莫屈内留下的空档将由东侧法军接替。富瓦将于一早撤离阿尔苏萨村退到阿尔加河的另一侧，炮兵和辎重将在骑兵的保护下退往苏维里和龙塞斯瓦列斯。随后富瓦和拉马蒂尼埃将来到28日战斗中莫屈内所在的位置（战场正面的山坳处），并在萨瓦尔迪卡村附近留下一个营以防联军突袭运输车队。最终，参谋部下达了命令，阵地转移计划将在29日—30日夜间执行，要求各师小心行动，以防面前的联军发现法军有什么动作，雷耶将于30日白天坚守从索劳伦到萨瓦尔迪卡一线，随后也将沿克洛

上图：第二次索劳伦会战以及贝翁萨之战

泽尔的行动方向转移。

以上就是苏尔特30日的作战计划。威灵顿在29日制定的计划仍然是以防守为主，没有任何主动进攻的信号。前一天战斗中受损严重的部队被换到二线，由于帕克将军头部受创，帕克南接替他指挥第6师，占领了索劳伦西北侧的高地，威灵顿还要求帕克南和科尔想方设法把一些火炮推至前线。达尔豪西经过一夜的行军后赶到战场不远的地方，威灵顿要求他的师来到左翼，继续向左延伸己方战线。威灵顿本以为希尔能比达尔豪西更早赶到利萨索，但由于暴雨的缘故第2师无法立刻出发，威灵顿接受了这一变故，命令希尔在利萨索村附近找一片合适的战斗地段，把第2师的3个旅留下负责防守，达科斯塔的葡萄牙旅则南下来到马尔卡莱恩。这样一来联军建立了左翼远端的防线，如果埃尔隆发动进攻的话可以很快做出反应。威灵顿非常担心法军将迂回他的左翼，又下达了进一步的命令。查理·阿尔滕将军指挥的轻步兵师将离开苏维耶塔（Zubieta），去往经由伊鲁尔松的大路上，由于不清楚轻步兵师的实际位置，命令中说得比较含糊。这样一来轻步兵师经历了一次辛苦的行军，威灵顿2天后肯定会为这一决定感到后悔。当然我们不能站在事后求全责备，战场局势瞬息万变，统帅们无法准确预测到2天后会发生的事情。很明显，威灵顿以上所做的都是防御措施，可以应对法军的3种行动方案：（1）在索劳伦一带发动新的攻势；（2）从奥斯提斯－马尔卡莱恩附近迂回联军左翼；（3）从更远端的利萨索附近发动进攻切断同格雷厄姆的联系。

前文提到，28日晚苏尔特已经让炮兵、伤员和辎重朝龙塞斯瓦列斯方向撤退，由皮耶尔·苏尔特的龙骑兵护送。这一消息在军中不胫而走，士兵们不禁担心很快部队就要沿着来的路退回，因为从圣让－皮耶德波尔出发时所剩的最后一点食物已经在索劳伦会战前分没了，下级士兵得到命令，29日他们要靠自己搜刮附近的村庄来充饥。富有洞察力的富瓦将军在日记中评论道，苏尔特的"新计划"并非真的是想要解除圣塞瓦斯蒂安要塞的围攻，抑或是切断联军的交通线，实际上就是一场撤退。只不过为了保住面子，元帅才称这不过是"换个方向机动"。富瓦的这一推断比较合理，因为现在军队缺少食物和弹药，根本不可能在一片敌对的土地上进行长时间的战役。虽然从乌达克斯出发的一支补给车队已经到达埃利松多，但远水救不了近火，鉴于道路状况不理想，没人知道要过多久补给才能送到手中。于是，全军上下在半饥饿状态踏上了一场胜算渺茫的行动。苏尔特的战略决定导致了7月30日爆发了两场不同的战斗，分别是希尔和埃尔隆争夺利萨索的战斗，和威灵顿主力堵截苏尔特主力的战斗。后者在英文资料中也被称为"第二次索劳伦会战"。

28日—29日午夜时分，克洛泽尔麾下的2个师——托潘和旺德迈森的师最先开始转移，留下营火继续燃烧着。破晓时分，这2个师安全抵达通往奥斯提斯的大路，准备向埃尔隆靠拢。与此同时，克洛泽尔的第3个师——孔鲁的师还在坚守索劳伦村，可是莫屈内的部队却根本没有出现。果不其然，莫屈内手下相当多的士兵在黑暗中迷失了方向，一直到了早上5点，先头士兵才开始零散的进入村前的防御阵地。就在换防的时候村庄突然受到一阵炮弹的齐射，给法军造成了很大混乱——联军的炮兵借着熹微的晨光

上图：绘于 1823 年的索劳伦战场图，河上的石桥清晰可见，联军炮兵大约就是在该图所示的位置轰击下面村庄中的法军

向法军开炮了。在夜间，帕克南和科尔遵从威灵顿的命令，成功把几门炮推到了高地上，第 6 师在索劳伦西侧的高地上部署了 6 门炮，离村庄仅 500 码之遥。第 4 师的炮兵也费力地把 2 门加农炮和 1 门榴弹炮拖到了圣萨尔瓦多礼拜堂附近，直接居高临下俯瞰着索劳伦村，还有 3 门炮部署在靠东一点的地方。

凌晨的炮声成为战斗开始的标志。战场远端的富瓦在午夜时分离开了阿尔苏萨，一路摸黑于早上 5 点抵达伊洛斯，就在此刻奥利卡恩山东侧也传来了炮声，而拉马蒂尼埃在夜间也行动甚微，在离开萨瓦尔迪卡村后仅仅来到了昨天莫屈内的师发动进攻的地方，从伊洛斯村赶来的富瓦追上拉马蒂尼埃后从其身后经过，这样一来拉马蒂尼埃的师成了法军最东侧的部队。

就在这样一种状况下，战斗打响了。

联军具占据明显的地利，苏尔特当着威灵顿的面大范围调动部队，最终酿下了大错。法军在夜间行军的动静被联军哨兵发觉，联军指挥官以为法军即将发动新的攻势，因此天亮之前所有的师全都收拾行装准备战斗，山上的炮兵等视线足够好之后立刻向索劳伦村开火。威灵顿当天也是早早起床，来到前线视察，当他清楚地看到法军的调动之后立即下令全线进攻。第 6 师首先进攻索劳伦村，随后奥利卡恩山上的部队也组成两线，离开山脊发动突袭。宾从侧面进攻索劳伦，科尔将军跨过正面的河谷，进攻对面山上的富瓦。战场最东侧的皮克顿发觉当面法军已经溜掉了，下令第 3 师离开山脊沿通往龙塞斯瓦列斯的大路前进。除此之外威灵顿还要求达尔豪西的第 7 师从第 6 师身后出发，堵截正沿着乌萨玛河谷向利萨索进发的其余法军。

现在法军的处境可谓相当危急，孔鲁、莫屈内和富瓦的师都在行军状态下遭到英军的突然炮击，纵队状态下的部队面对炮击非常的脆弱，富瓦写道："我们并不想战斗，突然之间发现自己正身处敌人火炮的打击之下……我们本该撤退的，结果发现我们马上要被从2条河谷来的敌人给两侧同时包抄了……密集的队形在敌人精确的火炮打击下成了绝佳的靶子。"富瓦还勉强可以躲到山坡的另一侧，而孔鲁和莫屈内的师则在索劳伦村被死死缠住，他们肩负掩护富瓦和拉马蒂尼埃2个师的转移任务，如果索劳伦丢掉的话，最东侧的2个师将会被同大部队分隔。然而在联军优势兵力的猛攻下，防守索劳伦的法军明显难以撑很久。帕克南派第6师从正面和背面包抄索劳伦，宾则从圣萨尔瓦多礼拜堂出发进攻村庄东侧。

孔鲁手下雷伊的旅同葡萄牙士兵交火，在被彻底包围前成功脱身来到村庄北面，最终同主力会合，然而另一个旅——施威特的旅和莫屈内的整个师就没有这么好的运气了。后者在索劳伦村抵抗了近2个小时，直到被联军合围。莫屈内在报告中说他发动了一次反击夺回了村庄的部分阵地，杀出一条出路，大部分人从出口逃窜，然而英军第4师展开迂回，成功在村庄以北堵截了大批法军，迫使1700人放下了武器，仅第34轻步

兵团就有13名军官和531名士兵投降。大约在上午9点，索劳伦村落入联军之手。莫屈内的师遭到了毁灭性打击，该师出发时有4186人，在28日的会战中损失600人，在30日又遭受超过1100人的损失，已经无法作为一个师级单位继续作战了。孔鲁的师也损失惨重，仅施威特的旅就损失1000人（包括600名俘虏），也基本失去了战斗力。莫屈内带着幸存者逃至富瓦所在的山脊，而此时乌萨玛河谷中的战斗也在进行着。克洛泽尔听到枪声后，下令旺德迈森和托潘停下来。因为如果继续前进的话，其余几个师将会被彻底分开。看到英军第7师左侧的山丘行动，克洛泽尔命令旺德迈森派2个营坚守奥拉韦（Olabe）附近的峡谷并掩护全军侧翼。上午8点半左右，英军第7师开始进攻山谷中的法军。双方在山谷中"一片长满低矮灌木丛的平整土地"上爆发了近距离战斗，现在克洛泽尔必须要在战斗和撤退的两难境地中做出选择，最终他选择了后者。在给苏尔特的报告中，克洛泽尔解释了这样做的原因，索劳伦村已经丢掉，雷耶的部队正在一片混乱中向北翻山越岭的逃亡，现在不可能等后面的部队有秩序的跟上来，再掩护他们撤退。于是克洛泽尔带领部队脱离战斗，继续向奥

下图: *奥利卡恩山以北的山坳，雷耶的部队大体上沿山坳向北侧溃逃*

拉格转进，第7师在其后一路尾随。到黄昏时分克洛泽尔抵达奥拉格，孔鲁也带着自己残破的师（3000人）同主力会合。在撤退路上，旺德迈森的师大约有300人被俘虏，所以克洛泽尔原有的17000人中，当晚还能集结起来的仅剩不到9000人。

当克罗泽尔选择离去后，雷耶的3个师陷入了孤立无援的境地。当天凌晨时分，雷耶还在指挥部队转移时，联军的炮轰就突然开始了，紧接着就是英军步兵的进攻。雷耶试图在山坡阵地上组织部队进行抵抗，但很快发现这是不可能的事。随后雷耶告知莫屈内他可以随时撤离索劳伦，但是现在莫屈内的师被死死钉在阵地上，根本不可能抽身。于是雷耶只得下令富瓦和拉马蒂尼埃直接向北翻过崇山峻岭撤退，因为现在不但科尔开始进攻富瓦，皮克顿也出现在萨瓦尔迪卡村附近。法军根本没有做有效的抵抗，因为当天皮克顿的3个旅仅110人伤亡。到了下午1点，雷耶各师顺着山脊向北乱糟糟的逃到了艾萨恩（Esain）村，他下令拉马蒂尼埃和莫屈内的残部沿山谷撤退，富瓦则走另一侧的山路撤退。

雷耶在黄昏时分来到奥拉格，见到了克洛泽尔。他只带来了区区6000人，富瓦根本没有出现——在这场战役的此后几天里他再也没有露面。后来富瓦解释道他的部队在树林中迷了路，最终在黄昏时来到了阿尔加河谷，而不是原先预定的乌萨玛河谷，部队中还混杂着其他几个师的溃兵。直到这时，皮克顿的轻步兵先锋还在骚扰他，于是富瓦认为继续在黑夜中翻山越岭是不明智的。随后他沿大路退往苏维里，第二天早上退到了法国边境。失去秩序的士兵们逃一路抢一路，把本就不富裕的山区洗劫一空。整个比利牛斯战役中富瓦的师共计损失550人，相比其

他师来说这个损失是很少了。后来有人评价说，富瓦看到眼前的灾难后，为了保全自己的师他故意抛弃了同伴，让自己的家当得以安然撤退。之前留在龙塞斯瓦列斯大路上负责监视的步骑兵从苏维里跟随富瓦一路撤退。

需要指出的是，帕克南、达尔豪西、科尔和皮克顿在30日凌晨的行动充分发挥了主观能动性。等到索劳伦被占领，法军大部乱作一团之后，大约在上午9点到10点，威灵顿下达了一份明确的追击命令：（1）皮克顿的第3师将沿东北方向的龙塞斯瓦列斯大路追击；（2）科尔的第4师将进入面前的山区，同左侧乌萨玛河谷中的第6师和右侧阿尔加河谷中的第3师保持联系，如果法军企图借助地形抵抗的话不要贸然进攻，等待两翼的友军迂回；（3）第2师宾的旅、第6师和奥唐内的西班牙师将沿奥斯提斯－奥拉格大路追击，第6师的炮兵连将随其一起行动；（4）达尔豪西将在乌萨玛河东岸行动，同帕克南和宾保持联系，如果法军抵抗的话也要等待友军一起行动，不得冒险；（5）关于希尔将军，由于在优势法军的进攻下可能难以守住利萨索，因此留在后方的坎贝尔、奥唐内师的部分部队，还有莫里略的师一同前去增援；（6）轻步兵师没有必要继续留在后方，回到原先扎营的苏维耶塔附近。

我们可以从这份追击命令中看出，威灵顿假定苏尔特的主力将沿着龙塞斯瓦列斯大路撤退，而联军主力则要回到原先的位置。在这个时候，得到苏尔特命令的埃尔隆正在进攻希尔。按原先的计划，埃尔隆将击退当面劣势兵力的希尔，并在战斗中得到克洛泽尔先锋的协助。然而早上6点天刚亮，索劳伦方向就传来了炮声，这个时候埃尔隆正在沿乌萨玛河谷前进，并且刚刚得到苏尔特派来的骑兵增援。由于有

流言称后方英军数个师正在朝这里进发，因此埃尔隆决定立刻发动进攻。希尔看到法军迫近后下令撤离利萨索，手下的部队退到村庄以南1英里的一片山脊上防守，阿什沃斯的旅位于中央，右翼是达科斯塔的一个团，在马亚山口之战中受损严重的卡梅伦的旅位于左翼。由于卡梅伦受伤，第60团第5营的菲茨杰拉德接替指挥该旅；由于之前指挥第2师的斯图尔特将军受伤，普林格尔代理指挥第2师，防御力量共计9000人。

埃尔隆抵达后，决定用达马尼亚克的师牵制希尔的中央，阿贝的师从战场西侧贝翁萨（Beunza）村附近迂回希尔的左翼，马朗森跟在阿贝后面作为援军。达马尼亚克看到面前只有一个葡萄牙旅，没有遵从埃尔隆牵制的命令，而是下令发动猛攻，结果被击退。阿贝的师经过树木丛生的山坡，来到菲茨杰拉德的侧翼，正面进攻英军第50团和第92团，迫使后者撤退。眼看左翼被切断之际，从后方赶来的英军第34团向法军发动一次大无畏的冲锋，以36人被俘的代价暂时阻止了法军前进，掩护其他部队撤离。希尔的右翼退到后方一座山丘上，并一直坚守到天黑。英军左翼和中央向后退了大约1英里，来到希尔选择的后一道防线上，并打退法军一次贸然进攻。现在是大约下午4点，联军后方的增援出现在战场外侧，于是法军没有发动进一步的进攻。当天联军损失了156名英国人和约900名葡萄牙人，法军的人数损失再一次没有详细数字，如果根据军官伤亡情况推算的话大约在800人左右（共有39名军官伤亡）。埃尔隆指挥18000人，花费近7个小时后将希尔逐出了利萨索附近的阵地，但这一战术上的"胜利"已经毫

无意义，因为其余的法军大部都已经遭到了决定性的失败。

苏尔特在去奥拉格的路上得知了克洛泽尔和雷耶的处境。木已成舟，以前所做的计划全都化为泡影，现在要做的是尽快撤退避免进一步的损失。埃尔隆的3个师成了仅有的尚存战斗力的部队，因此成了掩护撤退的主力。7月30日晚，苏尔特下令雷耶和克洛泽尔离开大路，从奥拉格赶到利萨索，来到埃尔隆的身后。按照苏尔特的解释，现在秩序尚好的埃尔隆在西侧，东侧的联军正一路高歌猛进的追击法军，而埃尔隆当面的希尔将军正处于守势，所以不得不选择这条四面伏敌的道路撤退。

胜负既定——苏尔特的撤退

"很多事到了8月1日让我们立刻觉得遗憾重重，一切本该对我们有利的。"

——威灵顿写给格雷厄姆，
1813年8月1日

"不仅是普通士兵，就连军官在这最后的几天里士气都非常差。"

——雷耶写于1813年8月3日的报告

30日晚，苏尔特下达北上命令后，全军上下都明白了这是真正的撤退。31日午夜，克洛泽尔和雷耶的残兵败将一路溃逃

上图：达尔豪西勋爵

向埃尔隆靠拢，丢下了大量掉队士兵。埃尔隆到31日早上等其他部队经过后，开始执行掩护行动。他留下人数最多的阿贝的师作为后卫，其余2个师随大部队向北退却。

威灵顿没能想到苏尔特会带着绝大部分部队走阿莱斯山口退往圣埃斯特万，所以在追击命令中要求皮克顿和帕克南沿着龙塞斯瓦列斯大路追击。但实际上富瓦已经早就溜走了，皮克顿和帕克南不可能追上他。宾和科尔将从奥斯提斯出发沿大路前进，只有达尔豪西的第7师将前往阿莱斯山口，并且只是在执行支援希尔的侧翼行动。威灵顿还要求轻步兵师其重新回到苏捷耶塔，同其他部队取得联系，并作为最左翼加入到对付撤退法军的行动中，但这份命令直到31日早上才抵达阿尔滕手中。

以上命令的结果就是威灵顿手下超过半数的可用部队——皮克顿、帕克南、坎贝尔、宾和科尔——都在沿着一条没有敌军大部队的路线追击。皮克顿抵达苏维里后发现仅有的小股法军已撤退，科尔也发现富瓦逃出了包围圈。威灵顿同主力追击部队沿着奥拉格大路前进，先后经过贝拉特山口和伊鲁里塔，却发现仅有500~1000名溃兵在这条路上。另一方面，左翼却传来消息说有大批敌军出现在阿莱斯山口附近。希尔和达尔豪西的部队面对着突然出现的大量敌军都得小心行事，而轻步兵师现在的位置仍然未知。当天唯一像样的战果是一支从圣让－德吕兹出发的法军大型运输队抵达埃利松多后，在夜间被宾将军的部队逮了个正着，整支车队被俘获。

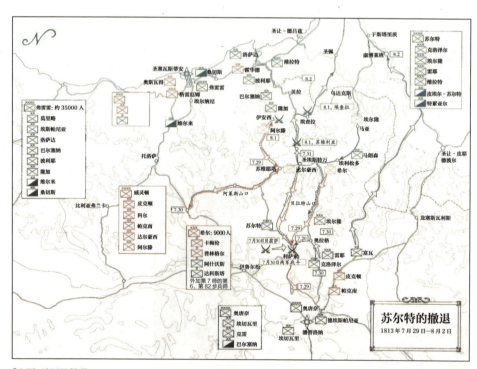

上图：法军的撤退

由于希尔的部队已经过度疲劳，而且第7师未能及时赶到，直到7月31日上午10点，希尔才发动进攻。因此从天亮到上午10点这段宝贵的时间里，法军大部得以通过阿莱斯山口，苏尔特带着2个骑兵师和辎重在最前面，随后是秩序最为混乱的雷耶所部各师，克洛泽尔跟在雷耶后面，埃尔隆的几个师则在最后充当后卫。骑兵和辎重在崎岖狭窄的道路上难以通行，尤其是在经过阿莱斯山口的时候引发了拥挤堵塞。当听到身后传来枪声后，焦急不安的雷耶给步兵下令直接从辎重中间强行穿过去，当然这一命令只能让秩序变得更糟。克洛泽尔则想出一条权宜之计，下令自己的人走东侧的道路前往圣埃斯特万。

当希尔下令开始进攻利萨索后，埃尔隆命令阿贝的师撤出阵地，向后退却6英里，随后在一片高地上部署，达马尼亚克和马朗森的师在山坡背面等待命令。直到下午2点，达尔豪西才在希尔右侧出现，希尔未及达尔豪西完全到位就下令进攻，以防法军继续撤退。坚持受伤指挥的斯图尔特立即下令菲茨杰拉德的旅发动正面进攻。然而该旅在之前几天的战斗中损失惨重，并且这一次轮到法军在山坡顶端防守，因此英军的英勇进攻被毫无悬念地击退了，菲茨杰拉德旅长也负伤被俘。[①]等达尔豪西从山坡右侧出现，阿贝稍作抵抗后放弃了阵地，退到后方由达马尼亚克接替后卫。埃尔隆已经为其余法军争取了足够多的撤退时间，他的3个师也随之秩序良好的快速退去。此时恰逢一场浓雾降临，希尔只得下令暂停追击。

法军撤离山口后，希尔开始执行威灵顿前一夜下达的命令，他的主力沿着通往马亚山口的大路前进。然而从事后来看这是个失误，法军实际在朝着圣埃斯特万撤退，这样一来仅有第7师在尾随法军主力。尽管没有太多联军追击。

不过苏尔特7月31日晚在圣埃斯特万的日子也并不好过。他的骑兵侦察报告说右翼埃利松多一带有一支强大的英军纵队（科尔和宾），后卫也受到大批敌人的进攻（达尔豪西和希尔）。直到30日，苏尔特同法国本土的交通线还是经过马亚和龙塞斯瓦列斯的2条大路，但现在埃利松多有大批联军出现。苏尔特唯一可以撤回法国的道路只有经过苏维利亚－埃查拉的这条路，而这条路上目前似乎还没有联军堵截。因此，法军主力必须尽快撤离圣埃斯特万，但大量的骑兵、伤员和辎重无疑拖累的部队的行军速度。

好在31日晚威灵顿下令部队休整等待进一步的情报，达尔豪西也因大雾在阿莱斯山口停了下来，因此苏尔特规划着尽快沿仅存的道路逃脱。这条路在比达索阿河山谷中蜿蜒十余公里，紧靠着岩石河床，左侧是河流右侧是长满树木的陡峭山坡。撤退的纵队由拉马蒂尼埃师中的第120战列团第1营打头开路，随后是特雷亚尔的龙骑兵师，共计6个骑兵团在山谷中蜿蜒前进，再其次是拉马蒂尼埃的师（除去5个营），以及伤员和部分辎重，后面跟着损失惨重的莫屈内师和皮埃尔·苏尔特的骑兵。这些部队上路之后，埃尔隆的3个师护送部分辎重撤退，克洛泽尔担当后卫，严防联军可能的进攻。法军在

---

① 在英军的官方公报中称菲茨杰拉德"失踪"，不过埃尔隆的战报确认了他被俘的这一事实。

漫长的山谷道路中以长长的纵队前进，非常容易受到袭击，因此为抓紧时间全军在凌晨2点半即开始撤退。

站在后人角度来看，苏尔特比威灵顿更"知彼知己"，因此尽管法军的撤退计划存在被从两面合围的风险，威灵顿并没有抓住这个我们后人臆想的"机会"。似乎威灵顿仍然在等待轻步兵师的动向，而该师至今为止仍没有任何消息。前一天中午威灵顿告知阿尔滕如果他已经回到苏维耶塔的话，那就立刻朝敌人撤退的方向进军："我非常希望你能够努力在圣埃斯特万追上法军，如果你觉得不能在那里追上，那你可以在苏维利亚（追上法军），或者直接切断敌军的行军纵队，现在他们正处在一片混乱中。"更耐人寻味的是，威灵顿在信中明确表示他认为贝拉及其周边的峡谷并无重要性："贝拉不是任何人的目标。这里（其中一侧）的山丘对保障经过比达索阿河山谷到莱萨卡的交通线很重要，而另一边的山直接扼守着进入

法国的大门。但就算这两个地方都丢掉也无法威胁（我军）在伊伦的阵地。"实际上，在贝拉附近部署一个师就可以堵死法军，步兵或许还能翻山越岭逃脱，但是骑兵、炮兵和辎重毫无疑问都会落入联军之手。尽管防守贝拉的隆加抱怨他手下的兵力太弱，但联军指挥部只是派了巴尔塞纳（Barcena）师中一个旅离开莱萨卡前去协助隆加，并且这个旅又只分出一个营部署在离贝拉不远的伊安西。然而，就是这小小的一个营，在接下来的战斗中还是发挥了举足轻重的作用。

按照威灵顿写于8月6日报告中的解释，8月1日他将第4师派往圣埃斯特万的意义在于"协助达尔豪西的前进，并尽力堵截其中一些（法军）"，并且同时希望轻步兵师能够及时抵达并守住苏维利亚，但轻步兵师一直杳无音讯，所以在当时威灵顿是无法指望轻步兵师的。科尔沿比达索阿河北岸前进，达尔豪西在南岸，宾暂时留在原地等希尔赶上来，于是在经过了一整天的行军后，第4师在8月1日早上7点开始进攻法军后卫。克洛泽尔的3个师负责殿后，但在交战之后被击退，由于资料缺乏，我们无法知道其中的具体细节，只知道法军"在高耸的山上沿着恐怖的峭壁持续后退"。这时候克洛泽尔的3个师不得不停下来，前面又发生了交通阻塞，因为此时法军前卫也遇到了麻烦。克洛泽尔所部同英军在山坡上断断续续的交火，最终翻山越岭走山坡小路撤离。英军并未尾随，而是转而缠住达马尼亚克的师和运输队。从英军当天伤亡人数来看，法军并未做有效的抵抗，英军第4师参战的12个营中仅有3人阵亡和45人受伤，第7师更是零伤亡。相比之下，当天克洛泽尔的3个师损失大约在150人左右。

现在我们把视角转回到法军前卫。前文

提到法军打头的是第 120 战列团的一个营，随后是龙骑兵师，辎重和伤员运输队，步兵主力被庞大的车队堵在后面几英里处。早上法军纵队先头来到伊安西的大桥附近，河西侧的山丘由巴尔塞纳的师中一个加利西亚营防守，这个营前一天被借给隆加。隆加派 2 个步兵连在桥头设置工事，但并没有毁掉大桥。法军撤退的大路在桥南分成两个方向，其中一条路向西通过大桥后继续沿比达索阿河通往贝拉，另一条路则转向深入山区通往埃查拉。由于法军的目的地不是贝拉，所以法军不需要在这里过桥。当法军在桥头出现时，遭到了西班牙士兵从另一侧的射击，法军先头部队靠强攻驱逐了桥头的西班牙人，但身后的士兵——他们处在山谷中看不清桥头发生的事——似乎误以为前卫遭到了敌人攻击，然后整个龙骑兵师中发生了混乱。不少龙骑兵转身向后疾驰，甚至冲到了雷耶本人和参谋的身边。雷耶派第 2 轻步兵团沿山坡上的一条路费尽周折来到桥头，却发现西班牙人已经撤走了。于是第 120 战列团和第 2 轻步兵团打头转向撤往埃查拉，不过先头

的指挥官并没有在桥头留下人防守。所以当雷耶本人经过分叉路口时，他愤怒的发现西班牙人又回到了河对岸放冷枪。由于对面的河岸都是峭壁无法攀爬，雷耶派兵进行火力压制和迂回行动，这一次西班牙人被赶走了，于是其余的骑兵、步兵陆续经过分叉路口，运输队的先头也随后跟进。雷耶把第 118 战列团的 1 个营留在桥对岸监视情况。

然而真正的厄运现在才降临，驻扎在伊安西村的西班牙阿斯图里亚斯团听闻枪声赶来，向大桥发动猛烈进攻，赶走了防守的法军营，并向对面正在行进的法军运输队开火。大量马车驭手在混乱中调转车头后撤，完全堵塞了后面大量伤员和莫屈内的师前进的道路。阿斯图里亚斯团至少占领了桥头达 2 小时，此时法军后方达马尼亚克的师还在同英军第 4 师交火。由于行军纵队处在一片混乱中，把后面的战斗部队调上来击退西班牙人是很困难的。雷耶本人抵达埃查拉后甚至还不知道身后发生了什么。已受重创的莫屈内的师最终挤过车队，由于缺少弹药，他们并没有做抵抗，而是乱糟糟的躲避火力，离开

上图: *伊安西附近横跨比达索阿河的大桥，法军从桥梁右侧（卫星照片中的公路）通过，联军则从左侧倾泻火力*

分岔路口后踏上山路抵达埃查拉。这个时候后面阿贝的师也从车队中挤了出来，派了数个个营进攻大桥，损失大约200人后终于击退了西班牙人。阿贝留下几个营守卫桥梁及其附近的山丘，让其他部队和车队尽可能的尽快前往埃查拉。等到大部分士兵通过后，负责殿后的达马尼亚克最终也来到了分岔路口，接替了阿贝掩护大桥，就在这时西侧的山丘上突然出现大量穿着绿色军服的轻步兵，他们冲下山坡，赶走了守卫桥头的法军，并向对岸的法军开火——轻步兵师终于赶到了。

我们有必要解释一下轻步兵师在前几天内的动向。7月29日威灵顿即要求轻步兵师从苏维耶塔后撤到托洛萨－伊鲁尔松大路附近，这份命令传达的非常快，当晚轻步兵师即开始行动。直到31日下午，威灵顿派来的一名副官带来命令要求轻步兵师重新返回苏维耶塔。于是当晚轻步兵师再次踏上山路返回。当然，这份命令其实也没有准确地判断出法军真正的撤退路线。8月1日一早，阿尔滕下令士兵整装出发，回到圣埃斯特万。阿尔滕得知法军已经离开了圣埃斯特万，按照威灵顿命令中的备选项，阿尔滕下令改道前往苏维利亚。这一段山路路况奇差无比，并且部队刚刚经历了一次长途跋涉，士兵们完全在凭借杰出的战斗意志支撑前进。轻步兵师不愧为英军中的精锐，下午4点终于抵达苏维利亚对面的山丘，看见远处混乱的法军纵队正受到第4师的追击。于是阿尔滕下令继续前进7英里抵达伊安西大桥，希望切断法军后卫。让部队稍作停留后，阿尔滕让最劳累的部队休息，带领还保持着一定战斗力的第95来复枪团第1营、第3营、第43团第1营和第1葡萄牙猎兵团前往伊安西，随后沿着道路向大桥追击。路旁有树丛掩护，所以法军被打了个措手不及，第95团的来复枪

上图: 轻步兵师师长阿尔滕

射手们占领了山坡和桥头，第43团和葡萄牙猎兵则在右翼展开向法军射击。43团的库克上尉写道："黎明时分，我们从峭壁的顶点向下俯瞰着敌人，双方只在扔块石头的距离之内。河流把我们分开，法国人挤在狭窄的路上，一边是岩石另一边是河流，他们发生的混乱状况简直无法形容，伤员被（从车上）丢下并被践踏，骑兵拔出剑拼命冲出一条通往埃查拉的路，那里是他们右翼唯一敞开的地方。但是步兵最终又把他们（骑兵）赶了回去，其中一些连人带马摔倒在了河里。"

法军后卫的指挥官想方设法在一堵石墙后面部署了一个营试图抵抗，然而此时全军都已秩序全无，随着英军第4师的赶到，大量伤员、掉队士兵、运输队的非战斗人员向联军投降，共计达1000人。联军的损失微乎其微，法军战斗伤亡大概在400人～500人，被俘大约1000人。威灵顿显然对8月1日的战果赶到不满，在给格雷厄姆的信中他坦承："很多

事到了8月1日让我们立刻觉得遗憾重重，一切本该对我们有利的。我们本可以在敌人沿着这条山谷间道路撤退时，对他们造成更大的打击。"

当然，站在后世者的角度不得不承认威灵顿的计划其实相当难实现。我们可以相信威灵顿肯定愿意抓住机会给予法军致命一击，而不是仅仅将其赶回法国。然而实际上他只用第4师、第7师和轻步兵师来做这项任务，直到8月1日上午9点半，威灵顿还要求希尔继续向马亚山口进发，似乎威灵顿是想以埃查拉为中心合围法军。当晚威灵顿还准备给格雷厄姆送去一份命令，要他带上希龙的西班牙第四军向法国边境进发，渡过比达索阿河进攻维拉特，只留下一点维持封锁圣塞瓦斯蒂安要塞的兵力。阿尔滕，科尔和达尔豪西也将在埃查拉面前集结。然而刚刚感叹痛失良机的威灵顿似乎立刻失去了主动，他没有给格雷厄姆送去这份命令，希尔也在马亚山口停了下来。虽说苏尔特的西班牙军团已成惊弓之鸟，基本失去了战斗力，然而多日的苦战让联军也疲惫不堪，弹药、军服和鞋的供应都出现了紧张，第2师的战斗减员尤为严重。更重要的原因或许仍然在于欧洲的政治局势，拿破仑的新大军团经过近2个月的整饬至少表面上仍然不可一世，奥地利也还没有公开加入反法联盟。所以出于政治上的考虑，威灵顿没有急着进入法国。

苏尔特在撤到埃查拉后忙着重整军队的秩序，这里离法国边境只有咫尺之遥。骑兵全部被送回了后方，步兵则在附近部署，苏尔特一线的8个师（除了富瓦的师）仅有25000名可战之兵，相当多的掉队士兵尚未归队，流窜在纳瓦拉山区劫掠为生。而威灵顿直接面对苏尔特的兵力仅包括第4师、第7师和轻步兵师，

虽说连日的行军导致英军疲惫不堪，并且战斗减员也不低，但全军上下士气高昂，自信能够给心惊胆战的法军以打击。因此尽管法军处在一个有利地形，威灵顿还是决定进攻。

8月2日早上下了一场雾，天色阴晦，视野受限，结果在这样的战场环境中威灵顿差点丢掉性命：在第43团半个连士兵的掩护下，威灵顿亲自走上一线视察，不知不觉走到了法军的前哨阵地里，多亏身边人的拼死护送，威灵顿才得以在枪林弹雨中骑马逃脱。无法想象如果任何一发流弹击中威灵顿侯爵的话，半岛战争将以如何的方式收尾。但联军当天的战斗堪称完美，达尔豪西记录道："他们还在做饭，抢劫村庄的时候被我们逮住了。"这次行动打头的依旧是巴恩斯的旅——马亚之战的功臣。巴恩斯直接下令进攻山坡上孔鲁的师，正面和侧面的火力打击，先头部队损失惨重（接近300人），但当他们来到法军阵前后，第一轮齐射就让法军落荒而逃。克洛泽尔也不得不在战报中承认："抵抗本该更坚定些的，一支在正常状态下，也就是说在士气高昂情况下的军队，绝没有可能让敌人以这种方式攻上比利牛斯山。当天部队的士气太差了。"随着各路联军开始呈合围之势，苏尔特只得下令撤退，全军8个师分两路向法国边境退却。法军的状况已是糟糕至极，比如莫里内的师仅剩1000人还能集结起来，旺德迈森手下的第1战列团仅剩27人，除去战斗减员之后还有400人不知所踪。军官的伤亡也非常恐怖，孔鲁的师中第55战列团的13名军官全部非死即伤，达马尼亚克的师中第51战列团的17名军官中也有12人伤亡。根据苏尔特的报告，全军步兵中的1318名军官共损失420人。苏尔特在报告里还写道："我向阁下您

（陆军大臣）告知，我非常错误地认为军队士气完好无损，能够履行他们的职责。我错误地认为最近的惨败带来的羞愧感能让部队坚定不屈。当走上战场后，士兵们一开始能奋勇作战，然而却无力持久……自从我服役以来还从没见过这样的事，这让我想起了1792年的志愿兵，这种环境的考验下最终部队的士气彻底瓦解。一名将军告诉我在接近潘普洛纳的时候，他偶然听到士兵们议论最好不要全力战斗，因为回到边境总比打回西班牙内陆要好。"事实上，这完全是夸大其词，我们很难怀疑苏尔特不是在为自己的错误推脱，直到7月30日军队都在勇敢的战斗，法军本身就面临补给匮乏的境地，并且苏尔特错误的行动决定差点葬送全军。一旦部队没法吃喝，仅有的选择就是撤退，而算是拿破仑在俄国亲自带领的那场撤退中，部队都无法维持秩序。

8月3日，联军各部都停了下来，全军基本上回到了7月20日的防守位置，同一天威灵顿的指挥部再次回到了莱萨卡，准备进行围攻圣塞瓦斯蒂安要塞的下一阶段。希尔指挥第2师和西尔韦拉的葡萄牙师驻守在马亚山口，第3师守卫塞瓦斯列斯，第4、第7师位于埃查拉，第6师和轻步兵师在贝拉一带。莫里略的西班牙师位于希尔身后的巴斯坦山谷，奥唐内的西班牙师在伊安西附近。埃斯帕尼亚的西班牙师继续封锁潘普洛纳。联军在这场不到10天的"比利牛斯战役"中共计损失了约7000人，其中英国人和葡萄牙人大约6400人，西班牙人大约600人。第3师和轻步兵师伤亡微乎其微，第2师和第4师承受了主要的伤亡，前者有2000英国人和350名葡萄牙人伤亡，后者损失了1400名英国人和300名葡萄牙人。第6师参加了在索劳伦的2场战斗，共损失450名英国人和370名葡萄牙人。第7师参加

了从第二次索劳伦会战到8月1日的追击行动，损失大约800人。其他各师也有零散的损失。

相比之下，法军的损失则要惨重的多，并且苏尔特报上来的数字也并不完整，仅包含了步兵和骑兵单位的损失，炮兵、运输队、参谋人员均未报告伤亡数字。其中炮兵几乎没有参加战斗，损失肯定很小，但在伊安西有大量的运输车队被俘，这部分非战斗人员损失必定不小。按照苏尔特的报告，法军步兵共12563人伤亡，其中1308人阵亡，8545人受伤，2710人被俘。算上被俘的非战斗人员，估计整个比利牛斯战役中法军被俘人数在3000人左右。富瓦的师和阿贝的师伤亡都较少，前者550人，后者750人。旺德迈森的师和莫屈内的师——全军2个人数最少的师——在战役结束时各损失1480人和1850人。达马尼亚克的师和孔鲁的师都损失了超过2000人，其余各师损失都在1000人左右。战役刚结束后，苏尔特手中仅有不足25000人，几天后，又有超过10000名掉队士兵翻山越岭归队，这让苏尔特能获得稍许安慰，富瓦也绕了个大圈同主力会师。现在苏尔特能做的只有重整部队秩序，从后方维拉特那里抽取部队弥补损失。威灵顿把目光重新转向了圣塞瓦斯蒂安和潘普洛纳这2座要塞。一旦法军在西班牙最后的据点被拔除，联军即可等待时机挥师进军法国。

鲜血，荣誉与疯狂——圣塞瓦斯蒂安要塞的陷落

"除了十到十二座幸运的房屋外，圣塞瓦斯蒂安除了焦黑的残垣断壁之外什么也没有剩下。"

——英军第9团戈姆上尉

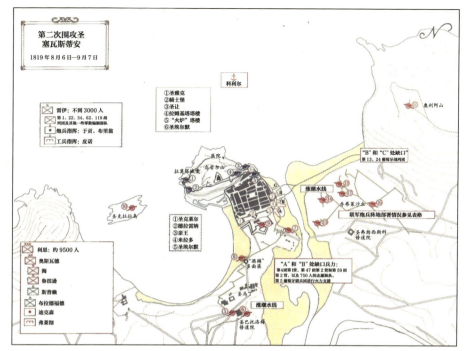

内的图例与标注文字：

第二次围攻圣塞瓦斯蒂安
1819 年 8 月 6 日—9 月 7 日

雷伊：不到 3000 人
第 1、22、34、62、119 城
河团及其他一些零散编制部队
炮兵指挥：于贡、布里翁
工兵指挥：皮诺

①圣雅克
②骑士堡
③圣让
④拉姆基塔塔楼
⑤"火炉"塔楼
⑥圣埃尔默

科利尔

奥利阿山

"B"和"C"处缺口
第 13、24 葡萄牙战列团

涨潮水线

春弗沙丘

联军炮兵阵地部署情况参见表格

圣弗朗西斯科
修道院

①圣克莱尔
②德拉雷纳
③亲王
④拉尔默
⑤圣埃尔默

"A"和"B"处缺口兵力：
第 4 团第 1 营、第 47 团第 2 营和第 59 团
第 2 营，以及 750 人的志愿队，
第 5 葡萄牙猎兵团进行火力支援

利思：约 9500 人
奥斯瓦德
海
鲁滨逊
斯普赖
布拉德福德
迪克森
弗莱彻

圣巴托洛缪
修道院

上图：第二次围攻圣塞瓦斯蒂安

"比利牛斯战役"结束了，苏尔特带着如惊弓之鸟般的法军撤回了法国本土。但威灵顿并未尾随进入法国，而是把精力重新转向 7 月初的目标。圣塞瓦斯蒂安和潘普洛纳 2 个要塞一左一右牵制着联军的行动，如果奥地利真的加入了反法联盟，那么拿破仑在 1813 年的秋季战役形势将大为不利，等到局面对联军有利之后，威灵顿再考虑配合反法联军进入法国。

或许拥有先进通信手段的现代人很难理解威灵顿的焦急难耐，不妨在此做个解释。8 月 12 日，奥地利终于向法国宣战，德意志境内战事重启，消息直到 8 月 27 日才送达伦敦，尽管陆上视觉传信系统迅速发信至普利茅斯，再由 1 艘快船送达半岛，这份"新闻"

抵达威灵顿手中的时候已经是 9 月 3 日了，整整晚了 20 多天。所以威灵顿认为应当先恢复对圣塞瓦斯蒂安的围攻，对待潘普洛纳的策略则和以往一样：围而不打。从索劳伦会战结束后第二天开始，威灵顿给格雷厄姆写去了一连串的信件，要求重新布置攻城炮，并解决弹药和运输工具的问题，很显然他不希望重蹈 1812 年围攻布尔戈斯的覆辙。

8 月 6 日，在比利牛斯战役期间被搬上船的火炮重新上岸，但威灵顿还在等待从英国来的第二支和第三支强大的炮队。由于风向不利，舰队直到 7 月 27 日才从朴次茅斯出发，当他们抵达伊比利亚时已经是 8 月 18 日了，并且运来的只有大炮，几乎没有弹药。联军不得不先行布置攻城炮阵地，等待弹药

溃疡的晚期：浅谈半岛战争中西班牙土地上决定性的大战役 · 129

的抵达。在这个空当里威灵顿抓紧时间解决一堆积攒下来的琐事，并且又一次同海军部爆发了的争吵，指责对方备战不力。威灵顿同西班牙政府之间的矛盾也是越来越尖锐，尤其是在人事任免的问题上。然而双方依旧保持着克制，继续站在统一的战线上对付共同的敌人。傲慢自负的亨利·奥唐奈离开了安达卢西亚军团，希龙接替了奥唐奈，表现杰出的西班牙加利西亚军则被交给了弗雷雷（Freire）。

由于法军遭到了决定性失败，短期内不可能再次试图解围潘普洛纳。但如今败退的法军几乎都堆在尼韦勒河沿岸，这对圣塞瓦斯蒂安的围城部队而言仍是个极大的威胁。因此威灵顿在比达索阿河到奥亚尔松之间构筑了3条工事防线，并将后方的数支援军调到前方，包括第1师中的近卫旅，从直布罗陀调来的1个旅，还有数个西班牙营。8月7日，威灵顿用第6师换下伤亡惨重的第2师，皮克顿的第3

▌下图：乌古尔山

师留在埃利松多，监视着战线的东侧。经过一周的休整，到8月8日联军上下的可战之兵包括59524名英军和葡萄牙军，以及接近25000名西班牙军。

战争节奏放缓的这段日子里，圣塞瓦斯蒂安也平静的多，威灵顿已经下令在新的攻城炮抵达之前，原有火炮不得开火轰击要塞，法军则保持着零星的射击。

8月7日联军工兵和炮兵的高级军官在一起召开了一次会议，商讨下一步的围城行动。工兵总指挥弗莱彻坚持第一次围攻时的策略，要将城墙上已有的缺口进一步扩大，下一次强攻的地点仍然选择在倒塌的海墙缺口处。尽管遭到了其他高级军官的反对，该提议还是被交给了威灵顿，而威灵顿最终同意了按照该方案行事。

与此同时，雷伊将军在第一次强攻后的间歇里争分夺秒的构筑要塞内部的工事。法军利用房屋的残垣断壁，从圣胡安半棱堡到东侧塔楼之间修筑了一道全新的15英尺（约4.57米）高的石墙。并且海墙内侧地基附近的残骸全部被清理干净，任何试图进入要塞内部的人都面对着一段陡峭的落差。7月25日被炸药炸毁的角堡得到了修复，外护

表格：8 月 23 日联军围城部队的所有武器及物资情况

火炮和物资	弹药	
	种类	数量
各类 24 磅炮：56 门	实心弹	40138
	霰弹	2398
	榴霰弹	9199
18 磅炮：14 门	实心弹	22081
	霰弹	1100
	榴霰弹	4500
10 英寸臼炮：16 门	普通榴弹	5317
	燃烧弹	20
8 英寸榴弹炮：18 门 68 磅卡隆短炮：12 门	普通榴弹	6224
	普通霰弹	900
	榴霰弹	8100
火药（每桶 90 磅）	7555 桶	
装填于弹筒中的火药	500 发	

墙附近修建了新的反斜坡，并用障碍物进行加固。另外，几乎每晚都有小型船只溜入要塞，带来急需的食物、弹药、士兵并接走伤员。围城战开始时雷伊有 3185 名可战之兵，经过一个多月的战斗后，到 8 月中旬他仍然有 2996 人，并且弹药充足，士气高昂。8 月 15 日是拿破仑的生日，当天守军在乌古尔山上用火焰拼写出"皇帝万岁"几个大字，方圆数英里之内的联军都看得到。

8 月 18 日，久违的联军运输船队终于在地平线上出现，接下来的数天里小小的港口堆满了攻城武器和各类物资，并且还有穿着新款红色军服的工兵乘船抵达——这是半岛战争中威灵顿手下第一支崭新的完整编制工兵部队，不再是以往那些穿着蓝色制服的"军匠"。28 门新近抵达的攻城炮势必让联军的阵地炮火大大加强，然而让威灵顿很不满的是弹药少得可怜，只够炮兵们火力全开打一天的量。联军又等了整整 4 天，运载弹药的船队才赶到，带来了 62000 实心弹，7500 桶火药，以及其他各类弹药。由于比斯开湾缺乏船只的困难仍未解决，联军只得自力更生搬运物资。到 8 月 24 日，参与第一次围攻圣塞瓦斯蒂安要塞的火炮重新回到了原来的位子上，联军随之开始构筑新炮兵阵地。东侧面对着海墙的阵地被扩大到容纳 30 门火

表格：联军炮兵阵地部署情况（1813 年 8 月）

炮兵阵地编号	炮兵任务	1813 年 8 月									
		22日	23日	24日	25日	26日	27日	28日	29日	30日	31日
5	轰击半棱堡和后面的护墙		6门18磅	6门18磅	6门18磅	6门18磅	6门18磅	6门18磅	6门18磅	6门18磅	6门18磅
6	轰击半棱堡和后面的护墙	7门24磅	7门24磅	7门24磅, 2门8英寸	7门24磅, 2门8英寸	3门24磅, 2门8英寸	3门24磅, 2门8英寸	3门24磅, 2门8英寸	3门24磅, 2门8英寸	3门24磅, 2门8英寸	3门24磅, 2门8英寸
7	轰击角堡和主护墙							3门24磅	3门24磅	3门24磅	3门24磅
10	轰击城堡后方									1门24磅, 1门8英寸	1门24磅, 1门8英寸
11	压制米拉多炮台和城堡的火力	2门8英寸	2门8英寸	2门8英寸	2门8英寸	2门8英寸	2门8英寸	2门8英寸	2门8英寸	2门8英寸	2门8英寸
13	轰炸缺口后方的城镇防御工事				1门12寸臼炮①, 5门10英寸臼炮	1门12寸臼炮, 5门10英寸臼炮	1门12寸臼炮, 5门10英寸臼炮	1门12寸臼炮, 5门10英寸臼炮	1门12寸臼炮, 5门10英寸臼炮	1门12寸臼炮, 5门10英寸臼炮	1门12寸臼炮, 5门10英寸臼炮
14	打开东侧城墙缺口	2门24磅, 4门8英寸, 4门68磅	2门24磅, 4门8英寸, 4门68磅	6门24磅, 5门8英寸, 4门68磅	6门24磅, 5门8英寸, 4门68磅	6门24磅, 5门8英寸, 4门68磅	6门24磅, 5门8英寸, 4门68磅	6门24磅, 5门8英寸, 4门68磅	6门24磅, 5门8英寸, 4门68磅	6门24磅, 5门8英寸, 4门68磅	6门24磅, 5门8英寸, 4门68磅
15	直射城墙缺口	4门24磅	8门24磅	15门24磅	15门24磅	15门24磅	15门24磅	15门24磅	15门24磅	15门24磅	15门24磅
16	轰击法军工事和城堡				4门10英寸	4门10英寸	4门10英寸	4门10英寸	4门10英寸	4门10英寸	4门10英寸
17	轰炸城镇和城堡的防御工事								6门10英寸	6门10英寸	6门10英寸

① 这门臼炮来自西班牙炮兵

炮，并且还架起了 12
门 10 英寸臼炮，用
来轰炸缺口后方的地
区，阻止守军清理要
塞内部。圣巴托洛梅
修女院附近也添加了
新的火炮。最终，联

城镇内部

军拥有了超过 110 门火炮，其中 64 门对准
了小小的圣塞瓦斯蒂安。

出于政治上的考虑，威灵顿对使用臼
炮轰炸要塞持反对意见。在给格雷厄姆的信
中他写道："除了伤害居民之外，（使用臼
炮）攻打法军占领的西班牙城镇毫无作用可
言……如果全面炮击让城镇陷入大火，进攻
敌人的（内部）工事将无法执行。我相信我
们使用臼炮和榴弹炮不会给敌人带来丝毫的
伤害，并且可能引发的熊熊大火会给我们盟
友的居民造成严重的麻烦，并最终危及我们
自己。"掌管围城战的格雷厄姆回复称臼炮
将只用来对付敌人工事，并且会给守军造成
严重伤亡。威灵顿或许内心仍然不愿意，但
最终默不作声。结果臼炮果真没有对法军造
成多少伤亡，却毁掉了几乎半个城镇，可怜
的居民不得不躲到地下室去。威灵顿的直觉
是正确的，用炮轰对付雷伊这种坚韧的守城
将领是不够的，最终双方免不了一场血战。

8 月 26 日，炮轰正式开始。乔弗莱沙

丘的大炮对准东侧 3
座塔楼、海墙以及圣
胡安半棱堡的东侧。
圣巴托洛梅附近的大
炮对准要塞正面的城
墙。联军大炮发射
出可怕的火力，法军
的炮火被迅速压制。联军对要塞东侧的轰击
成效显著，但对要塞正面的打击不尽人意。
因此联军炮兵将火炮阵地推到离要塞正面仅
250 码的地方，守军在 27 日—28 日夜间对
此阵地进行过突袭，但并没有成功。除此之
外，26 日—27 日夜间联军乘船占领了圣克
拉拉岛，拔除了这颗钉子。到 29 日，东侧
海墙上从拉梅基塔塔楼到角堡侧翼一段被轰
开了接近 300 码宽的不规则缺口，塔楼北侧
还有一段 80 码宽的缺口。总攻的时间已经
到了。

就在此时联军内部产生了一些变故。到
目前为止围城主力一直都是第 5 师，但 7 月
25 日的强攻失败给全师上下带来了心理阴
影，奥斯瓦德将军和一大批第 5 师高级军官
都表达了对工兵指挥官的不信任，认为效仿
上次强攻很可能还会失败。因此威灵顿考虑
替换下第 5 师，换上别的部队，结果遭到了
第 5 师的全面反对，认为这是对他们公开的
羞辱。因此威灵顿没有把第 5 师换下，而是

10.7 米

城镇内部　　　　　　　高护墙废墟　　　　　　　半棱堡废墟

■**上图**：要塞正面高护墙至半棱堡的剖面示意图

从其余各师（第 1 师、第 4 师、轻步兵师）抽调兵力组建了一支 750 人的志愿纵队协助第 5 师。8 月 29 日，詹姆斯·利思将军回到军中重新指挥第 5 师。30 日，志愿纵队抵达前线，遭到了第 5 师的冷眼相待。利思称要向全军展示第 5 师是如何冲上城墙缺口的，不许志愿纵队担任突击敢死队，而是要他们当作协助部队。

在遭受炮轰的日子里，法军一直冒着危险清理要塞内部，城墙附近每栋残破的房屋几乎都被拆除，并且上城墙的石质楼梯也被堵死。缺口后方的完好房屋都被加固成小型工事，并且缺口还处在来自高护墙的侧翼火力打击之下。3 门幸存的大炮被布置在了高护墙的暗炮台和角堡内部，缺口的废墟下方也埋设了炸药。经过 5 天的炮击，守军损失非常严重，到 8 月底还剩 2500 人，各个重要地段都需要人力防守，因此只有 250 人能够留作预备。所有的士兵都躲在掩体下方，避免无谓的伤亡，但他们都清楚自己的岗位在哪里。来自各个营的掷弹兵们则ได令驻守每处缺口附近的横墙，每人都分到了 3 把滑膛枪。在高护墙等地方还堆有榴弹等爆炸物，可以向进攻部队投掷。

利思从格雷厄姆那里得知了进攻方案，并且让奥斯瓦德留在身边一起指挥。第 5 师鲁滨逊的旅，将在志愿纵队的协助下领导强攻主缺口，斯普赖和海的旅作为预备。北面较小的缺口由葡萄牙部队负责。

8 月 31 日，乌杜梅阿河退潮的最低点在中午，因此强攻时间被定在了上午 11 点。上午 8 点，雾气散去，所有的火炮都向要塞开

火，响声震天动地。10 点 55 分，炮兵停火，强攻开始。第 4 团第 1 营的马圭尔（Maguire）中尉挥舞着自己的军帽，带领 20 个士兵冲在最前面，担当第一波敢死队。马圭尔中尉是第一个踏上城墙缺口的人，他旋即中弹身亡，身后的士兵拿着斧子寻找地雷的引线，结果就在这个时候地雷被法军引爆了，几乎所有人都在爆炸中丧生。

爆炸过后，法军迅速从掩体中涌出，原本空空如也的工事上立刻布满了黑压压的人。暗炮台内的火炮被推了出来，不到 2 分钟就开始喷吐霰弹。其他一些隐蔽的固定炮台也相继开火，四下里枪声一片。和之前一样，英军士兵顶着枪林弹雨登上缺口后发现下面是笔直的落差，一名莽撞的军官径直跳了下去结果摔断了脖子，攻击部队陷入停滞，而法军的霰弹仍在不停地收割。炮兵阵地的军官记录道："*11 点 35 分，到处都在火力之下，尽管前进的号角一直在回响，但部队并未前进。*"幸存的士兵将目标转向两处：南侧的高护墙和北侧的拉梅基塔塔楼，但这两处都有横墙的封锁。高护墙前的战斗尤为血腥，大量士兵中弹倒下。与此同时后方的援军陆续抵达前线。利思和奥斯瓦德就站在海墙外的沙滩上，鼓舞士兵前进，工兵总指挥弗莱彻也在前线，但很快他脖子中弹，当场倒毙。不久后奥斯瓦德也面部受伤被抬到后方。

11 点半过后，战斗进入最激烈的阶段，布拉德福德的葡萄牙旅离开战壕进攻北面较小的缺口，借此吸引法军的注意力。葡萄牙士兵先踏过 700 码的潮湿沙地，

上图：强攻圣塞瓦斯蒂安的敢死队

然后穿过200码的浅水，在10分钟之内抵达城墙脚下。法军匆忙把城堡中的火炮对准纵队，随后喷射出毁灭性的火力，其中有一发实心弹一连击倒了14名葡萄牙士兵。11点45分，几乎所有士兵都跨过了退潮的河水，葡萄牙人的进攻吸引了不少法军火炮的注意，他们对北面缺口的强攻未能成功，但至少在海墙前站稳了脚跟。

就在这个关键的时刻，围城总指挥格雷厄姆下达了一条惊人的命令，要求在乔弗莱沙丘上的火炮停止轰击法军在后方的城堡，全部把炮口对准要塞高护墙，让炮弹从自己人头顶上飞过去轰击城墙上的法军。经过多日炮击，联军炮兵对距离和方位的拿捏已是得心应手，炮弹几乎没有打到自己人，但给法军造成了可怕的伤亡，因为现在城墙上已经站满了法国人，他们不可能再退到后方掩体中。炮击从12点15分开始，持续了20分钟，第二天来视察的人报告称护墙后面躺着一长排无头尸体。12点35分炮击停止，攻城部队集结起来，再次发动猛攻，终于取得了进展，冲过横墙并来到高护墙东侧的半棱堡。

法军依旧坚守着城墙中央的棱堡，但到了12点40分后方军官记录道："士兵们正从旧的缺口处进入城镇，成功了！"12点55分又记录道："敌人仍据守着骑士堡附近的外护墙。"到了下午1点整，又写道："越来越多的增援部队离开战壕。我们的士兵正进入城镇。"当英军士兵夺取高护墙的东侧后，他们居高临下的俯瞰着城区内法军的撤退道路，继续向前推进后来到城中法军筑起的第二道石墙背后，直接从这里进入城镇。来自轻步兵师的"志愿兵"则在拉梅基塔塔楼附近想方设法进入城镇。

就在这个时候——大约下午1点——战场上又发生了一件重要的事，格雷厄姆和雷伊在各自的报告中不约而同地认为这导致了法军防御的崩溃：堆放在高护墙中央横墙后面的弹药被引爆了，当场炸死大约60名法军掷弹兵。英法双方的记载都称一发英军炮兵打出的榴弹引爆了弹药堆，但是没有直接证据证明这一点。爆炸发生时，利思将军刚刚派出他最后的预备队——第5师海（Hay）的旅。发动最后一击的英军士兵在硝烟的掩

护下拿下了一道又一道横墙，法军仍在做殊死抵抗，1点20分时"城镇内传来非常密集的火力声"，到1点35分则是"许多俘虏被从城镇中带出来押送到战壕里"。在1点45分"城镇中响起猛烈的枪声，我们的前进号角在各处回响"。在1点50分"可以判断城镇已经被我们拿下，我们的士兵正从缺口处带出俘虏"。最终到2点15分"城镇中的枪声仍在传来，但正在减少。我们在阵地上的火炮根据命令停止开火"。

雷伊原本在整个城镇内部构建了大量防御工事，但随着法军防御的崩溃和人力的不足，并没有发生预想中的血腥街垒战。威灵顿在报告中称一共抓获750名俘虏，其中350人是伤员。雷伊带着大约1000名法军士兵逃入后方乌古尔山上的城堡中，并且还据守着山脚下的

几处建筑。在战斗的最后阶段，利思的胳膊被一发榴弹破片打成两截，海将军成了第5师仅存的无伤将官，因此当场接管了第5师的指挥权。城中挤满了联军士兵，不止一处燃起熊熊大火，一些冲的靠前的士兵同乌古尔山脚下的法军交火，其余一些人则开始了疯狂的抢劫和破坏。戈姆写道："当天结束了……陷入一片暴乱和喧哗中。尽管许多在巴达霍斯发生的暴行没有在这里重演，圣塞瓦斯蒂安比巴达霍斯和罗德里戈城还要凄惨。除了十到十二座幸运的房屋外，圣塞瓦斯蒂安除了焦黑的残垣断壁之外什么也没有剩下……我想毫无疑问敌人是故意这么做的，构筑成这样的一座城镇几乎没有机会在强攻中幸免……我们被大火几乎逼到城墙的所在的地方，成群结队的居民则冒着残骸倒塌的危险搜寻他们大部分都被掩埋的财

上图：强攻圣塞瓦斯蒂安的画作，画面左下方的就是利思将军，画面右上方可以看到联军士兵已冲上了半棱堡同法军展开激战，画面下方的联军士兵则同左侧角堡内的法军进行激烈对射

联军在两次围攻圣塞瓦斯蒂安期间物资消耗

物资	第一次围攻	第二次围攻	总计
24 磅实心弹	15350	28017	43367
18 磅实心弹	5034	4269	9303
24 磅霰弹	718	1376	2094
24 磅榴霰弹	1434	496	1930
18 磅榴霰弹	无	150	150
10 英寸普通榴弹	503	3252	3755
8 英寸普通榴弹	2836	4930	7766
8 英寸榴霰弹	1676	522	2198
8 英寸普通霰弹	168	无	168
12 英寸普通榴弹	无	100	100
以上总计	27719	43112	70831
火药（每桶 90 磅）	2095	3484	5579
笼筐		2726	
18 英尺束柴		1476	
沙袋		20000 包	
付给生产物资工匠的工资		1800 英镑	

产。"战争又一次蹂躏着不幸的人民，但可以肯定联军士兵的所作所为没有英军在巴达霍斯那么恶劣。威灵顿要求海将军呈交一份报告叙述军队的所作所为，海则回复说他进入城镇时战斗仍在进行，他首先带人防止大火吞没城中的弹药库和医院。但当天刮着大风，并且后方城堡中的法军还在开火，让联军无法灭火。海并不否认发生了很多劫掠事件，因为第 5 师参与进攻的 200 名军官中超过一半都非死即伤，军队陷入失去秩序的状态，但幸存的军官尽其所能制止抢劫。他还

附上了一些军官所写的报告，足以证明大火不是被士兵故意放的。比如第 59 团的霍伊斯特德少校向海汇报说："我可以向您保证我和其他军官都尽了最大努力制止这种事的发生，并且我还根据您的命令频繁的派出巡逻队，逮捕任何在城镇中找到的士兵，并且给任何请求援助的居民提供协助。"在战火彻底毁掉城镇之后，一场瓢泼大雨才造访圣塞瓦斯安，没能挽回什么损失。

第 5 师在此次强攻中付出了刻骨铭心的损失，打头的鲁滨逊旅损失了 57% 的人，军

官更是损失了 72%，其余 2 个旅也损失惨重，全师总计共有 664 人阵亡，1047 人受伤，死伤比达到了可怕的 2 比 3，远远超出半岛战争中常见的 1 比 6。来自其他各个师的志愿纵队和布拉德福德的葡萄牙旅共有 1700 人，损失了 520 人，其中 200 人阵亡 300 人受伤，死伤比也接近 2 比 3。

不论真相如何，圣塞瓦斯蒂安被夷为平地，在西班牙国内激起了猛烈的反响。自由派趁此机会大做文章，指责威灵顿故意毁灭了圣塞瓦斯蒂安。威灵顿同西班牙政府的关系跌落到谷底，好在拿破仑仍在德意志同反法联盟交战，西班牙和英国在此刻都明白公开决裂的恶果。

圣塞瓦斯蒂安要塞被联军夺回，但乌古尔山上的法军仍未投降。而当威灵顿的士兵在圣塞瓦斯蒂安浴血奋战时，离要塞不远的比达索阿河下游也处于震天动地的战斗中。

最后一战——圣马西亚尔会战和战事的中止

"我对军官们的热情和能力，还有士兵的勇气和纪律甚感欣慰。"

—— 威灵顿写给巴瑟斯特，
1813 年 9 月 2 日

当围城阵地上的"敢死队"尚未离开战壕时，比达索阿河下游的炮声就已响彻云霄。站在奥亚尔松的观察者很快便无法区分西侧和东侧的炮声哪个更为猛烈。当布拉德福德的葡萄牙旅勇敢地跨过浅谈冲向城墙时，格雷厄姆突然收到一封威灵顿的急信，询问他是否可以把布拉德福德的人调到比达索阿河西岸去支援鏖战中的西班牙军。正如威灵顿所预见的那样，苏尔特最终决定再尝试一次解围圣塞瓦斯蒂

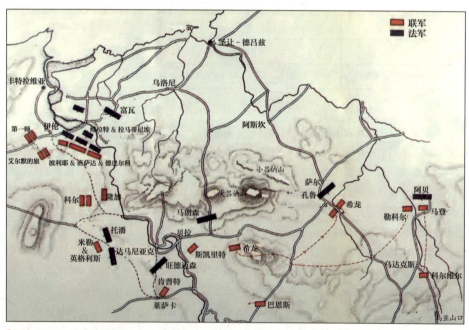

上图：圣马西亚尔会战态势

安。自从撤退到法国以来，每天都有小船溜过皇家海军封锁线给苏尔特送去紧急报告。苏尔特很清楚 8 月 25 日联军再次开始炮击，要塞已是危在旦夕。但在 8 月初他是完全不可能帮助雷伊的，军队刚刚经历一场灾难，士气低落。好在威灵顿没有逼得太紧，给了苏尔特宝贵的喘息机会。从 8 月 2 日以来，有超过 8000 名掉队的士兵陆续归队，再加上从巴约讷调来的预备部队，许多逃回法国时仅剩 100 余人的营又有了 400 人的实力。2 个损失最重的师——莫屈内和旺德迈森的师——把建制已残的营送回后方，然后从维拉特的预备军中接收一些人员尚满的营。9 个主力师共计有 45000 人，比一个月前整整少了四分之一。

陆军大臣克拉克反复提醒苏尔特不得抛弃圣塞瓦斯蒂安，因此苏尔特最终决定在比达索阿河下游发动一次孤注一掷的进攻。因为现在所有的法军主力（除了富瓦）都位于此，这里离圣塞瓦斯蒂安只有一天的路程。经过全力搜索情报之后，苏尔特发现从贝拉到比斯开湾仍然由西班牙加利西亚军团防守，因此他选择这里作为主攻方向。但是从贝拉到马亚山口却有大批英军，第一线包括第 6 师、第 7 师和轻步兵师，并且其身后很可能还有第 3 师、第 4 师的援助。

8 月 27 日法军开始集结，命令远在圣让－皮耶德波尔的富瓦立刻赶往比达索阿河下游，因此 9 个法军主力师全部集结在了一起。联军在对岸的阵地非常坚固，其中超过 600 英尺（约 183 米）高的圣马西亚尔山又是重点地段。因此苏尔特命令雷耶的 3 个师在伊伦和贝奥比附近的浅滩过河，发动对圣马西亚尔的正面进攻。克洛泽尔则带领 4 个师在贝拉附近过河并击穿联军战线，随后转

向西侧包抄圣马西亚尔的后方。为了防止东侧联军前来增援并威胁克洛泽尔的侧翼，埃尔隆带领 2 个师（阿贝和孔鲁）在最东面负责牵制联军并掩护克洛泽尔。

考虑到地形和军队实力，苏尔特的计划想要成功并不容易。就算圣马西亚尔被法军强攻拿下，加利西亚军团在后方还有两道坚固的防线，因此苏尔特成功的关键在克洛泽尔。但克洛泽尔所面临的地段同样非常艰难，并且联军可以在东侧集结更多的部队打击法军。另外 8 月 28 日—30 日，威灵顿已经察觉到了法军的动作，当即做出部署。弗雷雷的加利西亚军团将坚守圣马西亚尔，人数最少的波利耶师位于左侧，洛萨达位于中央，巴尔塞纳在右侧。3 个西班牙师一共只有约 10000 人，因此威灵顿又把第 1 师和第 4 师调上来部署在其后方。隆加的师位于圣马西亚尔东南，面对着河流的浅滩。贝拉村庄和大桥由轻步兵师的哨兵监视，身后还有第 4 师葡萄牙旅（由米勒指挥）的支援。8 月 30 日威灵顿又把第 7 师中英格利斯的旅调过来。第 6 师和第 7 师的其余部队则要看好埃尔隆的动作，严防其进行侧翼支援。

苏尔特本想在 8 月 30 日行动，但架桥设备和给养尚未准备就绪，因此行动时间拖到了第二天。所有法军均尽可能的躲在河东岸山脊背后。31 日一早，起了大雾，借此掩护法军各部来到了指定的过河地点，并成功在东岸部署了大量火炮——36 门支援雷耶，12 门支援克洛泽尔。凌晨 6 点法军开始过河并驱逐了西班牙前哨，直到这时联军才得到警报。拉马蒂尼埃的师打头，过河后展开部署，莫屈内紧随其后，然后法军工兵开始匆忙在浅滩附近架桥。等到视野渐好时维拉特的部队作为一线战斗力量也跟着过河。富瓦

则在维拉特背后等待命令。久久不散的浓雾反过来迫使法军直到雾散后才能够进攻。上午8点，对岸的法军炮兵开始轰击西班牙军阵地。苏尔特决定不等到维拉特和富瓦完全就位，立刻发动进攻。

上午9点，拉马蒂尼埃的师开始进攻圣马西亚尔山的中央，莫屈内的2个旅一个位于拉马蒂尼埃西侧发动进攻，一个作为预备队留守后方的桥梁。圣马西亚尔山上灌木丛生，法军完全无法保持队形，爬到一半就变成了一大群无组织的散兵。弗雷雷命令西班牙士兵驻扎在战壕中，派出轻步兵同法军交火。等到秩序混乱的法军临近，弗雷雷当机立断下令刺刀冲锋，法军被彻底击溃，一路狂奔至渡河地点附近，

西班牙军没有追击过远，而是返回到阵地上。等到上午11点，维拉特的预备军除了圣波尔的意大利旅之外都过了河，于是苏尔特在中午时分又发动了一次进攻。拉马蒂尼埃的师重整过后进攻东侧，莫屈内位于中央，维拉特则负责西侧。同上次进攻一样，西班牙人以逸待劳，故技重施，东侧和中央的法军进攻被毫无悬念地击退了。但在西侧维拉特的部队取得了进展，尤其是原先约瑟夫的王室部队[1]——包括1个掷弹兵团、1个腾跃兵团、1个燧发枪兵团和"王家外籍兵团"——与1个法军步行宪兵营一度攻占山脊。威灵顿在后方一直注视着战斗的进展，下令艾尔默的旅[2]前去增援西班牙人的左翼。这个时候弗雷雷派来的一名副官请求威灵

---

① 其中多数是法国人，但也有少量西班牙人。
② 这个旅2周前才抵达半岛战场，没有正式所属的师，但一直随第1师一起行动。

上图：贝拉附近的石桥

顿将第4师也调上去增援。根据斯坦霍普的记录，威灵顿说："如果我给你们派去英国部队，人们就会说是他们赢得了战斗胜利。但既然法军已经在撤退了，你们还是靠自己取得胜利吧。"果然不出威灵顿所料，几分钟后山脊上的法军看到其余部队已经退去，于是在西班牙军的反击面前匆忙撤退。这场血腥的战斗让约瑟夫的王室部队付出了惨重代价，共计37名军官伤亡，包括4名校官。而法军在进攻圣马西亚尔山的战斗中一共损失了2500人，拉马蒂尼埃也受了重伤。

战败的法军溃不成军，甚至连浮桥都被压垮，苏尔特已无法让他们重返战场。与此同时战场东侧的埃尔隆也处于压力之下，苏尔特不得不把原先预定进攻圣马西亚尔的富瓦调过去，另外下午3点过后席卷圣塞瓦斯蒂安的暴雨来到了比达索阿河下游，使河水暴涨，于是战场西侧的法军再也没有像样的行动，直至天黑。

克洛泽尔在中央的进攻同样于凌晨时分开始。托潘、达马尼亚克和旺德迈森的师相继过河，马朗森的师留守己方一侧，防止

对面的英军切断克洛泽尔和埃尔隆之间的联系。上午8点之前视野渐好，英军可以清楚地看见4个法军师，而克洛泽尔只能看见对面山上"黑压压的一片"。法军炮兵开始开火，驻守在贝拉的轻步兵师哨兵撤离，托潘的师打头进攻，米勒的葡萄牙旅很快被法军击退，法军进行了追击，并在大约11点钟遇到了英格利斯的旅。双方展开激战，等到达马尼亚克的师赶到并在侧翼展开迂回后米勒和英格利斯放弃了阵地，但很快又在后方找到了第三条防线进行防御。克洛泽尔一路尾随，但是小心翼翼，因为后方贝拉的方向传来令人不安的枪声，并且在通往莱萨卡的方向出现了联军的增援，包括轻步兵师和西班牙安达卢西亚部队，同旺德迈森的师发生交火。并且在下午2点，英军第4师也出现在克洛泽尔的右翼，1个小时过后暴雨降临，河水迅速上涨，战场能见度下降，再继续向前推进可能会产生无法预料的后果，于是克洛泽尔不得不决定停止前进，恰巧苏尔特的撤退命令在同时间抵达，于是过河的3个法军师又原路返回——但他们不约而同地都迷

了路，在叙述撤退过程之前我们先将视角转到战场东侧。

在 8 月 30 日，达尔豪西就把第 7 师的葡萄牙旅派至战场东侧前线，第 6 师的葡萄牙旅也来到乌达克斯以北，在联军逼迫之下阿贝的师完全撤到了艾因欧对面，随后 2 个葡萄牙旅对阿贝的师发动猛攻，不过被法军击退，于是达尔豪西把巴恩斯的旅也调了上来。但以上命令都是达尔豪西自作主张，违抗了威灵顿的本意，上午 10 点达尔豪西收到威灵顿的信，要求他前去增援英格利斯，于是巴恩斯又动身前往西侧，而埃尔隆也紧急请求苏尔特派富瓦来增援。但当富瓦的师还在赶路，法军对圣马西亚尔的进攻以惨败收场，东侧的战斗对法军已经毫无意义。

这场会战中最富有传奇色彩的故事不是在战斗中，而是发生在撤退途中。如前文所言，克洛泽尔的部队原路退回，托潘和达马尼亚克向浅滩撤退，旺德迈森负责殿后。但暴雨如注，法军于黄昏时分才摸到河边，并且河水上涨的速度极快，原先的浅滩越来越难以通行。克洛泽尔本人随托潘和达马尼亚克的先头旅过了河，但这 2 个师的后方旅，以及旺德迈森的整个师都被留在了河对岸。于是旺德迈森指挥这 4 个旅向贝拉进发，希望走大桥撤退。但马朗森一整天都在阵地上对着轻步兵师，根本没有占领贝拉，此时的贝拉仍然由轻步兵师守卫，包括第 95 来复枪团第 2 营的 1 个连【由卡杜

┃坐落于贝拉的卡杜上尉墓碑

（Cadoux）上尉指挥】加1个排，共约100人。

深夜2点，一片漆黑，法军终于摸到了贝拉外面，2名哨兵被法军用刺刀捅死，但驻守在桥头加固房屋内的来复枪兵一直保持着警戒，迅速向法军开火，阻挡住了法军纵队。枪声很快传到四周，按照多数叙述者的说法，离贝拉只有半英里远的斯凯里特没有及时派出援军支援危难中的卡杜上尉，而这仅仅100名来复枪兵英勇的守卫着阵地，旺德迈森将军在亲自带领冲锋时被子弹击中胸部。最终法军凭借人数优势硬挤出一条道路，而第95团为此付出了16人阵亡43人受伤的代价，剩余幸存的人在撤退途中终于得到了斯凯里特的接应，但一切都太晚了，联军原本可以在夜间轻而易举的堵截住4个法军旅，迫使其在天亮后投降。法军在这场混乱血腥的战斗中共200人伤亡。

法军主力在西班牙土地上的最后一场会战就这样落下了帷幕，这场孤注一掷的冒险以惨败告终。联军已经是今非昔比，在参与围城战的同时仍能有大批部队驻守广阔的防线。而苏尔特手中受损严重的西班牙军团明显无法在牵制东侧联军的同时进攻并包抄比达索阿河下游的联军部队。由于圣塞瓦斯蒂安危在旦夕，苏尔特没有更多时间准备，只能仓促尝试解围，也许是出于保卫本人名誉的考虑，免得落下把柄。对威灵顿来说，他并不想进行这样一场战斗，但为迫在眉睫的敌军行动做好了万全准备。联军一共损失了2524人，接近1700人都是防守圣马西亚尔的西班牙人，威灵顿对他们的英勇战斗给出了极高的赞誉。苏尔特本人的报告称损失3808人——这个数字很可能比索劳伦会战还要大，并且有2名师长重伤身亡（拉马蒂尼埃和旺德迈森），3名旅长受伤。进攻圣马

西亚尔的拉马蒂尼埃师损失最大，达到1643人，其余各师中共有350人"失踪"，多半是在撤退途中淹死在了比达索阿河里。8月31日当晚，苏尔特焦急万分，担心留在河对面的4个旅很可能会被联军歼灭，天亮后多数法军成功撤退的消息让他松了一口气，但不久后又传来消息称圣塞瓦斯蒂安要塞已经被联军攻下。

至于雷伊将军，在要塞陷落后他带着约1300人撤退到拉莫塔城堡里，还携带着近350名俘虏。这座老式城堡无法抵御联军的炮火，经过3天炮轰后9月3日格雷厄姆要求雷伊投降，但遭到了拒绝。于是联军又将炮兵阵地向前推进，在9月8日用61门大炮集中火力猛轰城堡。2个小时后守军打出白旗，因为城堡内的军火库随时都有爆炸的可能。威灵顿和格雷厄姆同意守军"携带着武器和荣誉"走出城堡，军官得到允许携带个人财产，雷伊也得到许可给苏尔特送去最后一份报告。士兵则成为战俘前往英国。不过有意思的是坚韧的雷伊没给英国军官们留下好印象，英国人说他是个"粗野鄙陋"的人，而非一名英雄。整场围城战联军一共有3500人伤亡，其血腥程度只有围攻巴达霍斯才比得上。另一座法军占据的要塞——潘普洛纳坚持的时间则长得多。联军一直保持围而不打的态势，守军在秋季发动多次以获取粮秣为目的的突袭，最后在10月底吃完所有骡马后投降。耐人寻味的是潘普洛纳总督卡桑最终为守军争取到了做英国战俘的条款，而没有进西班牙人的监狱。

进入9月份，威灵顿仍然不着急，法国本土近在眼前，但威灵顿认为需要首先整饬部队纪律，让联军能在一片非敌对的他国土地上作战。并且和往常一样，威灵顿始终关

心着德意志境内的局势。9月3日，威灵顿终于得知奥地利向法国宣战，但很快情报人员又带来了拿破仑在德累斯顿取得大捷的消息，因此威灵顿继续在边境保持按兵不动，同时全力为跨过比达索阿河做准备。9月15日，威灵顿得知了库尔姆会战的消息，拿破仑的第1军几乎被摧毁，最终在9月19日威灵顿给巴瑟斯特的信中他终于清晰表达了进军的意向，以此配合德意志境内的反法联军。10月7日，在威灵顿的高超指挥下，比达索阿河防线被联军轻而易举的攻破。

纵观整个半岛战争，政治局势从来都与战事走向挂钩。自从1808年签署蒂尔西特条约后，野心勃勃的拿破仑便将目光转向了伊比利亚。1809年当拿破仑同奥地利进行鏖战之际，威灵顿则抓住机会闪电般的进入西班牙同法军在塔拉韦拉进行了一场会战。瓦格拉姆决战之后，第一帝国在欧陆上再次没有了主要敌人，于是派重兵入侵葡萄牙，企图将英军直接赶下大海，却在威灵顿精心构筑的托里什－韦德拉什防线面前碰了壁。1812年，拿破仑率领最强大的大军团入侵俄国，实力渐强的威灵顿也

下图: 圣塞瓦斯蒂安法军的最终投降

不甘示弱，拿下边境2座重镇后，在7月份于萨拉曼卡大破法军，随后乘胜进入马德里。可是接下来的围攻布尔戈斯却遭到了失败，所以当拿破仑率大军团撤离俄国时，威灵顿也再次退回到了西班牙边境。

此消彼长，由于拿破仑征俄惨败，从半岛抽调了大批老兵作为骨干组建新的大军团，联军第一次在数量上占据了优势。横扫至比利牛斯山脚下后，接下来的战局比以往任何时候都同欧洲局势紧密联系在一起。春季战役过后拿破仑同反法联军签署停火协议，战争何时重启，奥地利是否加入战争成了整个夏秋之际威灵顿最关心的事。从1813年6月的维多利亚会战，直到1814年2月的奥尔泰兹会战，在这整整8个月的时间里，每一次威灵顿在战场上取胜之后都不急着扩大战果，而是稳扎稳打，等待联盟方面的消息。有不少人批评威灵顿太过谨慎，即使到了1814年初，拿破仑帝国大势已去时还是如此。但威灵顿的耐心得到了回报，他没有贸然"向巴黎进军"，而是先整饬军纪。在威灵顿的一再要求下，联军进入法国后受到了当地人民的友善对待，相反法军则在自家国土上军纪败坏，下乡扰民。

相比之下，苏尔特率领的法军前景则黯淡得多。圣马西亚尔会战之后，西班牙军团已经损失了整整两万可战之兵，苏尔特所能做的只有沿着法国西南边境到巴约讷的数条河流——比达索阿河、尼韦勒河、尼夫河、阿杜尔河层层设防。可是战争进行至此，法军完全处于劣势，疲于奔命，顾此失彼。10月7日，由于苏尔特的疏忽，比达索阿河防线被联军轻易攻破；11月10日，威灵顿凭借人数上的优势强攻苏尔特苦心经营的尼韦勒防线，数量和质量俱优的联军成功夺取了阵地；12月9日—13日，苏尔特在尼夫河两岸凭借出色的机动试图给予威灵顿狠狠一击，机会近在眼前却仍然没能成功，并且在此次战役期间法军中来自莱茵邦联的3个德意志营得到了莱比锡会战的消息，趁着夜色倒向了威灵顿。随后法国的西南大门——巴约讷完全暴露在联军面前。1814年新年过后，拿破仑要为保卫法兰西做最后的一搏，从苏尔特和絮歇手中抽调了大批步骑兵。此后苏尔特只能消极防御，再无可能给联军造成严重威胁。"西班牙溃疡"进入晚期，疥癣之疾终成心腹大患，拿破仑最终为自己无限膨胀的野心付出了代价，这场他亲手挑起的战争自始至终都让第一帝国不断失血，并最终使之轰然崩塌。

参考文献

A History of the Peninsular War, vol VI, Charles Oman, Oxford University Press, London,1922
Neuf mois de campagnes à la suite du Maréchal Soult quatre manoeuvres de couverture en 1813-1814,J.-B.Dumas, Paris
Journals of sieges carried on by the army under the Duke of Wellington, in Spain, during the years 1811 to 1814, vol II, John T. Jones, Military Library, London, 1827
The Dispatches of Field Marshal The Duke of Wellington, vol 10th, 11th,Lt.Colonel Gurwood, London
Campagnes de 1810 à 1815, Lemonnier-Delafosse, Imprimerie du Commerce, 1850
Tableaux, par corps et par batailles, des officiers tués et blesses pendant les guerres de l'Empire, A.Martinien, Paris, 1909

第二篇
致命的技艺

装备火器的区区农民就抵得上一名勇士，因此，在一场全民拿起武器的民族战争中，事态会有全新的发展。

——拿破仑·波拿巴

火药武器日益增强的威力曾经让 16、17 世纪的欧洲战士惶恐不安。进入 18 世纪，以火药武器武装起来的欧洲正规部队，面对世界范围内的其他战士集团，哪怕是最有军事传统的，也都取得了极大的成功。

在线式战术时代最顶峰的拿破仑战争中，只有少量的发明创造被应用于陆地或海上的作战。对于一线的军人来说，真正在他们手中服役的武器装备几乎跟几十年前变化不大。这也就越来越需要军事的职业化，也就是通过系统教育，让军事人员成为高度专业化的职业团体，从而更好地传承和发扬前辈军人的技术与经验，以及试图取得在军事理论上的新突破。

作者 /
深河

燧石与刺刀

西方近代前装枪发展史话

装备燧发枪与刺刀的步兵就可以同时担负以往由重步兵和轻步兵分
别担负的任务。
——阿彻·琼斯 《西方战争艺术》

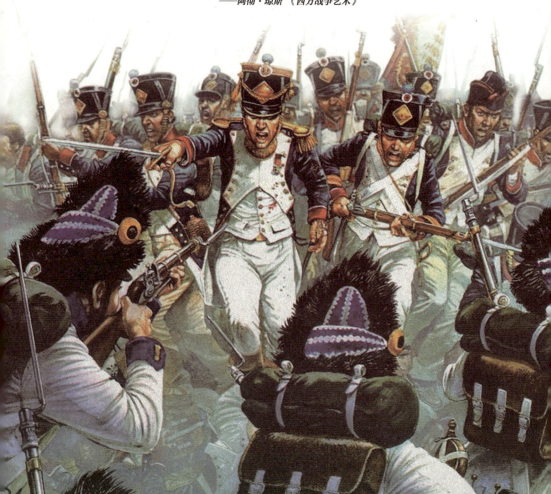

很多人都问过这样一个问题："为什么欧洲人在近代特别是 18 世纪，要采用横队排枪齐射，跟互相枪毙没区别，看起来很傻的作战方式呢？"甚至有人给线式战术起了一个外号——"排队枪毙"。对于这个问题，一般的回答是："近代的前装滑膛枪械，在射速和准确度上都存在缺陷，所以军队必须排成横队来增强火力密度。"不过也有朋友喜欢刨根问底："当时世界范围内都开始步入火器时代，甚至在被认为不重视火器的清王朝，火器装备率也超过了 50%。那为什么只有欧洲人使用了这种战术？"

其实要讨论这个问题，一定要记住一点：战术是基于武器装备的。欧洲人之所以发展出横队齐射的线式战术，关键是两项重要的军事技术发明——燧发枪和刺刀。

首先，当时欧洲以外的军事力量，主流单兵火器还是火绳枪。火绳枪靠枪机上的火绳来点燃火药，但是火绳是明火，对身上挂着弹药、手上拿着待击发武器的士兵相当有危险性。为了防止误伤或误击发，火绳枪手的队形不能排得过于紧密。而燧发枪的击发装置有点类似于打火机，不是明火，所以燧发枪手能够排成紧密的队形。另外，燧发枪相对火绳枪也提升了射速。于是，火枪手们不再需要像以前那样排成 6 排甚至更多的深纵深横队来保证火力密度。他们只需要排成 3 排的浅纵深横队，就能拥有比以前更大的火力密度。因此可以说，正是燧发枪催生了线式横队的产生。

其次，刺刀的发明，准确地说是套筒式刺刀的发明，让火枪手拥有了可靠的肉搏能力。火枪手不再需要长枪手的保护，指挥官也不再需要在投射火力和肉搏能力之间做二选一的选择题。因此，步兵的全面火力化得

到了推广，军事思想和编制架构也发生了全面变革。

总之，在以上两个因素的共同作用下，线式战术时代终于到来了。当然，这个过程十分漫长，也有相当多的故事，甚至要从十字军东征和蒙古西征开始讲起。

源自火炮的火门枪

公元 13 世纪末期，欧洲大陆正处于动荡不安之中。然而，尽管十字军战争一直在持续，基督教世界和伊斯兰教世界之间的交流却始终没有中断过。武器装备，乃至熟练的铁匠和攻城技师都成了备受欢迎的"商品"，贩运这些的不光有基督徒，还有阿拉伯人。后者带来的一种神奇的黑色粉末渐渐引起了领主们的注意。这种粉末来自于蒙古人的西征军，既能用作纵火物，装入容器后点燃又可爆炸，此外还能用来推动箭矢的发射，蒙古人称之为"火药"。

波兰火药史学家盖斯勒曾经冒着生命危险躲在蒙古军与波兰人交战战场附近的一座修道院内，偷偷描绘了蒙古士兵使用的火药火箭样式。根据他的描绘，蒙古人从一种木筒中成束地发射火箭，因为木筒上绘有龙头，所以它被波兰人称作"中国喷火龙"。从这个名字也可以看出，这些原始的火药武器给当时的欧洲人带来了多大的震撼。

欧洲人领教到了火药武器的巨大威力，自然急切地想了解相关的知识。蒙古人灭亡阿拉伯帝国之后，建立了伊利汗国，这个汗国就成了欧洲人搜集情报的重要来源。事实上，不光是火药，伊利汗国也是印刷术等中国科学技术向西方传播的重要枢纽。伊利汗国军队中同样装备了大量火药武器，并招募了大量阿拉伯人和欧洲人。他们甚至并未管

制火药武器的出口，这使得欧洲人很快就掌握了火药和火药武器的制造技术。人类军事史上的一个全新时代伴随着大规模的战乱和动荡，无声无息地来临了。

尽管听上去有些奇怪，但是在提到"最早的枪械"这个话题的时候，我们却不得不从火炮开始谈起。

欧洲最早的火炮出现于何时已不可考，目前已知最早的记载来自于英格兰国王爱德华三世的大臣迈尔米特的手稿中的两幅彩色插图。这份写于1326年左右的手稿的插图描绘了一种腹大颈细的酒瓶状火炮，这种火炮发射一种箭矢状的炮弹，这显然是从扭力弩炮时代继承下来的传统。在意大利发现的记录中，同一年意大利佛罗伦萨市议会责成两个市政官"要制造并架设大炮，保证火药和铁制弹丸的供应，并训练足够的使用者来保证城市的安全"。此时的火炮结构还颇为简陋，很多是由铁条和木板制造，用类似箍桶的手法组装而成的。决定性的技术进步发生在1339年，这一年里法国人制造了欧洲第一

门铸造火炮。制造者利用了从教堂大钟铸造中积累的经验，转而用青铜铸造火炮。这门火炮和英国人的花瓶状火炮颇为相似，被用来攻击爱德华三世统治下的英国南安普敦城。

最早的火炮威力和使用效果都不尽人意，箍制的炮管很容易漏气和炸裂，即使是青铜铸造的大炮也很难有理想效果，更何况此时的使用者对装药量和炮管强度还没有任何概念。但只要使用得当，不管装填的是箭矢、铁弹还是碎石块，火炮总能发挥出相应的威力，而骇人的巨响和滚滚浓烟则能给敌人以极大的震撼。随着经验的不断积累，制造者的技术也在不断进步，火炮变得更加坚固。炮手们也逐渐学会了计算适当的装药量和瞄准，这就大大改善了这些原始火炮的作战性能，可以经常有效命中目标，而不是像之前那样偶尔才能命中目标了。

1340年，黑色火药和火炮开始给战争带来根本性的变化；1341年，意大利的卢卡使用了火炮交战；1342年，阿拉伯人在和西班牙人的交战中也运用了火炮；1345年，英国国王爱德华三世所制造和装备的大炮达到了百

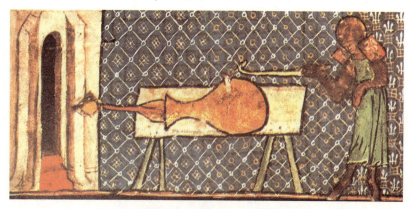

上图：迈尔米特手稿中的插图所描绘的"花瓶火炮"

门之多；1350年左右，绰号"黑鬼"的德国伯恩哈特教团教士施瓦茨使用青铜铸造大炮，其射程可达数百米，使用寿命也提高到上百发。当时的火炮在技术上已经出现了极大的进步，射程、精度和耐用性都

上图：早期大炮的使用

大为改善，而所发射的炮弹也从箭矢变成了威力更大的石弹和铁弹。自然而然地，一些能发射大型炮弹的重型火炮被制造出来代替投石机，用以轰击坚固的城堡和围墙。一个典型的例子是，1375年，在著名的圣索沃维卡特围攻战中，法国炮兵部队大显身手。他们装备了32门重炮，所发射的炮弹最大重达37公斤。

随着重型火炮的成功，人们对将之小型化也逐渐产生了兴趣。长期以来，弓弩都是战场上最主要的投射武器。甚至到火炮已经大量投入使用的1346年，技术娴熟的英国长弓手还在克雷西战役中大显身手。在这次战役中，领军的英国国王爱德华三世实际上就携带了一支火枪，但这支由伦敦塔的工匠精心制作的火枪并未在战争中发挥作用。身为国王的爱德华三世自然不可能跑到第一线去亲自射击敌人，因此这支火枪的存在意义更像是为了炫耀。

此后，手持的火药射击武器一度销声匿迹，尽管一份1364年意大利佩鲁贾城兵器库的清单上记载有"500门炮，约8英寸长，可以持在手中，非常漂亮，能够射穿任何铠甲"，但相应的实物却迟迟没有被发现。一般认为现存最早的火枪实物是从爱沙尼亚发掘出的一个毁于1396年奥泰伯战役的青铜

制品，口径约为18毫米；在德国坦能堡发掘出来的另一支火枪同样是青铜制品，推测毁于1399年，其口径约为12.7毫米。这些原始的火枪实际上是当时的大炮缩小到手持的尺寸，然后在尾端加上一根长木杆便于握持的版本，因此一度被称为"手炮"；又因为发射时要用引火物插入枪膛后端的火门，故而学术上统称此类武器为"火门枪"。

因为火药配方还有待改进，加上其自身身管较短、闭气不佳，这些被称为"手炮"的早期火门枪威力并不尽如人意，命中率更是无从谈起：使用者要用一只手扶住枪身，将木棍夹在腋下（或扛在肩上），然后将一块火炭、一截火绳或者一条烧红的金属伸进火门来点火。在这个过程中，射手必须盯着火门，因此所谓的瞄准也无非是尽量将枪口对准敌人的方向而已。很明显，这种射击基本不可能考虑什么精度，能否打中目标往往更要看双方的运气。然而，火门枪震慑对方的能力却不容小视。阿拉伯人同样有被称为"马达法"的类似武器，在与基督徒的战争中被大量使用，一度被称为"恶魔的武器"。其发射时的巨大响声、随之而来的滚滚硝烟以及发射后弥漫的刺鼻味道可以有效地削弱敌人的士气。这些早期火药武器给人们的印象是如此深刻，以至于连教廷所宣传的恶魔形象中都伴随着巨响、浓烟和硫黄气味（事实上，欧洲确实一度有不少剧团使用火药在舞台上营造恶魔的形象，往往会吓得很多贵妇人和没见识的乡巴佬惊叫不已）。

就和火炮一样，随着时间的推移，士兵

们对如何使用火门枪这种新武器也越来越有心得。为了解决瞄准问题，一些士兵开始以两人一组的方式来使用火门枪：一人负责双手握持火枪进行瞄准，另一人负责点火。为了提高射手在弓弩等投射武器前的生存力，又出现了带有凹槽的盾牌，这样射手就能在手持盾牌的时候将火门枪架在凹槽上，既能掩护自己又不妨碍射击。后来随着火药配方的逐渐改进，火门枪的枪管也越来越长，其威力也自然越来越大。

西方研究者曾经就火门枪的威力做过模拟实验。实验以一块 2.5 毫米厚的软钢板为目标，这基本上相当于早期的米兰甲或者格林威治甲（由中碳钢制成的板甲，甲板厚度约 2 毫米）。靶板和火枪的距离为 10 米，实验者使用复原的 15 世纪早期和晚期火枪各一，前者口径 13 毫米，初速为 270 米／秒；后者口径 20 毫米，初速达到 286 米／秒。射击的结果，前者 14 次射击中穿透了 6 次，后者 8 次射击中穿透了 5 次；没有穿透的时候，弹丸也留下了相当大的凹陷，一般可以达到 10 毫米至 15 毫米深，

有些甚至有 20 毫米，这也就意味着盔甲里面的人会受到相当大的冲击，甚至有可能因此而失去战斗力。防御能力较好的米兰甲和格林威治甲尚且如此，旧式的锁子甲在这些火门枪面前自然更加不值一提。即使在锁子甲外面穿上能够增强防御力的附加硬皮甲（一种浸蜡硬化的皮甲）或当时流行的铁甲衣（铁制甲片拼接固定在布面或者皮革上制成，厚度约 2 毫米），也很难保证不被击穿。而同时期被广泛使用的十字弩则很难击穿这样的防御装备。

在拥有了足够的威力之后，火门枪逐渐作为一种新兴的武器开始流行。和弓弩相比，火门枪的制造更为简单，这也就意味着其更加廉价和更易于大量制造。当时主流的其他远程投射武器中，长弓的优势在于高射速和足够的威力，但需要长期训练才能培养出合格的射手；十字弩威力更大、更加准确，可以洞穿大多数重型盔甲，但造价昂贵、重新装填缓慢，而且对射手的体力消耗很大。相比之下，火门枪尽管精度和射程都略逊一筹，但既能击穿重甲，

又能惊吓敌方士兵和战马,而且只要稍加训练,即使是新兵也能熟练掌握其使用方法。正是因为有着这些优点,火门枪很快就普及起来。

一旦一种武器开始被普遍使用,自然就会有人开始设法改进。举例来说,为了加快装填速度,有人想到将火门枪的枪口做成喇叭状,结果发现这样不光提高了装填速度,还使得发射霰弹时的杀伤范围更大。德国的黑衫骑士是最早装备和使用小型火门枪的军队,然而火门枪并不适合在马上使用。黑衫骑士用绳子把枪吊在脖子上,左手握枪右手点火,尽管这在一定程度上解决了持枪的问题,但使用起来依然有诸多不便,为此骑士们发明了安装在马鞍上的固定叉架。

15世纪初,随着大型弧形金属锻造工艺和冶金技术的大发展,真正意义上的板甲出现了。这种由整体式金属板拼装而成的新式盔甲,防护能力可以说有了质的飞跃,不仅可以有效抵抗原本犀利的十字弩和长弓,就连一度威力十足的火门枪也可以抵挡。为了对付这些坚固的盔甲,攻击一方采取了最为直接的办法,那就是增大火门枪的口径。

第一个尝试增加火门枪威力的欧洲将领是简·杰士卡。他在公元1430年左右,为其指挥下的胡斯派波西米亚人军队装备了新式的火门枪,因为这些火门枪口径大为增加,人们再次恢复了其"手炮"的称呼。增大的口径也提高了后坐力,为此人们在枪管下安装了一个钩爪,用来钩住城墙或其他固定物

上图:借助盾牌来发射火门枪的方法,可以看到盾牌上为安放火门枪所开的凹槽

上图:喇叭口火枪和骑兵用支架

体，以减弱其对射手的冲击。

　　根据发掘出土的实物和现代复原品估算，胡斯手炮具有500~1000焦耳的枪口动能，这已经超出了现代手枪的威力，甚至和一些早期步枪相当。在中近距离上，只要能够命中，胡斯手炮一般都能击穿敌人的盔甲。因为这种武器威力不凡，到战争结束时超过三分之一的波西米亚人都装备了火枪。

统治战场的火绳枪

　　胡斯战争所带来的影响是巨大的。身穿重甲的骑士老爷们在手持火器的胡斯派军队面前一次又一次地被打得屁滚尿流，使得所有人都大受震动。一方面，骑士们发现自己的盔甲还不够坚不可摧；另一方面，人们发现原来只要使用合适的战术，即使只经过很少的训练，手持火枪的农民也能和重装骑士抗衡。在这种冲击的推动下，制盔匠开始改进板甲，设计出了哥特式等新式结构的盔甲；而火门枪也逐渐向更具威力、更便于使用的方向进化。

　　吸收了十字弩的设计，一些火门枪开始使用可以抵肩的枪托。枪托让使用者可以用双手牢固地握持枪身进行瞄准，并且可以用肩膀化解掉一部分后坐力，这使得大口径火门枪不再需要钩在什么上才能使用。与此同时，另一种不起眼的发明也为新式火枪的诞生奠定了基础，那就是火绳。

　　火门枪必须靠将引火物插入火门来进行发射。所谓引火物往往就是一块烧红的煤炭、一根点燃的木条或者一支烧得通红的金属杆。这些东西都很难随身携带，因此火门枪手在交战前必须准备数个燃烧的火盆来提供引火物。这在守卫城堡或防御预设阵地时还问题不大，野战条件下就成了大问题。也

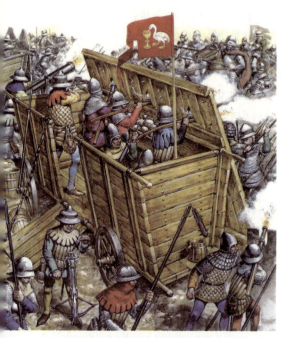

上图： 胡斯战争中使用大车所围成的防御工事，配备了大量火器

上图： 带钩爪的火门枪和大口径手炮

上图：蛇杆火绳枪，可见其结构十分简单

有人试图使用麻或者布条搓成的绳子来当引火物，却一直无法使其保持燃烧的稳定性。直到有人发明了使用硝石溶液浸泡绳子的办法，这一问题才真正得到解决。

能够稳定燃烧的火绳一般是用几股细亚麻绳搓成的，经过锤制处理，不会太过紧密又不至于太过疏松，然后使用特殊的溶液加工。用于处理火绳的溶液一般是硝酸钾或醋酸铅溶液。火绳在其中浸泡或煮制过之后，在阴凉处晾干；如果急需火绳，也可在太阳下晒干，但这样有时会导致断燃或燃速不稳定等现象。制作良好的火绳应该可以用燧石点燃，能在不熄灭的情况下缓慢燃烧，燃烧速度约为每小时 200 毫米或更慢。阿拉伯人也曾经使用过石油溶液来浸泡火绳，优点是更易于点燃，缺点是燃烧速度较快。

火绳发明之后，一直困扰着火门枪的引火物问题才得到了初步的解决。然而，必须要将引火物插入火门这个特点，使得火门枪的使用仍然不够便利：单人使用的话必须一手持枪一手持引火物，不但操作不便，而且无法瞄准；两人操作的话虽然可以有效瞄准，但是使用上又缺乏灵活性。因此人们依然在寻找让火枪的使用变得更简单的方法。

到了 1450 年前后，一种新的设计终于出现了：制枪匠在枪身后部的木柄上安装了一根 Z 字形蛇杆，使其以固定点为轴有限旋转；在蛇杆的前段安装一个用于夹住火绳的夹子。如此，当压下蛇杆尾部时，其前端也会随之下落，使得被夹住的火绳对准并插入引火孔之中，火枪自然也会随之发射。这种设计显然受到了十字弩结构的启发，蛇杆使得射手能在专心瞄准的同时实施射击，这大大提高了操作的简便性，因此这种新结构的火枪很快就被引入到军队中。

在蛇杆火绳枪出现不久之后，1466 年，瑞士的卢塞恩成立了一家俱乐部。该俱乐部的成员都是当地的士绅和骑士，他们经常举行一些马上比武之类的竞技活动，也时常进行射击比赛。他们所使用的射击武器除了弓弩之外，也包括蛇杆火绳枪。这是目前已知出现最早的专业射击俱乐部，由此也可以从侧面证明当时的蛇杆火绳枪已经具有了相当可观的精度。

实际上，自打远程投射武器出现开始，人类就一直在研究如何能射得更远准。举例来说，早在 12 世纪初期，工匠就已经总结出了很多提高十字弩射击精度的方法，比如尽量将箭槽做得直而光滑，选用粗细合适且笔直的箭杆、把箭头打磨匀称并使尾羽分布均匀等等。公元 1199 年十字军东征时期，一个名叫彼得·巴索的瑞士雇佣弩手就从远距离上射中了"狮心王"理查一世的肩窝，使其在不久之后因伤口感染而死。蛇杆火绳枪出现后，提高其精确射击能力的要求也随之产生。枪匠尝试着将制作十字弩的技巧套用到火枪的制作上来：他们将枪管内膛做得光滑笔直，将弹丸修整成接近枪管内径的球形——而这些显然都可以提高火枪的准确性。

当然，这些都是理想状态，准确性的提高同时也意味着造价的上升，一般大兵的火枪可没有那么好的待遇。那个时期基本上也没有标准化的概念，同一座工坊里生产的两支火枪外形看上去接近，但口径上却可能存在1毫米甚至更大的误差。用来给贵族老爷把玩的射靶枪自然可以专门制作配套的子弹，但对士兵来说这就是个不容小觑的问题，军需官显然不可能为士兵准备配套的子弹。为了省事，他们给所有火枪手发放的都是统一规格的弹丸。为了避免装不进枪膛，这些弹丸一般都会做得比较小。然而总会有那么一两个因为误差较大而被坑了的倒霉蛋。在意大利佛罗伦萨发现过一封写于1510年的信，写信的人就是这样一名火枪手。他在信中抱怨说，因为发给他的那杆火枪口径太小，所以每次别人领取弹药的时候，只有他自己必须费力地去自制石质子弹。使用这些不能与枪管完美配合的子弹，自然会使火枪的精确性严重下降，加上战场上往往会有这样那样情况的干扰，因此这些早期火枪在实战中确实命中率不佳。

同时，随着时间的推移，人们也逐渐发现了蛇杆火绳枪的一些缺点：用于夹持火绳的蛇杆并未固定，任其自由旋转的话就必然会影响射手的装填；细长的蛇杆也很容易因为撞击而变形弯曲，导致火绳无法对准引火孔。一开始，制造者试图给蛇杆装上一个固定销，在需要射击的时候将固定销拔掉；后来人们觉得这样操作起来太过烦琐，就在蛇杆的尾端安了一块小小的金属簧片，让蛇杆平时一直处在远离火门的位置上。总之，各地的枪匠持续不断地对蛇杆火绳枪进行改良。公元1475年左右，一种新式的火绳枪枪机终于被制造了出来——在一份德文文献上，出现了第一个关于火绳枪枪机的描述：

"蛇杆被移到前方，火绳夹向后落下；蛇杆的长度减半，固定钉以下的部分被切除，加了一个金属肘节，金属肘节再连上一个杠杆，杠杆后端连上扳机。在发射的时候只要将扳机上压，杠杆后端就会上移，前端下降，带动固定销将蛇杆往后拉下，使其接触引火孔；当松开扳机时，杠杆下方的一个弹簧片会将杠杆前端推回原来位置，蛇杆也自动归位。这整个枪机结构都可以装置在枪身右侧，再用一个铜片来保护，相应的引火孔也可以移到枪管侧面。但火绳往往难以通过侧面的引火孔接触到枪管内的火药。为了能够可靠发火，人们在引火孔处安装了一个药锅或者说火药池，用来盛放少量的引火药。为了防止这些引火药被风吹走或者受潮，人们又在火药池上装了一个可以开关合拢的盖子。这种发射机构的好处是两只手都可以用来扶持火绳；发射时按压蛇杆的动作小，有助瞄准；由于弹簧和杠杆的关系，蛇杆也不会乱动；减短了长度的蛇杆也不像以前那样容易损坏。"

真正意义上的火绳枪诞生了。尽管这使火绳枪的结构变得复杂，造价也随之提高，但其优点确实不容忽视，最终简单的蛇杆火绳枪还是被彻底淘汰。这种枪机结构发明不久后，另一种类似的枪机结构也出现了，两者之间的区别在于弹簧片的使用。在后一种设计中，弹簧片被连接到蛇杆上，其作用并不是将蛇杆推回原位，而是将它弹向火药池。在发射前，火枪兵要将火绳装上蛇杆，然后将蛇杆扳到待发的位置，射击时只需要轻轻一压扳机就会将弹簧

上图：一些早期火绳枪的枪机

上图：带有火药池盖的火绳枪机，其结构已经非常完善

上图：保存至今的日式火绳枪，其枪机结构和大部分欧洲火绳枪都有所区别

上图： 各种样式的欧洲火绳枪

释放，弹力会推动蛇杆将火绳压入火药池。这种枪机，优点是发射的动作更小，点燃的动作更快，有助于提高准确度；缺点是由于没有保险装置，容易因误触枪机造成意外。正因为有着安全性上的缺陷，这种结构只流行了很短的时间，在公元 1550 年后就从欧洲大部分地区消失了，只有日本还一直沿用。

1494 年爆发的意大利战争一直持续了 65 年，而恰好就在这段时间里，火绳枪的结构走向了成熟。可想而知，战争恰好给新式武器和战术提供了上好的试验场，火绳枪和加农炮等新式火器被大量使用。威力强大的加农炮能够"在 13 分钟里杀死 700 人"（诺瓦拉，1513），或者是"用一颗炮弹击倒 33 名武装的战士"（拉韦纳，1512）。同时，火药的配方经过不断改进，变得越来越合理；而提纯工艺和颗粒化工艺的完善也提高了火药的性能，使得火绳枪能够以更高的速度来发射弹丸。1525 年的帕维亚会战中，西班牙人投入了欧洲第一支正规的火枪步兵部队，这支部队装备了西班牙人制造的新式火绳枪——穆什克特。这种火绳枪可以发射重达 32~50 克的子弹，可

在两百码上击穿当时骑兵所用的重型盔甲。西班牙人的指挥官是对火绳枪战术技术有独到研究的冈萨维·德·科尔多瓦，他创造性地发明了后退装弹战术：将一队火枪手编成若干排横列，作战时，列队的枪手依次齐射，尔后沿着排与排之间的空隙，一列接一列地依次退到后排装子弹。这一战术弥补了火绳枪发射速率太慢的缺陷，从而保证了连续不间断的射击。此外，他还将这些火枪手和长矛手混编成步兵团：长矛手在中心列成方阵，火枪手则部署在四角来提供远程火力（有时也会在长矛手方阵外围成一圈）。这种方阵在帕维亚会战中一战成名，使得西班牙人在兵力弱于法军的情况下，以不到 1000 人的伤亡击败了法军并俘虏了法国国王弗朗西斯一世。

西班牙人的成功震惊了世人，法国等国也相继仿效，纷纷成立以火绳枪为主要武器的步兵团。尽管大多数火枪手所装备的火绳枪都不够精确，射速也不够快（因为再次装填的程序非常烦琐，因此即使是在训练中，大部分火绳枪手也只能达到每分钟两发的射速，实战中甚至可能每分钟只能打一枪），但威力却极其惊

■ 16 世纪的西班牙步兵，居中者手持著名的穆什克特火绳枪

人。穆什克特火绳枪的弹丸初速已经可以超过音速，一枚弹丸发射出去后，只要能够命中目标，就不仅可以穿透护具，还能制造出一个巨大的伤口并打碎挡在其前进路线上的骨头。与弓箭和四角弩箭所造成的创口不同，枪伤非常容易造成严重失血，这会使伤者感觉到极度疲倦和无力，所以通常只需一枪就可以使一名战士丧失作战能力。即使伤者没有当场死去，弹丸上所携带的火药残渣等脏物往往也会污染伤口，使之发生严重感染，或者久久难以痊愈。

火器的使用造成战争中伤亡不断增加，至少在意大利战争中，阵亡在枪炮之下的人数足以使人震惊。对此法国骑士布雷斯·德·蒙特鲁克十分憎恨："真希望那些带来不幸的武器没有被发明出来，这样那么多英勇的战士都不会牺牲在那些人的手下。那些下毒手的人根本就不敢面对被他们用肮脏的子弹射杀的战士。"怒火中烧的意大利人则用肢解俘虏的方法来发泄自己的愤怒。他们在保罗·维泰利战争中，把俘虏的眼睛挖出来，并把俘虏们曾经紧握火绳枪的双手剁掉。然而不管他们的感受如何，一个不争的事实却摆在那里：训练一名火枪手所需的时间比训练一名其他类型的士兵要短得多。火绳枪使得大量农民可以经过训练迅速成为极具杀伤力的战士，军队的战斗力由此能够以更短的时间和更低的成本得到补充——这实质上使战争变得更加残酷了。因此意大利人也同样加入了火枪使用者的行列。双方都开始使用火枪的结果就是伤亡数字进一步上升。

因为具有威力上的优势，穆什克特这样的大口径火绳枪

一直是火枪手的主要装备，直到 17 世纪初瑞典国王古斯塔夫二世推动军事组织改革时才有所改变。1624 年，瑞典军队开始采用较轻的火枪，其口径虽然随之减小，但由于改进制造工艺后的新式火药提高了枪弹的初速，火枪威力和旧式的大口径火绳枪相比并未降低。古斯塔夫的革新没能改进火绳枪的装填速度，火枪手的操作程序依然十分烦琐：首先要清理引火孔和火药池，防止火药残渣阻塞引火孔（早期火药发射后残渣很多，若不及时清理就有可能阻塞引火孔乃至枪管，导致枪械出现故障）；然后将较细的引火药倒入火药池，并合上火药池盖；接着将发射药从枪口倒入，再塞入弹丸，从枪管下抽出通条，将弹丸和发射药捣实；接下来把点燃的火绳固定在火绳夹（也就是后来枪的击锤）上。一切准备完成后，射手打开火药池盖，举枪瞄准，扣动扳机。下落的火绳点燃引火药，所产生的火焰经点火孔进入枪管引燃发射药，使弹丸发射出去。荷兰人在1597—1598 年出版了《步兵训练手册》，教导士兵骑枪、火枪以及长矛的使用。该手册将火绳枪的使用分为 43 个步骤。1607 年，阿姆斯特丹的雅各布·德·盖耶出版了《武器练习》。虽然此时火绳枪的使用步骤已经经过改善和精简，但仍有 25 个之多。

尽管不断地进行了改进，但火绳枪仍有很多问题。最主要的问题出在点火方式上。尽管火药池上有盖子保护，但在射击前必须用手打开，有风的情况下颗粒较细的引火药就很容易被吹走，而雨天则会受潮。后来人们经过一番努力，设计出一种联动结构，使火药池盖

上图：《步兵训练手册》中描绘的装填火绳枪的动作

上图：近代战争复原爱好者装填火绳枪的场景

能在火绳夹落下时自动打开，这在一定程度上提高了枪支的安全性和可靠性。但火绳的存在本身就是一个大问题：火绳本来就容易在风雨中熄灭，受潮后还会变得难以点燃。尽管大部分火绳都能用燧石直接点燃，但敲击火镰依旧不太方便。大部分时候，人们还是要用火堆或者行列中携带的特殊火种罐点燃火绳。夜间点燃的火绳非常醒目，导致基本无法实施伏击，而白天也可能因为烟味暴露自己。此外，夹在枪上的火绳会越烧越短，因此在等待射击的时候射手要经常调整火绳的长度。虽然士兵只有在临战时才会点燃火绳，每个射手也都会携带尽量长的备用火绳，但一根火绳毕竟烧不了多长时间，有些有经验的射手还会将火绳的两头都点燃，以便快速发射第二枪，这就导致火绳消耗进一步加快。有人戏称"背上一法里长的火绳打一天仗"。有一个著名的例子，英国内战中，一位叫拉尔夫的爵士被围困在德维柴斯，由于

火绳全部用完，他不得不命令手下的军官"在全城逐家搜寻所有的绳子，全部带回，并尽快锤、煮好"，作为火绳用以救急。

另外，射击后由于引火药的爆炸威力，火绳往往会从火绳夹上被崩飞。因此士兵要在射击后重新点燃和固定火绳，这首先导致火绳枪的射速无法变得更快，其次对士兵的安全也是个威胁。火枪手身上携带着大量的火药，一旦有火星落下就会迅速被点燃，著名的约翰·史密斯船长就曾因这样的意外而被严重烧伤。就如一开头所说，为了避免崩飞的火绳引燃他人携带的火药，战斗中火绳枪手之间必须留出足够的间距（一般在一码左右），这严重影响到了火绳枪手队列的火力密度。虽然后期的火绳枪在枪管尾部安装了一根短管，火绳从中通过后再夹到火绳夹上，这样射击之后被崩飞的就只有火绳头那一小部分，但仍然没有很好地解决这个问题。

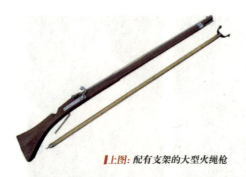

复杂昂贵的轮燧枪

　　经过长时间的发展和改进，火绳枪的结构已经非常完善，但是其发展却遇到了瓶颈。尽管火药配方的改良提高了枪弹的初速，使较小口径的火绳枪也能获得足够的威力，枪械越来越轻，但改变也就仅此而已。1620 年，古斯塔夫二世麾下的瑞典士兵所使用的火绳枪，就其结构而言和 1520 年西班牙火枪手所使用的穆什克特火绳枪没有什么区别。总之，完善的结构并不能和完美的性能画等号，即使已经在整个西方世界里广泛使用，但人们依旧对火绳枪有着诸多不满，这其中最常听到的就是对其点火方式的抱怨了。有鉴于此，如何制造出一种不需要火绳就能射击的枪械，就成了枪匠和发明家热衷的话题。

　　但其实这个工作早就有人做了。早在 1504 年，德国的亨莱思用钢发条代替重锤，创造了使用冕状轮擒纵机构的小型机械钟。在此之前，欧洲基本只有依靠重锤作为动力的大型塔钟，其机械结构相当复杂，必须装设在专门的钟楼之上。亨莱思发明的这种新式时钟，依靠一根卷紧的片状钢条逐渐松开所产生的动力驱动，不再需要笨重的重锤，这也就意味着钟表的体积可以大大缩小，甚至能够摆在室内

或者随身携带。以此发明为基础，亨莱思设计了直径缩小到 15 厘米左右的鼓形挂钟，立刻引起了轰动，同时也使很多工匠和科学家对发条这种新的动力源产生了兴趣。

　　人类社会有着这样一个规律：任何时代、任何条件下诞生的新发明，如有可能，一定会被优先用于军事上。发条这种新生事物自然也不例外。德国纽伦堡的一位枪匠约翰·吉夫斯，同时也是一位优秀的钟表师。在制造钟表的过程中，约翰·吉夫斯逐渐产生了将亨莱思的发明运用到枪械上的想法。他又从摩擦燧石取火的动作中受到启发，设计了由发条驱动的钢轮和燧石组成的发火机构，并于 1515 年制造出了世界上第一把转燧火枪，也即轮燧枪。约翰·吉夫斯所制造的发火机构相当复杂，其主要零件有带锯齿的钢轮、链条、转轮簧和点火机头等。这种火枪在射击前需要射手用小扳手卷链条。在卷链条的过程中，转轮簧被压缩，张开带动钢轮旋转，整个过程就像闹钟上发条。扣动扳机后，旋转的钢轮会摩擦燧石，由此产生火星来引燃火药。

　　无须使用火绳这一特征很快让约翰·吉夫斯和他的轮燧枪声名大噪，许多枪匠和科学家又陆续对其设计进行了改进。按转轮和转轮簧的防护形式，这些改进结构可划分为全外露式、转轮外露式和转轮内藏式三种：内藏式防护性

好，发条和其他机械结构不易损坏，但清理火药残渣比较困难；全外露式防护性差，但清理火药残渣比较容易；转轮外露式则集中了两者的优点，因此应用最为广泛。

单看枪管部分的话，这些轮燧枪的结构和火绳枪颇为相似，枪膛药室侧方均有传火孔与底火盘（即火药池）相通，底火盘顶部有可以前后滑动开合的盘盖，以防止点火药飞散，还具有保险功能。有的盘盖吸收了火绳枪上的联动火药池盖的设计特点，做成了可以受凸轮控制的样式。扣压扳机时，转轮轴旋转，凸轮推动盘盖杠杆打开盘盖，防护效果更佳。转轮轴一侧有突耳与链条连接，链条另一端固定在转轮簧的一端，射击前射手转动转轮轴，链条就会随之旋转并拉动转轮簧。转轮轴旋转到位时，转轮簧也被拉紧，一块和扳机联动的阻铁同时扣住转轮上的待发孔，形成待发状态。点火机头的前端有夹头，夹头夹持一块前端打磨成刀刃型的燧石。

发射时将机头竖起，使燧石接触转轮打火。平时机头则放倒呈保险状态，此时由于燧石与转轮没有接触，即使扣动扳机，也不会走火。有的转轮打火枪还设有用来防止误触扳机的手动保险，进一步增加了安全性。

还有一种轮燧枪采用了管式点火机头，其结构与打火机的火石管相似。但不管采用的是哪种结构，轮燧枪的操作方法都是一样的：首先要在枪管内装填发射药和弹丸，在底火盘中装填引火药，并且给转轮上弦，然后把机头扳向底火盘，将火石压在转轮上。此时枪机已经做好了射击准备，一旦扳机扣下，阻铁就会被释放，钢制转轮在转轮簧的驱动下快速回转，与燧石摩擦产生火花，点燃底火盘中的引火药，进而引燃药室中的发射药，发射药燃气推动弹丸飞出枪膛。整个过程中没有任何明火存在，可以看出，其安全性和使用的便利性相比火绳枪都有了十足的进步。

上图: 轮燧枪的枪机部分构造

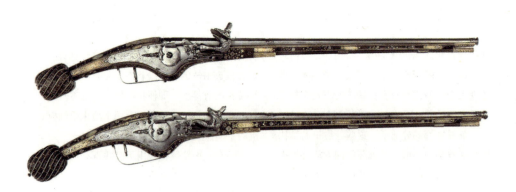

上图: 轮燧手枪

上图: 伦敦塔中收藏的能当战锤使用的轮燧手枪

轮燧枪最先在德意志地区的军队中得到了广泛使用（这也是"德意志发明说"的重要论据之一）。1543年9月，奥斯曼帝国的苏莱曼苏丹通过谈判受降拿下斯图维森堡后，发现守军大量装备了新式的轮燧枪。奥斯曼人对这种新武器非常好奇，他们允许守军带走所有的随身武器，却没收了全部轮燧枪。总之，这种不用明火的轮燧枪很快便风靡一时，而受益最大的是当时的骑兵。尽管一度出现过专门为骑兵设计的轻型火绳枪，然而在马背上操作这种武器却相当困难。射击火绳枪需要两手操作，这也就意味着骑手在使用火绳枪的时候必须放开缰绳；而仅靠两腿来平衡身体和指挥坐骑，对于大多数骑手来说显然都不是一件容易的事情。更大的问题在于，骑手很难在颠簸的马背上点燃和固定火绳，更不要说为发射后的火绳枪再次装填弹药了。相比之下，轮燧枪的使用就要简单得多。由于射击前只需要合上点火机头，即使在纵马狂奔的时候也照样可以使用，轮燧枪很快受到了骑兵们的热烈欢迎。著名的德国雇佣骑士团率先装备了这种新式火枪，并在1544年和法国的战争中大量使用。当他们列队向法国步兵冲击的时候，后者按照惯例竖起长矛结阵抵抗，却突然在近距离上遭到轮燧枪的齐射攻击，伤亡惨重。德国雇佣骑士携带了多支轮燧枪来提供连续火力，在这样的攻击下法国步兵大为震惊，士气也迅速低落，最终被迫退出战斗。轮燧枪由此一战成名，成了备受瞩目的新式骑兵武器。1546年，有人记载，轮燧枪已经成为施马卡登战争中双方骑兵的主要装备之一。到16世纪中期，大多数骑手已经给自己装备了两三支轮燧式结构的手枪或短枪；他们扔掉了需要一只手始终拿持的长矛，换成了马刀或

骑兵剑，而这些刀剑的作用也仅限于自卫。这种骑兵被人们叫作"手枪骑兵"。他们发明了一种战术，也即所谓的"半旋转战术"：作战时排成较大纵深的战斗队形，前面几列骑手先用手枪射击，尔后退到队形后面进行再装填；此时，紧跟在后面的几列骑手用手枪射击，射击完成后也退到后面再次装弹，如此循环。理论上，运用这种战术，骑兵可以用连续不断的火力来削弱和压倒对方。

不过，因为结构像钟表一样复杂，轮燧枪的价格自然也要比火绳枪昂贵得多，修理起来也比较麻烦。一支轮燧枪往往抵得上两三支乃至更多火绳枪的价钱，因此持有者都对其爱惜有加。甚至有人戏谑地在诗中说："折断了剑，丢掉了老婆，幸好枪还在。"为了避免坚硬的燧石磨损钢制转轮，很多轮燧枪上都用较软的黄铁矿石取代了燧石。

总之，尽管轮燧枪比起火绳枪来好用得多，但昂贵的价格和复杂的结构却使很多人望而却步，因此很少被步兵使用。相较之下，买得起战马和盔甲的骑兵手头就阔绰得多，因此轮燧枪主要是以手枪和短枪的样式作为骑兵武器来使用。后来甚至出现了一些既能作为手枪射击，又能当作冷兵器实施肉搏的组合武器。英国伦敦塔中就藏有一支这样的轮燧手枪，其枪身和握柄之间呈一条直线，枪口部位有带棱的突起，可以兼作战锤来进行肉搏。

抛开价格昂贵、结构复杂和维修困难等问题不论，轮燧枪的可靠性也同样存在问题。燧石会导致钢轮的磨损，而取代燧石的黄铁矿石则是一种质地较软的金属，容易折断、产生豁口或磨损，需要经常更换。一些污物和碎屑还有可能进入枪身内部，卡住转轮轴或转轮簧。如果注意保养，保持枪身的清洁，

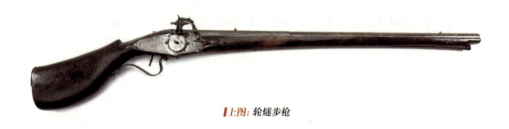

上图: 轮燧步枪

一般来说第一次射击是非常可靠的，但重新装弹之后的再次击发就未必那么靠谱了。发射药在燃烧的同时，会将一些火药气体和残渣从传火孔中喷出，这些气体和残渣很有可能污染钢轮，使其再次发射时无法产生火星，导致手枪瞎火。为了解决这种问题，提高可靠性，有的轮燧枪上还装有备用的火石机头或火绳机头。与此同时，为了提高持续射击能力，一些轮燧枪还采用了多管设计，但是由于点火部件的体积和质量都较大，所以采用双管的较多，转轮式结构和隔断装填式结构也被一些轮燧枪所采用。

横扫一切的燧发枪与刺刀

鉴于轮燧枪的缺点，枪匠开始致力于寻找一种新的设计，希望在去掉火绳的同时保持火绳枪结构简单的优势。这个新设计最早出现在16世纪初期的荷兰。当时荷兰处于西班牙的统治之下（被称作低地省），1515—1523年间，这里爆发了弗里西亚农民（阿鲁姆黑帮）叛乱，双方的战斗和掠夺使得整个荷兰都不胜其扰。同一时期的西欧爆发了宗教改革，改革造成了新教与天主教之间、新教内部之间错综复杂的关系。

有一种流行的说法是：由于很多人变得一贫如洗，所以不得不靠小偷小摸和夜盗来维持生计。然而人们对于被发现的夜盗不会手下留情，因此很多夜盗认为必须携带一样武器——比如手枪——来在被追赶的时候"维护尊严"。但传统的火绳枪在夜晚会暴露携带者，贫困的人又买不起昂贵的轮燧枪。很快，受到敲击燧石取火的启发，有人产生了利用燧石和击铁撞击点火的想法，并尝试实施。于是在1547年前后出现了最早的撞击式燧发枪，也即所谓的"小偷枪"。

无独有偶，关于燧发枪的发明还有这样一种说法：同一时期的西班牙，在比利牛斯山脉中盘踞着一伙土匪，人称"密克雷特"。他们也发明了一种利用燧石撞击发火的新式火枪。这种火枪称作密克雷特枪，意思是"土匪枪"。

关于"小偷枪"和"土匪枪"的说法是否属实，现今已不可考。但当时在荷兰和西班牙两地，确实同时出现了利用燧石撞击发火的火枪雏形。这些撞击燧石点火的火枪，结构都与传统的火绳枪类似，或者可以说就是从火绳枪改进而来的，区别是将火绳夹换成了用夹子固定的燧石。"小偷枪"的底火盘盖子需要射手用手打开，而"土匪枪"则采用了联动结构，因此两者在结构上有一些细节性的差异。这些结构简单又不需要火绳的枪械比轮燧枪便宜得多，因此即使还有动作不可靠等一些问题，也照样受到了人们的热烈欢迎。"小偷枪"流行于德意志、英格兰和苏格兰等地，而"土匪枪"流行于法国和意大利地区。这些早期燧石枪迅速普及到欧洲各地，一时间带动了各地制枪业的繁荣发展。同时，一些枪匠也在试图改进这两种枪设计上的缺陷。最后，在1620年，一种更加完善的设计终于诞生了。

马林·布尔吉瓦出生于法国卡尔瓦多斯省的一个枪炮工匠、锁匠和钟表匠家庭。受其家庭环境的熏陶，马林本人也是一位优秀的枪匠，同时还精通绘画和雕刻。1598年，他被当时的法国国王亨利四世任命为贴身侍从和熨衣匠。1610年5月14日，亨利四世在乘坐马车探望大臣苏利的路上被人举刀刺杀。马林认为，这是由于国王护卫的轮燧枪没能成功发射的缘故。因此，他希望制造出一种既简单又可靠的新式枪械。经过数年的努力，1620年，他将一种结合了"小偷枪"和"土匪枪"优点的新式燧发枪献给了继任的法王路易十三。这种新式枪械被命名为"Flint Lock"，也就是我们所熟悉的、通常意义上的燧发枪。

和任何一种传统的设计都不同，燧发枪的底火盘盖和弧形击砧被制成了一体。射手扣动扳机后，击锤向前落下，夹在击锤上的燧石和弧形击砧摩擦，在产生火花的同时迫使底火盘盖向前打开，飞进底火盘内的火花引燃发射药，完成击发。这也就意味着，燧发枪射击时，除了装填和扳起击锤之外，完全不需要其他动作，比火绳枪或轮燧枪更为便捷。因为零件较少的缘故，燧发枪的结构也更为简单，这在降低生产成本的同时也提高了枪械本身的可靠性。因此，燧发枪一经问世，就被法国各地的枪械制造者仿效制作，进而快速扩散到了欧洲各地。

从17世纪中叶起，法国军队就大量装备了燧发枪。1660年左右，欧洲主要国家军队中，步兵所装备的火绳枪已经基本被燧发枪淘汰。1840年左右，燧发枪成了欧洲军人最主要的手持射击武器。

不过，虽然燧发枪的诞生迅速淘汰了火绳枪和轮燧枪，但是凡事总有例外。1829年，巴黎的勒佩奇还制造了最后一批轮燧枪，这主要是由于一些射击爱好者对轮燧枪的特殊爱好；而在亚洲，甚至直到1890年左右，火绳枪还在一些地区大量使用——这主要是因为其易于生产，甚至只需要简单的工具就可制造。英国作家兼诗人约瑟夫·鲁德亚德·吉卜林在其于1886年出版的诗集《边界算法》中描绘过这样的场景："一场混战在边界上打响／在一条污黑的泥泞小道上／一个人慢慢倒下／接受过两千英镑的教育／就这样倒在价值十卢比的阿富汗长滑膛枪的枪口下。"其中提到的"阿富汗长滑膛枪"就是印度次大陆西北部生产的一种长枪管火绳枪。

如前所说，相对于之前步兵大量使用的火绳枪，燧发枪最大的优势就在于不再需要累赘而危险的火绳。这首先提高了枪械的安全性，士兵无须担心被燃着的火绳引燃身上携带的火药。其次也减少了装填时的动作步骤。

同时，弹药技术的发展，也让燧发枪拥有了更高的射速。作为一种易燃又易受潮的粉末状物质，黑火药的携带一直让士兵们头疼不已。最早火枪手使用防潮的罐子来盛装火药，但这样既不方便携带又不便于装填。不久之后，出现了用锡、薄铁皮或牛角做的火药瓶，瓶上带有可插入枪口的带盖细嘴，较好地解决了携带和装填的问题。然而另一个不容忽视的问题却仍然存在，那就是如何

上图: 燧发枪机

右图: 早期燧发枪的枪机结构

控制每次装入枪膛内的火药数量。火药装填过多的话可能会引起炸膛，装填过少的话则会影响枪弹的初速，导致射程和威力的下降。战场上显然是无法称量要装入枪膛内的火药的，因此很长一段时间里，射手只能靠自己的经验来解决这个问题。15 世纪末，西班牙人在装备穆什克特火绳枪的同时也解决了这个问题：他们将火药瓶的体积缩小，使其只能装填供一次射击用的火药，每个射手身上携带多个这样的小型火药瓶，这样每次都可以为火枪精确地装

填相同数量的火药。这些小型火药瓶用短绳悬挂在射手的皮质肩带上，数量一般为 10~15 个。很多虔诚的基督教士兵只带 12 个火药瓶，为的是和圣经中"十二圣徒"的典故相呼应，这种做法一度非常流行。

弹药肩带很好地解决了火药安全携带和定量装填的问题，一经发明就被广泛采用。当时，除了盛装发射药的火药瓶之外，射手还要额外携带一个引火药瓶，用来装颗粒较细的引火药；此外还要带上一个装弹丸用的皮盒。大部

分枪弹都被做成圆球状，经过打磨以防止在枪管内卡住。球形弹丸可以提高火枪的射击精度，另一方面也比较容易制造。但实际上，除了圆球形外，圆柱形、圆桶形、金字塔形、长方形等各种形状的弹丸都被使用过。制造枪弹的材质也多种多样，不光有铅、铁、黄铜、青铜和锡，在缺乏金属材料时，也有人使用石头来打磨成弹丸，甚至还有用银子和金子的。铁质的弹丸最为坚硬，主要用来射击穿着盔甲的目标。在 1560 年的圣丹尼斯之役中，法国将军安地蒙特摩伦西被一名苏格兰枪手射穿胸甲而死，对方使用的就是铁弹丸。金银质的弹丸则出自当时欧洲的一种迷信，以为子弹的材质必须合乎敌人的身份，要杀贵族就必须用银质弹丸，金质的当然就要用来对付国王了。这里要提一下著名的瓦拉几亚大公弗拉德三世，传说他最后就是被奥斯曼人用银质弹丸射杀的。有趣的是，弗拉德三世在后世被塑造成了吸血鬼德古拉伯爵的形象，而致其死命的银质枪弹则被引申为"吸血鬼惧怕银质器具"这一说法。不过，到 1660 年左右，铅质弹丸就完全取代了其他材质的弹丸。这是因为铅质弹丸有熔点低、铸造容易、成本低廉等好处，而其较软的质地也使其不容易损坏枪管。

在古斯塔夫二世时代，因为火药颗粒化工艺的进步，发射药的颗粒已经足够细微，所以不再需要特定的引火药。因此，将定量的发射药和弹丸用纸包装在一起的纸包定装弹药出现，并被广泛应用。有了这种新发明，士兵可以迅速取出弹药，并抛弃笨重而累赘的定量火药瓶；这既增加了士兵的携弹量，也提高了枪支的装填速度，而更快的装填速度也意味着更快的射击速度。

从 1720 年开始，普鲁士人又将另一项技术革新成果运用在了燧发枪上，那就是铁制推弹杆。又硬又重的铁制推弹杆可以更快地把弹药推入枪管。如前所说，18 世纪中叶，普鲁士军队能够用燧发枪达到每分钟 5 发的惊人射速，这意味着步兵的火力投射能力也随之增加了。另外，因为无须担心火绳被崩飞，使用燧发枪的士兵互相可以站得更近，这就意味着相同宽度上的兵力密度可以大为提升。因此，即使降低了步兵阵列的纵深，他们依旧可以发挥出与原来相当甚至超出原来的火力。

如开头所说，燧发枪是线式横队出现的两个必要条件之一。而一个全火器化的线式横队如何在肉搏中自卫？在火枪发明后的数百年时间里，火枪手一直饱受缺乏自卫武器的困扰。对于战斗中的士兵来说，火枪的装填时间可以用漫长来形容。这段时间里，一旦有敌人靠近，火枪手往往只能束手就擒。即使有些射手会随身携带刀剑用于自卫，但也只是聊胜于无，面对敌方骑兵时更是没有还手之力。因此，欧洲人一开始将火枪手和长矛手混编在一起，以此来为他们提供掩护。但是，这种混合编制又反过来削弱了单位宽度上的火力密度，这种两难的局面使人们一直难以取舍。在当时，"火枪手和长矛手的合理比例"一度成为军事研究中的重要课题。在尝试解决这种问题的过程中，人们发明了很多组合武器，比如可以兼做狼牙棒的四管火门枪、以火绳枪作为手柄的战斧和能当作战锤使用的轮燧手枪。进入到燧发枪时代之后，人们依旧有过很多奇思妙想：有人设计了手枪和马刀的组合，有人尝试将短枪管的燧发枪装到战戟前端。但这些组合武器的性能始终不尽人意。最后，一种新武器——刺刀的发明，终于彻底解决了这个问题。

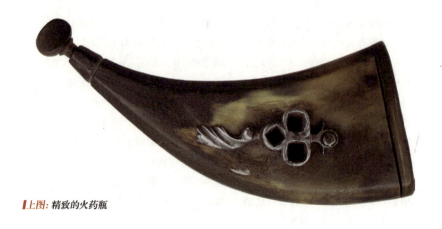

上图： 精致的火药瓶

上图： 一把典型的插入式刺刀

关于刺刀的发明有两种说法。一部分研究者认为其最早可以追溯到马来人，马来人得到火枪之后，把本民族的波纹剑安在枪口处，将火枪当作短矛使用，这种做法启发了荷兰殖民者，他们把这种构想带回了欧洲。另一部分研究者则认为，在三十年宗教战争中，一些法国火枪手捡起折断的长矛头部，插入火枪的枪口，以此当作短矛来对抗普鲁士骑兵。但不管真实的起因为何，在1647年，专门制造的刺刀于法国第一次出现了。这种早期的刺刀形制上和短剑类似，有着尾端变细的手柄，可以插入枪口之内。装上这种刺刀的火枪就成了长度接近两米的短矛，一群燧发枪手聚集在一起，就可以组成能有效抵抗骑兵攻击的枪阵。刺刀完全称得上是革命性的发明，使燧发枪手不再需要长矛手的保护，这也就意味着步兵的队列可以完全由燧发枪手来组成。在淘汰长矛手之后，步兵队列的火力得到了进一步提升，而防骑兵能力的提高也使得队列的纵深可以进一步变小，于是相同人数的步兵就能控制更宽的正面。

和以往那些被证明行之有效的军事发明一样，刺刀在出现之后也被迅速推广。到17世纪80年代，刺刀在欧洲所有国家军队中都成了标配。但插入式刺刀依旧有其不足之处，其中最大的问题就是：一旦装上了刺刀，燧发枪就无法射击了。这样，射手实际上变成了长矛兵。此外，如果士兵训练不当或者经验相对不足，那么刺刀的使用有时候反倒会给对方提供机会。1688年，前英王詹姆斯二世在光荣革命中被迫逊位，次年他在英格兰、苏格兰、爱尔兰和法国的詹姆斯党人的支持下发动叛乱，企图夺回英格兰王位。英王威廉三世派遣军队前去平叛。这场叛乱以詹姆斯党人的失败而告终，但威廉军队插

入式刺刀的缺点却在战斗中暴露无遗。7月27日的一场战斗中，威廉军队中一些没有经验的燧发枪手向发起冲击的詹姆斯党苏格兰高地兵进行齐射，但未能阻止对方前进。因为没能熟练而及时地装上刺刀，他们也没能阻止对方冲进自己的队列之中，于是一场溃败随之而来。在这场战斗中，威廉的军队有1000人被杀死，500人成为俘虏，而詹姆斯党苏格兰高地兵仅有200人伤亡。

插入式刺刀的缺点促使人们进一步做出改进。1697年，一种令人满意的新式刺刀出现了，那就是套筒式刺刀。

套筒式刺刀是一项重要的技术突破，固定安装在枪管一侧的刺刀既不会妨碍装填和射击，又让士兵可以随时投入白刃战之中。虽然这种燧发枪加刺刀的组合长度上比不上传统的长矛，但对抗当时的骑兵冲锋是足够了。第一次步兵刺刀冲锋发生在1703年，此后刺刀在很长一段时间（直到20世纪）中成了步兵的主要进攻武器之一。

在套筒式刺刀发明30年之后，最保守的俄军也最终淘汰了长矛兵，以往那种混合编组的步兵阵列终于从战场上销声匿迹了。线式战术时代终于来临。

饱含争议的精度和可靠性

说到刺刀，相信很多人都听过俄国近代著名军事家苏沃洛夫的名言："子弹是笨蛋，刺刀是好汉。"这句话被很多人当作俄罗斯军队只喜欢肉搏不喜欢射击的证据，但这其实是断章取义，因为苏沃洛夫的原话是在说要注意节约子弹，重视射击的准确性。这从一个侧面说明了当时滑膛燧发枪的精度不高。燧发枪从扣动扳机到燧石产生的火花引燃发射药之间有明显的延迟。根据对现代复

上图： 使用插入式刺刀的步枪

制品的测试，点火延迟时间一般在 0.1~0.2 秒之间，在这段时间中持枪者如果没有稳住身体，就难免使枪械产生晃动，进而偏离目标，严重影响射击的准确性。黑火药燃烧后还会在枪管内留下残留物，在激烈的战斗中这种残留物是没时间清除的。为了不妨碍射击，唯一的解决办法就是使用较小的弹丸。各国滑膛枪弹丸和枪管之间的缝隙（游隙）大概处于 0.07~0.10 英寸（1.78~2.54 毫米）的范围内。游隙保证了射击的顺畅，但同时也大大降低了命中率。

战场能见度的问题进一步影响了射击精度。最初几次射击过后，黑火药发出的烟雾夹杂着成千上万骑兵和步兵扬起的尘土，形成了"战争迷雾"。英军的一名士兵曾回忆道："打了几枪之后，我就被自己制造的烟雾笼罩了，接着我的伙伴们会进一步加强这种效果。到最后，我就只能看到我自己枪口的闪光了。"战场环境、烟雾、恐惧、噪音等因素对士兵心理造成影响，命中率要比靶场状态中低得多。理论上，500 人在 100 码（91.4 米）的距离上，对一个进攻中的步兵纵队进行两次齐射，可以命中 500~600 发。可是根据各国军队的经验，

下图： 战争复原爱好者手中装有套筒式刺刀的燧发枪

战场上能命中 150 发就已经是最佳成绩了。

现代人的模拟试验也验证了这些结果。美国一个战争重演俱乐部的成员就有过以下记录：12 个人并排站立来模拟步兵横队，使用现代复制的 1777 式燧发枪对 100 码处的连横队目标进行 10 次齐射，命中弹丸 90 发左右；150 码就降低到只有 40 发左右；200 码距离上只命中 10 发左右。考虑到这只是打靶，实战中命中率当然更低。

不过，公平地讲，燧发枪命中率低，并不完全是枪械本身的责任。

首先，按照战场墨菲法则——"永远别忘了你手上的武器是由出价最低的承包商中标制造的"——很多军用燧发枪质量不好不说，还只有前准星而没有后标尺或照门，连基本的"三点一线"都做不到。

其次，当时的军队出于成本考虑，实弹射击训练也少。《拿破仑战记：战例、军略、武备考略》一书中有如下记录：

"普鲁士军队 1788 年条令中要求：'一个普通步兵团（1500 人左右），一年实弹训练量应为 165 普磅，亦即 4125 发实弹。'表面上，普军士兵每人每年能训练 2 发多一点，但实际上，军队每年只下发 41.25 普磅铅弹，其余铅弹则要求普军士兵将往年的铅弹回收再利用。

"最为严重的是，普军另有规定：'普通步兵无须实弹练习，只有每个连 10 人的轻步兵有权练习。'所以，普军每个团有 120 名射手可以做到每年近 40 发实弹（其中 9 发新发实弹）的训练，其他人不能进行实弹射击训练，要想练习就要自掏腰包购买铅弹。当时一位普军轻步兵回忆：'在 1806年之前，每年只能拿到 9 发铅弹的对应火药，要铅弹得自己出钱！'

"相比之下，法军按照 1804 年的相关条令，一个营一年可以得到 250 里弗铅弹实弹，即 5000 发实弹。以一个营 840 人计算，大约一人 6 发左右，而实际备战时可以达到一年几十发。例如，马尔蒙的第二军在 1805 年战前，平均每两周就要全体实弹射击练习一次。

"这导致此后相当长时间，法军一直对普军拥有着射击水平上的优势。比如 1807 年的但泽围城战中，有普军在 1600 步（1000 米）外被法军射杀。也有普军士兵回忆说：法军散兵能在 1500 步之外普军无法还手的距离上，杀伤普军列队的战列步兵。"

这段话也说明其实身为滑膛武器的燧发枪还是有着相当的准确度的。不光燧发枪如此，在火绳枪时代，随着火枪的普及，制枪匠迅速增加，工艺水准也在不断进步，枪管的质量和弹丸的精细度都在逐步提升，这反过来又促使一些优秀的射手发挥自己的射击天分。1527 年，一名名叫本韦努托·塞里尼的意大利射手就从两百码外成功射杀了法军统帅。这类成功的远距离狙击（相对当时的火枪有效射程来说）在战场上很少出现，主要原因是大部分士兵所装备的火绳枪都并不适合精确射击。正如前文中所说的，军队统帅需要大量武器来武装自己的士兵，而这就意味着一笔极大的开支，因此士兵们所拿到的火绳枪必然都是由出价最低的商人所提供的产品，其准确性当然就更没有什么可以指望的了。

但反过来，对于不那么看重价格的其他用户，比如雇佣兵、猎人和民间射击爱好者来说，一杆精确的火枪虽然昂贵，但并不是不能接受。在 15 世纪中后期，瑞士和德国南部一些地方，如卢塞恩和慕尼黑等地，就有很多枪法出众的人建立了不少小型俱乐部或射击协会等组织。他们在各个重大节日期间都会组织一些射击竞技比赛。在早期，这些比赛中还有弩箭和弓箭射击的项目，但后来就只剩下滑膛火绳枪射击了。大部分这类比赛中，参加比赛的选手每人必须朝三个悬挂着的靶子射击24发弹药，靶子的距离约在200~300步之间，合175~200码，也即160~183米；靶子的直径在28~40英寸（约71~102厘米）之间。历史文献上记载了不少当时射手的比赛成绩，如在1584年的一次比赛中，参赛选手共有130人，每人射击24发，结果有40人都命中了20发以上。对于滑膛火绳枪来说，这是个很惊人的成绩。

事实上，根据当时留下的记载，火绳枪的精度还远不止如此。16世纪初期，使用火绳枪的猎手就经常从超过100码的距离上猎鹿。一些热衷于射击运动的爱好者甚至能用特制的射靶枪击中50码外的纸牌。一个令人瞠目结舌的纪录发生在1643年的3月，当时英国正处于内战之中，一个名叫布鲁克的议会大臣在参加利奇菲尔德镇攻城战时，站在一栋房屋的窗前观看火炮的射击。一位保王党枪手从300码（一说是150码）外的教堂屋顶朝他开了一枪，准确命中了这个大臣的左眼并将其打死。这位保王党枪手所使用的就是一支大口径的特制火绳枪。

燧发枪时代更是如此。燧发枪可以通过使用精铸弹丸来减少枪管间隙所导致的误差，也可以使用细布或鹿皮包裹弹丸，这些做法虽然会降低装填速度，却可以有效提高射击的准确性。弹药的装填也是一门学问：火药没有压紧会导致燃速不均匀，进而导致枪弹的初速发生波动；而装得太紧的话反倒会使枪管过分挤压弹头，破坏其原本规则的形状。

18世纪，有位意大利牧师在日记中记录了1782年秋季的一场射击比赛：冠军连续五次用一支燧发滑膛枪击中了200码外的南瓜，在拿到奖金后还进行了即兴表演，一枪射落了教堂顶上的乌鸦。

总之，燧发枪诞生之后的一百多年里，使用者不断对其结构进行改进和完善。几何学的进步让人们能够设计出最适合于击砧弧面的曲线；纸包定装弹药的运用让射手能（相对）迅速而准确地装填火药；而刺刀的发明则成功将投射武器和肉搏武器合二为一。通过这些改进，燧发枪似乎已经成了一种完美的武器，甚至有人在诗中称赞道："刺刀如林，枪声如雷。一营燧发枪手，可退耶稣之敌。"

但从辩证角度讲，从来没有什么完美的武器，燧发枪自然也不例外。燧发枪最大的不完美之处，依然在于它的击发方式。一般认为，火绳枪的点火成功率只有50%左右，而燧发枪可以达到85%甚至更高。然而，在实战中，燧发枪的发火率并不能达到这个水平。拿破仑时代的调查结果表明，战斗中燧发枪的瞎火率不低于20%，其中主要的原因之一是燧石用旧却忘记更换。作为点火装置中重要的组成部分，一块合格的枪用燧石应该有薄而平直的刃部（和击砧接触的部位），这样才能产生足够的火花来引燃发射药。但在使用多次之后，燧石的刃部就会变钝或者崩裂，此时就需要进行更换和打磨。1879年伦敦出版的《燧石制造》一书介绍道："打造得最好的步枪用燧石，尺寸为1.3×1.1×0.4英寸（33×28×10毫米），背部靠近踵部而离刃部较远，前后宽度均匀一致，厚度适中；背部平直方正，恰恰位于中间；结点位于平分线上且左右对称，两侧切割准确，踵部和刃部都成一直线。刃部、踵部和两侧的边缘要打磨出成排细小的缺口，以增加美感。最好的卡宾枪用燧石，类似于步枪燧石，但稍小一点，尺寸为1.2×1.0×0.25英寸（30×25×6.4毫米）；最好的骑兵手枪用燧石则更小，尺寸为1.1×0.9×0.3英寸（28×23×7.6毫米）。"

燧石的背部也即是击锤夹持的平面被打磨成方形便于夹紧。实际使用中，射手为了让燧石被夹持得更牢固，会在燧石外边再垫一层布。燧石通常在潮湿的天气里进行开采，干燥后由熟练工人粉碎、整形。英国出产质地上乘的燧石，不但自用，还提供给欧洲大陆上的盟友们。法国的香槟省和皮卡第地区也出产燧石，萨克森则是欧洲大陆上的另一燧石产地。相比之下，普鲁士就缺乏燧石资源，在没得到英国援助之前，只好使用效果较差的黄铁矿做代用品。由于燧石的重要性，士兵们基本上都有一块备用，每个营部还都保有相当数量的储备。战斗前，检查燧石是必定会有的项目之一，奥斯特利茨会战的前夜，拿破仑甚至亲自提醒过近卫军："换一块新燧石，明天会有大用场。"

同时，燧发枪的击发结构也决定了其维护程序上的相对烦琐和复杂：为了确保发火的可靠性，每30到50次击发后就要更换新的燧石；还要保持击砧面的清洁，底火盘和击砧面上都不能积碳和留有火药残渣。弧形的击砧面并不是光滑的，有着用于加强摩擦力的细小锯齿，这些锯齿也要经常打磨以保证锋利度，有时这些工作甚至需要求助于枪匠才能完成。打火石夹持不牢、引火药受潮或者传火孔堵塞都会导致发射失败。

总之，尽管燧发枪的可靠性远高于火绳枪和轮燧枪，但是由于维护不当或者其他原因，实际使用中总难免出现这样那样的故障，导致总体上的击发成功率只有七成左右。好在这些问题都可以通过精心维护来避免，但另一些问题就让射手束手无策了。

跟火绳枪一样，燧发枪击发时，火药的爆炸会导致火焰和浓烟（从底火盘中）向上喷出，不但会影响射手的视力，还有可能伤及眼睛。因此，一些缺乏训练的燧发枪手会在扣动扳机前转头或闭眼，这自然无法进行

上图：燧发枪齐射场景的油画

精确瞄准。对于民间的猎手来说，这个缺陷更为明显——即使有经验的射手能够在射击时保持据枪的稳定，但从底火盘中向上喷出的硝烟和火光也会惊扰一些反应比较敏捷的猎物，导致猎手空手而归。正是这个缺陷，催生了一种取代燧发枪的武器。

变革时代的雷汞火帽枪

19世纪初，苏格兰阿伯丁郡教区贝尔赫维，有一位名叫亚历山大·约翰·福赛斯的牧师。他是该教区的牧师长，有一个与其身份不甚相称的爱好，那就是打猎。教堂附近有一片栖息着大量水禽的沼泽地，那里理所当然成了福赛斯牧师的猎场。在死亡的威胁之下，作为猎物的飞禽也日益警觉起来，一点微弱的火光就会让它们惊恐地逃之夭夭，因此福赛斯牧师也越来越难有所猎获。福赛斯牧师明白，燧发枪的结构决定了它不可能摆脱点火延迟和发射时产生火光这两个缺陷，因此他认为应该寻找一种可靠、安全而且不会暴露目标的新式武器。市面上显然没有哪种枪械能满足这些要求，那就只能靠他自己来想办法解决了。

幸运的是，作为一名牧师长，福赛斯可谓是异常博学，他读过的书中有很多关于化学和机械的著作。通过一些化学方面的著作，福赛斯了解到，将金属溶于酸溶剂可以获得一种不稳定的化学物质，这种化合物很容易引发爆炸，因此被称作雷酸盐。1663年11月11日，塞缪尔·佩皮斯就制成过极易爆炸且威力可观的雷酸金，并将之记载进了自己的日记中。1788年，法国化学家克劳德·路易·贝托莱合成了雷酸银，这种物质依然过于敏感，甚至可以用"一触即爆"来形容。1800年，英国化学家爱德华·查尔斯·霍华德通过将汞金属溶于硝酸并混合乙醇的方法，获得了足够稳定的物质

雷酸汞，也就是我们常说的雷汞。当然，雷汞的"足够稳定"也只是相对而言的，实际上这种化合物同样很容易因加热和撞击而导致爆炸。福赛斯牧师敏锐地注意到了雷汞的这种特性，并认为可以将其利用在对燧发枪的改进上。

但和其他很多重要的技术发明一样，福赛斯牧师对燧发枪的改进一开始也走了弯路。此前在1786年，法国化学家贝托莱（即雷酸银发现者）成功合成了氯酸钾，并发明了利用其来代替黑火药中硝酸钠的方法。可能是受此影响，福赛斯最初试图通过将氯酸钾和雷酸汞混合，来发明一种比传统黑火药更易引燃、爆速更快的新式发射药。但是他的尝试失败了。通过这种方法制成的混合火药虽然确实比传统黑火药更容易引燃，但同时也具有更强的爆发力，因此所产生的膛压也更高，这使得其很难作为发射药使用。另一方面，因为过于敏感的缘故，这种混合火药很容易导致意外爆炸，以至于无法安全地携带和装填。经过一番尝试，福赛斯牧师放弃了利用雷汞制造混合发射药的设想。但与此同时，他也开始思考如何利用雷汞容易爆炸的特性。最终，他设计出一种利用撞击来引爆雷汞实现发火的枪机结构。近代军事发展史上最伟大的技术革命之一——击发系统就这样诞生了。

在一系列的试验和尝试之后，1805年底，福赛斯牧师成功设计出一个精巧的装置，用来实现向底火盘中自动装填雷汞这个动作。在这个设计中，他将燧发枪的燧石夹换成一个铁制击锤，枪机部分设置一个和击锤联动的小瓶，瓶中装有雷汞粉末。射手向后扳开击锤使其待击时，小瓶会翻转，将一些雷汞粉末注入底火盘内；而扣动扳机时，击锤落下撞击这些雷汞粉末，由此所产生的爆炸便会引燃枪膛内的发射药。因为击锤的撞击和雷

汞的爆炸几乎是同时进行的，所以这种枪械从扳机扣下到枪弹射出之间几乎没有延迟。由于装雷汞粉末的小瓶外貌酷似香水瓶，因此福赛斯牧师设计的这种枪机就被称为"香水瓶"击发枪机。作为世界上第一种击发枪机，福赛斯牧师的设计尽管非常精巧，但依然存在很多问题：雷汞瓶的容量有限，发射几次后就必须重新补充雷汞粉末；雷汞本身同时也具有较强的腐蚀性，因此每隔一段时间就要清洗雷汞瓶；整个枪机结构也不够简洁，甚至不太美观。然而，尽管有这样那样的不足，"香水瓶"击发枪机依然有着击发点火动作可靠、发火快捷的优势，这就已经足以弥补它的一切缺点。

整个 1805 年冬天，福赛斯牧师都在兴致勃勃地摆弄他的新枪，于是沼泽地中的水禽们彻底遭了殃。一直等到春天来临、狩猎季节过去之后，福赛斯牧师才终于从得到新玩具的兴奋之中清醒过来。当时的他已经意识到自己这一创新在军事领域中的巨大意义，于是带着自己的发明前往伦敦，为自己

争取到了一个向时任军械总监的莫伊拉爵士弗朗西斯·罗顿－黑斯廷斯展示的机会。牧师成功地给具有丰富军事经验的爵士留下了深刻印象。随后二人进行了一系列商谈，最终莫伊拉爵士决定邀请福赛斯牧师到位于伦敦塔的英国皇家军械局总部，准备指导修建一座用于生产这种新式枪械的工厂。一切看起来都无比顺利，然而天有不测风云，就在此时，莫伊拉爵士从军械总监的职位解任，取而代之的是英国首相威廉·皮特的弟弟约翰·皮特。

约翰·皮特此前虽然也曾担任过五年军械总监，但他因循守旧，并不能像莫伊拉爵士那样理解击发枪械的优越性。同时，他对雷汞这种危险物质感到非常不安，担心会因此而导致毁灭性的爆炸事故。因此在上任后不久，他就发布了一道措辞强烈的命令，要求福赛斯牧师立刻带着"他自己和他所有的垃圾滚出伦敦塔"。这意外的挫折让福赛斯牧师异常沮丧，但一个名叫詹姆士·瓦特的人坚定地对牧师的新发明表示支持，并热心

上图： "香水瓶"击发枪机

地建议牧师尽快为这一发明申请专利。在他的劝说下，福赛斯牧师向专利局提交了关于新式枪械发火方式的专利申请，并于 1807 年 4 月 2 日被授予了第 3032 号专利。

获得了商业专利之后，福赛斯牧师在其助手詹姆士·珀迪的协助下，在伦敦新区第十大街上开设了一家枪店，专门销售自己发明的"香水瓶"式枪机击发枪。和守旧古板的官僚们不同，民间用户对新技术的敏感度显然要高得多，这种动作可靠、发火快捷的新式枪械立刻引起了许多人的兴趣。就这样，福赛斯牧师的发明没能如愿以偿地在军事领域里大展身手，却意外在民用领域崭露头角。与官僚气十足的英国人的态度完全相反，拿破仑曾经表示愿意提供 2 万英镑（相当于今天的 30 万英镑）来购买福赛斯牧师的发明。尽管在英国遭受了不公平的对待，但这个倔强的苏格兰佬却拒绝了拿破仑的提议。

"香水瓶"式枪机击发枪在商业上的成功也引来了大量的仿制者，以至于整个 19 世纪 20 年代里，福赛斯牧师都在和盗版商进行艰苦斗争，之前他申请专利就成了一个非常有远见的决定。总之，凭借着自己拥有的专利，福赛斯牧师最终成功捍卫了自己的发明。不过，仿制者的行为虽然可耻，却也使击发式枪械得到了广泛传播。随着用户群的不断增加，击发式枪械的影响力和口碑也不断提升。到了 1839 年，原本顽固的英国军方也终于彻底停止生产燧发枪，以击发枪械取而代之。不过，尽管福赛斯牧师取得了这场斗争的最后胜利，而英国政府也确实准备向他支付一笔费用，以此来承认他的专利所有权和表彰他的发明，但是还没等到相关的法律程序到位，福赛斯牧师就已于 1843 年 6 月 11 日溘然辞世，最终英国政府只能向他的遗属支付了 1000 英镑。不管怎样，福赛斯牧师及其发明最终获得了历史的承认，1930 年，一块铜牌被镶嵌在伦敦塔的墙壁中，用来纪念这段故事。

福赛斯牧师的"香水瓶"击发装置固然相比燧发机有了很大进步，但正如前文所述的那样，这并不是一种足够完善和简洁的设计。因此很多设计师都在对其进行改进，或者干脆自行设计新的击发机构。在相当长的一段时间里，各种新式的击发装置层出不穷，这其中最成功也最负盛名的，就是撞击式火帽。

有许多人声称自己是撞击式火帽的发明人，其中包括体育作家彼得·霍克、枪械制造商约瑟夫·艾格、伦敦的约瑟大·曼顿和法国人普里拉特，但真正获得大多数历史学家认可的是约书亚·肖。1776 年出生于埃尔斯米尔港的约书亚·肖自幼丧父，在母亲的辛苦培养下成为一名颇有才华的画家。因为工作上的原因，他经常往来于费城与伦敦之间，可能就在这段时间里，他对福赛斯牧师所发明的雷汞击发装置产生了兴趣。1814 年，约书亚·肖在一支燧发步枪上试验了他所发明的火帽击发装置，并在此后几年时间里持续改进。最初，他

上图：伦敦塔墙壁中镶嵌的纪念福赛斯牧师的铜牌

设计了一个钢制的小型瓶盖状容器（火帽），内装雷汞，套在加工有引火孔的台状突起上，就可以通过击锤撞击来实现发火。这个设计被证明是有效和实用的，但是一些细节上仍需完善，而且钢制的火帽也不便于加工制造，于是约书亚·肖将其材料改成白锡，最后又进一步改进成黄铜。

黄铜火帽发火可靠快速，使用便捷，同时又具有良好的安全性。使用黄铜火帽枪机有助于提高射击精度，这一点赢得了很多射击爱好者的喜爱。值得一提的是，制作良好的黄铜火帽在（短时间）泡水之后依旧能够正常击发，也能在一些恶劣环境下使用，这一优点尤其受到猎人的欢迎。而且，火帽的生产制造也较为简单。更重要的是，多数燧发枪只需要经过简单的改装就能变成使用火帽的击发枪，这就大大节约了生产成本，进一步降低了击发枪的推广难度。

但糟糕的是，由于有福赛斯牧师的专利存在，一切使用雷汞来实现撞击发火的发明在英国都会受到来自法律的限制。因此约书亚·肖不得不回到美国，试图为自己的发明取得一个专利许可，以此来绕过福赛斯牧师专利权的钳制。但当时的美国法律拒绝为持续居住时间少于两年的外国人颁发专利，因此直到1822年，约书亚·肖才申请到了撞击式火帽发火机构的美国专利。对此，约书亚·肖一直颇有微词，这段经历在他的日记中也有所提及。但不管怎样，最终他还是通过这种方式成功绕过了福赛斯牧师的专利壁垒，撞击式火帽这一重要发明也因此才得以顺利推广。

不过，约书亚·肖尽管身为撞击式火帽的发明人，此后又创造了诸如火帽式火炮击发装置等一系列新发明，他却并没有为这种

新式枪机的推广做出多少贡献。在后来的岁月中，约书亚·肖将大多数精力投入到了绘画和写作等艺术方面，并留下了数量可观的画作和笔记。1860年，约书亚·肖以富兰克林研究所会员、艺术家、科学家与作家的身份去世。

尽管如此，雷汞火帽发火式击发枪机依然很快普及开来。民间用户往往对新技术更加敏感，也更乐于享受技术进步所带来的便利，因此撞击式火帽很快受到了欧美运动员和其他枪械用户的喜爱，以至于在整个19世纪20—30年代，这种枪械都是人们狂热追捧的对象。与之形成鲜明对比的是，军方在这一方面依旧显得异常迟钝。直到19世纪中期，欧洲各国军队才开始将撞击式火帽击发步枪列入装备之中：普鲁士军队于1839年首次装备了这种新式枪械，比瑞典早了一年；英国人用P1839式击发滑膛枪取代了装备多年的褐贝斯燧发枪；而其他欧洲国家也很晚才陆续淘汰掉了自己手中的旧式燧发枪械。

另外，尽管约书亚·肖是在美国申请的撞击式火帽专利，但美国军队却一直对其不感兴趣。甚至在1832年，美国军队还列装了一种滑膛燧发手枪（M1832型手枪），这显然已经是远远落后于时代的选择了。其结果也丝毫不令人觉得意外：仅仅十年后，美国人就不得不用M1842型海军手枪取而代之，这是一种使用了撞击火帽发火装置的手枪。一同被美国军队采用的还有斯普林菲尔德M1842式滑膛击发枪，它既是美国装备的第一种击发步枪，同时也是美国装备的最后一种滑膛枪，而当时的欧洲列强已经基本完成了击发枪械的换装。至此，叱咤风云了两百多年的燧发枪终于走下历史舞台，旧的

时代缓缓落幕，而属于击发枪的新时代已经来临。

终结时代的线膛枪

19 世纪的轻武器大发展，除了击发枪取代燧发枪，还有线膛枪取代滑膛枪。

其实线膛枪并不是 19 世纪的新生事物，线膛武器早已有之，比如美国独立战争中著名的肯塔基步枪。但线膛枪并不是美国人的发明。根据现有的记录，早在 15 世纪末期，有膛线的火器就已经在欧洲出现，神圣罗马帝国皇帝马克西米利安就使用过带有膛线的火绳枪。

不过有意思的是，最早的膛线其实是直线形而非螺旋形。一般认为，维也纳的卡斯博·克勒于 1498 年第一个在枪管内加工出膛线。但他一开始的动机却并非是为了提高射击精度。正如前文所说，当时的枪匠已经用注入镗光枪管、减少弹丸与枪管之间游隙等办法改善枪械的射击性能。然而，能和枪管良好密合的球形弹丸会因为摩擦力和枪管内空气压力的缘故，变得难以装填。为了解决这个问题，卡斯博·克勒创造性地在枪管内壁上加工出两条直线凹槽，让空气由此排出，同时也能降低枪弹受到的摩擦力，以此来解决装弹困难的问题。但随后人们却惊奇地发现，带有这种直线膛线的枪械射击精度有了明显的提高。这种意外的收获让枪匠们大为惊喜，并开始研究如何以此来进一步提高枪的准确性，于是另一种"传统经验"就又在这时发挥了作用。

弓箭手很早就知道，可以将箭的尾羽按照一定的倾斜角度来安装，这样射出后箭杆就会绕其轴心线自转，可以极大地提高箭在飞行时的方向稳定性。当时的人们并不知道旋转为何会带来这样的效果，一个流行的说法是：魔鬼以到处捣乱为乐，让箭变得不准自然也是它们捣的鬼；而魔鬼不能立足于旋转的物体，因此它们也就不能用邪恶的力量使旋转的箭从直线飞行中脱离。这种说法充满了神话色彩，但枪

上图：撞击式火帽发火枪机，可见其结构和燧发枪机相当接近

上图：雷汞火帽步枪

匠显然从弓箭手的经验中得到了启发。在纽伦堡、维也纳和莱比锡等地，人们都发现过制造于 15 世纪末期到 16 世纪初期的螺旋膛线火绳枪，其中一些的膛线已经模糊得几乎无法辨认，这是因为它们制作时膛线就刻得比较浅。后来，枪匠们很快就发现较深的膛线效果更好。

不过，更深的膛线也带来了别的问题，首先它增加了枪械的生产成本。比如在 1542 年由伦敦市长所发布的公告中，为一套（普通的）包括胸甲、护臂、护腿和护颈头盔的准枪骑兵甲定下的价格为 45 先令（折合当时的二又四分之一磅白银）；而同一时期的 1549 年，一位住在诺曼地区的贵族为了他"精巧而准确，带有异常华丽花纹的螺旋膛线猎枪"付出了 70 个先令。由此可见，一支制作精良的螺旋膛线猎枪，其造价已经远超公认价格昂贵的盔甲等装备了。

不过线膛对枪械射击精度的提升确实非常显著，一本写于 1534 年的笔记中有这样的记载："用他的带有螺旋膛线的猎枪，在一百德尺（约 60~80 米）外射落了树上的椋鸟。"这种射击精度，在当时显然是非常惊人的，因此欧洲人一直没有停下对线膛武器的研究。

不过，对于为什么螺旋膛线能够提高枪械的射击精度，历史上曾经存在过很多有趣的讨论和争议。一些人认为，膛线的存在进一步限制了弹丸在枪管中的运动，因此才起到了提高精度的作用。但这个观点很快得到了另一些人的反对。因为按照前者的解释，长条形弹丸比球形弹丸更不容易发生振动和弹跳，因此也应当有更好的精度。但使用滑膛枪射击时，球形弹丸却明显比长条形弹丸更加合适，后者往往一飞出枪口就开始翻滚，射击精度和有效射程也都随之大打折扣。这个现象一度使很多学者百思不得其解，直到现代发展出弹道学和空气动力学之后，人们才对其有了深入的了解和认识。

当时的欧洲正经历了文艺复兴，传统封建神学对思想的禁锢正在崩塌。于是学者们开始尝试使用科学的手段来解释各种现象，而不再将一切都推给万能的上帝。

很快，两种新的理论又被提了出来。第一种理论认为，旋转的子弹实际上是在空气中"穿行"前进的，其过程类似于钻头钻入木板。而不旋转的子弹在飞行时就要完全靠冲击力来"挤开"空气，其过程类似于将钉子钉入墙壁。两者相较之下，显然是前者更容易保持飞行的稳定性，因此线膛枪才会比滑膛枪更加准确。由于时代的局限性，这种说法自然是错误的，但这一观点在当时相当流行，相较于其他说法，"钻头"的原理显然也更符合人们的常识。因此，一些枪匠开始根据这种理论来改进枪膛的设计，比如增加膛线数量、减小膛线缠距（枪管中的膛线旋转一周所前进的距离，缠距越小，弹头的转速就越高，弹头的稳定性就越好；但过高的转速反而会使弹头失稳）等。通过这些改进和尝试，人们逐渐发现了膛线和弹头的匹配等一系列问题，进而间接推动了内弹道学的发展。第二种理论认为，膛线可以增加子弹与枪管之间的摩擦力，因此会对尚未飞出枪管的子弹产生阻滞和延迟作用，这就能使发射药最大限度地发挥其推进力，进而让枪弹的飞行速度更快、弹道更直，这样也就提高了枪械的命中率。这一说法在现在看来显然是错误的，但在物理学和弹道学都不成熟的当时却具有相当的说服力。受此影响，弹药和膛线的设计都得到了一定程度的改进，结果歪打正着，由此带来的直接影响就是改善了枪支的闭气性能。但对于前装枪来说，闭气性能方面的改进无非是进一步减小弹丸与枪管之间的游隙，使之和枪管良好契合。这样虽然确实能提高射击精度，但也带来了另一个问题——装填困难。

对于使用球形弹丸的滑膛枪来说，装填并不是太大的问题。受限于当时的加工水平，球形弹丸本身不可能和枪管完全密合，因此弹丸要用纸片或布片包裹来加强闭气，这在一定程度上反而减小了装填时的阻力。但线膛枪则不同，为了保证子弹能够旋转，必须让弹丸嵌入膛线之内，因此弹丸的直径必须要略大于枪管内径——换言之，线膛枪装填的时候比滑膛枪更紧，因此也就更加费力。加上这一时代的弹丸大多使用软铅制成，虽然利于让弹丸嵌入膛线，但同时也增加了装填时的阻力，一些早期的线膛枪甚至需要用木槌敲击通条才能将枪弹装填到位。这就使得线膛枪的射速较之滑膛枪慢得多，有时候甚至一分钟都未必能发射一次。对于民间的猎手来说，装填速度慢可能不是什么大问题，但对于军队来说，这就非常难以接受了。因此，尽管线膛枪有着射击精确、有效射程远的优点，但在很长一段时间里都未能在军事领域得到广泛使用，甚至到1803—1815年的拿破仑战争时期，也只有少量猎兵、散兵和轻步兵使用线膛枪（这其中也有价格和步枪产能的因素）。

但是，一种性能优越的武器只能用于狩猎和射击运动，这让军事家始终无法容忍。在此前提下，人们一直尝试改进线膛枪，希望可以克服其装填速度过慢的缺点。

1836年，英国皇家轻武器厂（又名恩菲尔德军工厂）提交了一种新式的线膛枪设计。这种名叫布伦瑞克步枪的新武器采用双环槽膛线和特制的球形子弹，子弹边缘有一段圆弧状凸槽环带，装弹时将子弹的凸槽和膛线缺口对齐，即可将子弹填入枪膛。因为有凸槽和膛线进行配合，球形子弹的直径可以略小于枪管内径，这样就大大降低了两者间的阻力，装填比常规的线膛枪更加顺畅和快捷。但另一方面，这种弹丸结构无法很好地闭气，因此枪械的初速有所降低，加上球形弹丸在线膛枪上的表现不如长圆柱形枪弹那么好，因此布伦瑞克步枪的产量并不算多。

最终还是法国人解决了这个问题。在16—19世纪的火器发展史中，法国无疑是轻武器技术最先进、发展最快的国家。作为欧洲老牌的陆军强国，如前面所说，最早发明并装备燧发枪和刺刀的殊荣都归法国人所有，在解决前装枪装弹速度这一领域，首先获得突破的同样也是他们。1826年，法国上尉亨利·古斯塔夫·德维勒设计了一种新式线膛枪，别出心裁地将这种步枪的弹膛直径设计得小于枪管内径。这种线膛枪使用略小于枪管内径的球形弹丸，因此可以顺利地将子弹装入枪管之内；而子弹到达变窄的弹膛部位便会被卡住，此时使用通条用力冲打就会让铅质弹丸变形嵌入膛线。

德维勒的这一设计简单而有效，很好地解决了线膛枪难以装填的问题。但球形弹丸在通条冲打时会变扁，影响飞行时的稳定性，而且也不太适合用在线膛枪上。意识到这一点的德维勒很快改进了自己的设计，并于1830年设计出了一种圆头（锥头）圆柱形子弹，其飞行时的稳定性大为提升。由于这项成就，同年12月27日德维勒荣获军团荣誉勋章（骑士）。比利时、奥地利以及一些德意志邦均采用德维勒的设计改装了猎兵步枪。这种革新性的弹头设计影响力非常之大，可以说此后的枪炮弹丸大都沿用了这种形制，恩格斯甚至盛赞德维勒为"现代步枪之父"。

不过德维勒的设计仍有不足。其设计的核心思想是令子弹变形来嵌入膛线，但使子弹变形的方法太过简单粗暴，即使是圆柱形子弹也无法完全避免不规则变形带来的影响。法国将军路易斯·艾蒂安·德·图温南在德维勒设计的基础上选择了另外一种方法，采用常规设

▌上图：纸包枪弹和滑膛枪用的球形弹丸

计的线膛枪管和弹膛，但在弹膛的最底端增加一根结实的短钢棒（一般只有两三厘米长）。子弹装入枪膛尾端时会被钢棒顶住，这时用探条用力冲压，弹底就会被钢棒撑开与膛线紧贴，子弹的形状也不会发生不规则变化。使用这种设计的线膛步枪装填同样快捷，精度也相当稳定，更重要的是可以直接在旧式滑膛枪的基础上改装——只需要给枪管刻上膛线，并给弹膛底部铆上一根钢棒。这种改进线膛枪以图温南的名字命名，法国猎兵于1846年开始装备，法军骑炮兵装备的卡宾枪也一律进行了类似的改装。此后，普鲁士、比利时、巴伐利亚猎兵以及绝大多数德意志邦国军队都多多少少地采用了这种步枪。

当然，图温南的设计也并非完美，冲压弹头这一过程依然要花费不小的力气。弹膛内钢柱要长期直接承受火药爆炸时的冲击和烧蚀，这也必然会降低其使用寿命。一旦钢柱折断，修复起来就非常麻烦，一般的野战修械所是很难解决这个问题的，甚至大部分情况下不得不送回后方的兵工厂维修。因此，设计师也在寻找更加简单的设计。德维勒曾经尝试性地将圆柱形子弹的底部掏空来减轻弹丸重量，但他意外发现，掏空底部的子弹在发射时会因火药燃气的推动而发生膨胀，进而使弹丸嵌入膛线。德维勒并未将这一发现运用到枪械和枪弹的设计之中，然而另一名设计师——和德维勒同时在阿尔及利亚地区服役的法国猎兵军官克劳德·埃德内·米涅上尉，意识

到了这一发现的价值。

1849 年，米涅设计了一种尖头的圆柱形子弹，这也就是我们常说的米涅弹。这种子弹的直径略小于枪管内径，可以快速装入枪管之内；其弹底被加工出一个圆锥形的空腔，空腔中一般都安装有凹陷的软木塞或铁塞。当发射药被点燃后，所产生的火药气体冲击软木塞或铁塞，使子弹的尾端膨胀并嵌入膛线。在最早的设计中，尾部空腔中的内塞是必需的，但空腔的形状经过多次改进，最后不使用内塞也可达到同样的效果。米涅的设计不仅仅使得前装线膛枪的装填更加快捷，同时也大大提高了枪械的射击精度，因为这一设计同时也吸收了很多其他枪弹设计的优点，比如弗朗索瓦·塔米基尔于 1841 年发明的枪弹外壁环形凹槽。枪弹外壁环形凹槽设计通过在枪弹尾端加工出数道环形凹槽并在凹槽内填充动物油脂或蜂蜡的方法，减轻了弹丸的重量并减少了其与枪管内壁之间的摩擦力，从而使枪械的弹道更加低伸，变相地进一步提高了射击精度。

此后人们很快发现，使用米涅式枪弹的前装线膛枪装填和滑膛枪一样迅速，有效射程和精度却大大超出后者。更重要的是，任何老式的滑膛枪，只要刻上膛线就能摇身一变成为使用新式枪膛的米涅式步枪，这就极大地降低了换装新式步枪的成本。米涅式步枪的性能也非常令人满意，大多数米涅式步枪都能在 550 码的距离上实施精确射击，在 1000 码的距离上以齐射方式有效杀伤目标，使用这种步枪的步兵甚至能在射程之外压制当时炮兵的主要装备前装滑膛炮。根据一些文献记载，1846 年法军猎兵在非洲地区开始使用米涅步枪作战，但首先大量列装米涅式步枪的却是法国人的老对头英国人。1851 年首批 28000 支 P1851 式米涅步枪就开始装备英军，这款步枪是从老式的 P1842 滑膛火帽枪修改而来的。

在 1853 年爆发的克里米亚战争中，整营整营的英军士兵甚至在船上就换装了 P1851 式米涅步枪。很快，英国新装备的米涅式步枪就展示出了其强大的威力。1854 年 11 月 26 日，俄军与英法土联军在因克尔曼展开决战，联军方步兵的主要装备是米涅式步枪和前装线膛

上图：德维勒设计的新型线膛枪的结构

上图：图温南线膛枪的结构

上图：米涅式枪弹

枪，而俄军的主要装备仍是滑膛枪。英国《泰晤士报》记者罗素生动地报道了这场战役的经过，当时的中国人翻译如下："枪声噼啪，炮声隆隆，弹片飞散，震耳欲聋。冲锋高潮，俄兵猛攻，前仆后继，一片杀声。勇者勇矣，时跑时停，尸横遍野，线膛称雄。"英军在此役中死579人，伤1860人；法军死130人，伤750人；而俄军伤亡达10729人，其中死亡5000人以上。交战双方伤亡率之比为3.2:1，死亡率之比为7:1，这充分显示了米涅式步枪的威力。继英国之后，米涅式步枪开始被各国广泛装备。美国内战中，双方购买了70多万支英国产恩菲尔德1853式米涅步枪，若加上美国本土兵工厂仿制的，数量则远超100万支。

然而有趣的是，并非所有人都在追赶米涅式步枪的潮流。1864年5月9日，美国内战已经进行到第四个年头，南北两军在斯波齐尔韦尼亚激烈交战。北军的约翰·塞奇威克将军在视察一处炮兵阵地时发现士兵都因为惧怕对方狙击手的冷枪而趴在地上，因此

大为恼怒。为了激励士气，他站在高处大喊道："这么远的距离，他们根本连大象都打不中！"话音未落，一发子弹就击中了他左眼下方，将军当场毙命。南军狙击手格雷斯中士在约1000码距离上创造了这次被载入狙击战史册的经典案例，而他当时使用的是一支英国产的惠特沃斯步枪。这种步枪由英国的约瑟夫·惠特沃斯爵士设计，其结构上有着极其鲜明的特点，那就是使用了独特的新式膛线枪管。这种膛线并非传统的圆弧状膛线，而是呈斜线布置的六角形，并使用专用的六角形长条枪弹，射击时子弹紧贴平面旋转，从而获得均匀的加速度，保证了飞行稳定性，大大提升了精度与射程。惠特沃斯爵士设计这支枪的初衷是为了取代恩菲尔德P1853式米涅步枪。在1857年的一次对比测试中，惠特沃斯步枪的射击性能以压倒性的优势击败了恩菲尔德P1853式米涅步枪，其有效射程比后者足足多出一倍。尽管这次试验以惠特沃斯步枪的完胜而告终，但英国政府还是拒绝了这种武器，原因很简单：惠特

上图: 恩菲尔德 1853 式前装击发线膛（米涅）步枪

沃斯步枪表现出的性能非常优秀，但它的可靠性与生产性太差了，六角形膛线与专用子弹的加工非常困难与昂贵，导致其成本与售价是恩菲尔德 P1853 式米涅步枪的四倍以上。1860 年销往美国的惠特沃斯步枪平均价格高达 100 美元，而一支恩菲尔德 P1853 式米涅步枪外售价格不过 25 美元左右，这样的价格显然不是军队乐于承受的。最后，由于特殊的膛线设计，这种子弹的装填跟传统前装线膛枪一样困难，必须将子弹对角塞入弹膛，然后用探条缓缓压实，这就使其在射速上完全处于劣势。因此，尽管精度和有效射程都十分惊人，但这种反潮流的设计还是和其他一些设计一样昙花一现，被米涅式步枪无情地踩在了脚下。

不过，米涅式步枪已经是前装式步枪的最后辉煌，随着加工生产能力的不断进步，前装步枪告别战争舞台的时刻也在不断接近。1841 年，普鲁士军队装备了著名的德莱赛后膛针发枪。1848 年，克里斯丁·夏普斯设计出了以自己名字命名的夏普斯步枪。这些逐渐完善的后膛装填线膛枪械性能更加优秀、使用更加便捷，前装式步枪在这些新式武器

面前几无还手之力。随着时间的继续推移，金属定装枪弹也问世并投入使用，前装式步枪越发失去了生存的空间。同样以美国内战为例，在战争刚开始时，双方仍装备着老式的 M1842 式击发滑膛枪；到战争末期，使用金属定装弹药的斯潘塞步枪和亨利步枪已经开始大量使用了。

与此同时，新武器的发展也宣告了线式战术时代的终结。线膛后装步枪的发射速度和有效射程已经远超以往的滑膛武器，自然不再需要士兵排成密集横队来弥补火力上的不足。而面对如此旺盛的火力，排成横队这种事情已经变得格外危险。

上图：一支惠特沃斯步枪，可看到其六角形的枪膛

从黑色幽默角度上讲，是单兵火器的发展催生出了线式战术，但也是单兵火器的发展淘汰了线式战术。不过当时的人们，特别是欧洲的将军还没有认识到这一点。最终让大家认识到这点的，是此后战争中无数战士的鲜血与生命！

作者 /
深河

战神与死亡

南北战争中的前装滑膛炮

唯有倚仗火炮才能发动战争。

——拿破仑致贝纳多特

南北战争是第一次工业革命结束后的首场大规模战争。那场战争给当时的军事观察家留下了深刻印象，卡尔·马克思在其著作中写道："南北战争代表了军事史上绝无仅有的大战争。"工业革命所带来的各种技术进步都在南北战争中得到了广泛应用：发射金属定装弹的后装步枪极大地提升了步兵的火力；铁路和蒸汽轮船使交战双方实现了快速的兵力机动和集结；蒸汽铁甲战舰的出现改变了海战的战术战法；电报的运用让情报和命令的传递更加快速，极大地提升了军队对战场局势变化的响应速度。但是当时并没有多少人意识到，这场战争同时也宣告了线式战术时代的即将终结——伴随着战局的发展，各种各样的后装线膛武器投入战场，前装滑膛枪炮逐渐退出历史舞台，因此根植于这些旧式武器、曾统治战场长达两个多世纪的线式战术自然也面临被淘汰的命运。不过，在军事技术革命浪潮的冲击之下，前装滑膛武器依然在战场上绽放了其最后的辉煌。这其中，表现最为突出也最为抢眼的，莫过于号称"战争之神"的火炮了。

简单、有效：12磅拿破仑炮

火炮的运用贯彻了持续四年的南北战争，甚至开战的信号都是由火炮所发出的：在北卡罗来纳州，邦联军使用数门重型岸炮对联邦军控制下的萨姆特堡进行轰击，宣告了南北战争的正式爆发。在各种方面，美国内战中的前装火炮都达到了这一时代所能达到的技术顶点。

在战争中运用最多的，毫无疑问就是被联邦军俗称为"拿破仑炮"的M1857型12磅前装滑膛野战炮了。这里的"拿破仑"，并不是指那个著名的拿破仑一世皇帝，而是指他的侄子拿破仑三世。这种火炮实际上是同时期法国野战炮的仿制品，因此而得名。它是一种机动性强、火力凶猛，制造和使用极为简单的有效武器，名字中的"12磅"并非是重量，而是口径单位，其实际口径为4.62英寸（约117毫米）。第一门M1857型加农炮于1856年由马萨诸塞州奇科皮的埃姆斯制造公司铸造成功，并于第二年正式获准装备炮兵部队。

一门标准的12磅（约5.44千克）拿破仑炮身长度为1.68米，重约550千克，由

上图：炮击萨姆特堡是美国南北战争的开端。另外值得注意的是，这次炮战中诞生了战地摄影史上重要的一篇——人类首次获得战争中炮弹爆炸的现场照片

上图：*M1857拿破仑炮*

青铜铸造而成。因为材质的关系，这种火炮被公认为极其坚固和耐用，甚至能承受双倍装药而不会损坏。时任军械部长的乔治·D. 拉姆塞陆军准将在 1864 年 7 月的一份报告中写道："12 磅青铜炮（拿破仑炮）在战争中没有发生磨损报废或者炸膛的情况。" 其耐用性可见一斑。在 2.5 磅（1.13 公斤）标准发射装药的推动下，拿破仑炮能将标准的 12 磅炮用实心炮弹以 5°的射角精确地投射到 1600 码（约1480 米）外，而射角为 10°时则可达到 2000码（约 1910 米）。由于炮架结构的限制，12磅拿破仑炮的最大仰角只有 12°左右，若能进一步提高炮身仰角，则其有效射程还可继续提升。1863 年联邦军围攻邦联军防守密西西比河的要塞维克斯堡时，就通过垫高炮身等方法，成功使用 12 磅拿破仑炮对 3000 码（约2743 米）外的目标展开了炮击。

作为一种前装滑膛炮，12 磅拿破仑炮与数个世纪前的各种前装滑膛炮并没有什么本质区别。但是，科学技术的进步却让这种火炮拥有了远超其前辈的优异性能。在当时，12磅拿破仑炮属于野战火炮中射击精度较高的一种，能够在 1000 码的距离上有效地执行反炮兵任务，能在 1500 码的距离上压制敌方步兵。拿破仑炮在内战中的精度纪录是在 1862年 12 月 13 日的弗雷德里克斯堡战役中由南军的布拉克斯顿少校和阿姆里中尉创造的。当时他们对准 1600 码外的一个北军旗手发射球形实心弹，第一炮打倒了旗手身旁的一个士兵，第二炮直接命中旗手。总之，和拿破仑战争时期（1803—1815）的同口径野战火炮相比，12磅拿破仑炮的射击精度有了较大提升，重量也大为减轻，这些都有赖于化学、弹道学和金属冶炼加工技术的进步，使其在尺寸、火力、机动性和重量等方面达到了完美的平衡。

和同时期的大多数火炮一样，拿破仑炮可发射实心炮弹、爆破弹、霰弹和榴霰弹。

在攻击远距离目标时，要发射实心炮弹，以此来打击敌方炮兵阵地、密集部队和类似的大型目标（比方说建筑物）。实心炮弹是一个重达 12 磅的实心铁球，一发就足以将大群的步兵变成血肉模糊的残躯断臂。一门由训练有素的炮手操作的拿破仑炮，往往只需数发炮弹就能击退一个步兵连，同时有效摧毁对方的士气。一组训练有素的炮手能以每分钟两发炮弹的发射速度进行射击，对敌人进行持续轰击时

上图： 拿破仑炮陈设品，炮身因为氧化而呈现出漂亮的青色

上图： 博物馆里的一门拿破仑炮，耳轴上方的吊缆圈说明这是最早生产的 36 门拿破仑炮之一

则会下降到每分钟一发，这样炮膛可以得到充分冷却，能够发射很长时间。

如果敌人步兵蜂拥扑来，距离火炮不到400码时，炮兵就会以每分钟四发的速度持续发射霰弹，直到其中一方转身逃跑或者毙命为止。

拿破仑炮也可以发射很多种类的爆破弹。因为其只能使用球形炮弹的缘故，这些爆破弹无一例外都只能使用时间引信引爆，因此一定程度上影响了其实用性。

在整场战争中，12磅拿破仑炮对于交战双方来说都是最重要的野战火炮，甚至可以说没有之一。举例来说，在葛底斯堡战役中，联邦军共投入了360门火炮，邦联军则投入了272门，这些火炮中有超过40%是12磅拿破仑炮。拿破仑炮最早是埃姆斯制造公司生产的，但是1861年内战爆发之后，军队对野战火炮的需求大量增加，埃姆斯公司的产量远不能满足需要，因此一部分火炮转移到了其他公司生产，包括从1836年起就为美国军队制造火炮的塞勒斯·阿尔杰公司（南波士顿铁工厂）、波士顿的里维尔铜公司和亨利·N. 胡珀公司。此外，俄亥俄州辛辛那提的迈尔斯·格林伍德公司也接到了拿破仑炮的生产合同，但数量有限。根据军械部在1840年下达的规定，这些火炮都要打上专门的标记：

"所有的火炮都要称重并带有如下的标记，即：火炮的生产序号，检查员名字的首字母，刻在炮口正面；在各自的铸造厂以一个单独的序列标上的各自的种类和口径；铸造者和铸造厂名字的首字母，刻在右炮耳的末端；在左炮耳末端刻上铸造年份；铸造厂序号刻在左轮圈末端，炮耳之上；以磅计量的火炮重量刻在炮尾底部；字母U.S.刻在上

表面，靠近炮身加强处。"

从1861年开始，因为拿破仑炮生产合同的扩散，这一规定也有所改变。轮圈上的数字被保留下来，而字母U.S.则改为刻在炮口正面。整个1861年，埃姆斯公司所生产的火炮都仍在使用旧的标记系统，直到次年才开始执行新规定；阿尔杰公司在1861年12月改用新的标记系统，其他制造商则一开始就使用了新的系统。

除了标记之外，各家制造商所生产的拿破仑炮还有一些细节上的区别。最早生产的36门拿破仑炮，耳轴上方有两个用于起吊的系缆圈，后续生产的火炮全部取消了这一部件。此外，早期拿破仑炮炮尾的上方铸造了一个托架来安放瞄准用的标尺，而这一托架在格林伍德制造的炮身上被省略掉了；炮尾底部有一个平整的底座，其作用是保证炮身能平稳地安放在调整射角的螺柱上，胡珀公司生产的炮身省略了这一组件，因此后者安装在炮架上的时候需要一定技巧。至于炮尾线条之类的细节改变就更多了。

小巧、众多：6磅拿破仑炮

提及M1857型野战炮，就不得不提到另外一种火炮——M1841型6磅（约2.72千克）野战炮。这两种火炮外形上相当接近，以至于两门炮放在一起的话，很多人第一眼都会认为一门是另一门的缩小或者放大。事实上，M1841型野战炮同样是法国野战炮的仿制品。正因为如此，M1841型野战炮也被冠以"拿破仑炮"这个名字。即使在现在，很多南北战争重演俱乐部中的爱好者还是以"大拿破仑"和"小拿破仑"的称呼来区分这两种武器。

在战争刚刚开始的时候，6磅拿破仑炮

上图：博物馆中的一门 M1841 型 6 磅野战炮

上图：另一门 6 磅拿破仑炮，可以看出在外形上和 12 磅拿破仑炮非常接近

是双方装备最多的火炮。M1841 型 6 磅野战炮口径为 3.66 英寸（约 93 毫米），身管长 1.52 米，炮身重 389 公斤左右。尽管该炮威力较弱，但全炮重量较轻。当时很多人想当然地认为，6 磅炮在运用和部署上比 9 磅（约 4.08 千克）和 12 磅（约 5.44 千克）野战炮更加灵活，加上在美墨战争中的表现相当出色，6 磅炮得以大量生产和装备。但事实上，墨西哥军队无论是装备还是训练水平都远远落后于当时的美国陆军，人们从美墨战争中得到的经验是片面的。同时期的欧洲战场已经暴露了 6 磅野战炮性能上的缺陷：6 磅炮的最大射程只有 1500 码左右，这导致其在作战中很容易被敌方的 9 磅炮和 12 磅炮压制；而较小的口径也意味着其威力不尽人意。和 12 磅野战炮相比，6 磅炮发射实心弹时对有生目标和房屋之类的坚固目标的毁伤能力有很大差距。有人打过一个比方：12 磅拿破仑炮的实心弹可以在 600 码的距离上轻易打穿整个连纵队；6 磅拿破仑炮就只能在 200 码的距离上打穿半个连纵队——而且还很勉强。两者在发射霰弹时威力的差距更加明显，虽然 6 磅炮所发射的霰弹的有效射程与 12 磅炮相当，但其霰

弹弹丸数量不足 12 磅炮的一半，这就导致其杀伤范围和 12 磅炮相差甚远。不少炮手甚至抱怨三门 6 磅炮发射霰弹的压制能力才能和一门 12 磅炮相当。除了射程和威力上的不足，6 磅炮在轻便和机动性上的优势也并没有人们所想象的那么大。正因为有着上述不足，内战爆发后不久，联邦军队就开始将 6 磅炮逐步替换成 12 磅炮。

邦联军队同样对 M1841 型野战炮十分不满。但在内战爆发的时候，南方州军械库中的大部分野战火炮都是 6 磅炮，这使得他们在炮兵对抗方面从一开始就处于劣势。邦联军官对此满腹怨言，一名邦联军将领曾经在书信中无奈地写道："……即使是这样，这些（6 磅）火炮在战争初期也做出了很大的贡献，至少它教会了炮手怎样发射火炮。"1862 年 12 月 5 日，著名的罗伯特·E. 李将军在一封写给战争部长的信里说："我现在极其需要射程更远的滑膛炮。如果缺少（铸炮用的）金属，那么我们的一部分 6 磅滑膛炮（青铜制），甚至如果必要的话——一部分 12 磅榴弹炮，可以重新铸造成 12 磅拿破仑炮……我方的 6 磅炮和敌方的 12 磅拿破仑炮之间的较量是十分不公平的，

而且也导致我方炮兵十分气馁。"北弗吉尼亚军团的炮兵指挥威廉姆·彭德尔顿则更直接，他在 1864 年 3 月检阅田纳西军团的炮兵后，说："近乎无用，如果实际上不会更糟。"

尽管使用者恶评如潮，但是由于武器装备方面的匮乏，邦联军队对高性能火炮的迫切期望仍然无法得到满足，火炮换装计划进展依旧十分缓慢，很多炮兵不得不继续使用 6 磅炮。但这还不算糟，因为有些部队还在使用型号更老的火炮。这些老古董大多是从几处南方州军械库中翻出来的，其中一些的铸造时间甚至在 1820 年之前。据记载，甚至还有几门 18 世纪末期的"老爷爷"火炮一直服役到 1864 年底。

殊途、同归：南北军炮兵

和联邦军队一样，最后被邦联炮兵选中来取代 6 磅拿破仑炮的也是 12 磅拿破仑炮。这种结果也很正常——邦联的高级军官几乎人人都曾是联邦军官。更有趣的是，于 1861 年 4 月 12 日清晨下令炮击萨姆特堡，导致南北双方正式开战的邦联指挥官贝鲁加将军就是炮兵出身。他之前在西点军校就读炮兵专业，表现极佳，因此其教官打破惯例让其留校担任了一年助理。而这位教官正好就是被困守在萨姆特堡中的指挥官安德森少校。有这种前提，交战双方在炮兵装备方面做出同样选择也就很好理解了。

当然，除却军官的偏好，性价比因素也很重要。一门联邦生产的 12 磅拿破仑炮采购价格为 515.34 美元，尽管较为昂贵（当时以廉价和不可靠而著称的帕洛特线膛炮，10 磅口径版本每门售价 180 美元，主要是因为使用了便宜的铸铁而非青铜），但不需要复杂的膛线绞制等工序，对于工业力量相对薄弱的南方来说，这一点显然

联邦的拿破仑炮产量

制造者	地点	交付数量（门）
埃姆斯制造公司	马萨诸塞州奇科皮	103
塞勒斯·阿尔杰公司	马萨诸塞州波士顿	170
亨利·N. 胡珀公司	马萨诸塞州波士顿	370
迈尔斯·格林伍德公司	俄亥俄州辛辛那提	52
里维尔铜公司	马萨诸塞州波士顿	461
总计	—	1156

邦联的拿破仑炮产量

制造者	地点	交付数量（门）
J. R. 安德森公司	弗吉尼亚州里士满	226
奥古斯塔兵工厂	乔治亚州奥古斯塔	约 130
查尔斯顿兵工厂	南卡罗来纳州查尔斯顿	约 20
哥伦布兵工厂	乔治亚州哥伦布	52
利兹公司	路易斯安那州新奥尔良	12
梅肯兵工厂	乔治亚州梅肯	53
昆比＆罗宾逊公司	田纳西州孟菲斯	8
总计	—	约 501

才是最重要的。1862 年 11 月 13 日，时任邦联军械部长的约西亚·戈加斯上校发布了一个通知："在进一步的命令之前，只有以下口径的火炮可以制造：青铜炮——轻型 12 磅炮或拿破仑炮，口径 4.62 英寸（约 1.17 分米）。铁炮——野战机动炮兵使用的 10 磅帕洛特炮，铁环加固，口径 2.9 英寸（约 0.74 分米）。野战预备队炮兵使用的 20 磅帕洛特炮，安装在 12 磅炮的炮车上，口径 3.67 英寸（约 0.93 分米）。作为攻城炮的 30 磅帕洛特炮，安装在 18 磅炮的炮车上，口径 4.2 英寸。"

邦联军队最重要的 12 磅炮生产商是弗吉尼亚州里士满的 J. R. 安德森公司，其更广为人知的名称是特里迪加铁工厂。该工厂从 19 世纪 40 年代就开始为南部诸州铸造火炮，内战开始后则当仁不让地转而为邦联政府供应火炮。但糟糕的是，南部诸州的工业基础本身就无法和北方各州相提并论，一些关键原材料的储备更是匮乏。随着战争的爆发，邦联方面的矿物输入逐渐变得艰难起来，而用于铸炮的金属材料——比如青铜——更是越发缺乏。以至于从 1861 年 5 月开始，南方所有青铜火炮的生产都被迫停止，这其中就包括炮兵急需的 12 磅拿破仑炮。为此南部诸州不得不将一些蒸馏锅炉和教堂的大钟拆卸下来以回收青铜。到 1861 年 12 月，12 磅拿破仑炮的生产终于恢复了，但金属材料的缺乏在战争期间始终困扰着邦联军队，使得火炮的生产时断时续。急于给部下更换 12 磅炮的将军有时也会自己想一些办法。比如罗伯特·E. 李将军，他就趁着 1862 年底到 1863 年初军队休整之机，将手下所有的 6 磅炮炮管都送回里士满，加工加点赶制成 12 磅火炮再次送回前线。通过这样的方法，他在钱斯勒斯维尔战役之前接收了一批 12 磅拿破仑炮，稍晚一些又接收了第二批。

到葛底斯堡战役时，他已经接收了 49 门特里迪加工厂的拿破仑炮，从而彻底替换掉了所有的 6 磅炮。

由于南军的拿破仑炮也同样由多家工厂进行生产，每家工厂的产品都或多或少有着一些自己的特色。以特里迪加工厂为例，该工厂所生产的拿破仑炮身管呈流畅线形，膛口部分缺少其他拿破仑炮标志性的外扩。一些邦联军官认为特里迪加版的拿破仑炮震动比北方造的小，但大部分人还是觉得联邦生产的拿破仑炮性能更优秀。大部分特里迪加工厂出产的拿破仑炮都被北弗吉尼亚军团所接收，其他邦联军团则有各自的火炮来源。田纳西军团起初从两个来源接受拿破仑炮。首先是利兹公司，在 1862 年因其所在的新奥尔良市被攻占而停止生产；其次是昆比 & 罗宾逊公司，铸造火炮直到 1862 年 4 月其所在的孟菲斯市落入联邦海军之手为止，后转移到乔治亚州卡特斯维勒生产。1863 年 3 月，和罗伯特·E. 李将军的做法相同，田纳西军团的指挥官布拉克斯顿·布拉格将军也将他手中的全部 6 磅炮都送回工厂重新铸造成了 12 磅拿破仑炮。因为前述的两家铸炮厂当时都被北军占领，故而这些工作不得不转移到三座新设立的兵工厂来完成，分别是乔治亚州奥古斯塔兵工厂、哥伦布兵工厂和梅肯兵工厂。奥古斯塔兵工厂从 1862 年底开始生产火炮，该厂拥有一些来自奥地利的炮匠。在这些炮匠的指导下，他们对自己生产的拿破仑炮做了一些改进，将炮管和炮尾过渡处做得更加圆滑，据说这种改进可以使炮尾更加坚固耐用。

除此之外，南卡罗来纳州的查尔斯顿兵工厂也曾经生产过一些拿破仑炮。1863 年 5 月，A. J. 冈萨雷斯上校在给查尔斯顿守备部队指挥官的信中这样写道："只要生产出了拿破仑

上图：一门特里迪加工厂生产的拿破仑炮，没有炮口部分的外扩是其标志性特征

上图：南军炮兵阵地

炮——其中四门很快就会在查尔斯顿兵工厂被铸造出来，我就会荣幸地建议……组建骑炮兵连，每个配四门拿破仑炮。"现存的具有查尔斯顿兵工厂生产标记的拿破仑炮只有两门，分别生产于1863年和1864年。因为其产量实在有限，所以可能只装备了当地的港口守备部队。

标准的12磅拿破仑炮应该由青铜铸造，但因为物资匮乏的缘故，南军方面的军工厂也进行过其他尝试。在1863年11月，联邦军队占领了位于田纳西州达克顿的铜矿，切断了南方至关重要的铜矿来源，导致邦联军队立刻停止了拿破仑炮的铸造。为了解决这一问题，特里迪加工厂的专家生产了一门实验性铁制拿破仑炮。考虑到铁制炮身的强度比青铜制炮身要差，炮管尾部带有2英寸（约0.51分米）厚的增厚部位。这门试制品经受了数个月的射击测试，结果表明铁制的拿破仑炮一样成功和可靠。该炮唯一的问题是重量较大，但对于当时急需火炮的邦联军队来说这并不算什么大问题。于是，邦联军械部批准了铁制拿破仑炮的制造，并且要优先于其他种类的火炮生产。然而因为种种原因，

铁制的拿破仑炮产量寥寥无几，留存至今的更是数量稀少。一名曾在里士满服役过的炮兵有幸使用过铁制的拿破仑炮，他回忆道："铁炮不仅同样没有炸膛的危险，而且每一个用青铜炮可能实现的对抗敌人的目的都能够实现。并且铁炮和青铜炮不同的地方在于，发射时不会产生强烈的尖锐鸣叫声；这些鸣叫声实在太严重，炮手因此而耳朵流血的情况并不罕见。"

有意思的是，并不缺少青铜的联邦一方也尝试过用其他材料来制造拿破仑炮。生产3英寸（0.76分米）线膛炮的菲尼克斯铁公司在1863年制造过一门锻铁材质的拿破仑炮。该炮的外形和南军一方特里迪加工厂的产品类似，没有标志性的膛口外扩。这门火炮现在陈列于宾夕法尼亚州杰弗逊的城镇广场，炮身上刻有和该公司所生产的线膛炮相同的标记，炮口上的重量标记也是和线膛炮相同的819磅。但实际上，为了提高强度，该炮的炮身被加厚过，其炮管的实际重量为1220磅左右。因为缺少其他的标记和记录，所以该炮可能仅仅是一门用来测试的实验性产品。

总之，尽管南方州也拥有几家能生产拿破仑炮的兵工厂，但产能上依然和北方诸州存在极大的差距。整个战争期间，北方生产了1156门拿破仑炮，南方的产量则只有501门，还不到前者的一半。不过，北军装备的不少火炮在作战中被南军缴获，每一门落入南军之手的拿破仑炮都被妥善修理并重新运用。因此曾经有人开玩笑说，邦联的拿破仑炮的主要供应者还是联邦军队。英国冷溪近卫团的阿瑟·弗里曼特尔中校在1863年7月参观了李的北弗吉尼亚军团，注意到："有各式各样的火炮——帕洛特炮，拿破仑炮，线膛的和滑膛的，各种形状和大小。它们大部分都带有标记字母'U.S.'，显示它们已经换了主人。"几乎同一时间，一名奥地利观察员菲茨杰拉尔德·罗斯记录道："大部分通常部署的野战炮是滑膛的12磅拿破仑炮，这些火炮一部分是南方生产的，另一部分则来自缴获。"他在最后补充："通常使用时，几乎所有人都认为拿破仑炮是最有用的——不管它是南方生产的还是北方生产的。"

其实邦联炮兵更喜欢使用缴获的联邦火炮，他们认为这些火炮比南方造的火炮更好。这一看法可能存在某种程度的主观偏见，因为单从性能上而言，南方所生产的火炮没有太大区别，也许主要的问题出在其他地方。哈德逊炮兵连的二等兵约瑟夫·加利在1861年10月17日的日记里记录了南方军人对于南方造火炮的典型反应："昨天晚上我们接收了我们的榴弹炮。它们被证明质量很差，尤其是木工做得很不牢固，无法承受高强度使用。"

精准、远程：线膛炮的挑战

南北战争开始的时候，一些型号的线膛炮

已经投入使用，比如以便宜和不可靠著称的帕洛特线膛炮，以及以精确和耐用而闻名的3英寸（约0.76分米）口径线膛炮。被用作野战火炮的10磅口径帕洛特线膛炮产量有600门左右，3英寸（约0.76分米）口径线膛炮的产量则超过了1100门。在葛底斯堡战役中，联邦军所投入的360门火炮内，3英寸口径线膛炮的数量多达146门，已经占到了总数的41%。和拿破仑炮这样的滑膛炮相比，线膛炮显然在精度和射程方面都有很大的优势，在保证威力的前提下也更加轻便灵活。比如该线膛炮的炮管长达1.9米，但炮管重量却只有370公斤，只需1磅发射药就能将9磅重的炮弹发射出3972码之外，并且具有很高的命中率。套用一个通俗的说法，如果12磅拿破仑炮能在1000码上打中一座谷仓的话，那么相同的距离上，3英寸口径线膛炮就能轻松地打破这座谷仓的大门。

但滑膛炮同样有着自己独特的优势。在1861年，几乎所有的野战火炮都能发射爆炸榴弹。但因为爆炸力较强的黄色炸药还没发明，这些榴弹中装填的还是普通的黑火药。即使是装药量较多的12磅炮榴弹，爆炸后也只能产生有限（20枚左右）的碎片，非但杀伤力无

法令人满意，而且也很难保证在正确的地点爆炸。大部分榴弹都使用定时引信来完成起爆，炮手要在发射前预估到目标的距离并以此来推算炮弹的飞行时间，然后装定引信，但仅依靠经验和简易工具来实施的估算很难做到精确。

更为先进的榴霰弹也存在同样的问题。根据战场统计，大部分榴霰弹要么在飞到敌人头顶上之前就已经起爆，要么在爆炸时已经从敌人的队形上空飞过，真正能对敌人产生杀伤的不超过17%。正因为如此，杀伤效果和泛用性更加切实可靠的实心弹一直是装备数量最多的弹种，一般配备的比例在70%左右。不过对于线膛炮来说，其发射的长条状实心弹虽然能准确击中和摧毁建筑物、炮兵阵地等目标，但无法实施跳弹射击，因此对有生目标的杀伤能力有限。滑膛炮所发射的球型弹则能利用炮弹的弹跳来充分发挥和延伸其威力。至于发射霰弹时更是如此，由于膛线的存在，线膛炮发射的霰弹会发生过度扩散，导致杀伤范围严重缩小。正是由于这些原因，很多炮兵反倒更喜欢旧式的12磅拿破仑炮。

不过，更加先进的线膛炮毕竟是炮兵技术发展的大势所趋，因此也并不是没有人尝试过改造12磅拿破仑炮。葛底斯堡的国家军事博物馆中就陈设着6门保存完好的线膛拿破仑炮，这些火炮全部由埃姆斯公司制造（编号77到82），使用查理斯·T.詹姆斯发明的膛线系统，炮膛内刻有十条又深又窄的阴线膛线，口径仍为117毫米。在一封于1862年8月2日由时任陆军中校的拉姆塞写给军械部长J.W.李普利的信中，曾提到过三组线膛拿破仑炮的测试结果"令人满意"。但保存下来的线膛拿破仑炮炮管

上并没有印上军械检查员的首字母，也没有U.S.字样，这意味着它们从来没有被军方接收过。归根结底，这是因为这些半路出家的线膛炮的性能依旧不能和专门设计的型号相比：线膛炮管必须配合长条形炮弹才能发挥其精度优势，而长条形炮弹显然比球形炮弹更重，因此在使用相同发射药的前提下初速会大幅降低，这导致火炮的弹道更加弯曲，一定程度上降低了火炮的性能，使得线膛的优势无从发挥。如果通过增加发射药来提高初速，则炮身又很难承受住因此而增加的膛压。另一方面，比较软的青铜炮管磨损速度也比铁制线膛炮管更快，而且焖烧的药包碎片有可能嵌入膛线以至于无法用炮刷熄灭，这就导致可能会发生发射药提前发火的危险。也许正是因为这些原因，线膛的拿破仑炮并没有获得军队的青睐。

辛苦、致命：炮兵连

联邦军的炮兵连按规定一般要配备6门火炮，但是实战中常常只有4门炮发挥作用。邦联军的野战炮兵连也同样配备6门火炮，不过因为装备匮乏的缘故，很多炮兵连都处于缺编状态，有的甚至只有3门火炮。联邦军野战炮兵连的一线作战人员约有50人，配备110匹马，这些人都要快速部署到炮兵阵地。整个炮兵连如果加上支持人员，总人数可达170人之多，如此多的人员、马匹加上火炮和弹药车，进入阵地时的场面无疑非常壮观。实际上一个炮兵连的规模还远不止如此，按照联邦军的编制，一个完整的12磅野战炮兵连应当包括152名炮兵、154匹马、12辆弹药车、20辆两轮拖车、1辆运输车和1辆铁匠车，有时还要再加上一些辅助人员；邦联军的编制也大致如此。然而内战

上图： 一个 6 门炮的野战炮兵连拥有相当壮观的规模

期间装备物资缺乏，即使是条件较好的北方军队也缺少马匹，很少有超过 100 匹马的炮兵连。炮兵与其他兵种在编制上还有一个区别，为了保证战时每门炮都有足额的人手，炮兵连里都编有一定数量的替补人员，归连里的少尉管。按条例，每个 6 炮连需有 15 个替补人员和 11 匹替补马，但炮连本身的马匹就很难凑够，因此往往会出现人够了，马没有的场面。

美国内战时期，装备 12 磅拿破仑炮的野战炮兵实际上有些类似于欧洲的骑炮兵，所有人都骑马或乘车机动。但由于马匹不足，加上首先要保证火炮的牵引用马，一些按炮兵条例可以骑马或乘坐弹药车行军的士兵也只好徒步行动。当然即使是在马匹足够的情况下，也没有多少人愿意坐上弹药车，因为弹药车的车轴和炮车一样是直接连接在车身上的，而且当时没有橡胶轮胎，木制包铁的车轮减震效果奇差，行驶起来"简直要把人浑身的骨架都震碎"。不过炮兵们随身的物品仍然可以放在炮车上，因此尽管家什繁多，在道路条件较好的情况下，炮兵的行军能力仍旧要比步兵强。据宾夕法尼亚炮兵 E 连的记录，他们和大部队一齐行动时，

每天最多走 21 英里；独自行军时，每天最多可以走 37 英里。根据当时的经验，在硬质路面上，一匹马可以拉 3000 磅重的货物每天走 20～23 英里而不劳累过度；普通路面下要维持同样的速度，拉载量就要减到 1900 磅；路况差时，再减到 1100 磅；如果马上驮一个人，拉载量还要减半。

养军马的成本是相当昂贵的，整个炮兵连里，人和大炮都不算什么，马匹才是开销上真正的大头。按照条例，军队每天要供应炮兵的马匹 12 磅干草和 14 磅谷物（燕麦、玉米和大麦）。如果不喂干草和谷物，那么马匹需要每天吃 80 磅的鲜草才能得到相同的营养，这就意味着基本上整个白天都得用来吃草。根据波托马克集团军（当时约有 10 万人）在 1862 年半岛战役中的军需报告，其每天光

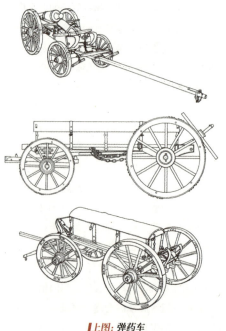

上图： 弹药车

喂牲口就需要 360 吨物资。炮兵的伤亡率比步兵和骑兵低得多，但马匹的消耗率却和骑兵差不多。根据马萨诸塞州第 10 轻炮连的记录，在参战两年半的时间里，马匹的非战斗死亡达到了 157 匹，其中 112 匹病死，45 匹因役使过度而废掉，基本上整个连里的马匹全换了一遍。

其实除了马之外，南北战争时期炮兵用的牲口还有牛和骡。其中牛不便役使，只用于一些将重炮牵引进阵地之类的粗笨活计。而虽然骡子的载重量比马大，也比马好养，但野战炮兵一般不用骡子来拉火炮和弹药车。因为在炮火下马和骡子都会惊慌，不过马只是撩撩蹄子，而骡子则会尖叫打滚，根本无法控制。1862 年 6 月的共和港战役中，南军的一个由骡子牵引的山地榴弹炮连隐蔽在溪谷里，他们的位置很安全，北军的炮火根本打不到。可是仅仅是炮弹从头上呼啸而过的声音就使骡子发狂了，踢、跳、打滚，每头骡子得三四个人才制得住。因此，尽管成本昂贵，马匹在炮兵中的地位却一直无可动摇。

装备了拿破仑炮的野战炮兵连最常见的任务是支持步兵旅。在这种作战方式中，步兵旅的旅长可以直接或通过参谋军官向炮兵连的连长（常常是一名上尉军官）下达命令。

▌上图：和前车组合在一起的野战炮

另外，炮兵连还在上级指挥部的作战控制之下，可以通过炮兵师长，也可以通过其直接上级——炮兵营长下达命令。在这种情况之下，炮兵连就作为炮兵预备队的组成部分参与作战。即使不是预备队，炮兵连也要有接受总司令指挥的准备。在葛底斯堡战役中，联邦的米德将军拥有 21 个炮兵连共 110 门火炮的炮兵预备队。它在需要时可以随时调用，而不必考虑师长的意见。这支预备队在开战第二天就控制着葛底斯堡一线，当第三军团溃败并退向果园和麦田的时候，它仍坚守阵地，掩护己方部队撤退，并为联邦军在后方重新编队和退守墓地山争取了时间，发挥了极其重要的作用。

不管炮兵连长为谁提供支援，他都要知道炮兵连何时部署至何地，还要了解指挥官的作战意图。自接到命令起，炮兵连长就有很大的自主权。他可以自主选择要打击的目标以及打击目标的方式，通常不会受到干涉。这是很重要的，因为炮兵连是一个复杂的组织，很难管理，而且炮兵作战的专业性也决定了其难以让外人插手。在炮兵连长直接指挥下的是三名炮兵排长，一般全部为中尉，每人负责指挥一个炮兵排，每个排装备 2 门火炮，人员约 40 人（含支持人员），配备 2 辆前车、4 辆弹药车以及 20~30 匹马。行军时，排长控制行军队形；作战时，他们坐在马背上指挥，这样可以获得更好的视野，也可以快速移动指挥位置。排长为炮手指定攻击目标，监视射击效果，并控制弹药的消耗与补给。上述这一切都要在炮兵连长的指挥下进行。

一门野战炮如拿破仑炮的炮手在满员时共 8 人，由炮长指挥。火炮架设在阵地上时，炮长还要控制前车，它一般位于炮线后约 20

步远的地方。一门火炮的发射程序是由很多不可缺少的小步骤组合而成的，运作起来的时候就如同一部机器一样精密。在这些步骤中，所有炮手都有具体的职责，他们要接受长期艰苦的训练，才能在困难的作战条件下有条不紊地进行操作。在能够按照规章熟练完成自己的操作之后，每名炮手都要进行换岗训练，一个合格的炮组应在只剩下两人的情况下还能够继续开火（如果此时火炮还没损坏，或者他们还没因为恐慌而逃离炮位的话）。考虑到开火后火炮会发生位移，如何推动沉重的火炮复位就成了个大问题，因此一般认为4个人才是有效操作一门火炮的最少人数。但理论很多时候都会被现实所打破，在一些情况下，火炮在只剩下一名炮手的时候还能发挥作用，当然这得益于严格的训练和士兵本人的无畏勇气。这样的记载在内战中居然还有不少，联邦军的塞缪尔·邱吉尔中士就是其中的一例：他在整个炮组伤亡殆尽、只剩自己一人的情况下依然继续操作火炮进行射击，并因此而获得了荣誉勋章。

总之，一旦确定了作战任务，伴随着炮兵连长下达的"成连队形前进"的命令，整个炮兵连就开始向预定阵地快速前进。驾车的士兵在火炮抵达目的地时，会一百八十度转向并勒停驿马，骑马或跑步跟进的炮手们则迅速从前车上取下火炮，将其滚到炮兵连长用指挥刀之类的东西划出的射击位置上。

炮兵阵地的布置也有讲究，一般炮兵连长会和步兵的指挥官交换意见，在详细了解当地的作战形势和步兵的战术意图之后，选择能够最大限度发挥火炮威力的位置。在这种部署方式中，炮兵连为步兵提供火力支援和掩护，步兵则保护脆弱的炮兵阵地不受敌方步兵和骑兵的袭击，一个部署得当的步兵混合阵地是极难啃的硬骨头。如果步兵从防御转为进攻，炮兵连会先以猛烈的火力摧毁进攻路线上的障碍物和敌军集群，然后在条件许可的情况下以两门炮为一组轮流射击推进。不过，尽管操典中是如此规定的，但实际作战中很少有这种情况出现，因为步兵攻击推进的距离往往很难超出火炮的射程。

通常，火炮之间间隔要超过15码，才不至于被一发命中的炮弹杀伤两个炮组的人员。同时也不能间隔太远，尤其在一些有可能遭遇步兵冲击的地带，这是为了防止两门火炮同时发射霰弹时产生火力空白区域。

在部署火炮的同时，驾车的士兵要继续前行数米后从车上下来，把前车从马上解下来，训练有素的士兵只需数秒即可完成这一任务。牵引用的马匹要在合适的地方隐蔽起来，因为这些马匹将会是敌步兵或炮兵的主要攻击目标，而如果没有了马匹，火炮就只能在阵地上做小范围的移动，很容易被敌人俘获。在这之后，兼作弹药车的前车还要停放到适当的位置，之后炮手才进入各自的阵位：除炮长外，3名炮手位于前车，4名炮手位于火炮后部、炮尾的左边听候命令。

炮长在接到发射命令后，就下达装填弹药的命令，指定炮弹的种类，说明炮弹抵达目

上图：一个野战炮阵地的布置方式

标的射程（通常需要依靠炮长自己的经验来估计，因此能担任炮长职务的一般都是炮组里最有经验的老兵）。位于前车后部的六号或七号炮手会立刻查阅贴在前车盖子上的表格，这张表格上列有对应炮弹的装药量、射程所需要的射角和对应炮弹的飞行时间。查到所需射角后，就大声告诉炮长。

炮长使用象限仪来确定射角，并用瞄准具调整，同时命令三号炮手和四号炮手使用炮尾的手杆来调整火炮的射角，同时还要根据风向和风力来对炮管指向做适当修正。如果发射的是榴弹，那么与此同时，六号或七号炮手还要根据命中时间适当切割延迟引信，之后从炮弹引信孔中抽出活动塞，将引信轻击入引信孔的适当位置。炮弹（捆装有药包）准备好后，五号炮手将其装入帆布背包内，搬运至炮长的位置。炮长检查炮弹是否装有引信，是否是所需要的弹种，药包有没有泄露火药或遭到其他损坏。炮弹检查完成之后，炮长下达"继续进行"的口令，五号炮手接到命令后径直走向炮口，在那里将炮弹交给二号炮手（期间要尽量用身体挡住炮弹，以免敌方狙击手射中药包）。

炮弹由二号炮手放置在炮口，一号炮手（有时是三号炮手）用推弹器将其推进炮膛，完成之后一号和二号炮手离开火炮，站在炮口后面，背向敌方（如果由三号炮手来推弹的话则还要等他回到阵位）。与此同时，四号炮手用长锥通过火门孔在药包上打洞，取出 T 形拉发点火管，用拉火绳钩住拉环，将其插入火门内，然后离开火炮，脸部背向敌方（这是为了防止拉火绳打在自己脸上），拿起拉火绳等待发射命令。发射命令可由炮兵连长、炮兵排长或炮长下达，随着四号炮手用力拉动手里的拉火绳，火炮会喷出惊人

的火光、气浪，发出震耳欲聋的巨响。

火炮一旦发射，就有必要对炮弹是否准确命中目标进行评估。如果没有那些黑烟和噪音带来的眩晕和混乱，这项工作还是很好做的，因为飞行中的射弹很容易观察到，即使是由现代榴弹炮发射的速度高达 750 米 / 秒的弹丸也是一样。炮长必须确定所发射的炮弹到底落在什么地方，这样才能修正下一发炮弹的发射轨道。在炮长观察目标的同时，炮手们将火炮滚回阵地，如果可能的话接着开始清洁炮膛。在此之后，炮长下达发射第二发炮弹的命令，炮手重新调整火炮，很可能要修正射角，也可能要修正引信的延迟时间。以上发射过程不断重复，直到接到军官下达的停止射击的命令为止。

经过训练后，素质较好的炮组每分钟能发射 2~3 发炮弹，其中有许多时间花在火炮复位和反复瞄准上。在战斗中，如果敌人接近到距离炮兵阵地 400 码以内，炮长就会命令装填霰弹。发射霰弹一般比较紧迫，因此一些步骤可以省略，不需要特别仔细地清洁炮膛，也不必仔细瞄准，只需朝着敌人来袭的大概方向发射即可。

灵活、广泛：M1841 型前装榴弹炮

我们提到的拿破仑炮，按当时的分类标准基本都属于加农炮。一般来说，加农炮更适合用作野战火炮，因为其弹道相对平直低伸，适合精确瞄准并摧毁集群步兵、炮兵阵地和车辆等目标。但榴弹炮在战场上的表现同样活跃，和相同口径的加农炮相比，榴弹炮的炮管更短，炮身也更薄，因此更加轻便灵活；其初速虽然较低，但弯曲的弹道更适合发射爆炸弹。

美国内战中使用的榴弹炮主要有 4 种型

号：12磅口径榴弹炮、24磅口径榴弹炮、32磅口径榴弹炮和12磅口径山地榴弹炮。尽管口径和尺寸都相差很大，但这4种榴弹炮的型号均为M1841型。两种12磅口径榴弹炮有时也会和12磅拿破仑炮相混淆，因此在研究史料的时候必须注意这一点。

最轻、最小的12磅口径榴弹炮产量也最多，内战开始前，这种火炮经常和6磅野战炮及12磅野战炮搭配使用。M1841型12磅榴弹炮的炮身长约1.35米，口径和12磅拿破仑炮一样为117毫米，因此可以发射所有的标准12磅弹药。在使用1磅（0.454公斤）发射药发射重8.9磅的爆炸榴弹时，若射角为5°，则射程为980米（1072码），10°射角时射程可以延伸到1408米（1540码）。和加农炮相比，榴弹炮所装填的发射药较少，因此所产生的膛压也没那么高，这样一来炮管就可以做得较薄。12磅榴弹炮的炮身重约358公斤（788磅），全炮重量比6磅野战炮还轻。

因为膛压较低的缘故，榴弹炮发射爆炸榴弹和榴霰弹的时候要比其他野战炮安全，但较

低的膛压也意味着较低的初速和更近的射程。12磅榴弹炮发射实心弹时初速不到12磅拿破仑炮的一半，有效射程更是只有640米（约700码）左右，而且因为炮弹的动能不足，即使在较硬的地面上也难以实施跳弹射击。换言之，如果使用实心弹的话，12磅榴弹炮的威力比公认较差的6磅野战炮更加不堪。但发射爆炸榴弹和榴霰弹的话就完全没有这种问题，而在近距离上发射霰弹时12磅榴弹炮的表现甚至比破仑炮还要好。由于炮管较短的缘故，12磅榴弹炮发射的霰弹弹丸扩散更快，散布范围也更大，因此在300码内由12磅榴弹炮所发射的霰弹对于步兵集群来说更加致命。

但不幸的是，即使南北战争时期的火炮已经达到了前装滑膛炮的技术顶点，但榴弹和榴霰弹的可靠性依然不足。因此，杀伤效果和泛用性更加切实可靠的实心弹依旧是运用最为广泛的弹种，这使得榴弹炮的战场效用受到了极大的限制。有很多人抱怨榴弹炮不能像拿破仑炮那样在中远距离上有效驱散和杀伤敌方步兵。尽管这种评价其实是不公

上图：南北战争中北军所生产的炮弹

平的，因为榴弹炮本身的用途就不是提供直接火力支援，但在战斗中很少会有人注意到这一点，对于装备匮乏的南方军队来说更是如此。

实际上，有许多 12 磅榴弹炮被当成野战火炮来使用，但这只是无奈之举。战争开始的时候南北双方都没有做好准备，火炮和其他装备奇缺，因此任何能开火的武器都是急需的。随着战争的进行，装备物资较为充裕的联邦军队在战争中后期基本淘汰了 12 磅榴弹炮，仅保留了一些大口径榴弹炮；但南方军队一直很缺少火炮，因此不少 12 磅榴弹炮一直被使用到战争结束。北弗吉尼亚军团第一兵团的炮兵长官 E. 波特·亚历山

1863 年邦联火炮手册和 1864 年联邦野战炮兵介绍中的射程表对比

武器	装药（磅）	弹种	仰角（°）	邦联射程（码）	联邦射程（码）
6 磅炮	1.25	实心弹	0	318	320
			1	674	675
			2	867	870
			3	1138	1140
			4	1256	1250
			5	1523	1525
12 磅炮	2.5	实心弹	0	325	350
			1	620	660
			2	875	900
			3	1200	1270
			4	1320	1450
			5	1680	1660
12 磅榴弹炮	1	榴弹	0	195	200
			1	539	540
			2	640	640
			3	847	840
			4	975	975
			5	1072	1070

大曾经提到他的部下创造性地将 12 磅榴弹炮安装在垫木上，从而使其能在高仰角下瞄准和射击，将之作为臼炮使用。

1864 年 3 月，北弗吉尼亚军团的炮兵指挥威廉·彭德尔顿检阅了田纳西军团的炮兵。在他的报告里，12 磅榴弹炮被抨击得一文不值，比被他说成"近乎无用，如果实际上不会更糟"的 6 磅滑膛炮更糟糕，"几乎没有价值"。但不幸的是，此时该军团四分之一的野炮营仍由 12 磅榴弹炮组成。彭德尔顿认为这种榴弹炮只有在破坏木制的村庄建筑时才是有用的，因此需要用其他更有力的武器——比如说拿破仑炮——来替换。李将军对他的观点表示赞同，决定将这些火炮送回后方并熔化掉，用来制造新的拿破仑炮。然而由于产能不足，这一想法并未得到充分实施，许多 12 磅榴弹炮仍然留在邦联军中服役，直到战争结束。

和口径较小的 12 磅榴弹炮不同，24 磅和 32 磅榴弹炮一直被认为是颇具毁灭性的攻击武器。24 磅榴弹炮身长 64 英寸（1.62 米），重 1318 磅（约 598 公斤），在 5° 射角时使用 2 磅发射药发射重 18.4 磅的榴弹，有效射程可以达到 1322 码（约 1209 米）；32 磅榴弹炮炮身长 75 英寸（约 1.9 米），重约 1920 磅（871 公斤），在 5° 射角时使用 2.5 磅发射药发射重 25.6 磅的榴弹，有效射程可以达到 1504 码（约 1375 米）。较大的口径使得其发射的榴弹能装填更多火药，因此对建筑物等目标的破坏能力也更强。在进行防御作战时这两种火炮也有令人称道的表现。因为口径大、炮身较轻，因此榴弹炮的射速比野战炮更快，发射霰弹时的威力也更加可怕。参加过皮特斯堡战役的联邦军炮兵将领亨利·阿伯特声称："没有火炮能比 32 磅或 24 磅野战榴弹炮更有效。"接着他提到一个战例：一处阵地由装备

了两门 32 磅榴弹炮和一门 24 磅榴弹炮的康涅狄格重炮一团协助守卫，在遭到南方步兵的进攻时，那里的榴弹炮"保持着射速如此之快的霰弹火力，驱逐了损失惨重的（敌军）纵队"。

另外，邦联研制过长 64.4 英寸，（约 16.4 分米）口径 4.62 英寸（约 1.17 分米），重 850 磅，铁制炮管的 M1862 型 12 磅野战榴弹炮。实际上早在 1861 年 11 月，特里迪加铁工厂就开始按照这个样式来铸造火炮，之后他们也铸造了一些青铜的 12 磅野战榴弹炮。最终，特里迪加铁工厂在 1862 年 4 月以前铸造了 30 门铁制的该型火炮，并且在 1862 年 11 月以前又铸造了 34 门青铜的。一些其他的南方工厂也生产过 12 磅榴弹炮。田纳西州纳什维尔 T．M．布伦南公司在铸造厂被占领之前铸造了 20 门炮。田纳西州孟菲斯的昆比 & 罗宾逊公司也生产了 43 门 12 磅榴弹炮，其中最后 3 门在工厂被烧毁时还没有完工。新奥尔良的约翰·克拉克公司在城市沦陷前生产了一些 12 磅榴弹炮供西部的军队使用。另一家新奥尔良的企业利兹公司在同一时期生产了 9 门 12 磅榴弹炮。哥伦布（乔治亚州）铁工厂铸造了至少 12 门青铜榴弹炮，有一门是用当地贵妇捐献的家用青铜物品铸造的。乔治亚州罗马市的诺贝尔兄弟公司在 1861 年到 1862 年生产了 14 门 12 磅榴弹炮。密西西比州维克斯堡的 A．B．雷丁布拉泽公司在 1861 年到 1862 年交付了 2 门 12 磅榴弹炮。理查蒙德的华盛顿铸造厂在 1862 年生产了 10 门做工粗糙的 12 磅榴弹炮，这些火炮是在萨姆逊帕克公司的理查蒙德机器店里完工的。总体上来说，邦联军队继续生产 12 磅榴弹炮的主要原因还是战争初期火炮的极端匮乏，从 1863 年开始邦联就再也没有制造过任何样式的 12 磅榴弹炮了。

12 磅山地榴弹炮虽然也被划分到榴弹炮

的范围之内，但不论在设计上还是在运用上都显得比较特殊。1835 年，美军装备了从法国产品仿制而来的 M1835 型山地榴弹炮，但产量只有 12 门。经过一些设计上的改进，新的山地榴弹炮被命名为 M1841 型。一门 M1841 型 12 磅山地榴弹炮口径同样为 4.62 英寸（117 毫米），可以使用所有的标准 12 磅弹药，但炮身长度仅有 37.21 英寸（0.945 米），重 220 磅（119 公斤）。整门火炮的重量——包括炮身、炮轮和炮架——加起来甚至都还没有一门 12 磅榴弹炮的炮身重。由于炮身较薄，12 磅山地榴弹炮并不能承受太高的膛压，在使用时一般只装填 0.5 磅的发射药，只有 12 磅榴弹炮的一半、12 磅拿破仑炮的五分之一，因此射程也自然较近。根据美军上校亨利·斯考特的《1861 年军事词典》中的内容，该火炮发射榴弹时，在仰角 2° 30′ 的情况下射程只有 500 码，而 12 磅拿破仑炮在 2° 仰角时射程为 900 码，6 磅野战炮在 2° 仰角时射程有 870 码，12 磅榴弹炮在 2° 射角时射程也有 640 码。

在战争开始前，12 磅山地榴主要由马萨诸塞州的塞勒斯·阿尔杰公司和埃姆斯公司

生产。因为炮身小巧，这种火炮非常便宜，在内战开始时每座炮身的价格仅为 165 美元。尽管射程不足，但山地榴弹炮是一种又小又轻的武器，在崎岖地形上使用时可以分解并由牲畜携带，因此非常灵活。在 1846—1848 年的美墨战争中，一些山地榴就已经投入过实战。随后在佛罗里达到西海岸一带发生的和印第安人的冲突之中，山地榴也发挥过不小的作用。内战期间也有不少山地榴投入了战斗，在对抗激烈的东部战区这些小型火炮用处不大，对方甚至用 6 磅火炮就能轻易对其实施火力压制；但它在西部还是受欢迎的。

内战中，一部分 12 磅山地榴被用来当作骑炮参与到骑兵的快速袭击之中。12 磅拿破仑炮尽管有时也会以骑炮兵的方式运用，但对于执行袭扰任务的骑兵来说还是太过笨重，即使较轻的 12 磅榴弹炮也是如此。南军的巴兹尔·杜克准将曾热情地赞美 12 磅山地榴："没有比它更合适的骑兵炮了，虽然打不远，但在我经历的骑兵战斗中，它的射程完全够用。马匹能到的地方它都能到，而且还可以由徒步的士兵用人力拉上火线。"杜克准将的肯塔基第二志愿骑兵团装备了两门 12 磅山地榴，在游击战中十分活跃。士兵十分喜爱这种炮，给它取了个诨名"小斗牛犬"。南军著名的游骑兵指挥官莫斯比少校也曾多次深入敌军后方，用山地榴轰击北军的火车和运输车队。

除了配属给骑兵使用之外，很多山地榴弹炮也配属给步兵部队使用，而不是像其他火炮那样配置给常规的炮兵部队。在这种情况下，山地榴弹炮扮演着伴随步兵的支援武器的角色，不过仍然会被尽可能地集中使用。1864 年，亚特兰大军火库发放了 14 门 12 磅山地榴弹炮，全部都是田纳西军团从联邦军

手里缴获的。内战中的几场战役很难看到 12磅山地榴的身影，因为交战双方并不重视这种武器。南军将领帕特里克·克利本在发生于肯塔基州的里士满战役期间报告说，北军"在他们前天占领的一座小山上，用一门山地榴弹炮维持着可笑的火力"。不过，在一些偏僻的地区，比如 1861 年在西弗吉尼亚的卡尼菲克斯·费里、新墨西哥州的格洛列塔、西弗吉尼亚的贾尔斯法院，以及 1862 年在明尼苏达州的伍德湖，山地榴反而发挥了超出预期的作用。在伍德湖的战斗中，联邦军队就声称他们的山地榴在对付苏族人时"效果很好"。在地形复杂、缺少道路的西部与印第安人作战时，12磅山地榴发挥了更大的作用。1864 年 11 月 25 日，在德克萨斯州的砖墙镇，卡森将军和 400 名部下与 1000 名科曼奇人交战。卡森有两门 12 磅山地榴。为了躲避科曼奇人的子弹，炮手在一座小沙丘后装填弹药，然后将炮推上沙丘顶，瞄准发射。巨大的后坐力将火炮推回沙丘底部，有时甚至使它翻着跟斗滚到沙丘脚下，但火炮没有损坏，正过来还能用，卡森就这样靠火炮打退了科曼奇人。这个战例充分表明了山地榴的轻便耐用。

按军队正规的编制，12磅山地榴弹炮同样由 6 门编成一个炮兵连，配有 33 头骡子。在道路条件较好的情况下，山地榴可以像其他火炮那样跟前车组合在一起，靠一头骡子拉走；但在山区或者道路中断的时候就必须拆分开来驮载。每门火炮理论上由 3 头骡子运输，第一头骡子驮炮身，第二头驮炮架和车轮，第三头驮两个弹药箱。行军时骡子前后间隔两码，每头可以驮 250~300 磅货物。这些骡子可以运载所有的火炮、一个备用炮架、各种炮兵用具和288 枚炮弹。但实际上，每个连往往只有 4 门火炮，有时候还要被拆开，把单门火炮配给部队。一部分配属了山地榴的骑兵团编有专门的骑炮连，炮手由各个骑兵连中抽调。因为这些山地榴总是由骡子运载，装备了山地榴的炮兵连有时会被称为"Jackass 炮兵"（"Jackass"指驴或傻瓜）。山地榴炮连使用骡子来运输，是因为在丘陵地区骡子的通行能力比马强。虽然骡子在炮火下比马更容易惊慌和失控，不过较轻便的山地榴可以用人力推上火线，骡子可以留在安全的后方。

堑壕、门球：臼炮

在南北战争中，随着线膛武器装备数量的上升，战场上的直射火力不断增强，因此交战双方也不得不采取对策来降低步兵的损失，比如散开原来的线式队形，改用散兵线。而最有效的防御莫过于构筑坚固的工事。在一开始，防御一方只是尝试建立起一些矮墙、篱笆和栅栏，以此来为己方步兵提供遮蔽和掩护，同时阻滞进攻一方的前进，破坏其行军队形。这种做法简单而有效，如葛底斯堡战役中，一道不算太高的木栅栏就给乔治·皮克特率领的邦联军部队制造了极大的麻烦。这些简陋的野战工事在实战中不断发展和完善，战壕、掩蔽所等元素也逐渐加入进来，很快发展成了完整的筑城工事体系。步枪与铁锹的有机结合，创造了新的作战形式，战壕和沙袋成为南北战争的一大特点。从欧洲到美国来观察战争的官员认为堑壕战是美国内战最显著的特征。

士兵凭借战壕，能对进攻者构成极大威胁。北军的李曼上校总结说：把步兵部署在战壕里，在后面的小山头上设立一个炮兵阵地，那么，即便他们不是精锐部队，也可以发挥以一敌三的效力。南北军的一般士兵也认为"一个躲在工事后面的人，抵得上工事外面的三个人"。

在堑壕战中，北军还率先使用了铁丝网作为障碍物，南军称其为"只有扬基佬才能发明出来的鬼东西"，这使"壕沟防御式的战斗"上升为战争的主流。1864年，在弗吉尼亚，双方就已经展开了如同日后第一次世界大战那样典型的堑壕战。

在这种环境下，双方野战炮兵的打击威力被严重削弱。作为炮兵主力装备的直射火炮威力虽然强大，但对深藏在地下的战壕和掩蔽所却很难造成威胁。如果不能摧毁对方的防御工事，那么任何由步兵所发起的进攻都很可能以悲剧收场。为了摆脱这一困境，一种看似更加古旧的装备投入了使用，那就是臼炮。

臼炮是一种历史极其悠久的炮兵武器，早在13世纪就已经有了臼炮投入实战的记载。因为有着弹道弯曲的特点，臼炮可以越过坚固的城墙轰击藏在其后的目标，正好也非常适合拿来对付藏在堑壕里的敌人。

南北战争期间使用最多的臼炮是24磅口径的M1838型及其改进后的M1852型，这种臼炮口径为5.67英寸（144毫米），身管只有16英寸（406毫米）长，结构极

为简单，就是一个短粗的炮身固定在厚木板做成的底座上。24磅臼炮的炮管由青铜铸造而成，不含底座的话重量只有74.39公斤（164磅）。射击时，火炮放置于平整过的地面上，后坐力会通过位于炮管尾部的短粗炮耳传递到底板上，进而被地面吸收。但简单的结构也会带来不便，因为没有炮轮，如果要改变火炮的射向或者移动阵地，就必须靠强壮的炮手抬起来。

因为炮身太短的缘故，臼炮只能用于曲射。短粗的炮管无法充分利用发射药的推动力，因此为了保证足够的射程，臼炮的发射药装填量一般远超同口径的其他火炮。以24磅臼炮为例，其装填的发射药重达5磅，是同口径榴弹炮发射药量的2.5倍。它以45°仰角发射榴弹时的最大射程则只有约1097米（1200码）。为了承受发射药的威力，臼炮的炮管厚度远超其他火炮，有些甚至达到同口径火炮的三倍以上。尽管如此，因为简单和轻，臼炮依然算得上是一种轻便的火炮，同时也是一种便宜的武器。24磅臼炮的炮身每门售价不到100美元，只相当于几支步枪

上图：*1862年半岛战役期间，维吉尼亚州约克镇的防御工事*

上图：*24磅臼炮和更小的12磅臼炮*

的价格。因为缺乏铸炮用的青铜，邦联军方面还用成本更低的铸铁来制造过臼炮，其价格就更加低廉了。

要想使用臼炮来准确命中目标可不是件容易的事情，即使是老练的炮兵也很难做到。短炮身、低初速和弯曲的弹道，所有这些特征加在一起就决定了臼炮根本不是一种"精确"的武器。但较大的口径意味着其发射的榴弹有更多的装药量，这在一定程度上弥补了其精度上的缺陷，使得臼炮成为攻击防御工事的不二之选。因为炮弹飞行速度太慢，在发射榴弹时炮手一般会将延时引信设置得非常长。低速的炮弹在天空中所划出的抛物线很容易被肉眼看到，如果是在夜间，燃烧的引信向外喷射出火花，炮弹在夜幕中看起来就像拖着炎尾的流星一般，如果单从观赏性而言，这确实称得上是赏心悦目的美景，南北战争时期甚至有士兵称之为"弗兰克福特的流星"（弗兰克福特是北军主要兵工厂之一的所在地），只不过这些流星带来的是死亡而并非幸运罢了。

如果没有因为引信太短而在空中爆炸，落点区域的地面又不是太过松软的话，臼炮所发射出的榴弹落到地面时会弹跳起来并到处乱滚。因此在遭受臼炮的轰击时，原本能够防御野战火炮直射的野战工事也会变得不怎么安全，一发滚入战壕或掩蔽所的榴弹就能导致一场惨剧的发生。臼炮的炮手将延时引信设置得很长的目的之一也正在于此。因为飞行轨迹很容易发现，臼炮的弹着点也很容易判断，一些胆大的士兵甚至会去寻找落在地上的未爆弹，然后用枪托或者工兵斧的斧背将其打进不会造成太大破坏的低洼处。这可谓是一种疯狂的游戏，其危险程度可以和后世的"俄罗斯轮盘赌"相提并论，当时的士兵将之称为"门球"。一封南军士兵的信中就曾提到："……用他的勇敢和运气赢得了四次'门球'和六百美元，但在第五次失了手。"

除了24磅臼炮之外，当时还有32磅和48磅等其他口径的臼炮，这些臼炮同样在各种攻城战中发挥了重要作用。最值得一提的是被称为M1861型海岸迫击炮的巨型臼炮。这种臼炮口径达到了创纪录的330毫米（13英寸），炮身重量达7.83吨（17250磅），是当时世界上最大的臼炮。因其炮身过于沉重，运

上图: M1861 型臼炮

输和部署都十分困难，大部分这种臼炮都被部署于要塞炮台之中，只有少量被安装在军舰上，通过一个特制的转盘来调整射击角度。

1864 年 7 月，联邦军队围攻弗吉尼亚州的彼得斯堡期间，有一门 M1861 型臼炮被安装在特制的小型铁道列车上，参与了对邦联军队的炮击。装填 20 磅发射药后，该炮能将 200 磅重的球形炮弹发射到 4 千米之外，开炮时的声势极为惊人，有士兵甚至说"从十英里外就能听见炮声"。从 7 月到 9 月，该炮共实施了 218 次射击，除了用于摧毁防御工事之外，还凭借射程优势对南军的炮兵阵地进行了压制。其巨大的威力有效地震慑了南军炮兵，也为其赢得了"独裁者"这个著名的外号。

在内战中，M1861 型臼炮主要由联邦军队使用，共生产了 162 门，其中有 27 门幸运地保存了下来，成为各地博物馆中的宝贵藏品。内战中装备的大部分火炮命运也都与之相似，在美国的很多地方都能看到作为陈设品摆放的旧式火炮，仿佛在提醒人们不要忘记多年以前那场惨烈的战争。

南北战争给这个国家带来的影响远比人们所能看到的更加深刻，尽管血腥而痛苦，这场战争却为美国资本主义的加速发展扫清了道路，并为美国跻身于世界强国之列奠定了基础。战争中投入使用的新技术和新发明也同时让欧洲的观察家受到了震动，从某种意义上来说，美国内战也推动了第二次工业革命的进行。在这种大前提下，以拿破仑炮为代表的旧式滑膛前装火炮最终走下了历史的舞台，被新式的线膛炮所取代。同时，线式战术时代结束了，而一个新的战术时代即将开始。在这个新的时代，作为"战争之神"的火炮在科学的武装之下，会让血与火的厮杀变得更加残酷。

作者/
PZL

从城堡到棱堡

西洋筑城变革简史

14 世纪中期，用于围攻的大炮首次亮相于欧洲，并在随后几个世纪里彻底地改变了战争，特别是围城战的形式。为了应对火炮，各种具有复杂系统的棱堡与外围工事应运而生。与此同时，日趋完善的有关围城战的新式理论也不断涌现。

——弗里德里克·施耐德（美）《图解世界战争战法》

圣塞瓦斯蒂安要塞里法军的坚守，让威灵顿措手不及，同时甚至影响了整个半岛战争的局势。不过在此之前，铁公爵已经饱尝围攻要塞之苦了。

1812 年 4 月 6 日，西班牙，巴达霍斯城。这一天是这座毗邻葡萄牙边境的西班牙城镇，面临它在半岛战争中第四次，也是最后一次围攻战的日子。很快，城内外的 2 支外国大军就要为了这座远离他们故土的异国之地而血流成河。

在城外想打入城中，进而向西班牙挺进的是英国阿瑟·韦尔斯利将军率领的 27000 多人英国、葡萄牙联军。阿瑟·韦尔斯利，就是那位此前在南亚次大陆大破印度土邦王、于伊比利亚半岛屡败拿破仑手下的法国将军，日后以威灵顿公爵之名扬威滑铁卢的拿破仑终结者。城里迎战的是不到 5000 人的法军，指挥官为阿曼德·菲利将军。毫无疑问，阿曼德·菲利的名气远不能同威灵顿公爵相比，在世界军事历史上也几乎可以算作是无名之辈。

不过战争可不是光靠士兵数量和将军的名声就决定胜负的。自 3 月中旬以来，英葡联军便屯兵城下，兴建围城工事，逐步敲打守军的各个堡垒与城墙，试图从中炮轰开个突破口。阿瑟·韦尔斯利计划以佯攻加主攻的方式实施强攻。4 月 5 日，城墙被打出 2 个能让突袭部队通过的突破口。但是威灵顿并没有下令在当天实施强攻，而是又拖延了 1 天，下令在突袭前再打开个突破口。

当 4 月 6 日晚 8 时英军进攻开始后，法国守军的炮弹和爆炸物狠狠地给英军放了血，英国人只有通过反复进攻，比顽强的法军更顽强，一步步接近胜利。尽管最终法军还是不敌顽强的占有人数优势的敌人，但是

也迫使英葡联军在短短几小时的战斗中付出伤亡将近 5000 人的代价。由于伤亡惨重，以至于入城后的英国部队疯狂洗劫了未在战斗中帮助法军的巴达霍斯人。

法军卓有成效的防守给英国人好好地上了一课，促使英国之后对于工程兵的重视。凭借这场战斗，默默无闻的将军证明了自己是不可轻视的对手，虽败而犹荣。除了法国军队自身的素质，和他们一起阻挡英军进攻，规划修建于 17 世纪的巴达霍斯城的城防也是让围攻者鲜血横流的重要因素。在拿破仑战争，以及之前和之后的欧洲其他战争中，我们往往能看到如巴达霍斯城一样古老的城防设施抵御，一次又一次地接受新时代战争的考验。追溯这些古物的历史，了解它们的演变，透析欧洲从中世纪到近代以来的城塞攻防，正是本文的目的所在。

从防栅到石墙

托迪士尼之福，现在无论是欧美还是日本的动漫作品中，但凡画面中出现了欧式的古堡，其建造材料必定非砖即石，外形多为护墙高耸，尖塔林立，城堡内吊桥机关重重，地牢必不可少。为数众多的守卫在其中往来巡逻，居住在城堡主楼中的不是恶魔就是公主。

然而在现实世界，中古欧洲城堡的最初情形可要寒酸得多。城堡在中世纪的欧洲扮演着军事防御与政治、社会中心的双重功能。为了抵抗漂洋过海而来的维京海盗，法国卡佩王朝在建立之初就在法国的西北部建立了大批木制城堡，同时也大量出现了所谓的城堡领主（Le Chatelain）。他们拥有军事征调权和司法管辖权，以亲王、伯爵或主教的名义来行使原属国王的公权力，选定具有优越

战略与交通地位的地区建筑防御性质的城堡。他们在邻近地区扩张家族势力，占据了新的土地后又会修造更多的城堡委托给自己的家臣管理。就这样，从1020年至1050年间，法国的安茹、普瓦杜、旺多姆、勃艮第、法兰西岛、夏朗德等地区的私人城堡数量较之前多出两到三倍。

稍晚些时候，被法国人同化的维京海盗后裔——诺曼人成功地从法国西北部出发，征服了与之隔海相望的英格兰，并在那里大量修建了土丘—外庭式城堡（Motte-and-bailey castle）用以弹压反抗者。其所采用的护墙结构正是恩格斯的《筑城》一文中提到的，人类最古老的工事——防栅（Stockade），即防御用的栅栏、围桩。

土丘—外庭式城堡就是在一座天然或者人工堆成的土堆上，建有作为防御中心的城堡主楼，往往会围有一圈防栅保护；在土丘脚下，是同样也用防栅来包围出的作为生活区的外庭；于土丘和外庭之外挖掘出的壕沟就是整座城堡的边界与第一道保护防线。从波兰到英格兰都能看到这种结构非常原始的城堡。这里不得不指出，中文版的《马恩合集》里，将恩格斯所说的："masonry walls"翻译成了"石墙"，这其实是不准确的。众所周知，"masonry"

下图： 被认为是迪士尼城堡原型的德国巴伐利亚新天鹅城堡。建于1869年的这座城堡尽管建筑风格上取自中世纪德国的城堡，但是实际上由于在建筑材料中又使用了现代的水泥，并采用了现代化的建筑技术，所以实际上只能视为建造者路德维希二世的私人豪宅

上图: 土丘—外庭式城堡结构图

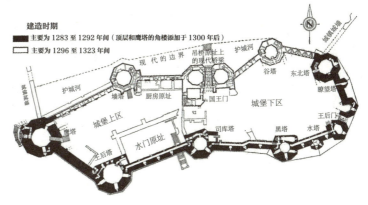

右图: 图为卡那封城堡的平面图,从图上的比例尺看,墙体的最大厚度大约在5、6米左右。卡那封城堡的塔楼不止有防御功能。图中的司库塔,兼作金库;水塔,储存饮水;谷塔,当然就是粮仓了;鹰塔,王家寓所所在之处

意思是包括了砖、石两种材料在内的砌体结构的合称,所以理应翻译为砌体墙。笔者为了方便熟读《马恩合集》中译本的读者,绝大多数被导师们提到过的名词,尽量注释上英语原文,并在行文中加以引用。

英国国王"长腿爱德华"曾为了征服威尔士而修建号称"石环"的城堡群,卡那封城堡是其中的一座。城堡外体于从1283年开始重修,至1330年竣工,耗资20000至25000英镑,而毗邻的卡那封镇的城墙则耗

资 3500 英镑，这在当时都是巨资。不过"长腿"耗费的钱财没有白费，在 1304 年的一场袭击中，28 名城堡守兵击败了 300 多来袭者——在和平时期，卡那封城堡只有 20~40 人守卫。

威尔士的面积为 2.1 万平方公里，历史上曾经有过 400 多座城堡，至今留存的也有 100 多座，号称是"世界城堡之都"。其城堡密度之所以高，除了封建领地制必然会导致各级封建领主兴修保卫自己采邑的城堡工事外，还因为"长腿爱德华"之后的英格兰统治者继承了"长腿"对威尔士的"石环"政策，萧规曹随在当地大兴土木，建造城堡。

以城堡筑垒稳固对占领区控制

上图：展现卡里斯布鲁克城堡（Carisbrooke Castle）14 世纪面貌的模型。可以很清楚地看到这座城堡的材质虽然都已是石质了，但依然保留着土丘—外庭式城堡的结构。相比之下，同样是由土丘—外庭式城堡改建的卡那封城堡就被改造得十分彻底

上图：展现 13 世纪卡那封城堡与卡那封城镇面貌的模型。卡那封城堡地处威尔士西北部，在 13 世纪以前就是当地原有一座土丘—外庭式城堡，英格兰国王"长腿爱德华"将其完全更换为石墙结构。城堡长约 500 英尺（150 米），宽约 150 英尺（45 米），城墙厚度大多在 10 英尺（3 米）。卡那封镇的城墙现存 2408 英尺（734 米），石灰岩材质，内部占地 4.18 公顷，有 8 个塔楼

上图: A. 名为"猫"的攻城槌; B. 攻城槌移动滑轮; C. 投石机; D. 弩手; E. 木制带有吊桥的攻城塔

上图: 护城河被柴捆填平后, 满载登城士兵的攻城塔靠近了城墙, 这时墙上守军居高临下的优势已不复存在, 并且还会受到来自攻城塔顶部敌军弓箭手的火力压制

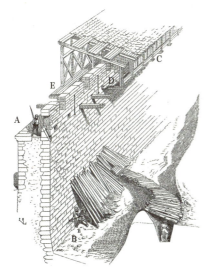

上图: 幕墙的结构铺面图。A. 卫兵; B. 攻击一方的尖头兵; C. 棚楼; D. 突廊口; E. 女墙内测通道的平台

上图: 塔楼的垛口与突堞口。B. 胸墙; C. 城墙; G. 突堞口上的走道; H. 上层楼面; K. 门; L. 上层胸墙

左图：建造中的圆形塔楼

下图：具有防护措施的幕墙的部分断面图。B. 镂空出射击孔的胸墙或者叫作城垛；C. 带有叠涩的城墙；D. 屋顶；G. 弓箭手的走道与战位；L. 墙内的木制走廊

的不止英格兰一家，十字军在叙利亚的骑士堡、条顿骑士团在东欧建立的马尔堡都是其中的典范。这些城堡很大程度上都满足了修建者的需求——攻击者将在坚城之下损兵折将，除非他们凭借诡计或是奇谋，再或者是最简单却又最为漫长的方法——围困，否则即使付出惨重代价，也未必一定能取胜。

根据 19 世纪法国建筑师与理论家维欧勒·勒·杜克的《11 世纪至 16 世纪法国建筑词典》所描述，中世纪的城墙的横剖面是高度远大于宽度，墙体采用类似夹片面包的结构，内外表面为砖、石砌体，中间可能是夹杂拌有砂浆的石块，外形几乎完全垂直，宛如幕布。英语中将这种城墙称为 "curtain wall"，直译就是幕墙。对于这种城墙恩格斯有详细地写道："石墙筑得很高，甚至使用云梯也难以攀登，而且相当厚，足以长时间抵御攻城槌的撞击，并使防御者可以在较薄的、带垛的石质胸墙的掩护下，在石墙上自由行走。通过胸墙上的射孔，则可向围攻者射箭或抛丢其他投掷物。为了加强防御，胸墙不久便筑在石墙顶端向外突

出的悬石上，悬石之间留有孔隙，使防守者可以看到墙根，如果敌人进到这里，防守者就可以直接从上面投物杀伤他们。"

除了石墙本身，还有"围绕整个石墙挖掘"的护城壕"作为阻止敌人接近的主要障碍"，再结合突出于石墙、相互之间构成交叉火力的塔楼，三者协力使"石墙的防御能力就达到了最高的发展阶段。"

就在石墙达到其发展最高阶段的当口，一件当时还不起眼的武器已经问世，并且很快在下一个世纪脱胎换骨大显身手，对石墙发起挑战，这件武器就是火炮。

来自地狱的机器

在真正的黑火药发明后，欧洲就出现了第一批金属炮，不过它们的起源也被时间和传奇所掩盖。尽管传统上曾认为德国僧人贝特霍尔德·施瓦兹第一个点燃了金属管件里的黑火药，并发射出抛射物。但很多研究者都认为，"黑色的贝特霍尔德"多半是德国人为了增强他们的民族主义自尊心而虚构出来的。

追溯到 14 世纪早期,最早的火炮是种颇为渺小的物件,也许还是钟匠的作品。钟匠是中世纪仅有的具备必要的铸造和金属加工技艺的工匠。同属一个时代的手稿插图与少数留存下来的实例表明,这些炮是花瓶形状的,有着法语和意大利语的名字 "pots de fer" 和 "vassi"。虽然图像上描绘的武器可能有 0.6 米到 1.2 米长短,但在瑞典斯德哥尔摩的国家历史博物馆所收藏的欧洲现存最古老的 "pots de fer" 型的洛斯胡尔特炮(Loshult Cannon),却只有 30 厘米长,口径 36 毫米。插图上显示了这样的炮安置在木桌上,使用 1 块灼热的铁棒,或者浸泡过硝酸溶液的导火绳点火。它们发射铁制弩式箭头或者方形箭镞,箭杆上可能还都带有黄铜、皮革或者锡质箭羽。毫无疑问,这样的武器装填速度慢、在射程上也不会比起当时的弩更远。同时,它们还十分地不精确。

然而这类武器代表了进步方向,它们被加入到欧洲兵工厂中,这在 1313 年的比利时根特市的军械清单上、关于 1324 年梅斯围攻战中加农炮发射实心铁弹的报告中,以及佛罗伦萨城在 1326 年 2 月 11 日要求黄铜炮(canones de metallo)的订单里都能得到证明。在 1338 年的 1 份文档中,出现了海军火炮的早期记录。在一次法国舰队对抗英格兰的行动中,法军运载了 1 门 25 磅重的花瓶型火器、3 磅火药和 48 枚发射物。在短短 20 年内,这项新技术似乎已经在整个西欧蔓延开,创造了对于新型和更有效的火炮

上图: *1326 年《De Secretis Secretorum》手稿插图中的花瓶形火器*

下图: *洛斯胡尔特炮的剖视图*

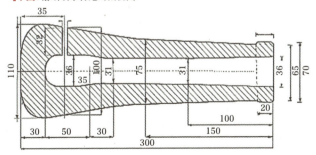

下图: *洛斯胡尔特炮的照片,该炮的年代被认为在 1300 至 1350 年间*

▌上图：早期形形色色的火炮实物照片，可以看得出它们的结构十分原始

▌下图：印度杰伊加尔堡内还保留着被铁条缠绕的炮范

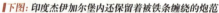

的需求，并且引发了新的中世纪军备竞赛。从14世纪初开始，战场日益笼罩在白色、刺鼻的硝烟中，士兵被大炮的轰鸣声震耳欲聋。

由于这些早期的火炮本质上是钟匠手艺的衍生产物，所以早期的炮匠开始将他们惯用的赤铜、黄铜或者青铜拿来铸炮。在中世纪。公认钟的合金混合比例是5份赤铜对应1份锡。随着经验和实验的积累，最终达到的比

例为9份赤铜对1份锡，这种合金就被叫作"炮用金属"。

铸炮采用了和铸钟一样的工艺，简略地说都是将融化的金属浇注到由黏土制成、外层以铁条环绕加固的模范中。在冷却后，模与范都被拆除，炮膛和外表面都要加工到光滑。对于早期的火炮而言，赤铜、黄铜和青铜都具有熔点低和利于加工的优点。它们的主要缺点——

特别是赤铜——则在于它们的脆性，需要用厚重的炮管来承受点火后的冲击，否则就会炸裂或者是以其他方式自毁。在铜炮发明后不久，炮匠开始尝试使用锻铁，一种更坚固更具弹性，同时也存在若干固有缺陷的金属。

锻铁炮炮管的锻造过程需要非常高的温度，先用带有风箱辅助的火炉将一根根的铁条加热到通红，然后将其敲打环绕于一根木制的芯轴上。这些铁条随后通过若干根白热化的铁箍紧固，这些铁箍在冷却后会收紧。在总装时会再度加热，以软化金属，好使得

铁匠可以将铁条敲打熔合在一起。在这一过程中，必将要把木芯充分地炭化或者烧成灰烬以便将其从炮孔中移除。早期的炮管上用2~6个铁箍箍紧，而到了后来，整个炮的外表面上都有加固的箍。工匠用融化的铅填补铁组件之间的任何缝隙。整个过程类似于制桶，这也许就是为什么英语里用"barrel"也就是"桶"这个字来命名炮管。

锻铁炮的发明使得制造出比铸铜炮还要大得多的武器成为可能。但是由于这个时代还不够精确地冶金技术，铸铜炮也是一样，

上图：锻铁炮制造过程示意图

右图：约 1370 年代的 1 门锻铁炮

上图：约 1390 年代的一门可调俯仰角度的小型射石炮

上图：现存世界上锻铁炮中口径最大的奥地利重型射石炮帕姆哈特·冯·施泰尔，建造于 15 世纪前半期，口径达 800 毫米

无法制造出有着精确公差的炮管，这样就降低了火炮的精度。比起精度更值得关注的是，炮管在发射时仍然会经常爆炸。从锻铁炮"箍—壁"结构的根本性质上来说，就像隐藏在铸造件管壁内的内部气泡一样，要消除所有内部缺陷是不可能做到的。虽然有着这类故障的炮可以经历若干次射击而无可见损伤，但是终有一天会因为反复使用或者过重的装药而导致炮管爆炸。至1375年，制造商开始在出厂前采用过量装填发射来测试炮管的结构完整性，合格的炮上会有一个证明标记以表明。

早期的弹药除了花瓶型火器所用的箭头外，炮弹多为球形的铅、铁、或者石弹。铁弹适合用于对付石质工事，同时由于它是铸造的，所以可以与炮管更为精确地匹配。但是铁弹造价昂贵，而且大口径的铁炮非常沉重，在运输方面令人望而却步。石弹因而往往更适合用于较大口径的火炮，它们相比同尺寸的铁弹更轻，要达到相同射程的情况下石弹所需要火药更少。因为火药用得少，压力就小，炸膛的概率也随之减少。不过石弹需要由熟练的石匠精心打造，并且用木制或者羊皮材质的量规校验。由于石弹比较脆弱，在射击石质工事时往往就容易碎裂，这既是缺点也同样是个优势。因为守卫者无法拿石弹重复利用回敬原来的主人。

无论是使用石、铁或铅弹，装填和发射早期火炮都是项复杂而危险的命题。在颗粒火药发明前，简单混合而成的粉末火药里的硫黄因为较重，所以在储存和运输过程中容易下沉分离，而导致火药失效。因此当时通常采用现场调配火药的方式。

首先，炮手自行酌量取出对应自己火炮和炮弹需要的发射药。对于一些较大的火炮，就要用到一把装填用的长柄木铲，将火药塞进火炮的药室。下一步，用捣药杆将火炮药室内的火药春撞压实。需要特别注意的是，火药既不能压得太紧也不能太松，否则都不能使其有效燃烧。任何火药武器的成效都还取决于膛内的气密性，气密性牢靠就能让火药燃烧充分，产生足够的压力，高速射出弹丸。但是受到当时的加工技术的限制，炮管和炮弹之间存在一定的间隙，用专业术语就叫作"游隙"，早期的铸铜炮或是锻铁炮中都有这样的问题。一种减少压力损失的解决之道是，在塞进炮弹前先敲进去一块锥形的桤木或者柳木塞子——不过如果塞子太紧，炮就有爆炸的危险。点放要比装填来得危险，任何火星都会很容易地导致过早触发火炮药池上高度易燃的引药。并且，没有预警就会爆炸的火炮自身是比它们的目标更能伤害炮手的存在，苏格兰的詹姆斯二世国王就在一次炸膛中身亡。

炮兵技术固有危险和复杂技艺，使得中世纪时期很少有士兵来操作火炮，责任反而落到了民间的专业炮术人员肩上。这些专家中甚至还包括有一些妇人。他们通过将圣芭芭拉，这位雷电圣人作为自己的主保圣人来确立自己独一无二的地位，并且经常按照同时代其他手工行会的方式那样进行组织。大师级的炮手往往都通晓文墨，从而能交换他们知识领域中最新的技术进步。通过印刷术的帮助，诸如1420年版的《Feurwerkbuch》（烟花书）之类的炮兵论著广泛流传于欧洲，并且吸引了像达·芬奇这样，对火炮怀有浓厚兴趣的知名读者。

炮手通常并不被视为中世纪常规战士的一员：他们从事繁重的体力劳动，盔甲要比其他人员轻得多；队伍中的普通士兵往往会回避他们这些使用"地狱机械"的家伙，这是在暗示他们某种程度上与魔鬼联盟。1437年梅斯围攻战中，一名射石炮的炮手在一天之内让大炮

上图：捷克斯洛伐克艺术家弗拉基米尔·科瓦里克创作的一组历史火炮题材邮票中的一枚，反映的是胡斯战争时期的火炮，邮票左下方的人物就是作为炮手与军械士、工兵、矿工等一些与火药打交道的从业人员的主圣保人圣芭芭拉

上图：一本 15 世纪后半期的图书上所显示的射石炮发射阵地

发射 3 次，结果被罚去罗马朝圣忏悔。

这一方面说明了射石炮的装填缓慢，另一方面也证明在当时的西方，即使是炮兵这门应该和科学紧密相连的专业，也脱离不了迷信的窠臼。对于那些炮术专业人士来说，除了要担心不被自己的吃饭家伙炸死，还要面对不可预测的命运。如果他们被俘获，因为看到他们远程杀戮而被激怒的敌人，往往会毫无风度地将炮手直接处死。当然，更务实的人则有时会和他们当场达成协议，用他们的专业知识来对付他们之前的主顾。

总之，尽管当时火炮还处于原始性质，但足以让人对其敬畏有加。在 1344 年，意大利的诗人与学者弗兰齐斯科·彼特拉克，在一封关于发射青铜炮弹的小型木炮的信中，将从炮口中"喷射的火焰与可怕的雷声"同"不朽神明雷鸣般的愤怒"相提并论。事实上，比起小型的木炮，前文中已经提到的射石炮更担得起这样的评论。

专业拆墙哪家强——早期射石炮与加农炮

汉语中的射石炮对应的是英语里的"Bombard"一词，词源可能是来自意大利语的"bombo et ardor"，意为"雷霆"和"闪电"。其材质上，锻铁和铸铜兼而有之，而尺寸大小不一而全。但它们有着相通的结构：炮膛大，药室小，呈现出明显的阶梯形。这种看似奇怪的结构是由于当时采用的是粉末火药，需要在装填时给药室留出一定的空间以便有效燃烧。在前文中已有提到，装填后还需用捣杆压实，过紧或者过松都会带来不利影响。对于发射阵地，需要将它们安置在专门建好的木制地台上。由于装填速度比较慢，所以有时会采取在炮口前方再搭一扇活动木门，这样炮手就能在装填时受到保护，开火前打开木门即可。

巨型的射石炮活跃于几乎整个 15 世纪，而在偏爱它们的奥斯曼帝国，则要用得更久一些。石弹撞向城墙的轰鸣声是攻击者给守城军民最有力的规劝。欧洲有志于攻城略地的君主对它们宠爱有加：

奥斯曼的苏丹穆罕默德二世，重金聘请匈牙利人乌尔班为他铸造出当时世界上最大

的射石炮——乌尔班大炮，期待以此利器敲开东罗马首都君士坦丁堡的城墙。奥地利的神圣罗马帝国皇帝马克西米连一世自诩为"骑士国王"，毕生精力投入于整军备武。他组建了名噪一时的德意志雇佣兵（Landsknechte），用他自己的名字给一种新式的板甲命名——"马克西米连甲"。他还给后世留下了若干记录下武备与巡游情形的图册，为今天的历史研究者和爱好者所珍视。在他的图册中我们可以发现，这

位皇帝拥有不少巨型射石炮，而且还给它们起了名字。

特别值得一提的是，苏格兰爱丁堡城堡中陈列的蒙斯梅格巨炮，制造于1449年，是勃艮第公爵"好人"菲利普赠送苏格兰国王詹姆士二世的礼物。该炮采用铁条箍合构造，炮长4.06米，口径510毫米，药室内径为炮膛的三分之一，重4吨。相传在1455年对特利维城堡（Threave Castle）的围攻战中，蒙斯梅格

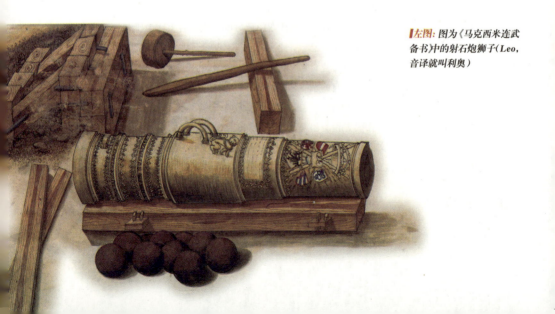

上图：蒙斯梅格射石炮的外部侧视图和剖视图，外部侧视图中缺损的地方是由于1680年一位英国炮手过度装药发射导致的，但有趣的是，许多苏格兰人认为这是英国人嫉妒他们没有这么大的炮故意而为

（The ballistic performance of the bombard Mons Meg）的论文中，研究人员通过历史记录与科学分析进行了如下推算：

先是假定炮弹为一枚重达160千克490毫米直径的花岗岩球体，根据火炮药室体积与当时火药的相关信息，可以知道装药为29.5千克；而根据一系列复杂的弹道学计算公式，推测可知炮口初速为319米/秒，在仰角15°的情况下，末端落角21.33°，最大射程3229.8米，最终速度209.2米/秒。通过"Lagrangian hydrocode DYNA3D"（拉格朗日流体力学编码）模拟撞击对象中为特维利城堡上的花岗岩石砖。

研究者将它的参数设定为最低抗压强度200兆帕，结合砖块之间的石灰砂浆的断裂应力取值1.5兆帕。

最后，以"能达到最佳浸透效果"的319米/秒的炮口初速对不同厚度、层数的上述设定城砖轰击，得到的计算结果如下表格所示。

所发射的第一枚炮弹就打穿了城堡主楼。尽管像蒙斯梅格这样的巨型射石炮令人印象深刻，看上去似乎没有哪座城池能逃得了这些巨兽的虎口。但不可思议的是，现代的研究者通过弹道学和爆炸流体动力学的计算，竟然给出了出人意料的分析结果。

刊载在2016年4月《国防科技》（Defence Technology）第12卷第2期59至68页上的一篇名为《蒙斯梅格射石炮的弹道性能》

单层 260×260×520 毫米砖块被损毁	炮弹输出速度为 162 米 / 秒
双层 260×260×520 毫米砖块被损毁	炮弹输出速度为 60 米 / 秒
三层 260×260×520 毫米砖块被损毁	炮弹输出速度为 24 米 / 秒
三层 280×280×560 毫米砖块被损毁	炮弹输出速度为 10 米 / 秒
三层 300×300×600 毫米砖块被损毁	炮弹输出速度为 4 米 / 秒
三层 320×320×640 毫米砖块未被洞穿	无炮弹输出速度，只有留下 207 毫米弹痕
三层 340×340×680 毫米砖块未被洞穿	无炮弹输出速度，只有留下 201 毫米弹痕

上图：260×260×520 毫米花岗岩砖块单层、双层和三层破损效果模拟图

研究者最终的结论就是蒙斯梅格巨炮不能打穿一米厚度的三层花岗岩城砖，更无法如同传说中那样一炮洞穿三米厚的城墙。如果结论属实，这或许可以解释，为什么1410年波兰立陶宛联军在对条顿骑士团总部马尔堡的围城战中尽管用上了大炮轰击，但最后仍以失败而告终的原因。

如果将蒙斯梅格巨炮的数据同一门比它口径小三分之一，即14毫米口径的24磅加农炮的相关数据比较的话，就可以发现，射石炮在炮口动能方面差加农炮太多。

24磅的加农炮的炮弹重量，也就是10.9公斤左右，其炮弹初速根据英国资料表明为512米/秒。以动能公式 $e=1/2mv^2$ 推算，可以得出其动能为14286千焦；而蒙斯梅格射石炮的炮口动能根据公式换算下来仅仅只有8140.88千焦。

顷刻之间，高下立分。这样的结果再与射石炮昂贵的造价、困难的运输、缓慢的装填、不安全的可靠性加在一起，最终导致主宰未来战场的，是更为机动灵活的长管加农炮。

一般来说，加农炮的定义为："指一切具有炮身管/口径比率大于45、弹道平直低伸、初速高等特征的火炮的统称。"其实加农炮里

下图：《马克西米连的巡游》中各式火炮大巡游的画面，可以看得出巨型射石炮的运输是何等兴师动众

的加农二字是对西文词"cannon"的音译，在现代英语里既有上述的中文含义，也可以泛指各类火炮，在历史上更多是对一种8英寸（约0.2米）口径的长管炮的称呼，究其原意则是"大的管子"，恰如其分地形容了这类火炮的样式。出于行文方便，本文中便以加农炮泛指这类长炮。

早期火炮发展史上，勃艮第人和法国人对火炮发展贡献良多。在百年战争的一段时间内，英国人不仅凭借长弓和步行骑士的组合一败再败法国骑士，还曾成功地在阿金库尔和奥尔良运用火炮打击并战胜了法军，

继而夺取了大片领土。法国的查理七世，就是那位获得奥尔良少女——圣女贞德襄助最后又抛弃贞德，任其被英国人烧死的那位国王，虽然看上去很像是法国版的赵构，但在他在位期间，法国军队发生了重要的革新升级。他组建了1只直接由王室控制的军队，至1442年，大约有15000人受命于国王麾下。这位国王为了收复失地，十分重视火炮的发展。他委任让·布隆和加斯帕德·布隆两兄弟（这两位在中译本的《马恩全集》里被翻译叫作毕罗兄弟）在这支军队中，组建了1个独特的炮兵部门，并让其具有明确规定的

右图: 约为1470年代的1门勃艮第锻铁炮,这种炮被叫作"Feldschlange",即野战炮。照片中的这门炮口径6.5厘米,长292.5厘米。它的俯仰装置看上去精巧。但是却被人批评为"花里胡哨但是脆弱而且很不可靠"。所以在用木楔调节炮尾的方法得到运用后,这种装置就淘汰了

指挥、人员和不受干扰的采购供应管理。

法国人也致力于改善火炮设计,让它们专门用于敲掉防御工事,而不是用于旷野的战场上;炮管变为铸造,通常是用铜,取代了铁管凑合起来的货色;在装填方式的选择上,后膛装填(也就是佛狼机的装填方式)被放弃,前装方式更受到青睐,因为后者在当时更为安全。

和火炮一样得到增强的还有火炮的发射药。从简单混合的粉末火药到经过研磨搅拌等工序、比过去燃烧得更快的颗粒火药——火药上取得的进步导致炮管内的压力比过去要高得多。与早期火器相比,更长的身管能令压力更高的火药气体、更充分地将炮弹推动得更远更快。长管加农炮可以发射铅或铁的金属炮弹和石弹,金属炮弹要比同等直径下的石弹重,所以在敲打城墙时就有更大的力量。凭借火炮上的耳轴,炮管得以方便地升降角度,通过简单地抬起并移转火炮的架尾便能使加农炮左右瞄准。支起炮架的车轮巨大而又结实,如同大车上用的一样,同时又以铁条沿轮辋加固。位于车轮与炮尾后方的木制炮架,向下倾斜延伸出的架尾,可以用来拖挂在另一组车轮上,并由1队马匹牵引。架尾还为炮架提供了第三条"腿"——同车轮一起形成三足鼎立,也就不再需要将火炮从1辆货车吊到铺设在地面上的笨重木托栏上。

有了这些用于战争的强化手段,法国人把他们的注意力转向到英国人在法国北部的据点,用四支完全受到改进火炮支援的军队来实施打击。旧时城墙和塔楼上一切奇妙的杀人机关都归于无用。按照过去方法建造的城堡和要塞的石墙,横截面高度太高却又底部太窄,它们的结构是无筋砌体,生活在地震带的人们会理解其固有的这种危险。沉重的铁弹丸不过数英寸直径,飞驰几近音速,动能足以在这些墙上打出洞来。在这样的轰击下,很快受损的城墙就要被重力压垮倒塌。于是一座堡垒接一座堡垒陷落,一队驻军又一队驻军投降。绝望的英国人召集足够的军力来对抗法国人,在1450年福尔米尼正面交锋。虽然法国人保留着他们的炮兵用来围城战,但他们还是破例拖来了2门炮,用于粉碎英国人曾像他们在阿金库尔之役时那样部署的弓箭手。令人沮丧的是,英国人攻击并掳走了这两门炮,但是受到了法国骑兵以传统方式的两翼猛攻。英国人损失了3000人,

上图:图为反映查理八世的法军进入那不勒斯,注意图中所反映的当时的火炮和炮车的形制,在 1494 年的战争中,法军带了大约 40 门炮

并输掉了战斗。

在法国人收复了他们大部分的北方海岸后,他们转向西南方向的英国据点,那里自从 12 世纪起就受到了英国王权的统治。很快,那片区域也向带着炮兵的法军投降了。驱逐英国人的战斗给予法国炮兵无与伦比的战斗经验,下一个遭受法国炮兵打击的是 1494 年的意大利,而西方文艺复兴时期的筑城技术也在这场战争中产生了决定性的变革。

石墙的危机

英国历史学家迈克尔·霍华德在他的《欧洲历史上的战争》中宣称,意大利战争乃是"现代欧洲历史"的开端。《西方战争艺术》一书

的作者阿彻·琼斯就同霍华德一样对查理八世的大军赞誉有加,也认为这是一支"现代化的军队"。他在书中这么写道:"这支军队完全不同于本世纪初败于英国人手下的封建军队。其部分力量是法兰西的常备军,始建于百年战争的最后几年。⋯⋯法军在保留自己上乘的传统重骑兵的基础上,又添加了欧洲最好的炮兵。法国的炮兵也是百年战争最后几年的成就。它有高素质的炮手,有安装在四轮货车上的最好青铜炮。因而,法兰西炮兵有着较强的机动力,能与部队的行进保持同步,既能用于野战行动中,也可用于围城作战中。法军的步兵除了有大量的法兰西十字弓弩兵外,查理八世国王还征用了许多瑞士重步兵的雇佣部队。这样法兰

西国王率领一支有 25000 人的庞大军队入侵意大利……"

得益于军队庞大的规模与较好的质量，查理八世在意大利的行动相当顺利。当时的意大利四分五裂，还不是一个完整的国家，查理八世便是借口对那不勒斯的王位拥有宣称权而出的兵。威尼斯公国保持中立，米兰公国是他的盟友，佛罗伦萨当了出头鸟挡了他的道，但在菲维扎诺的小堡垒陷落后，他们的统治者皮耶罗德美第奇公爵被迫接受了查理的行动。其他的城堡纷纷投降。罗马的教皇国效随佛罗伦萨之例，让出了通往那不勒斯王国的道路。那不勒斯的边境要塞蒙圣乔凡尼曾经承受住了长达 7 年的围攻而没有陷落。然而，法国大炮很快就攻破了它的城墙。法国步兵蜂拥而上，杀戮驻防的军民，连妇孺都不放过。这一切仅仅发生在 8 个小时之内。

法国人迅速轻易地夺取了一个接一个的筑垒。这极大地震惊了意大利人还有其他听到这些消息的欧洲人。在 1498 年，威尼斯共和国参议院内传出了这样的声音："……射石炮与炮兵对当前战争的影响性，要多过重装士兵"，接着共和国以尽可能快的速度获取这些火器。1519 年，那位以《君主论》而著名，被后世冠以哲学家、历史学家、政治家、外交官等若干头衔，此刻却只是一名闲人的佛罗伦萨平民尼科洛·马基雅维利曾对法国人的影响做过总结："城墙不复存在，除非它们是厚到炮兵不能再几天之内摧毁。"弗朗切斯科·圭恰迪尼在 1562 年所著的《意大利史》中，对法军的火炮犀利发出感叹："……它们差不多总是不停地随军队前进着，并以这样的速度直至被带到城镇的高墙面前，射击的间隔是如此短暂，炮弹飞得是那么快，受这样一种力量的驱下，施加给意大利的死刑，原本需要用上多少个天数，现在则只要多少个小时。"

意大利人在这场战争中表现不堪一击的原因是多方面的。没有一个统一的国家首先便让他们处于劣势。意大利和法国都使用雇佣兵，但意大利的雇佣兵在之前意大利城邦战争中的表现只能说是进行着不流血的游戏，一旦遇上了以勇猛善战、忠于雇主著称的瑞士雇佣兵，胜负自不必多言。但法军能在意大利屡屡攻无不克，除了他们的火炮具有强大的破坏力和机动力外，意大利过时的城防也是重要原因。虽然我们都知道欧洲最早的资本主义萌芽就产生在意大利；文艺复兴就是从那里开始的，涌现出了像达·芬奇、拉斐尔、多那太罗、米开朗琪罗这样的艺术天才；威尼斯的兵工厂和船厂是当时欧洲最大的军械生产基地，米兰的盔甲刀剑是享誉欧洲的意大利军工品牌；像博洛尼亚大学这样的高等学府培养出了哥白尼这样的科学家。但是，同经过百年战争洗礼的法国相比，意大利还是缺乏许多好的军事经验。马基雅维利在他所著的《兵法》里详尽地总结了 1494 年意大利城防的不足之处："我们的城堡直到 1494 年法国国王查理八世前来征战意大利之前始终是不堪一击的。城墙上的雉堞的厚度不超过半个肘；射孔和枪眼是越向外越窄，越朝里越宽。自然还会有不少别的毛病……既然这雉堞造得那么脆弱，被砸个粉碎是轻而易举的事；用这种方法构建而成的枪眼一下子被炮弹轰了个大开花就更不足为奇了。"接着他又提到了意大利人从法国人那里学会的技术："建造厚厚的，牢固的雉堞。我们的枪眼，里面宽窄的，到墙的中部渐渐变窄，然后再向两边伸展开去；

借此，敌人的火炮要想摧毁我们的大炮就不那么简单了……"

科学技术从来都是在交流学习中发展进步的，世界历史上没有哪个强国会丝毫不吸取外国优秀的经验与成果为己所用。东西方如果有哪一个国家完全依靠闭门造车与世隔绝，那么它就必然会落后挨打。反之，善于学习者从失败中吸取教训，思考开发出应对的措施，就有可能在将来反败为胜，甚至引领一代潮流。1494年的战争等于是让意大利付了笔不小的学费，但在仅仅6年之后，当法国军队带上大炮再次来到意大利时，在比萨就上演了首场有效对抗炮兵的防御战。

新式筑城铁三角——城壕、土堤与棱堡

1500年，比萨与佛罗伦萨决裂，后者随即向法国人发出请求并得到其援助，要将自负的比萨城重归佛罗伦萨控制之下。法国人和佛罗伦萨人合力围攻比萨。很快，法国炮兵开始"敲打"比萨的城墙。但是比萨人此刻已经了解到加农炮的威力和垂直石墙的脆弱，他们想出了这种防中有防的招数来，在被法国加农炮连续轰击过的特定城墙后面，筑起了前方带有壕沟的土堤。城墙很快就被攻破了，法国步兵蜂拥通过缺口。结果他们遭遇了另一道障碍！面对眼前的防御，法国人的攻击失败了，很快他们和他们的佛罗伦萨委托人都放弃了围城。

马基雅维利本人在1500年围攻比萨的战争中，作为佛罗伦萨的使者出使法国求援，但得到的只是法国人对佛罗伦萨人的冷嘲热讽。这令其深受刺激，也使他深刻认识到外国援军与雇佣兵的不靠谱，促使其后来主持编练了由佛罗伦萨市民与村民组成的公民军。在1509年对比萨的围攻战中，他凭借围困令

比萨再一次臣服于佛罗伦萨脚下。尽管身为对手，但他对比萨在1500年所采用的举措还是持认同态度：

"假设你被围困在一个城堡里……城墙内没有壕沟圈围。如果你想阻滞敌人钻进由火炮打穿的缺口里来（这样的缺口很难把它填补上），那你就应当冒着炮火的危险沿城墙边挖出宽度至少不得窄于30肘的壕来，而且要把挖出来的土全部对到城墙边，以形成一道壁垒，借此增高壕的深度。这些工程必须尽快建设起来，以便赶在城墙开始遭炮轰之前，能使壕的深度至少达到5至6个肘，壕的两段都要有掩蔽部围住。如果城墙坚持的时间能长久一些，能等到你把壕挖好，把掩蔽部安排好，那城墙之易受炮火轰击的部分就会比其他部分牢固得多，堆积起来的壁垒就能代替城内的壕沟发挥作用……这一构筑壁垒的方法，在你们的军队围困比萨城时，他们就曾经使用过；由于坚固的城墙阻滞了攻击，加之当地的黏土特别适合于构筑壁垒和障碍物，使这一方法取得了成功。"

比萨人创造的在城墙后面掘壕堆土而成的工事被称作"retirata"。这是一种"将就凑合"的改造物。继比萨人之后，威尼斯人在他们1509年的帕多瓦防御战中，也成功地使用该种形式的工事退却了法德联军。在此刻，法国已经是路易十二为王，他将自己的部队与德国皇帝马克西米连的兵马联合在一起，试图强行通过威尼斯领土以袭击米兰。路易十二和马克西米连仔细考虑过时机，计划假途灭虢乘机宰割一把威尼斯。他们以35000人的部队对帕多瓦突然袭击。

帕多瓦当时是威尼斯的重要城市，是其通往欧陆的门户。威尼斯的大将皮蒂利亚诺带来了兵员与物资，随后赶在联军抵达之前，于旧

墙界内修筑了坚固的土堤。这种新防御工事正是效仿比萨的成功案例。

当时持续的炮击打破了帕多瓦的旧墙，但未能撕开新建的土堤，仅仅只是使其出现凹痕。联军的攻势一波接一波，随即都在帕多瓦人的防御面前被粉碎了。马克西米连在9月29日向德法两国的贵族骑士们寻求援助。虽然法国人乐意，但德国贵族犹豫不决，声言徒步作战有辱他们的尊严。于是，4天后，帕多瓦城下再无大军兵临。

就这样，土堤与壕沟的有效性得到了确定。这场由加农炮促使的城防发展，迫使防御思想在仅仅数年之内发生革命性的变化，并催生出一种城防工事。虽然这一新生力量在视觉上比起垂直的石墙并不那么令人印象深刻，但适应力则要强出多得多。这些最初类型的筑垒应用了两条根本性的要素：土堤与护城壕。

1. 土堤，具有倾斜正面，低矮剖面，底部宽度大于从底部到顶部的高度，其顶部能容许兵员和火炮部署。由于外形低伏，宽大于高，正面倾斜尊重重力原理，所以不会轻易地由于炮击而轰然倾覆。最早的土堤就是由土制成，部分则以石块木材加固。加农炮的炮弹打在这样的一道厚土斜坡上，如果不是碎得四分五裂，就只会把自己埋入其中——需要知道，那时的加农炮炮弹是实心的，而不是那种内部填装火药，撞击后会把炸的开花弹。实心弹的破坏力量依靠的是冲击力。所以能够将这股冲击力吸收掉的低矮、厚实、倾斜的墙，则成了新型防御设计的根本力量。不过它们也得要有足够的厚度来抵御24磅加农炮的轰击。为了取得更坚固的效果，土堤前方会有砖石覆盖，内以扶壁支

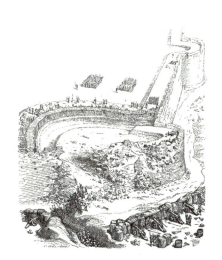

上图：《11至16世纪法国建筑词典》中描绘的城墙后面掘壕堆土而成的工事

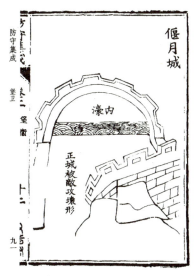

上图：很巧合的是，中国兵书《防守集成》里所画的偃月城与上图的情形和作用都十分相似。偃月城是南宋将领孟宗政在枣阳城建造的临时工事，史载："距楼陷所数丈筑偃月城，袤百余尺，翼傅正城。"

撑加固。

2. 护城壕（或者是护城河），于正面阻碍推进的进攻者，任何耽搁或者减缓都会导致将其暴露给守方火力。护城壕本是挖土建造堤垣时顺带造成的，土堤前方的护城壕能使土堤在保持低矮外形的同时，在进攻者面前相对变得更高，更不易攀爬。有水的护城壕比干的护城壕更能减缓进攻者的脚步（试试看在水中奔跑或者仅仅只是两只脚深陷烂泥就知道了）。如果当地有方便的水源，

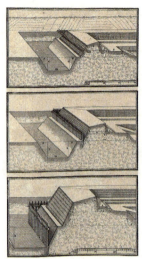

▌上图： 图为树立栅栏的三种方式

例如溪流，或是有足够的地下水，那就能将护城壕灌满。但需要注意严冬季节就可能将本是作为障碍的护城河变成进攻者的通途。

在这两条根本性要素的基础上，守城者还会增加若干强化手段。例如在护城壕的底部中央再开一道绰号为"边沟"的水壕。因为在护城壕被水灌充成一条护城河后，河水可能仍然太浅，以至于足以允许进攻者涉水穿过，甚至哪怕水位齐胸也仍是如此。这时"边沟"就能起到作用，由于看不到隐藏在水中的"边沟"，进攻者如果踩空便会被绊倒，甚至淹没。"边沟"有时也作为干护城壕的追加障碍物而被挖掘，以此阻滞进攻者冲向堤垣。

阻碍进攻者的另一种方法是，在防御工事的四周围上一排间隔较密的木桩组成的栅栏。这些栅栏可以布置在护城河里、土堤墙脚，或是水平得设在靠近土堤顶部的地方。

随着围攻的深入，像这样的栅栏会被炮兵轰开缺口。但可想而知的是，受到"鼓励"的攻击者划着小艇或是徒步走向破口时，那些缺口反而可以变成为守卫者的优势，被围攻的一方知道要将他们的枪炮火力聚焦于此。

沿着堤垣布置的木桩，有时候会被升级替换成叫作"fausse-braye"的矮墙。矮墙提供了一道附加的防线，火枪手蹲守在这片低矮的阵地后面，能收拾掉迫近护城河或者是沟渠边缘的攻击者。

而出现在浑浊死水上的厕所也给触及护城河的人增添了一种污秽的感觉。它实际上是增加了心理威慑：向任何进攻者宣告，他们想要涉足的水域全是污水。

火炮是当时攻守双方最好的武器，并不唯独攻城的一方拿它们来打破城墙，守城方也在设法变革原有的建筑结构，来讲火炮纳入城防体系，将它们搬上加宽的城头、塞入改进后的塔楼。在这一时期，诸如芬奇和米开朗琪罗这样的艺术家，都对创新防御建筑体系怀有浓厚的兴趣。后者甚至曾经向在当时意大利和欧洲都享有盛誉的建筑师小安东尼奥·达·桑加罗自吹："我并不十分懂绘画和雕塑，但我有大把的筑城经验，而且我已经证明了对此我所了解的要多过你……"

除了改进中世纪时期留下的塔楼，专门为容纳火炮而设计的炮塔风行一时。其中最为著名的人物当属德国画家丢勒。同为德意志人的恩格斯对他不吝笔墨地赞扬道：

"使用炮兵的直接结果，是石墙的厚度和塔楼的直径加大，而它们的高度减低。这时这些塔楼改称圆台堡（rondelli），它们构筑得

相当大，能容纳数门火炮。为使防守者也能从石墙上用火炮射击，又在石墙后面加筑了土堤，使石墙有必要的宽度。不久我们看到，这种土质工事开始逐渐排挤石墙，而在某些场合完全代替了它。德国著名画家阿尔勃莱

希特·丢勒发展了这种圆台堡体系，并使它达到高度完善的境地。他在整个城墙上每隔一定距离设一个圆台堡，把圆台堡筑成完全独立的堡垒，各堡均有对护城壕进行纵射的穿窑炮台；他的石质胸墙没有掩蔽的部分（即

上图：瑞士莫尔日博物馆里再现的2名炮手在工事内部操控后装炮的情形。2名炮手都只戴着头盔，左边的一位右手持缠绕火绳的点火杖，右面的那位双手提着后装炮的子铳。工事的射击窗口呈内宽外窄层层递进的形式

上图：建于1398至1399年间英国诺威治市的奶牛塔内部照。奶牛塔虽然是一座使用小型火器的炮塔，但还是可以从中看出它与大型炮塔内部结构上的相同之处，墙上的方孔是用于插入构成木板平台的横梁。在火炮实用之后，过去冷兵器时代攻守双方的各种精巧的机械武器都变成了无用的玩具

下图：图为亨利八世离开多佛前往法国参加金缕地会议的情形。在英国海岸至今还有亨利八世时期为海防修建的圆形堡垒。其中如卡尔肖特堡（Calshot Castle）康贝堡（Camber Castle）的结构都比上图要复杂得多

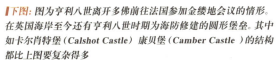

围攻者可以看到的、成为他们平射的目标的那部分）高度不超过 3 英尺。此外，为了加强护城壕的防御，他建议构筑侧防暗堡——一种构筑在护城壕底部、围攻者看不到的穹窖式工事，它两面都有射孔，可以对直到多角形要塞邻近各角的一段护城壕进行纵射。几乎所有这些主张都是新发明。"

不过，像圆形炮塔，或是丢勒所设计的这种火炮得到穹窖保护的圆台堡，都存在着正前方射界死角问题：无论是从 2 个塔楼之间的城墙（在《马恩合集》中译本里被翻译作"中堤"，英语中的原文为"curtain"，其实就是沿用了幕墙这个名称），或是从相邻的塔楼进行射击，都不能把塔楼前面的所有各点全部置于火力之下。对此只能采取用一类名为小地堡（sconce）的外围工事为要塞提供侧翼火力。这对补充旧式圆形塔楼的火力和覆盖盲区都特别有效。小地堡是地面上的简易圆洞，直径大约 3 米或 4 米，挖掘出的泥土环绕在洞的周围。

1525 年帕维亚之战，德国士兵挖掘出这些简单的小地堡坚守对抗法国人。小地堡虽然可以为要塞营造出周边防卫，间隔布置使其凭借重叠的射界支援彼此以及要塞，用交叉火力捕捉任何入侵者。但是不能根本上

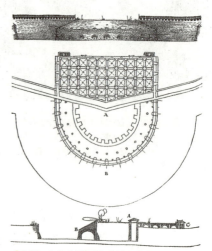

上图： 上文中提到的丢勒的《对城市、城镇和城堡设防说明》一书中的圆台堡插图

上图：《11 至 16 世纪法国建筑词典》中的具有穹窖炮台设计的工事

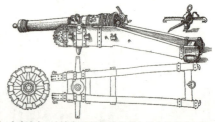

上图：《对城市、城镇和城堡设防说明》书中显示的圆台堡的主要防御武器，带有齿条升降装置的火炮及其炮车

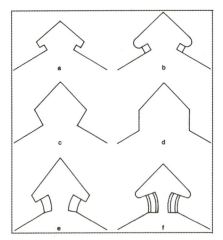

上图：*六种体系的棱堡，分别为：a) 老式意大利体系；b) 新式意大利体系；c) 老式荷兰体系；d) 改进荷兰体系；e) 沃邦体系；f) 新式荷兰体系。可以发出现在意大利体系无论新旧其棱堡的侧面相当窄，并与中堤成 90 度直角，正面的墙体延长形成一对"耳朵"（这被叫作 Orillons，就是耳朵的意思）将侧面保护，这样的设计只能令部署在侧面的火炮与相邻棱堡的侧面火炮组成交叉火力打击靠近中堤的敌人*

解决死角问题，而且它们自身的火力和生存能力都不够强大。

所以，圆形的炮塔对使用火炮射击来掩护土墙还有护城壕的任务还是不够称职，不能满足守城者的需要。新工事必须要在设计师的平面图上经过精心设计，以至于个围绕着整个筑城的周边，不留下一处死角，令守

军火力无所不至。

于是意大利人就在塔楼和圆台堡的基础上发明了棱堡。

从天上俯视，棱堡就像是大块头的棱角状的小丘，通常处在筑垒的角落和顶角。就像恩格斯说的那样，这是一种不等边的五角形工事，它的一边面向要塞内部，因此对面的凸角向开阔地突出。形成凸角的 2 条长边称为正面，而把 2 条长边同城墙或垒墙连接起来的 2 条短边称为侧面。正面对付敌人的远程火力，而侧面以自己的火力掩护护城壕。

棱堡对敌人的杀伤来自于它的火炮。有句话叫作消灭敌人就是保护自己，保护自己是为了更好地消灭敌人。为了保护己方的炮兵让他们更好地消灭敌人，就要建筑砖石的胸墙（原文为"parapet"，中译本《马恩合集》里译作胸墙，其实叫作女墙更好些）来保护，使得他们从掩体后面居高临下发挥火力。如果一座棱堡的胸墙够低，比如不到 1 米，炮管虽然能直接伸过墙顶，但这就不能给予炮手足够的保护。比较好的方法是胸墙要接近 2 米高，在胸墙上开出狭槽以使得火炮在胸墙的保护下开火射击。这些狭槽被称为射击孔，外宽内窄，为火炮同时提供了保护和调整射角的能力。每门炮并不是简单地放在地上。相反，都有每个专门制作，通常是梯形的木底板。在让武器摆脱泥浆的同时，平

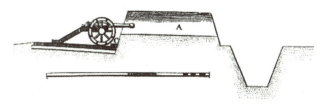

上图：*18 世纪法国《百科全书，或科学、艺术和工艺详解词典》中的架设火炮的棱堡横截面插图。图中的 A 为掩护火炮和炮手的胸墙*

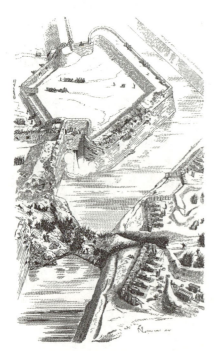

上图： 守军的土堤已经被围城之军打塌，棱堡上也是满目疮痍，原本露天阵位的火炮不见了踪影。在守军的火炮被压制前，攻击者要想冲过棱堡侧面，都需三思而后行。现在看起来正是良机，攻击者蜂拥冲向土堤缺口，但是隐藏在棱堡侧面的火炮却没有被打哑，正对着他们开火。如果这一炮后还不能打退攻击者的话，那么守军过会儿就应该投降了

台还能便利火炮的侧向移动，改善并加速了瞄准。为了允许炮管下降到足以向下射击蜂拥而来的攻击者，平台稍微带有点后高前低的角度，也能借用重力来帮助吸收火炮的后坐力。布置在静态棱堡上的火炮无须大范围移动。所以具有长架尾大车轮的炮架并非是必要的，一种带有 4 个小轮子，与风帆战舰舰炮同款的炮车就能胜任。

火炮的炮弹多种多样。实心的铸铁炮弹可以射击任何目标，虽然它们不会爆炸，但是对成群的步兵而言，这些铁球也会是毁灭性的。单独一颗铁球以水平角度射出，可以贯穿一队人马，割刈出一条血带，甚至可以像石头打水漂一样沿着地面一路蹦跳，将一路上遇到的人断体开膛，霰弹有时候比实心炮弹还常用，虽然霰弹不足以破坏城防工事，但都能够将成群的攻击者撕成碎片。霰弹就是比滑膛枪子弹大一些的圆形弹丸，通常放置在一个金属制成的罐筒内，在紧要关头时也能装在例如皮革或者其他材质的容器内。装在布袋而不是罐筒里的弹丸被叫作"葡萄弹"，因为它看上去就像一串葡萄。在没有正规霰弹的情况下，作为替代手段，那就是无论有什么拿来用就行，诸如废金属、钉子、链条等等。由于毫不符合空气动力学，这些抛射物的射程不如弹丸远。1555年，锡耶纳的防御工事上被打出一个缺口，城防司令莱斯德蒙吕克让他的 4 门或 5 门重炮上填装"巨链、钉子和铁件，"朝着侵入缺口的攻击者发射。而用火绳枪子弹装在一个开口系住的小布袋内的霰弹被叫作冰雹弹。布袋有拳头大小，或者更小一点，从较小口径的火炮，如小隼炮内发射。

大体来说，有了突出要塞核心的棱堡，在上面架设好火炮就可以布下覆盖战场的火力。优秀的棱堡不但能在攻击者全方位的打击下保

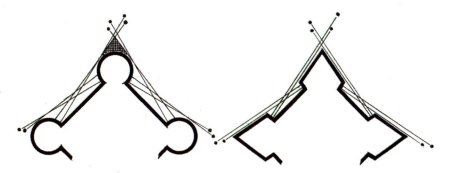

上图：图左为圆形塔楼的交叉火力线与死角盲区，图右为相邻棱堡侧面的交叉火力线，可以看到没有死角，看上去棱堡也不过是把左图上的火力盲区填满而已

护自身，还可以与相邻的棱堡以及2座棱堡之间的墙上火力相互支援，这也是为什么该设计会变得十分成功并且被广泛采用。棱堡给人的第一视觉影响就是其带有平直侧边、毫无弧线的箭头形状。平直的侧边使得守方可以沿边侧任意一处直射沟渠和更远的地面；火线受不到任何阻碍，攻击者得不到一处掩护。而在此之前的中世纪的城堡、堡垒都确实留有防御火力的盲区，当守方火力够不到正在墙脚下或是塔楼底部的攻击者，那么后者就能自由挖掘隧道或是设置爆破。

当棱堡，这个新式筑垒的第三个关键要素一旦同土堤和护城壕紧密结合，就形成了文艺复兴时代以后，用火炮为主要防御武器的城防设计的铁三角、守方可以向攻方的侧翼发动稳定的火力打击——敌人犹如汹涌大海，而棱堡就是深入大海之中不被波涛吞没的半岛——守军能凭此稳坐钓鱼台，轻而易举地致任何攻击者于死命。意大利军事工程大师弗朗西斯科·拉裴瑞里就曾说过："没有了来自侧翼的攻击，就不可能抵挡得住一支拥炮兵的军队。"

从城防建筑的制高点自上向下俯瞰，守方可以将炮垒前方跟周边都一览无遗——任何鬼鬼祟祟的袭击都会被很快地发现。防守方可以畅通无阻地射击任何敌人。在一座被正确设计的棱堡上，它的两个正面连同侧面都平直无阻，从而消除了任何盲区。如果有任何一名士兵走进沟渠、站在护城壕的前方、试图越过护城壕，或是攀爬土堤、他只会被棱堡上的防御火力送入坟墓。

作为守军静态的侧翼，棱堡较之塔楼可以向城防本体外延伸得更远。正如土堤之于城墙，棱堡厚实低伏，并且能造得宽阔，足以容纳许多守军。旧式塔楼在对抗加农炮和规模业已增多的围城大军时，其所需具备的韧性，无法与敦实的棱堡比拟。

护城壕、土堤和棱堡的结合在16世纪上半期的意大利得到构思、发展与磨炼。当欧洲其他地区采用这一设计概念时，将其称为"Trace Italienne"，意为"意大利式设计"，而在意大利，这种设想通常被称为"Alla Moderna"，意为"摩登式"。由于棱堡在这一体系中过于显眼，用棱堡武装起来的要塞干脆就叫被做棱堡要塞（bastion fort）。追求精益求精的军事工程师们不会满于现状，总是试图在此基础上增加新的元素，令其防御力更上一层楼。

上图：在德国版画家艾哈德·舒恩于 1541 年所做的《布达佩斯围攻战》（局部）中我们可以了解到，在像匈牙利这样的中欧地区可能还没有用上意大利人开发的棱堡。图中布达佩斯的城防看上去还停留在中世纪的水平。注意图中右侧布达佩斯的守军与围城的奥斯曼奥斯曼人各占据两座小地堡开炮对轰

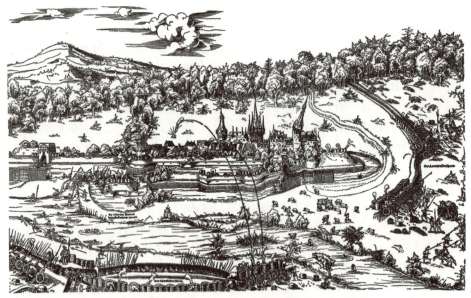

上图：16 世纪德国画家小卢卡斯·克拉纳赫于 1542 年所做的沃尔芬比特尔围攻战（*Die Belagerung von Wolfenbüttel*）木刻版画。画中的城镇还在使用圆形的炮塔。遮挡在城门前的只有木制的栅栏

要塞的城门与连接它的桥梁是城防结构中最薄弱的地方，木制大门和几米长的木栅栏只能拖住敢于冒险一试的强盗，但不足以挡住军队。在桥的前方需要与要塞牢固程度更为相称的东西，三角堡或半月堡就能很好地满足这方面的需要。外观上，三角堡就像是棱堡的

前半部：2道墙朝外交接于一点，形成一个凸角。三角堡往往要比附近的棱堡更尖锐，将它置于护城壕的前方，与大门和桥成一条直线。三角堡的末端通常是开放式，极为贴近要塞底部，并且要比它背后的土堤来得低（这就能使得守方将主堡火力倾斜到会被敌人占领利用的三角堡上）。同主堡一样，三角堡也可以配有2道沿着墙体外侧的护城壕。有时候，特别是在法国的参考书籍中也会把"demi-lune"——半月堡用来作为三角堡的同义词，这个名字可能是由于某些土方三角堡用圆形的正面取代了尖角。

大型的三角堡可以为它两侧的棱堡提供增强的侧翼火力。之后沿着要塞主体的各环节，有时是围绕整个要塞主体，都在棱堡之间结合一个三角堡用来防御。围攻者要对要塞主体这一躯干发动最终攻击之前，就不得不先拿下至少一座三角堡。这就意味着要他们要经历轰击、争夺，折损人员、资源和时间。

除了三角堡之外，工程师有时还会扩充别的外围防御工事，其中的角堡和王冠堡（在中文版《筑城》被翻译作冠堡）本质上就是三角堡作用的放大版。对于大多数炮兵要塞来说，这些外围工事都低于主堡，这样来自要塞本身的火力就能越过这些外围工事上方。

除了有像三角堡、半月堡、角堡、王冠堡构筑在要塞主体外围，明显凸出地表的大家伙外，还有像斜堤与隐蔽路，这样位于护城壕前方，不起眼却又有着大用途的小伙计。隐蔽路的设计源自1556年的炮兵专家尼科洛·塔尔塔利亚（Niccolo Tartaglia）。他于挖掘出护城壕的同时，沿护城壕的外边缘开凿出一片完全围绕护城壕四周、深度可让一人直立的平台。踩在一级短台阶上，就可以让士兵使他窥视平台的顶端。如果是一名火绳枪手，就可以对准潜行的敌人来上一两发。这种内部带有小台阶、受保护的平台就叫作隐蔽路。它是作为步兵在城墙前方的立足点。

┃上图：建于1497年的意大利萨尔扎内罗堡，它的三角堡是世界上第一座三角堡。现在虽然已经有些风化，但仍然耸立于今

由于相当奏效，在之后的要塞建筑中，隐蔽路被加宽达六七米以便容纳更多的部队。事实证明，完全环绕护城壕的隐蔽路对阻挡冲向护城壕的敌人是非常有效的，为外围的守卫者提供了从要塞主体的一侧移动到另一侧的受保护路径，使他们可以通过转移阵地对应敌人的施压。隐蔽路对于炮兵要塞的整体防御是十分的重要，以至于在 17 世纪的军队中有这么一句

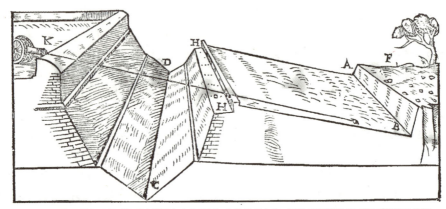

■ 上图: 1572 年威尼斯出版的《论城市设防》中的插图，火炮的射击线，斜堤的倾斜角度正好可以能让炮弹沿着它一路飞过

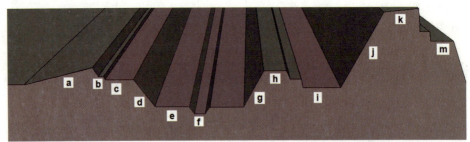

■ 上图: 表现 16—19 世纪典型的近代火炮要塞横截面: a) glacis 斜堤；b) banquette 踏垛；c) covered way or covertway 隐蔽路；d) counterscarp 外岸；e) ditch 护城壕；f) cunette 水壕；g) scarp or escarp 内斜坡或者叫内岸；h) faussebraye 前堤；i) chemin de ronde 巡防走道；j) rampart（exterior slope）土堤（外斜坡）；k) parapet 胸墙；m) terreplein 架炮垒道

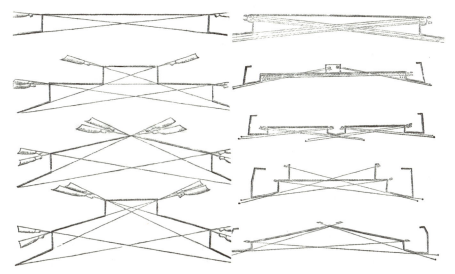

上图： 棱堡侧面的火力射击线，注意右页上编号为 7 的这组设计里 2 座棱堡中间的墙体正中修筑了一个钝角棱堡，叫作台堡（piatta forma）

俗语："隐蔽路丢了，一切就都丢了！"

斜堤是一片以微小角度从隐蔽路向外侧展开、平整开阔的倾斜土堆。这片平地为守军火力提供了一片开阔的射击场。更重要的是，它隆起了要塞壁垒前方的地面，从而保护了要塞的地基免受敌方炮兵火力的打击。斜堤"降低"了要塞本身的轮廓，使其不易还受攻击。

意大利的军事工程师不但开发新的防御工事，还著书立说，用图像与文字传播筑城学的知识。他们的著作不仅流行于当时的欧洲，引领时尚，使得筑

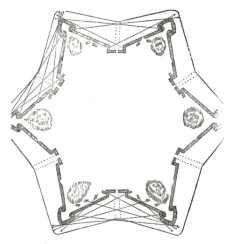

上图： 一座六角棱堡要塞的火力布局图。对于以棱堡为标志的新型火炮要塞而言，要使每座棱堡的正面以及城墙上都具有最佳射角，那么在所有的外形中最实用的其实要数五边形，五边形上的每只角都具有延伸出的坚固的棱堡，可以满足最少施工量的前提下保障最基本的火力覆盖需求。而在一些小的要塞中，我们则可以看到它们的布局被设计成矩形，还有一些甚至设计成三角形"

棱堡侧面的穹窖炮台。一般来说架设在棱堡侧面架炮垒道上的火炮本来就难以被攻城火力打到，而在这两页中设计者特意在棱堡侧面在开设出穹窖炮台，将火炮藏在这里就更能增加了其安全性

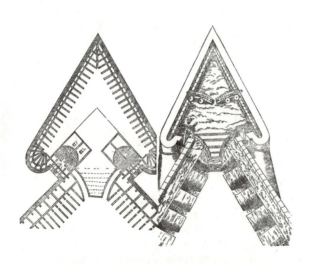

■上图：棱堡的内外结构图俯视图，从图中可以知道棱堡的外墙体后面都还会有如同肋骨一般的扶壁将其支撑，扶壁填充以土。注意这幅图中棱堡的左边侧面里隐藏了6门炮

城潮流为之一变，甚至像《论城市设防》这样的书籍甚至还传播到了中国明朝，对补充中国军事筑城科技大有裨益，在明代的《城守筹略》中我们就能找出与之相近的插图。时至如今，我们再看这些工程师的著作，即使看不懂文字，仍可以通过一幅幅犹如速写的粗线条插图体会到他们的设计的创意与才华。

下列《论城市设防》中的几幅插图就是明证。

花开花落——棱堡体系的盛衰成败

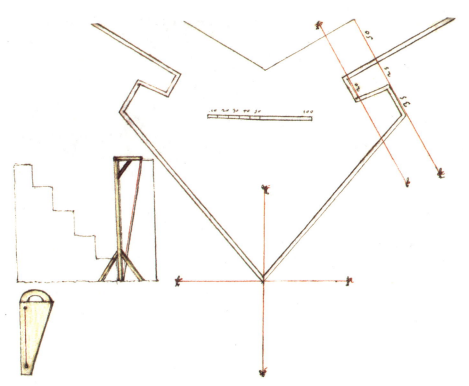

上图： 将纸上的棱堡长度和角度与用测绳和标桩在地上画出的方法。插图出自 17 世纪意大利佚名作家的《军事艺术素描，包括几何、防御工事、火炮、力学、和烟火》。相信当时欧洲的建筑者都是以这种方法令一座座棱堡式要塞拔地而起

由于意大利设计师的努力传播，最晚至 16 世纪末他们开创的棱堡体系在除了东欧以外的欧洲基督教地区遍地开花。一些有着中世纪城墙的城镇按照"意大利式设计"修修补补改造它们旧的城防，或者干脆拆旧盖新，或者在原有城墙的外围再围上一层新的筑城——因为迅猛发展的城区可能早就蔓延过了数百年前建立的城墙了，而财力不济的就只能在关键的战略要地大兴土木。在意大利还有欧洲其他地方，都有对"意大利式设计"进行改革，形成新的城防体系，并且往往以国家和设计者的名字来命名。

同西班牙进行 80 年独立战争的荷兰人就在意大利人原有的体系上做出了自己的改进。不满于西班牙统治的荷兰人（更准确的说法是尼德兰人）认真考虑自身的优势与劣势。同许多其他欧洲人一样，他们也必须慎重对待当时欧洲陆战能力最强大的西班牙兵团，即使是线式战术的领头人——拿骚的莫里斯在他一生中也只进行了两次会战。荷兰人的优势在于，他们的领地大部分位于起义的中心地区——荷兰省、泽兰省和其他临近省份——那里是潮湿到如果不开沟排水就会

上图： 这张图反映的不是某座军事要塞的围攻情景，而是 1655 年瑞典军队及其波兰仆从军攻打波兰琴斯托霍瓦的明山修道院。修道院上建有 4 座棱堡工事，在棱堡风行的年代，小到修道院大到城市都会建起棱堡来拱卫任何需要防御的地方，除了有作为永备工事的棱堡，还可以临时挖掘堆设出野战工事版的棱堡，用来配合古旧的城堡

上图： 英国德文郡公园的女王堡（Queens Sconce）。构筑于英国内战期间，为土木工事。女王堡看上去似乎是一座带有 4 个棱堡和周边有一圈护城壕的迷你型号的方形要塞。但实际上它是从小地堡演变而来的，这种演变发生就在 17 世纪

冒出地下水的地方。河流、溪流和运河分割有着沼泽点缀周围的乡野。这些条件自然限制了任何军队的运动，第二次世界大战中的机械化军队也是如此。如果敌军的移动因此受限，那么设立筑城来保持通讯和补给线将会愈加置敌人于不利境地。当然哪里有补给和通讯的大道，哪里就有可以被筑垒的市镇。

1572 年，起义扩大，而荷兰人开始建造筑城，意大利的新设计被荷兰人演变的式样后来被称为"老式荷兰体系"。它主要依靠土堤、护城河和简易的棱堡（花费少于砖石砌体，却仍然强劲有效。不过需要维护）。恩格斯总结荷兰人的方法为："宽 14~40 码的浅水壕；矮矮的土堤没有任何石砌部分，但有更低的、突出在前面的土堤（前堤）作掩护，用以更好地防守护城壕；护城壕中有大量外围工事，如三角堡、半月堡……内岸的一个狭长部分砌了石块，因为有水的护城壕在冬季结冰后，敌人很容易通过；护城壕中构筑了堤坝和水闸，以便趁敌人在干壕底开始对壕作业时放水；

最后，还构筑了水闸和拦河坝，以便预先有计划地用水淹没斜堤脚周围的地区"。当然，荷兰体系的特色不止于此，棱堡通常设定在侧面相距在 250 米之内，这是火绳枪的最大射程——在 16 世纪晚些时刻，火绳枪可以在 200 码（182 米）的距离上打死盔甲良好的敌人，品质一般的盔甲则为 400 码（365 米）。另外，棱堡的顶角多为锐角。

荷兰人为什么会选择用泥土作为主要的要塞建筑材料，这除了因地制宜外，还由于他们需要在短时间内就能建造起城防工事。而泥土就是一种现成的建筑材料，挖掘护城壕时就可以铲出来磊成土堤。即使是一个毫无技能的劳工也会懂得怎么用铁锹，篮筐和手推车。加上构建的速度就和挖掘一样快，拖运到位倾倒堆放即可。这类土要塞在 1568 年后出现在了整个低地国家。但土要塞有两个严重缺陷：1. 完工的要塞会迅速侵蚀毁坏。除非持续维护，侵蚀与堆土沉降会令它在仅仅 4~10 内就归于无用。2. 土要塞的土堤正面的角度不会比今日登

上图：出自 17 世纪地理杰作《荷兰城市地图》的兹沃勒市地图防御工事。注意图中心岛上的城区是由旧式的城墙包围，新式的棱堡等工事都在旧城墙的外边修筑

上图：来自 21 世纪科技结晶 Google 地球的兹沃勒市照片，两者对照可以看出市中心在三百多年的时间里格局几乎一致，也能看出荷兰人当时的制图水平十分准确

山家和地质学家们总结所谓的"休止角"来得更陡，物料在休止角上几乎停止其流动性。虽然用砖石砌体可以至解决这样的问题，令维护从持续不断地挑战降低为修补偶尔的麻烦，将"休止角"从 45 度提升到 60 度甚至更高。但是荷兰人这个时代仍然建造着土要塞，只因为要以最短的时间建立最多的要塞，在 1570 年代，荷兰人还堆积过起土制的三角堡。历史有时候就像一个轮回，荷兰人采取的这种"多快好省"的做法，就与当年土丘—外庭式城堡的风行如出一辙。至战争结束的 1648 年，几乎所有大型市镇都有了新的筑城。

荷兰人在战争期间建造众多的要塞并不简单是由于土要塞容易建立，拿骚的莫里斯给出的高额酬劳也是相当重要的原因。

之前的时代，修建者大量使用铁锹、镐、手推车、篮筐和四轮运马货车。参与者不仅是士兵，而且还有镇民、农夫，甚至囚犯。不管是谁，只要能用得了挖掘工具就可以投

上图：一张 17 世纪的荷兰人绘制的城防图，可以看到来自海尔德兰省、荷兰省、乌得勒支省以及德国的各式各样的城镇筑城的面貌。荷兰人在战争中改造了许多旧城，即使是那些未能彻底改造的，也以其庞大的数量在战争中发挥了巨大的作用。尽管镇压荷兰起义的西班牙最伟大的将领帕尔马公爵亚历山大·法尔内塞率领他的佛兰德斯军团，一个接一个地轻易拿下防御工事不完整或者不充分的荷兰城镇(总共 95 个)，但还是没能为西班牙取得最后的胜利

入工作。有时就连妇女也要投入防卫工作。在 1587 年，佛兰德斯沿海城镇斯鲁伊斯围

上图 从空中俯瞰的荷兰布尔坦赫要塞。相比要塞化的城镇，为专一军事用途而建的星形要塞就要更为实用与美观。这座要塞最先是由 80 年战争期间，领导尼德兰革命反抗西班牙哈布斯堡王统治的奥兰治亲王沉默者威廉于 1593 年下令修建，目的是为了切断西班牙人控制下的格罗宁根市同德意志地区之间的通讯。要塞开工不久后就遭受围攻并成功地击退了西班牙军队。在 1672 年法荷战争中，其又击败了法国人的盟友，明斯特采邑主教的军队，从而完满地结束它的最后一战，在之后的一百多年里继续在对德边境防御网中承担任务。1851 年，解除军事职责转变为一座村庄后，要塞状况开始恶化。在一百多年后的 1960 年，当地政府决定将其改造成历史博物馆并恢复到 1742 年时期的外观

城战中，有 2 个连由妇女组成，由妇女上尉指挥，并得名为"心中的梅"和"玫瑰凯瑟琳"。她们建造的要塞中一处保证威胁的地方被命名为维纳斯堡。如果威胁十分紧迫的情况下，神职人员也会被要求挖掘，并要挖到星期天，并声称这是主的工作。佛罗伦萨、教皇国和马耳他骑士团的要塞是由罪犯和桨帆船奴隶建造的。丹麦国王则利用他们的农民，但没有支付报酬。虽然威尼斯人给在克里特岛上为他们工作的农民付钱，但数额微不足道。职业士兵对这类工作嗤之以鼻，毕竟那些较小的挖槽或者维护工作对于士兵就是一种惩罚。

针对这种情况，拿骚的莫里斯则想出了一个令士兵和平民对构筑工事满怀热情的办法：付给他们好报酬。支付士兵的工资标准是他们通常在"危险与极危险的状态"（正常兵饷）的 20 倍。对于士兵和他们的指挥官来说不幸的是，当时的承包商在其中掺了一脚，并上下其手。在拿骚时代，就有人抱怨劳工："让'受指挥'的士兵去干的活，最终都是不完整且非常昂贵的。事实上所有被派去工作的士兵，在此前的生涯中都从未握过铲或锹。其中法国人表现最糟糕，因为他们把大多数时间花在了开玩笑和玩乐上。单独一个弗里斯兰人或者其他努力工作的人，一天的工作就可以干得比 4 个法国人还多。"

总之，劳工大军建造一座土要塞并不需要拥有任何特殊技能，只需要强壮的脊背和布满老茧的手。砖砌要塞的修建者大多只需用这些，只不过还需要有技艺在身的石匠、制砖工和木匠。例如，在 1647 年，米兰的主城墙外要建造新的工事时，工程师们估计，要有 300 名石匠在同一时间内工作。

另外，尽管荷兰人批评法国人好逸恶劳，

恩格斯也指责过法国筑城学派中"找不出一种新的工事、一条新的原则不是从意大利人、荷兰人或德国人那里抄袭来的。"但是要说到棱堡要塞，所有的筑城学派中，还是法国派享有最大的声望，法国学派中又要数沃邦元帅的名声最响。法国学派"巨大的功绩是使筑城法和精确的数学原理相结合，规定了各线之间适当的比例，并根据筑垒地点各种不同的地形条件运用科学理论。"

沃邦本人虽然著作不多，却身体力行地为法国国王路易十四建造了要塞33座，改造300座，指挥过53次要塞围攻战，用事实证明了自己的能力。更难能可贵的是，他为攻打要塞而创造的跳弹射击和平行壕，以及给步枪改进发明的环座式刺刀都直接影响了之后一百年的战争方法。几乎可以说，以棱堡为主要特征的筑城技术在沃邦时代已

经发展到登峰造极的地步了，棱堡的存在就象征着科学的光辉与财力的强盛——沃邦于1668至1671年主持修建的里尔堡（Eitadel of Lille）动用了60名石匠大师、400专业劳工、1400农民，开凿12000块砂岩、300万石砖，还有烧制6000万块砖才建成。

但事实上，棱堡体系的筑城却并不是在完美无瑕，更非坚不可摧。自从意大利人建造出棱堡开始，建有棱堡的城市和要塞在面临2个敌人时并不总能战而胜之：金钱与围困。

在一幅1558年乔尔乔·瓦萨里绘制，反映1530年佛罗伦萨之围的油画上，我们可以清楚地看到当时的佛罗伦萨城防建设与意大利式的棱堡设计。画中的佛罗伦萨城墙与棱堡简直就是照着恩格斯指责老式意大利体系的缺点建造的："要塞的围墙仍是暴露在敌人平射火力之下的石墙；石墙后面堆积

下图: 建造土木工事所用的工具。出自17世纪意大利佚名作家的《军事艺术素描，包括几何、防御工事、火炮、力学、和烟火》

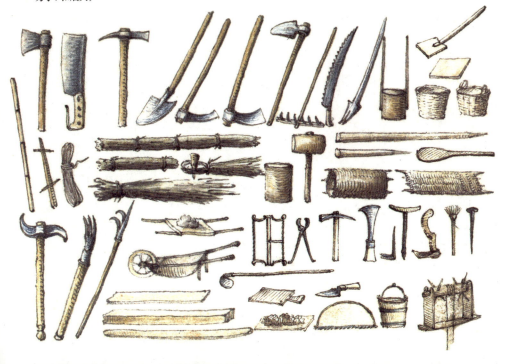

的土堤主要用作配置火炮和进行射击的地点，它的内斜面像古老的城墙一样，仍用石头被覆。只是在很久以后，胸墙才开始筑成土质工事，但即使在那时，整个外斜面，仍用石头一直砌到顶端，而且暴露在敌人的平射火力之下。中堤极长，约300~550码。棱堡非常小，相当于大的圆台堡，棱堡的侧面总是和中堤相垂直。……防守线既不与棱堡的侧面垂直，又不在中堤点与中堤相交，而是在中堤的四分之一、三分之一或二分之一处与中堤相交。因此，从侧面上发射的平射火力与其说可以杀伤攻击相邻棱堡的敌军，不如说可以杀伤相对侧面的守军。"

造成这样的原因主要是经济上的。1526

上图: 正文中提到的佛罗伦萨之围的油画

年马基雅维里被委任为美第奇家族控制下的佛罗伦萨的城防委员会秘书，并被指派制定一份城防升级报告，他建议了 3 个方案来应对新的形势：

1. 拆除现有城墙，并建立一整套囊括郊区和任何敌人欲占之地的围墙。

2. 拆除现有城墙，树立较前方案小一圈的围墙，并且清除掉任何不为防御考虑的障碍。

3. 通过降低（特别是塔楼的）高度来改造成现代流行的筑城工事，与此同时增加现有城墙的纵深，按照棱堡的样子重建那些塔楼和大门，建造斜坡以改善射界。

如果以增强城市防御力为目的，方案 1 和方案 2 都应该首先考虑。方案 1 与方案 2 在围墙的规模上存在差异，更长的围墙就意味着建造所需的人力物力财力就要消耗地更多。方案 2 因为看上去围墙要来得短，可能会省一些钱，但是马基雅维里在报告中所说的"清除掉任何不为防御考虑的障碍"就意味着在围墙外的原本有用的地产，包括经济上有重要意义的磨坊、熔炉和仓库之类，为了避免遮挡守军射界以及为敌所用，都得要放弃拆除。而且即使是建立新的围墙也意味着城市空间被占夺——过去的城墙只有三四米厚，最多不过五六米，而土堤底部宽度动辄十来米。那么，可以接受的只有不完全改造的方案 3 了。

1527 年，美第奇家族的统治被推翻，马基雅维里被解职并在同年的 6 月 21 日去世。被推翻的亚历山德罗·德·美第奇勾结神圣罗马帝国皇帝查理五世于 1529 年 10 月 2 日开始对佛罗伦萨展开围城战。至 1530 年 8 月 10 日，城市陷落，包括马基雅维里之子洛多维科在内的许多佛罗伦萨守军，虽经顽强搏斗但仍无力回天，并最终英勇牺牲。

佛罗伦萨没钱为城防彻底改造，另一个意大利城邦国家锡耶纳干脆因为建造棱堡而国家破产。罗马教皇国看上去相对财大气粗一些，文艺复兴众多的艺术家都受到他们的资助，梵蒂冈至今仍保留着大量的艺术珍品。但事实上，教皇家也没那么多的余粮。被米开朗琪罗挑衅过的小安东尼奥·达·桑加罗为罗马设计的一座棱堡要花费 40000 盾，而要为罗马的城墙重新修建 18 座棱堡则需约 450000 盾，教皇实在是拿不出这么多的钱，这个计划也就泡汤了。1628 年，教皇乌尔班八世授意在博洛尼亚附近建造的乌尔巴诺要塞花费了大约 343000 盾，要塞的 4 座棱堡连同它们的中堤平均下来每个花费 85000 盾。

那么，那些未受财力物力匮乏影响，依照工程师图纸按部就班的棱堡要塞是否就可以坚若磐石？威尼斯人在尼科西亚以最新技术建造的城防工事，在并不长的时间内就被奥斯曼奥斯曼人攻破了；1683 年的维也纳虽然有众多的棱堡簇拥环绕保护，成功地抵挡住了奥斯曼人，但在围攻的 2 个月里，实际上仅有不多的棱堡遭受过攻击投入战斗。其他的棱堡虽然在建造时花费不少，但对战事帮助有限。奥斯曼人倘若打破一个缺口，那么维也纳的棱堡数量就是当初建得再多也只是徒劳。响当当的沃邦元帅也免不了有老马失蹄的时候，恩格斯的筑城里有这么一段可令沃邦蒙羞的话语："当他把兰道的筑城计划（根据第二法）呈交路易十四时，曾说道：'陛下，这就是用尽我的本领也无法夺取的要塞'。但是这并没有保证兰道不失守，该城在沃邦生前即被攻陷 3 次（1702 年、1703 年、1704 年），在他死后不久（1713 年）又被攻陷 1 次。"

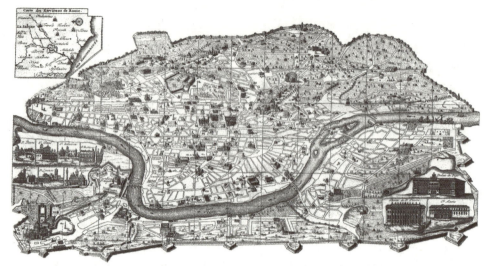

上图： 1721 年的罗马城地图。地图上的河流是由北向南纵贯罗马的台伯河，台伯河以东的罗马城仍旧以古罗马时期留下的奥勒良城墙为主要保护，棱堡体系的筑城工事则建立在台伯河以西地区，位于地图左下方也就是横坐标 A 纵坐标 g 的圣彼得大教堂清晰可见，这里是罗马教廷的中枢，值得一提的是，今天的梵蒂冈城国的北部边界就是地图左下角上画出的棱堡与城墙。在圣彼得大教堂的右上方的是圣天使堡，它底下的五边形棱堡要塞出自前文中提到的弗朗西斯科·拉裴瑞里之手。小安东尼奥·达·桑加罗的棱堡在地图的右上角，横坐标 M 纵坐标 b 的地方。从地图上看，台伯河以东的罗马城防御十分落后，不用多言；而台伯河西岸地区虽然用上了棱堡体系工事包围，但是怎么看怎么都更像是个面子工程——任何如臼炮这样的曲射火力都能在远离棱堡的阵地上将紧挨着棱堡的圣彼得大教堂炸成碎片

上图： 1539 年至 1540 年间，亨利八世为了防御法国和神圣罗马帝国入侵而命令修建的迪尔堡（Deal Castle），其外形犹如玫瑰，也有人戏称它为被拍扁的生日蛋糕

随着拿破仑时代的战术革新和 19 世纪后的武器升级，棱堡要塞虽然能在战争中继续发挥余热，向它的进攻者证明自己仍旧坚固宝刀未老。但是新的城防体系已经吸纳了被棱堡排挤的丢勒设计，以穹窖炮台为特征，它们比露天防御的棱堡更能承受新式武器的打击。攻与防的矛盾变化决定了军事家的取舍，即使是一种在当时落后的设计在环境条

件变换的情况下，可能就会改头换面地以新的形式出现。

后记——棱堡小识

正如一提到文艺复兴时期的艺术作品，人们的脑海中往往会第一个浮现出达·芬奇的《蒙娜丽莎的微笑》一样。而要是说起火炮在欧洲广为运用后的西方筑城工事，热心战争史的读者必定不会对棱堡而感到陌生。确实，无论是通过近年来出版的关于西方军事历史发展的书籍、还是网络上发表的穿越架空类的小说文字或者甚至是旅游指南的信息，我们都能对这些坐落在乡野或是昔日城郊的这类筑城了解一二，知道它们既是坚若磐石的防御利器，又是极具几何美感赏心悦目的建筑。

但在中国的网络中，却又不乏对棱堡的误解。其中主要是将棱堡与棱堡要塞混淆。所以这里就不得不另开一章正本清源。

我们现代汉语中的棱堡，严格地说就是对应英语中的"Bastion"。例如笔者正文中所引用的那段恩格斯关于棱堡外形的描述，出自他写给《美国新百科全书》里的《棱堡》（《Bastion》）词条，在恩格斯笔下的"bastion"并非是对一整座堡垒、要塞的称呼，而是如笔者在本篇正文里反复说到的五边形的炮台工事而已。在《剑桥英语字典》里，bastion 除了被解释为任意突出城堡之外的附属防御工事（something which keeps or defends especially a belief or a way of life that is disappearing or threatened）；还可以指宽泛概念上的虚拟堡垒（something which keeps or defends especially a belief or a way of life that is disappearing or threatened），如精神堡垒。在英文里实际上是看不出有这个"棱"字的意思。但是，将五边形的炮台工事"bastion"翻译作"棱堡"，

确实又是十分地贴切。

说起国人对棱堡式要塞的认识历程，那是源远流长。早在四五百年前的明代，就已有东西交流的先行者注意到了西方殖民者在华构筑的要塞，并且将他们目睹的或是从西洋人了解到的知识原理写入书中，不光记录下了名为"锐角台"的棱堡，还大胆尝试引入建造。近代国门洞穿之后，以救亡图存为目的，引进西方军事筑城科技的仁人志士在他们的兵书里将棱堡称为"凸角"。可能是那些由于甲午战败后，东渡扶桑寻求救国之路的学子，最早借用日文"稜堡"创造出了通行于今的"棱堡"一词。对于现代中国军事历史类书籍影响较大的，则是被收入进《马恩合集》第十四卷的，恩格斯在150多年前为《美国新百科全书》编写的《筑城》、《棱堡》、《垛墙》和《炮座》等词条。恩格斯"作为无产阶级第一个军事理论家和杰出的军事学术历史学家"被认为"彻底地研究了军事技术历史的各个最重要的方面"，他编

上图：英国节选翻译的《11至16世纪法国建筑词典》：《中世纪军事建筑论文》（《An essay on the military architecture of the middle ages》）中关于瑞士沙夫豪森米诺堡的一座小圆堡的说明上就用到了"bastion"一词，尽管它圆圆的，一点也不棱角。倘若有人因为书中标注了"bastion"而不假思索地将它也叫作"棱堡"，那就要贻笑大方了

写的这些条目，深入浅出地阐释了文艺复兴乃至 19 世纪中期西式筑城的功用与发展历史，至今仍然具有学习借鉴的价值。故而笔者在正文里多次引用这位伟人的文章内容。但由于中译本的年代过早，一些名词翻译得其实并不怎么到位，所以在正文中笔者又加以注释。

棱堡有时在中国网络上被过分神话，认为它坚不可摧。在正文中笔者已通过列举实例说明情况并非如此。最后，还有一则流言是关于哥萨克在雅克萨（阿尔巴津）建立了"棱堡"。这里笔者只能先给出 4 幅图画，相信读者自能分辨。

上图：俄罗斯人自己的复原图，1665—1681 年的阿尔巴津城

上图：俄罗斯人自己的复原图，1682—1685 年的阿尔巴津城

下图：阿尔巴津棱堡的始作俑者：尼古拉斯·维特森的《北与东鞑靼志》（*Noord en Oost Tartarye*）

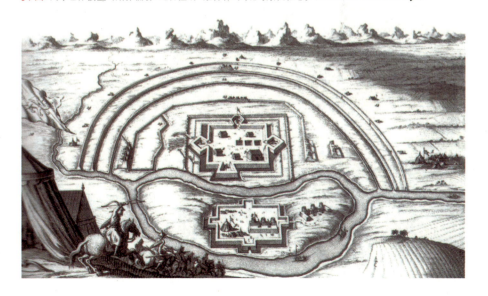

上图：美国国会图书馆收藏的《罗刹之地图》，图像制作年代约为 1697—1722 年

POST
PART
VM
VIR
GIN
IS
MD
LIII
I

A
NN
O
MD
LV

MONS REGIONIS

参考文献

《马恩全集第十四卷》，作者：恩格斯

《11世纪至16世纪法国建筑词典》（Dictionnaire raisonné de l'architecture française du XIe au XVIe siècle/Echafaud），作者欧仁·维奥莱－勒－杜克 Eugène Viollet-le-Duc

《ARTILLERY AN ILLUSTRATED HISTORY OF ITS IMPACT》，作者：杰夫·基纳德 Jeff Kinard

2016年4月《国防科技》（Defence Technology）第12卷第2期《蒙斯梅格射石炮的弹道性能》（The ballistic performance of the bombard Mons Meg），作者伊恩·路塔斯，雷切尔·麦卡利斯特，亚当·瓦利斯，克莱夫·伍德利，伊恩·库里斯。Ian LEWTAS, Rachael MCALISTER , Adam WALLIS, Clive WOODLEY, Ian CULLIS

《马克西米连的巡游》（Triunfo del Emperador Maximiliano）

《马克西米利安一世军备书》（Zeugbuch Kaiser Maximilians I）

《伯尔尼官方编年史》（Amtliche Berner Chronik）

《西方战争艺术》（The Art of War in Western World），作者：阿彻·琼斯 Archer Jones

《兵法》（The Art of War），作者：马基雅维利 Niccolò Machiavelli

《防守集成》，作者：朱璐

《对城市、城镇和城堡设防说明》（Etliche Underricht zu Befestigung der Stett Schloss und Flecken），作者：丢勒 DÜRER

《百科全书，或科学、艺术和工艺详解词典》（Encyclopédie, ou dictionnaire raisonné des sciences, des arts et des métiers），作者：德尼·狄德罗、让·勒朗·达朗贝尔

《论城市设防》（Della Fortificatione delle Città），作者：Girolamo Maggi, Jacomo Castriotto, Giovacchino da Coniano

《军事艺术素描，包括几何、防御工事、火炮、力学、和烟火》（Sketchbook on military art, including geometry, fortifications, artillery, mechanics, and pyrotechnics）

《百科全书；或艺术与科学通用字典》（Cyclopædia: or, An Universal Dictionary of Arts and Sciences）

《守围增壮———明末西洋筑城术之引进》，作者：郑诚

作者 /
李晓泉

前进的风帆

拿破仑战争时期的英法风帆战舰与海军战术

神佑之皇家海军，吾国财富之所依，和平之所依。
——《英国航海条例》

上图: 描绘 1805 年特拉法尔加海战场景的绘画作品

曾有人戏言,拿破仑战争中的西班牙战场,之所以英军能够逐渐占据优势,其中重要的一个因素就是,英国掌握制海权。每当战事不利,英军就可以上船跑路,从而可以保存有生力量,从而越战越强。虽然这个说法未必准确,但半岛战争中,制海权对于反法联军的最终胜利居功颇大。按照史学界的普遍看法,从 1792 年到 1815 年的那段被称之为法国革命战争和拿破仑战争的历史时期,是风帆时代海军战争艺术发展的最高峰,而代表着这一高峰之顶点的,无疑就是 1805 年的特拉法尔加大海战。不过,这其中的胜利与失败,往往是由诸多细节所铸就的。

16 世纪至 18 世纪的海上作战舰艇具有一些相同的基本元素:采用木材建造,通过风帆驱动,并通过麻或者类似材料制成的绳索对帆片进行人力控制,配备有设计与功能相似的锚。"风帆战舰"(man-of-war)以及其后继者均为三桅方帆布局,而所有风帆的设计都是为了最大限度的利用风力,节省人力,并确保船只在不同海况下的正常操纵。海军火炮均为前装滑膛炮,最初采取青铜铸造,到特拉法尔加海战的时代,基本已全部更换为铁炮。所有的"风帆战舰"以及后来的"战列舰"均拥有充分的结构强度,以装载数量众多的大型火炮,并可以在很大程度上承受由同类敌舰所制造的猛烈火力的打击。

风帆时代海军炮术的基本原则早在这一时代之前即已获得普遍认可,即首先通过一系列复杂而耗时的调动将舰只排成一字纵队,然后用舷侧火炮猛烈轰击敌舰使其丧失战斗力,最后通过俘获敌舰或迫使敌舰投降而结束战斗。然而在大多数时候,这些战术理论往往针对主力舰队之间的海上决战,而并未考虑到形形色色的海上冲突中的多样化需求。比如说在破袭、保护商业航线

上图: 17世纪中期英荷战争中的风帆战舰，其船体结构与1个世纪之后的同类战舰相比有明显区别

时，使用巡航舰（frigate）及类似的小型快速船只，或者在两栖作战和围城战中使用炮艇（gunboat）。乍看起来，火炮技术在不同的欧洲国家之间非常相似，然而事实上，潜移默化的改变所导致的差异早已出现并被不断扩大，比如卡隆炮（carronade，大口径短管火炮）以及类似大口径短炮的装备，以及舰载火炮在装填弹药和射击方式上的改进等等。

有几个因素会影响火炮在实战中性能之发挥。首先，在波涛起伏的海面上，固定于颠簸甲板之上的舰载火炮无法获得一个稳定的射击平台，由于缺乏射击稳定装置和有效的瞄准装置，舰载火炮仍很难实现精确射击。其次，除非轰击海岸工事和堡垒，舰载火炮的目标总是木质船只，因此不太可能仅仅通过实心圆铁弹来击沉它们。也就是说，目标的船体结构并不总是最佳轰击目标，杀伤敌舰上的有生力量往往更为重要。同样，破坏帆船行驶所必不可少的机械装置——桅杆、索具和舵轮——也极为关键。从战术角度而言，炮击的主要目的并非摧毁敌船，而是使其丧失战斗力并夺取其为战利品。

传统舰载火炮之形制特征

后装线膛炮要到19世纪60年代才能装备欧洲国家的军队，而各国海军对爆破弹的研究在拿破仑战争时期才刚刚起步。工业革命所带来的技术进步并未在短时间内引发炮兵装备的根本性变革，这对当时各国的军事家来说无疑是一件憾事。由于火炮加工精度的限制，那个时代的火炮仍然是根据它发射的实心弹重量，也就是所谓的"磅值"（而非火炮口径）来进行区分和命名。在那个时代中，作为欧洲各海军强国舰队主力战列舰（ship-of-the-line），其舷侧装备的重炮主要为制式的32磅加农炮（对应口径约为163mm），而在数量更多的小型战舰的火炮甲板上，配备的往往是小得多的3磅炮（对应口径约为74mm）。为了维持船舶重心稳定，各层甲板的火炮部署都需要严格按照规范进行。因此，较重型的火炮通常被置于较底层炮甲板。以同时代英国皇家海军的74门炮战舰为例，其下层炮甲板安装的是32磅炮，主甲板安装18或24磅炮，而上层后甲板（quarterdeck）安装的则为9磅炮。法国海军的同级战舰情况则略有差异，它们的下层甲板、主甲板和上层后甲板所配备的分别是36磅炮、18磅炮和8磅炮。

一个值得注意的问题是，上面所说的"磅"（pound），对于当时的英法两国而言实际上是2个不同的重量单位！根据英国政府在1758年颁布的重量单位标准，通过换算，我们可以确定在英国，当时的1磅应453~454克之间。这一换算关系一直延续到今日。法国的情况则比较复杂。18世纪晚期，1法国磅（也被称为"里弗尔"）约等于489.5克，但在大革命之后，根据《共和国九年雾月十三日法令》（即公历1799年11月3日），从

1800—1812 年，法国的标准重量单位变成了 1000 克（也就是现在"千克"）！不过在 1812 年又颁布了一部法令，此时 1 法国磅相当于 500 克，这种单位标准一直延续至今。考虑到火炮生产和服役期限等军事上的特殊情况，在法国大革命和拿破仑战争时代，法国海军的多数舰载火炮仍应沿用 489.5 克的磅值标准。因此，对于表面上同一磅值的火炮，法国炮发射的炮弹重量要比英国炮的重约 1/15。

战舰设计与分级系统

在法国大革命时期（1792—1802 年），英国拥有世界上规模最为庞大的海上力量，它由 146 艘战列舰（ship-of-the-line）和数百艘中小型舰艇组成。"战列舰"这一名词

是 17 世纪中期，历次英荷战争中出现的单纵队战术的一个忠实的反映。从那时起，英国舰队通过将舰只排成单列纵队投入战斗，将其舷侧舰炮火力发挥到极致。为了维持其在纵队中的既定位置，一艘战舰必须拥有强大的火力，同时舰体也必须要足够坚固以承受敌舰的舷炮齐轰。

对于何种尺寸的战舰能够有资格排在火线上，随着时间的推移，标准也在不断变化。在七年战争（1756—1763 年）期间，拥有 50~ 60 门火炮的船只就是最大型的"战列舰"了，类似的舰只就足以投入海上会战。但是到 1793 年，这样的军舰却被认为火力不足以参加主力舰队的作战。从那时起，64 门炮战舰被认为是能够坚持在火线上的最小舰只了。在拿破仑战争期间，标准的战列舰是 74

下图: *74 门炮战列舰被认为是火力与机动性完美结合之产物*

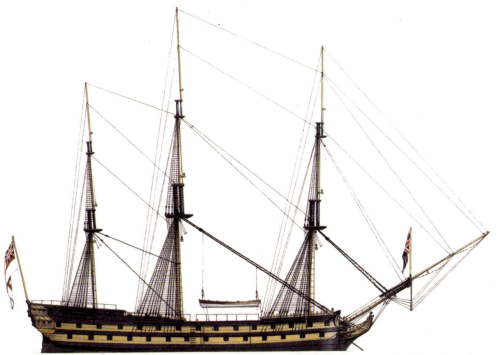

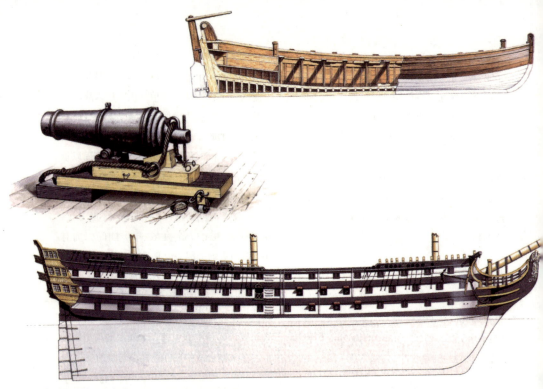

上图：配有 120 门炮的"超一级"战列舰是风帆时代木质战舰发展的极限，它拥有强大的火力投送能力，却极为笨重难以操纵，无法执行主力舰队决战以外的其他任务

门炮战舰。换言之，在 18 世纪末，界定一艘军舰是否属于"战列舰"，其最低限度是它至少应该拥有 2 层"连续的"火炮甲板。

当英国于 1793 年介入法国革命战争时，皇家海军共有 498 艘军舰，包括现役的和"闲置的"（in ordinary）。在当时的航海术语中，后者代表战舰处于"封存"状态（尽管这也包括像补给船、监狱船或"接待船"这样的非作战舰艇）。到 1813 年英国皇家海军的力量达到顶峰时，在其拥有 1017 艘战舰中，除了少数类似浅水重炮艇那样的特种船只外，所有安装 20 及 20 门以上火炮的战舰都被纳入到一个等级体系当中，并根据舰船吨位及配备武器的不同而加以区分。按照官方定义，所有列入该体系之内的战舰均配备三桅方帆，并由所谓的

"大舰舰长"（post captain）来指挥。该系统同样也确定了各级战舰的配员定额和人员构成比例，这样就可以与行政管理方面的事宜密切关联，比如说工资发放和补给分配数量等等。

位于这一体系顶端的一级舰和二级舰都拥有"3 层甲板"（连续火炮甲板），而三级舰和四级舰则有 2 层甲板。理论上，它们都可被称为"战列舰"（ships-of-the-line）。但是在战争期间，第二、三、四级战舰通常被降级使用，担任诸如为船队护航或者前往海外执行威慑行动（showing the flag）等辅助性任务。到 1793 年，拥有 50~60 门火炮的四级战舰被认为太小而无法参与舰队行动了，因此他们很少会被送到一线与前三级舰一起行动。五级舰和六级舰通常指只有一层炮甲板的"巡航舰"

（frigate）。但是在拿破仑战争时代，小型巡航舰渐渐被认为已经过时了。而剩下那些表现不是那么抢眼，但又是维持海上力量所必需的双桅船（brig），单桅船（cutter）。运输船和其他舰船没有被纳入这一分级体系。这个分级系统也存在一些问题，比如说80门炮的三级舰定员数实际上和90门炮的二级舰是一样的，但是却与只有64门炮的战舰划为同一个等级。另外，1艘装备有24磅炮和卡隆炮的重型巡航舰，其火力可能要比1艘四级战舰强大的多。

值得一提的是，在上述分级系统中，作为区分军舰等级的最重要指标的火炮数量，通常指的是安装在"连续"火炮甲板上的舷侧大型加农炮的数量。安装于上层后甲板或者船艏周围的火炮，由于形制与口径的繁杂而往往可以被忽略。榴弹炮、新式的卡隆炮以及包括回旋炮在内的小型火炮统统不计算在内。那么什么样的炮可以称之为"大型加农炮"呢？在战列舰和巡航舰上，其下限是6磅炮。在巡航舰以下的小型舰艇上，3磅炮也会被计算在内，不过在小船上回旋炮（往往只有一二磅）也往往是被排除在统计数字之外的。该体系的另外一个问题是，相同的舷侧火炮数量并不一定意味着旗鼓相当的火力投放能力。例如，有些74门炮战列舰在主炮甲板上只装有18磅炮，而有的同类舰安装的却是24磅炮。

舰载火炮的改进与发展

从17世纪起，在大型舷侧火炮领域中，铸铁炮已经开始逐渐取代青铜炮，这是因为铸造工艺的改进使前者变得更为便宜可靠。不过对于尺寸相同的火炮来说，铸铁炮要重于青铜炮。此外，由于铁制品在潮湿高盐空气中很容易锈蚀，因此给火炮刷漆也是火炮维护工作的重要组成部分。

在拿破仑战争时代，英国人使用的铁炮主要是"布罗姆菲尔德"（Blomefield）型，这种火炮是以它的设计者——时任英国炮兵总监的托马斯·布罗姆菲尔德的名字命名的。该型火炮在1786年的伍尔维奇进行了首次公开试验。与皇家海军装备的旧式阿姆斯特朗/弗雷德里克型火炮相比，布罗姆菲尔德型火炮的设计较为简单，它的主要特征则是在火炮尾钮上方铸有一个用于穿炮尾索（这是一种用于控制火炮后座的粗绳索，通过铁环固定于舷墙之上）的垂直环，所以也被称为"尾索环"。

布罗姆菲尔德式火炮的主要优点如下：

首先，火炮的质量分布得到了优化，在制造火炮时炮尾周围的部分铸得最厚，因为射击时发射火药爆炸产生的冲击力大部分作用于此。其次，火炮的尾钮处不再采用雕刻装饰，这不但简化了制造工艺，同时也避免因为厚度不均而造成结构强度上的薄弱点。另外，与旧式火炮系统相比，布罗姆菲尔德火炮在尺寸上也进行了缩减。以32磅炮

上图：17世纪晚期的文献中对当时舰载加农炮的描绘，注意其外形和结构已与拿破仑战争时期的同类火炮差距不大

为例，炮口处的火炮外径从44.45cm降低到43.10cm，而炮颈处（身管外径最小位置）的直径则从35.05cm降低到33.53cm。

从某种程度上，布罗姆菲尔德型火炮的出现也迎合了当时皇家海军正在进行中的火炮标准化工作。根据1825年出版的《炮兵系列课程评述》一书中的说法，这种火炮已经成为"74门炮战舰上甲板，卫戍部队和炮队训练"中的标准配备。但实际上这项工作从拿破仑战争之前就已开始，但直到19世纪后半叶前膛火炮淡出战争舞台为止也未完成。虽说当时英国海军中，布罗姆菲尔德型火炮的数量已占据支配性地位，但在很多船上它们仍然与旧式阿姆斯特朗/弗雷德里克型火炮混装，再加上新式"凯隆内德"大口径短炮和形形色色的回旋炮，以及其他轻型火炮（有些已非常老旧），使得舰载火炮的种类更为繁杂。此外，英国皇家海军从未考虑过3~4磅火炮以及更轻型的火炮的标准化问题，尽管它们装备的绝对数量很大且在小型船只上还是装备的主力。

当时英国陆海军火炮研发、设计与装备是由军械局负责的，而火炮的实际生产工作则几乎全部委派民营工厂完成。虽然军械局对每个订单的火炮型号规格与各项参数都有着严格标准，但由于生产条件和生产工艺的限制，这种标准难以不折不扣的遵守，最后往往是政府与厂商妥协而告终。如果某位海军舰长要在军舰上安装火炮，他必须首先到港口的军械局仓库中领取，而舰船上多余的或闲置不用的火炮也应及时"归还"军械局。也就是说，海军部对其下辖的所有舰船上装载的火炮只有使用权而没有所有权，由于军械局和海军部之间长期存在着一种较为紧张的关系，所以海军舰长在领取火炮时受到军械局官员的刁难也是家常便饭，在这种情况下，"在每门炮的火门上放一枚金币"（贿赂）就变得必不可少。

法国海军使用的铸铁炮则按照1767年制定的设计规格生产。但在革命期间舰载火炮的装备非常混乱。有很多舰船只上安装了由形形色色的"革命委员会"所督造的质量低劣，规格

上图：在美国海军巡航舰"宪法"号的火炮甲板上配备的24磅加农炮，注意它们并没有作为英国布罗姆菲尔德式火炮之显著特征的尾索环

上图：英国皇家海军一级战列舰"胜利"号上配备的24磅布罗姆菲尔德式加农炮

不一的大炮。绝大多数法国军舰也不再装备青铜火炮。但据记载，1780年法国曾铸造过60门18磅黄铜炮，而且当时还存在有一种重型48磅青铜炮的设计。据说后者主要装备在法国军舰"君权"号和"皇家路易"号（后者在大革命后更名为"共和"号，1794年沉没）上。这2艘军舰都是"110门炮战列舰"，它们的下甲板上装备的全是这种火炮。但18磅黄铜炮的装备情况我们尚不清楚。

详解舰载火炮之轮架结构

当时欧美各国海军所使用的火炮轮架可以追溯到1588年的无敌舰队之役，当时参战的英国舰队就曾使用过某种与之类似但较为简陋的四轮箱式炮架。在拿破仑战争时期，皇家海军广泛使用的火炮轮架为1791年型，它是在1732年型轮架的基础上经过简单改进之后而定型的。与两百年之前的同类产品相比，它并没有太多变化，只是结构变得更为紧凑也更为结实，足以承载重达3吨的炮身（同时代皇家海军32磅加农炮的炮身重达2.8吨）。

这种轮架的底部装有2条结实的木制方

截面车轴，车轴末端均可转动，其上安装铁制小轮，并用一种被称为"林奇钉"的铁销子将铁轮固定好，以避免轮子在甲板上滚动时从轴上滑脱。这种轮架的左右侧板（又被称为"颊板"）是阶梯状的，这是它的显著特征之一；这种设计的目的就是为了在用撬棍撬动炮尾时提供若干个高度不同的支点。在大型舷侧火炮上，炮手需要通过推进或者拉出支撑在炮管尾部的一个带把手木楔来调整火炮仰角，而在调整木楔的时候就必须要把炮尾抬起来。

前膛炮时代，陆海军火炮实际上是可以通用的。大多数火炮都采用类似的模具整体铸造工艺。与现代火炮相比，其炮身结构非常简单。但舰载火炮的使用环境却与陆军火炮大不相同。对于近代装备各国军队的架退式火炮来说，其炮身是通过耳轴与炮架刚性连接的，也就是说，在火炮射击时炮管将带动炮架一同后坐。对于重型火炮来说，这种后坐距离会是相当大的。然而，与陆军野战炮不同的是，舰载火炮需要在狭窄的甲板上操作，所以限制其发射时的后坐距离是必需的。在那个时代，舰载火炮会使用一种固

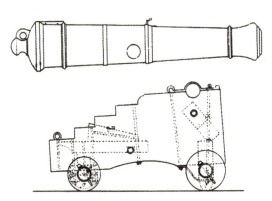

上图：布罗姆菲尔德式24磅加农炮的炮身和火炮轮架之线图

定在船体上并与火炮轮架相连的粗绳索（炮尾索）作为简单的驻退装置，当然它也将承受火炮发射时的大部分后坐力。在英国皇家海军中，每门舷侧火炮都配有一根炮尾索，它的两头分别系在对应炮门左右侧舷墙的固定环上，并且穿过火炮尾钮上的一个垂直铸铁环（尾索环）与火炮相连。

如何在射击完毕后操作火炮复位则是另外一个主要问题。这项任务需要很多人手，对于陆军炮兵来说，只需要为每门炮多配备几名协助拖炮的步兵即可，而且陆军野战火炮作为当时一种重要技术兵器，本来就是重点保护的对象。但在军舰上，因为空间与补给的限制，却不能简单地采用增加人手的方式，而必须要使用某种可以节省人力并保证火炮迅速复位的机械装置。到18世纪末，这一机械装置已经发展成熟并成为欧美列强和近东诸国风帆战舰上的标配，而且在不同国家的战舰上，其结构也大同小异。它主要由边索具和中索具组成，每门舷侧火炮都配有2组边索具和1组中索具。

顾名思义，边索具是分别位于每门舷侧火炮左右两侧的。每个边索具都是由一个动滑轮和一个定滑轮所组成的滑轮组。其中前者是挂在炮架侧颊板后部铁环之上的单滑轮，而后者则是挂在炮门旁边铁环上的双滑轮；绳索则按照特定的方式绕过这2个滑轮。它主要作用有三：

1. 在火炮装填完毕后将拉动炮车，让炮口伸出炮门射击；

2. 在主炮手瞄准时调整火炮的方位角（通过只拉动左边或者右边的侧索）；

3. 在海战中，如果船身发生倾斜及时拉住火炮防止其侧滑甚至倾覆。

中索具的结构与边索具相同，区别在于其"动滑轮"一端挂接在炮车底部后车轴中央的一个铁环上，而"定滑轮"则联结在位于甲板

纵轴线处的一个铁环上。它的主要作用为二：

1. 在船体左右颠簸时固定炮车，避免其向船舷一侧移动（侧拉索在此情况下则是用于避免炮车向船内侧移动）；

2. 当火炮哑火或者鸣放礼炮与号炮的时候将火炮拖放舱内，因为此时的火炮未后坐或后坐不到位。

在非战斗状态下，炮边索、炮中索和炮尾索都需用来捆扎固定火炮。否则，在风急浪高的海面上，任由这些重达3~4吨的大家伙在甲板上横冲乱撞可能会造成严重后果。炮身与轮架之间也要用绳索固定，炮身膛口处则需要绑上绳索并穿过安装在舷墙上的铁环固定。此外，火炮的击发装置和用于调整仰角的木楔要取下单独保存。

法国海军的火炮轮架与英国皇家海军所使用的非常相似。以法制36磅炮轮架为例，它较之与其威力相当的英国32磅炮轮架更矮更宽，这样就降低了重心。法制轮架的侧颊板多由榆木板压制而成，这种材料在被炮弹击中时不太容易形成锋利的木片，从而减少"二次杀伤"效应。此外，颊板末端用铁箍进行了加固，以防止射击时产生的冲击力作用其上使之断裂。不过，法制火炮轮架与英制轮架的最大区别在于前者的驻退索是固定在炮架颊板两侧而非炮身尾部。也就是说，法军舰载火炮中，火炮射击时产生的后坐力主要是作用在炮架（而非炮身）上的。所以说每门火炮的驻退索就会有2根，而且对于口径相当的火炮来说，法国火炮的驻退索都要比英国海军火炮上使用的细一些。另一个细节上的区别是，在法军火炮上是用安装在颊板后部上方（而非颊板外侧）的铁环来挂接边索的，这样法制火炮在拉动时其作用点更靠近炮身上的重心，所以说火炮的移动也会更省力。

新设计——卡隆炮的诞生和应用

在很多英国历史学家的笔下，卡隆炮这种武器被誉为是那个时代海军装备方面的一个伟大发明。这种炮的名字来源于它的生产厂家——坐落在苏格兰斯特林郡福尔柯克附近的卡隆公司。该公司是一家历史悠久的铁器工厂，它是不列颠工业革命的先驱之一。但它能在军事史上留名，却要归功于设计和首批生产了这种在海军史上占据有重要地位的火炮。据说第一门卡隆炮出现于1778年，但与最终定型并装备皇家海军的那种舰载火炮相比，在外形上却有很大的差异。

与传统加农炮相比，卡隆炮拥有较轻的重量和较薄的膛壁，它采用一种小型发射药室取代了传统设计中的贯通式炮膛。此类炮通常没有铸造耳轴：它是用身管下面的铸铁环固定在炮架上的。位于炮尾处的水平铸铁环则可用来安装调整火炮仰角的升降螺栓。

最后，在这种火炮上还铸有简单的分离式瞄具。其后准星位于火门后方，而前准星位于炮身中部第二加强箍处。

当然，如果仅仅是上述表面化的改进，这种武器还很难吸引如此多的瞩目。事实上，卡隆炮的一个最显著的特点就是在设计和生产过程中减少了误差。我们知道，对于前装火炮来说，为了便于装填，它所发射的炮弹直径是小于炮管的直径的，弹丸与炮膛内壁之间的这个间隙被称为"游隙"。游隙越小，在发射时就可以有越多的火药气体用于推动炮弹，而且游隙的减小也能大幅提高火炮射击的精度。

一般来说，在为普通火炮生产炮弹的过程中，其炮弹模具的直径要比火炮模具的口径略小一些，但是卡隆炮的炮弹生产中，炮弹是在与火炮内径相同的球形模具中制造的。这种间隙仅仅是由于炮弹和炮管材质不

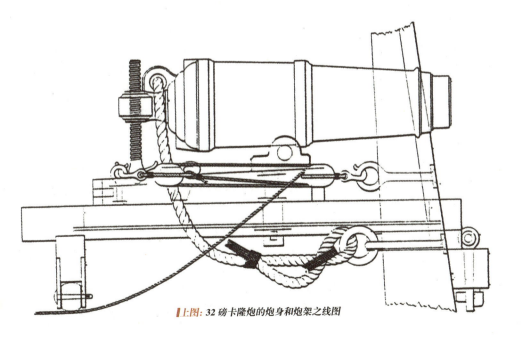

上图: 英国皇家海军"胜利"号战列舰上安装的 32 磅卡隆炮

同，导致在冷却后体积缩小量有细微差别而形成的。较普通火炮而言，其游隙已大大缩小。但游隙的缩小和短粗的身管也会带来另外一个问题：从炮口装填炮弹非常困难。所以在卡隆炮的炮口位置铸有一个比其内径略大的缩口环，这样会有助于解决这一问题。

卡隆炮的射程要比同口径加农炮小得多。以 32 磅炮为例，普通加农炮的直射距离（blank-point range）和最大射程分别为 579 米和 2876 米，但是同口径卡隆炮在仰角为 1° 和 5° 时的射程则分别只有 347 米和 1067 米。当然，作为一种专门在近距离内使用的毁船火炮来说，较短的射程并不是问题。而且，由于炮弹初速较低，在近距离上它的实际威力反而比普通加农炮更大。它的另外一个优势是，与加农炮相比，卡隆炮在发射相同重量的炮弹时所需的火药量少很多。例如，普通 32 磅加农炮在发射圆铁弹时需要 10 磅 11 盎司（4.85 千克，即炮弹重量的 1/3）；但同口径卡隆炮仅需 2.5 磅火药（1.14 千克，还不到炮弹重量的

1/10）。这样在射击时后者的膛压也要远远小于前者，所以卡隆炮的膛壁才可以做得很薄，因而大大减轻了炮身重量。

卡隆炮有很多种不同型号，从 6 磅的小不点到 68 磅的庞然大物。不过最为常见的还是 12 磅到 42 磅之间的火炮，而最重的 68 磅卡隆炮往往只见于部分一级战列舰（比如特拉法尔加海战中纳尔逊的旗舰"胜利号"）。

卡隆炮的炮架结构也极其特别。与普通加农炮所使用的箱式轮架不同，这种炮架设计更为精巧。它分为上下两部分，而且往往半固定于船体之上。炮架底座是一块平滑的长木板，其上沿径向开有凹槽作为滑道使用。但这个底座并不是直接安放在甲板上的：沿着底座的纵轴向（即与船体中轴线正交的方向），底座靠近舷墙的一头通过一个可转动的枢轴，连接在固定于船侧舷墙底部的木块之上，另一头则用 2 个可沿船体中轴线方向滚动的铁轮支撑。在射击时通过推动底座末端的小轮滚动即可在一定范围内改变火炮的方位角。用于承载炮身的

滑床（即炮架的上半部分），可通过底部的一个突起结构在底座的滑道上滑动。当火炮装好弹药后用索具将滑床拉到滑道顶端，火炮发射时的后坐力会将滑床推向底座的滑道末端，然后再重复装弹和瞄准的过程。卡隆炮也需要使用前文提到过的炮尾索来控制后坐距离，并且使用与普通加农炮类似的索具来完成火炮的复位操作。

使用安装在火炮尾钮环上的升降螺杆（而不是垫在炮身下面的木楔）来调整火炮仰角也是一项重大改进。虽说这种装置在那个时代陆军野战炮中已经得到广泛采用，但是在卡隆炮装备之前却从未在皇家海军中使用过。炮手可以通过转动在螺杆末端（尾钮环之下）的十字手柄来升起或者降低炮尾，从而很方便的改变火炮的仰角。但这种结构的一个缺点是在火炮发射时这个螺杆和尾钮环将承受相当大的冲击力，虽然结实的炮尾索可以起到一定的缓冲作用，但在持续射击时这种结构仍然非常容易损坏。

显然，与舰载加农炮类似，卡隆炮的设计也只能允许其较为粗略的调整方位角和仰角。在射击时，与安装在炮身上的分离式瞄具配合，可以在调整火炮仰角的同时瞄准目标。另外，与同口径的加农炮相比，卡隆炮由于炮架结构和炮身重量的原因，所需的炮手更少，这也可以算得上是一个优势。

法国也曾设计过一种与卡隆炮类似、名为"加农榴弹炮"、使用减装发射药的大口径短炮。不过这种设计似乎并不成功，因为后来法国人在他们的战舰上照搬了英国卡隆炮之设计。这可能是因为法国人从未找到关于这种火炮性能的一些正确比例（例如炮身与口径之间的比例，发射药与弹丸重量之间的比例等等）。而且，由于更倾向于同对手

在较远距离上进行战斗，这种武器近距离毁伤方面的优势在法国海军看来也变得不那么重要了。

舰载火炮瞄准装置与战术的发展

在拿破仑战争时期，火炮瞄准装置的发展仍然处在幼年阶段。由于舰载火炮在射击时其发射平台本身就处于不稳定的状态，并且它要射击的目标往往也在快速机动当中，所以说在海上命中目标要比在陆地上困难得多。对于舰载火炮来说，对准目标（调整方位角）一般需要通过船体本身的机动来完成，而确定射击距离则需要调整每门火炮的仰角。

从上面的讨论我们可以看出，为了提高打击效率，英法海军都在尝试使用射程较短，但在其射程以内威力更大的新型火炮。可见火炮射程在风帆战舰时代是一个不那么重要的因素。英国皇家海军在战斗中屡屡战屡胜的关键在于其更快的射击速度，而非远距离上的射击准确性。早在1588年的无敌舰队之役中，即有资料记载，双方火炮的射击距离往往在"100码之内"；而在200年之后，"抵近接敌"仍然是一代名将霍雷肖·纳尔逊最广为人知的命令之一。尽管在当时的海战中，双方战舰往往在相距900米时就开始射击，但据统计，战舰所遭受的严重损伤仍大多发生于100~200码的距离之内。在这一射击距离上，炮手将火炮仰角设置为0°（即炮管中轴线与甲板平行）并对准目标，理论上即可达成命中。

从表面上看，将炮身置为平射状态非常简单，然而如果炮手利用炮管上缘作为基准将仰角置为0°的话，真实的火炮仰角会变成1°~2°。因为火炮身管的厚度在炮尾处最粗，随着向炮口处过渡而逐渐变细，所以

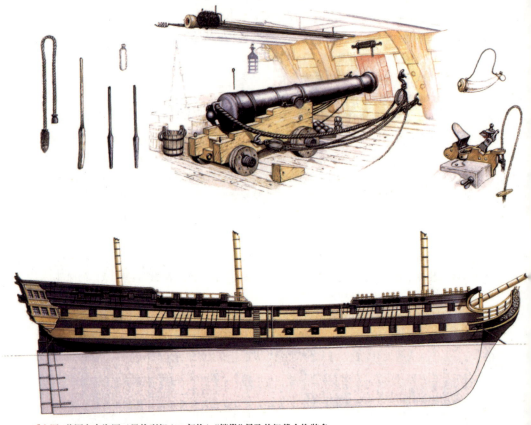

上文所述的"瞄准基线"与炮管中轴线是不平行的。这么一来，就需要在炮口处和炮身中部安装 2 个高度不等的准星，让这 2 个准星的顶点连线应与炮管中轴线平行。这种简单瞄准装置就是所谓的"分离式瞄具"。

除去上面提到的分离式瞄具之外，在拿破仑战争时代的英国皇家海军中，另一标准化的瞄准装置就是所谓的"四分瞄具"。它由若干个刻在炮尾与炮颈两侧的标尺分划组成。在射击时如需赋予火炮某个特定仰角，只需将炮尾上对应的角度分划线与炮口处的分划线对齐并对准目标即可。使用这种瞄具可以使火炮仰角在 0°～3° 之间进行调整，而在每个角度之间

又进行了四等分（总共有 13 条刻度线），这也正是"四分瞄具"这一名称的由来。对 24 磅炮来说，当仰角为 3° 时它的射程可达 1462 米，但在这个距离上，炮弹的威力已经很小，以至于根本难以对木质船体造成实质性的损坏，所以该瞄准分划已经足够用了。

设置火炮仰角并沿炮管上沿进行瞄准的一种更为精确的方式是采用"正切表尺"，这种瞄准装置安装在炮尾，其上装有水平仪和一些代表仰角或射程的刻度分划，与安装炮管中部或炮口处的准星相配合，利用三角学上的正切关系可以很快确定仰角以及对应的射程；它与现代步枪上使用的表尺已经非常接近。虽说这

种装置在 1790 年就已发明，但是直到 1829 年才装备皇家海军。

不过在拿破仑战争时代，有些对技术革新比较感兴趣的舰长已经开始在舰载火炮上安装这种装置。皇家海军巡航舰"香农"号舰长菲利普·布洛克就是其中之一。此人对于提高射击精度的执着让他在"香农"号的所有火炮上都安装了分离式瞄具和木质正切表尺，而这些装置的结构图在布洛克的笔记中均有记载。在"香农"号的火炮甲板炮位上，甚至还被画上了一些可用于调整射击方位角的标线。这样即使炮手看不到目标，他们也可以根据指挥官的命令，整齐划一的调整舷侧火炮对准目标。据说，布洛克舰长还修改了火炮轮架的设计，改进后的轮架可以使炮身在甲板倾斜的情况下仍然保持水平状态。

对于舰载火炮而言，确定射击平台的稳定状态也是重中之重。在"香农"号巡航舰上，当海上风浪较大时，指挥官还可通过安装在甲板升降口处的一种类似钟摆的装置来判断何时甲板（以及安置在上面的舷侧火炮）处于"水平"状态，然后再及时下达射击命令。当同时使用船舷两侧的火炮射击的时候也要用到这种装置。因为射击时产生的后坐力必然要使舰只产生纵摇，这样在某一时刻就会使船舷一侧火炮炮口抬升，而另外一侧的火炮炮口降低。也就是说，当一侧舷炮齐射完毕后，也必须要使用这种装置测定甲板何时处于水平状态，然后才能给另一侧火炮下达开火命令。

在风帆战舰之间的对决中，最佳的射击位置是用自己的舷侧对着敌舰的船尾，这也就是我们通常说的"T 字战术"。因为，首先这样可以最大限度的发挥己方火炮的威力

▌上图: 抓住稍纵即逝的战机，用舷侧火炮对敌舰尾部进行齐射，会造成毁灭性的打击

而无须考虑对方的反击。其次，在当时的帆船上，船长和高级海员的居住区都设在船尾。为保证采光在船尾装有很多玻璃窗，这样此位置就成了整条船结构上的一个薄弱点。此外，沿着敌舰的纵向发射火炮，炮弹就会沿着这个方向横扫整个甲板的长度，并摧毁其飞行路径上的所有东西，从而最大限度地提高杀伤破坏效果。不过虽然这种战术很有效，但是如果交战双方战术素质相差不大的话，任何一方都难以抢占先手。

尽管英国皇家海军在此期间仍坚持通过近距离齐射来打垮对手，但是近距离炮战即使取胜，对方的反击也会对己方造成严重损伤。因此他们也在寻求确保精度的前提下如何将炮弹打得更远的有效方法。所谓的"跳弹"技术就是其中之一，它与小孩子扔扁平小石头打水漂的技术原理基本相同。在拿破仑战争时代，这种射击方法得到了很好的发展。通过炮弹在水面上的反弹，火炮可以大大延伸其实际射程。如果配置得当，这枚炮弹会以"适当"的速度命中目标并给其造成最大程度的损伤。根据1828年英国军方的一份调查报告所述，身管长度为9英尺6英寸（约2.85米）的24磅长炮，使用标准重量（药包重量为炮弹重量的1/3）的发射药包，在仰角为1°的情况下用圆铁弹射击，炮弹可在水面上多次反弹，最终射程可达到7497英里（约2285米）。而且，与单纯增大火炮射击仰角相比，这种方法不但让射击精度在可以接受的范围内，而且由于弹道相当低伸，所以会大大增大杀伤范围。跳弹在对付小船编队时尤其有效，因为1发炮弹往往会击中好几艘船。

然而，事实上，形成跳弹效果的条件必定较为苛刻，在如此远的距离上，不但炮弹威力会大打折扣，射击提前量也不好掌握。

风帆战舰的军官和水手

在那个时代里，无论出身如何，海军军官都被视为是属于上流社会的绅士。英国皇家海军中的领导者都是职业军官，他们几乎只能一步步地根据所赢得的功勋而获得提升，而无法像他们的陆军同僚那样，仅靠花钱就可以获得正式的委任状而成为至少1个连队的指挥官。对于候补军官和初级军官而言，只有获得那些拥有社会地位和在海军中的佼佼者，也就是那些高级海军上尉和上校舰长的青睐，才能对其晋升助有一臂之力。

所有的"专门战舰"（rated warship，也就是被列入分级体系之内的1~6级战舰）都被认为是"大舰"（post ship），所以其指挥官也被称为"大舰舰长"（post captain）。一旦某个海军军官成为"海军上校"（make post），他的身份和未来的职业生涯就将主要由所谓的资历来衡量，当有比他级别高的舰长死亡或者退休，留下足够多的空缺，他就有机会被晋升为海军将官。舰长在他的军舰上拥有至高无上的权威，虽然海军有统一的条令和奖惩措施，但是舰长对于他的下属的一些政策仍然决定了他们的效率和士气。换句话说，一艘战舰的效率主要取决于其舰长的效率，尽管战舰本身的性能和船员的水平也是重要因素。不管舰长的指挥和管理风格如何，只要他们成为一艘战列舰的最高长官，肯定就已经是经验丰富的航海高手了。

舰长的工作会得到一个"第一海军上尉"的协助，后者负责维持舰上的纪律并且监管军舰日常运转的正常，在他下面是一系列的"次等海军上尉"（比如说第二海军上尉，第三海军上尉，等等依次类推）。每个上尉都需要负责一部分水手的健康和其他事情，并且在出海的时候轮流充当"值班军官"（watch officer）。另外，每个"次等"海军上尉均需负责一部分舰载火炮的维护和使用（通常是一层炮甲板的"一半"火炮，包括左舷和右舷两侧）。除了舰长和"第一海军上尉"之外，所有的海军军官和海军候补少尉（midshipman）都要充当值更勤务。另外，陆战队军官（marine officer）则需要负责舰上的陆战分队。

在18世纪末，所有海军军官，从最低一级的海军上尉到海军第一军务大臣（First Sea Lord）都是委任军官，他们都有英国国王或女王签署的委任状。委任军官等级之下的则是"候补海军少尉"，他们是"受训中的军官"，确切来说应归为海军士官（petty officer）。这些"年轻绅士"必须在海上服役至少6年，然后当他们超过19岁的时候

才有机会"晋升为上尉"。他们需要面对由若干舰长充当的考官，接受严格的口头面试，这些考官将评估这些"年轻绅士"的业务能力。如果他们通过了考试，并且有合适的职务空缺，那么他们就成了"海军上尉"，而他们下一步晋升的目标就是所谓的"大舰舰长"。另外，大多数军舰上都会有一位外科医生，有时还会有一位随舰牧师，他们也都被划到具备军官身份的那部分人当中。舰长拥有自己的舱室，并且可以单独享用晚餐。候补海军士官们只能蜗居在自己的"炮室"中吃饭。其他军官则分配到与"军官起居室"（wardroom）比邻的舱室中，所谓的军官起居室也兼做军官们的餐厅。大多数舰长室和军官室都有自己的储藏室、厨师和服务生，这些保证了他们会享有远比普通船员好、甚至近乎奢侈的饮食配给。当时社会等级悬殊

的现实也在海军中有所反映。

对于普通水手来说，尽管他们的生活条件非常艰苦，而且而受到严格管制，但是大多数人只能接受这样的命运，并且用一种在现代社会中非常罕见的毅力和坚韧去忍受种种匮乏。在 1793 年，英国皇家海军中有 3.6 万名水手和 9 千名（陆战队）水兵。到 1813 年，海军中水手与水兵总数达到了 14.5 万人。这其中当然不乏志愿从军者，其中既有迫切需要获得一份工作的失业水手，也有迫切想为国家服务的爱国者。志愿者会有额外的奖金（在 1793 年是 70 英镑），但是他们的数量对于皇家海军众多的战舰来说是远远不够的。在 1795 年皇家海军建立了一种征募模式，即联合王国的每个郡都要提供一定数量的水手。通常，当地治安官都将这个法令作为把他们教区或者郡内的罪犯和其他"不受欢迎的人"（比如乞丐）驱逐出境的一种方式，很多重罪犯都被给予两

个选择：蹲大牢，还是去海军服役。

尽管水手有以上这样自愿或者半自愿的来源，不过皇家海军水手的主要来源还是征兵队所抓的壮丁。1793 年，所有 18 岁到 55 岁之间的英国水手均被强征入伍，除非他们拥有豁免证明，或者本人是商船的大副或大副以上职务的重要海员。由于在海军中服役，无论是薪水还是生活条件都很糟糕，因此水手们都设法逃避强征的命运，这样就迫使海军采取了一些更加严厉的手段把人强行弄上军舰。当 1793 年的《强制征兵法案》颁布以后，在大不列颠和爱尔兰的超过 50 个港口中都有了常备性的强制征兵队。另外，缺乏人手的军舰往往也自行派出征兵队在港口登陆。一旦被强征之后，水手（或者那些被不幸逮到但是没有任何海上经验的菜鸟）被给予一个"志愿从军"的机会。一旦被逮到后他们就很难逃脱。志愿者、应征者和强制入伍者都被送到"海军接待船"（它

■上图：直到 19 世纪初，英国皇家海军在战争期间的一大部分兵力来源仍然那是强制征兵

们是一些停泊在皇家造船厂外的戒备森严的庞大战舰）。然后再从那里被分配到现役军舰上。

英国水手一旦被送到军舰上，就没有权利享有"登岸假期"（shore leave）了。在军舰处于现役期间，他们需要一直服役。水手归属于具体的某艘战舰，而非整个海军。当经历了数年的海上生涯后，原本出身各异的乌合之众被塑造成一个训练有素的有机整体，他们熟悉自己的战舰和领导者，以及两者的不足之处。很多时候，某艘战舰退役之后，全体成员都会直接被送到另一艘新船上，根本不会在陆地上驻足；这样的情况会随着战争的进行而持续。在本土港口寄港对于水手而言是难得的享受，不过只有最受信赖的那部分人才能获准上岸。在海外港口中，大多数水手都可以被允许上岸，因为军官认为在这种情况下开小差的概率较小。如果有人开小差，那么他们会被追捕，如果被抓到（无论何时何地）他们会遭到鞭笞然后再送回海军服役。

应征者会获得一个头衔，他们的名字会被记录在军舰的花名册上。英国皇家海军中的水手头衔分为四类：练习生（boy）、新手（landsmen）、普通水手（ordinary seamen）和资深水手（abled seamen）4类。根据航海技能经验的积累，水手的等级会逐渐提升，等级越高，待遇越好。另外，有能力的资深水手还有机会被提升成海军士官，他们会成为军舰上的专业人士并享有一定的地位，比如说水手长助手、舵手、纠察长（master-at-arm）、厨师、炮长、裁缝和补帆匠等职务。

风帆战舰的组织体系

在 1793 到 1815 年间，英国皇家海军战

列舰配备的人员数量在 650 到 875 之间，然而伤病、开小差和人手不足等原因导致大多数舰只从未达到满员状态。一级战舰的标准载员数为 875 人，二级舰为 750 人，三级舰则为 650 人。在战列舰上，每门炮都会配备 1 名陆战队员，而 2 名陆战队上尉和 2 名陆战队中尉则会指挥整个军舰上的陆战队分队。也就是说，战列舰上的陆战队数量颇为可观，已接近或相当于连级规模。

这些人员的组织，他们从事的日常工作和他们的生活状况都在可控状态当中。舰上的全体成员通常会共同生活多年，并且长期待在海上。舰员的福利对于舰长和军官来说是必须认真予以考虑的问题。与流行观点不同的是，当时不折不扣的执行《陆海军惩罚条例》的舰长非常罕见。尽管舰上条件很差，大多数舰长还是比较体恤下属，而且也会设法让生存条件尽可能得到改善，达到能够忍受的程度。

第一海军上尉会将军舰上的人员分配到不同的值班班次（watch）中，通常情况下采用两班制（有时也分别被称为"左舷班"和"右舷班"）。因此当某个班次的舰员被召集到甲板上时，只会涉及舰上的一半人员。有的指挥官也会将人员分成三班，因为在正常状态下，除了遭遇恶劣天气以外，舰上的日常勤务很少会用到这么多人手。"三班制"的安排在某些特定环境下也会作为对全体船员的奖励，也就是说，"两班制"或"三班制"的安排并非一成不变。"四班制"则在港口停泊的时候用的比较频繁。有人认为三班制会滋生水手的懒惰，而一旦出现突发情况，只用 1/3 的人员往往不足以让舰只脱离危险。

在那个时代中，大多数战列舰上还是采用两班制。这样全体舰员就被分成了人数

相等的两部分。在白天，两个值班班次的人员都会从事甲板勤务，而在紧急情况下（比如说遭遇敌舰），"全员甲板集合"（All hands on deck!）的口令也意味着所有人都必须投入舰上的工作当中。在全体水手中有7%~10%的人（例如在三级舰上是55人）会被列为"闲杂人员"（非海员），他们无须承担上述值班任务。但是当他们所从

上图：正在操作吊锚滑车的水手

事的本职工作需要时，在白天仍然需要留在岗位上。当"全员甲板集合"的命令下达后，他们也需要出动协助其他人。所谓的"闲杂人员"主要包括补帆手、木匠、屠夫、家畜饲养员、枪炮长助手、水手长助手等专业人员以及军官仆役等等。战列舰上的环境非常复杂和拥挤，但船上的每个人都有明确的职责，根据值班表、所处军阶、工种、岗位和住所的安排，他们的日常生活也被管理得井井有条。

对于每个值班班次，又进一步被分成了6个勤务区域（parts of ship）。这样就确定了每组人在值更时所处的位置。例如，每根桅杆上都会配有数名瞭望手，他们通常是最优秀的甲板水手。在一艘典型的74门炮战舰上，前桅会配备25名瞭望手，主桅27名，后桅15名。每组人都会有一位被称为"帆缆长"的海军士官负责。"船艏人员"通常是负责锚链和船首帆的，而"后卫"则在上层后甲板工作。经验最少的水手则被分配到"船腰"位置（每班大概30人），他们通常做像清洗甲板和搬运重物等一般性的工作。

另外，每个水手还分配有一个岗位(station)用于在执行诸如起锚下锚和抢风航行等特别任

务，通常会由从某些勤务区域中抽调的一部分人来完成。有时类似任务需要的人手之多简直超乎想象。例如，当某艘一级战舰起锚时，需要有30人在艏楼（forecastle），70人在锚缆堆放舱（cable tier），60人在锚索释放舱（veering tier）。另外，还有60人操纵引绳（messenger），20人操纵掣索器（nipper man），15人操纵吊锚滑车（fish tackle），124人推动起锚机（capstan）转动（将锚链从水底拉出），还有4人要确保锚索顺利进入锚缆堆放舱（cable tier）。这项工作需要383人共同完成，剩下的水手则要操纵风帆。

当军舰进入作战状态时，指挥官会下达"进入战位"（to quarters）命令。约有3/4的水手都要去伺候火炮，剩下的人操纵风帆。以一级战列舰为例，它装备的每门重型加农炮(24磅或32磅)都需要一个14人炮组操作，这样才能保证战斗中进行迅速而准确的射击。换言之，战列舰上的人员配备只能满足一侧火炮齐

上图：新建造的战列舰从船台下水时的壮观景象

射的需要。如果军舰必须要两侧舷炮同时齐火射击，那么每个炮组都必须一分为二，而每门炮的炮手数量则相应的减为 7 人，开火效率就会大为降低。另外，除了负责开炮之外，这些炮组成员中有很多还有其他勤务。比如说每门 32 磅炮所分配的 14 名水手当中，可能会有两人在下达登船命令的时候被抽调组成接舷战分队，还有两个人可能抽调充当调帆手（sail trimmer），如果船只被炮弹击中进水后，还可能有两人会去操作水泵抽水，另有 1 个人可能在需要时成为消防员。如果这些人都被抽调了，那么每对炮（左舷和右舷对应的火炮）就只剩下 7 个人来负责了。

陆战队水兵有时也会操作分配给他们的火炮，其他陆战队员作为狙击手待在战斗桅台或上层后甲板。剩下的陆战队水兵则分配到军舰的其他地方。有的会在桅杆上操纵风帆或使用滑膛枪射击，还有人会留在弹药库中工作，装填药包并且保证弹药持续不断的供应到甲板炮位上。木匠和他的助手们则待在底层甲板上，在那里他们要用木头堵住舰体水线以下部位被炮弹命中砸出的大窟窿。海军上尉们则被分配到火炮甲板的不同位置，而舰长、第一上尉和航海长则站立在上层后甲板上，在需要的时候下达命令，然后由候补海军上尉传达到船上的各个位置。理论上，一艘战列舰的组织设计足以应付任何可能的不测事件；每个人都知道每时每刻他所处的位置，并且明确他所需承担的职责。

舰载火炮及炮组成员的编制与组织

在大中型风帆战舰上，舷侧火炮按照从船首到船尾顺序进行了编号以便于管理和指挥。每层甲板上的所有火炮往往以"前"、"后"甲板区作为区分。指挥这样一个甲板区中所有火炮（即某一连续火炮甲板上 1/2 的火炮）的军官被称为"舰甲板军官"（这可能代表这些人在航行和作战时有资格站在后甲板舵手旁的位置上）。在大型战舰上，该职通常由一位海军上尉担当，而更小的划分（3 ~ 4 门火炮）名义上是在一位候补海军少尉的控制之下，每门炮的主炮手则由一位海军士官担任。不过上述军官、士官和普通炮手均非专业人员。他们在舰上还需要承担其他的勤务，当然大多数勤务都与船的动力来源——风帆有关，这也是为什么在海战时军舰往往只挂"半帆"的原因之一。但在当时的军舰（尤其是大型军舰）上确也有专业炮兵人员的编制，这些人的头头是一位被称为"军舰枪炮长"的一级海军准尉。但因为他们都是由军械局委派的，所以往往被水手们视作"编外人员"。

在当时的任何英国海军军舰上，枪炮长都是海员中的关键人物。他的权力来自于军械局的授权，所以说他不仅要对舰长负责，也要对军械局这一官僚机构负责。他是舰上最为权威的火器专家。他需要在火炮与相关设备的维护、弹药的准备与储存，以及如何针对军舰和水手的具体情况进行炮术训练等方面具备全面的知识。在战斗中，枪炮长的主要职责是待在军舰的主弹药库中，监督火炮弹药的分配与使用，他通常不会到甲板上直接参与炮战。在军官人数较少的小型战舰上，他有时也会担任值班军官，从事一些与普通海军军官类似的工作。

从那个时代的英国皇家战舰"西贝尔"号上我们可以了解一些有关枪炮长的有趣细节。比如说，枪炮长必须在每天早晨 5 点起床，而且还必须保证所有火炮保持清洁干燥（特别是火门处的密封情况）可随时投入战斗。

无论昼夜，他和他的副手们每隔几小时就要检查舰载火炮的战备情况。他还需要负责管理火药的分装（从火药桶装到发射药包中）和搬运，但只有在舰长的命令下他才可以打开火药库的大门。另外，根据舰长颁布的条令，他还需要在除去周四和周日的每天中，轮流安排两门舷侧火炮的人员进行射击操练。

按照皇家战舰"胜利"号上的枪炮士官长威廉·里奥斯的记载，我们可以确定在当时的一级战列舰（100门炮）和二级战列舰（98门炮）上，除去枪炮长外，与火炮有关的专业人员构成和数量如下：

军阶	一级战舰	二级战舰
副枪炮长	4	4
二级枪炮长	25	23
军械官	1	1
副军械官	2	2
军械维修员	1	1

法国军舰上的炮兵专业人员数量与英国的同类军舰有某些不同。例如，在法军74门炮战列舰上拥有1位主枪炮长、3名副枪炮长、3名二副枪炮长和37名后备副枪炮长。这些专业人员的数量在和平时期会进行裁减。如果某人想要成为法国军舰上的炮术专家，他往往需要在军舰上服役很长时间，从最低级的学徒干起，逐步获得晋升的机会。

舰载火炮操作流程之详解

前装滑膛火炮的发射与维护需要多种特殊工具，其中最基本的包括：装填杆（有时也统称为"通条"）、炮刷、火绳杆、螺旋钩、撬棍、尖头刺杆、裙式铅盖和水桶等。

其中：

装填杆是一种安装木质圆柱头的长杆，圆柱头直径要比火炮身管内径稍小一些，它的主要功能就是用来推弹入膛并压实药包与炮弹。

炮刷是一个装有羊毛头的木杆，羊毛头可以在盛满水的木桶中浸湿，然后将炮刷伸入炮膛熄灭里面可能仍在燃烧的余烬；当然平时炮刷也可用来清洗炮膛。有时炮手也会使用柔性炮刷和柔性装填杆，它们与普通炮刷和装填杆的区别是用粗绳索代替了长木杆。因为这种装填杆或炮刷可以弯曲，所以它们可以在火炮没有完全复位的情况下使用。

在射击的时候还需要准备1个末端安装螺旋形铁钩（与葡萄酒开瓶器类似）的木杆，它的主要作用是挖出炮膛中未燃尽木制弹塞。

尖头刺杆则用来清理火门并通过火门处刺破装填的发射药包，它往往是黄铜制成的，因为铁制品可能会在摩擦时迸发火星引爆发射火药。此外，为了在海上航行时保持火门处的干燥，火炮在不用时要在火门处塞入木栓将其堵住，然后在上面覆上裙式铅盖防止湿气进入。

拿破仑战争时代的英国海军火炮上已普遍装备了燧发炮机，最早有关燧发炮机的记录出现在1755年海军部签发的一些信函中。炮机安装在火炮身管上面火门区的右侧。这种击发机构与燧发火枪的击发结构是基本相同的。其主要部件包括装有燧石的击锤、火药池和"L"型药池盖（上有条状火镰）。在操作时，首先扳起击锤，使其竖起至待发位置，然后打开药池盖，在药池中装入少量小颗粒精制火药。为减少瞎火概率，炮手会用随身携带的牛角火药桶的尖端将这些颗粒捻得更加细碎。引火药装完后，关闭药池盖并抬起击锤。在开火时，用拉火绳拉动炮机上的环状扳机使击锤落下，其上的燧石与"L"型药池盖竖直端上的条状火镰撞击并打出火花，与此同时，"L"型药池盖也在击锤作用下打开，引火药在同时被引燃。这样，生成的小火苗通过药池左侧的小孔进入火门，然后沿着插在火门里的羽毛管引爆发射药。这种方式比使用缓燃火绳点火的方式更为迅速有效，但在实际发射时仍需一名持火绳杆的炮手站立一旁，以备燧发机构失败时使用。而燧发炮机在法军舰载火炮上的应用并不普遍。

74 门炮战列舰上的 32 磅炮之标准人员配置为 13 名水手和 1 名练习生，后者通常是个十几岁的男孩。但这并不代表着在战斗中总会有这么多的人手可供使用。因为炮位上的炮手可能会被指派去升降调整风帆或者执行类似的勤务，也可能会被抽调操纵另外一侧的火炮，尽管在战斗中两侧火炮同时开火的概率很小。在日常的实弹射击演练中，每门炮只有少数人员进行过实际操作。炮位上的每个人都会有一个编号，每个编号都有自己相应的职责。

例如，当"准备战斗"（clear for action）的命令发出后，每位炮手的职责如下：

3~8 号炮手需做好解开火炮固定索的准备，但没有命令不得进行后续操作；

9 号炮手持炮刷准备，炮刷末端需朝向炮门一侧；

10 号炮手准备好拖把（用于熄灭甲板上的火星和较小的燃烧物）和两根撬棍（火炮每侧各一根）。

2 号炮手需准备好盛放缓燃火绳的小桶。缓燃火绳的燃烧速度约为 10mm/h，在战斗开始时，桶中的所有缓燃火绳均需点燃。再去取一个装水的木桶和一个提灯，后者需挂在炮门旁边的舷墙上，用来点燃缓燃火绳并在硝烟弥漫的甲板上为操炮水手提供照明。

11 号炮手负责引火药。他要负责准备好装引火药的牛角火药筒、尖头刺杆和盛放羽毛管的小盒，然后取下盖在火门上的铅制裙塞和木栓。

12 号炮手需准备炮弹和弹塞，还要准备好捆有抓索的炮尾索，并将其置于火炮一侧。

1 号炮手为主炮手。他当前的任务是安装燧发炮机、清理火门、随身携带备用的火石并准备好两根拉火绳（其中一根系在环状扳机上，另一根备用）。

13 号炮手是弹药手：他需要到弹药库中去取发射药包，并将取出的药包装入随身携带的一个木质柱状容器中然后返回自己的炮位，这么做的目的是为了避免火药被意外引燃。搬运到甲板炮位上的药要放在火炮旁边的用粗盐做内衬的木箱中，这么做的位置是为了防潮，每个盐箱足以容纳 2 个发射药包。分配给每门炮的练习生的主要工作实际上也是协助火药手进行药包的搬运和安放工作。

根据 1795 年法国海军的一些相关文件我们可以得知。法军舰载 36 磅炮的标准人员配备为 15 人，18 磅炮的标配为 11 人，而

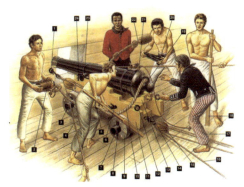

上图： 英国皇家海军战列舰上装备的 32 磅加农炮的射击示意图

8磅炮的标配则为7人。每次射击包括13个步骤：

一、人员各就各位；

二、取下炮口上的塞子，解开固定火炮的索具，装置驻退索；

三、人员按预定顺序就位；

四、在塞住火门的同时用炮刷清洗火炮内膛，取出发射药包；

五、准备好装填杆；

六、准备好药包；

七、将药包和弹塞（1）推入炮膛底部；

八、将炮弹和弹塞（2）推入炮膛；

九、将炮膛中的弹药压实；

十、拉出火炮使其炮口伸出炮门；

十一、用尖头刺杆刺穿药包；

十二、瞄准；

十三、用火绳杆点火或者拽动拉火绳击发。

注意，在拿破仑战争时代，舰载火炮的弹药装填顺序为药包—>弹塞（1）—>炮弹—>弹塞（2），在炮弹前面和后面装入的弹塞主要是用来固定炮膛中的炮弹，以避免在船只颠簸时炮弹从膛中滑出。

舰载火炮的弹药

19世纪初期的火炮仍然主要利用炮弹的动能毁伤目标。在当时欧洲各国的海军中所使用的弹种也大同小异。从总体上说，炮弹分为三类：主要用来破坏船体的普通弹（圆铁弹）；主要用来杀伤人员的炮弹；主要用来破坏船只的动力来源（桅杆、风帆与索具）的炮弹。圆铁弹是一种实心铸铁炮弹，它的威力对付木制船体还是绰绰有余的。它在命中木制船体时还会产生由大量飞溅的木片组成的"致命的暴风雨"，对敌方人员造成附带杀伤，所以在风帆时代，开战前水手要把甲板上多余的木制品清

理到甲板下面。根据1838年在皇家战舰"卓越"号所进行的射击试验，在1097米的距离上，使用标准药包发射的18磅炮炮弹可穿透533~838mm的木板。显然，32磅炮的威力还要大许多，下面的文字就节选自一份皇家海军的32磅炮射击试验报告：

"用10磅11盎司（4.84千克）标准药包先后发射的2枚32磅炮弹射入了（靶船的）同一个位置，所以我们就不可能区分每枚炮弹单独造成的毁伤：在击穿了与其直径等厚的一侧木制舷墙之后，炮弹砸碎一块肘板，然后继续前进，斩断了甲板横梁下方的一个6英尺高（1.82米）8英寸方（即截面边长为20.3厘米）的立柱；在个位置，弹体破碎形成很多弹片，有一块大弹片沿甲板一直飞到主桅附近的水泵处。另一枚炮弹在横穿整条靶船后卡在了对侧的舷墙中。"

人员杀伤弹主要包括葡萄弹和霰弹两种，二者都是通过大量小弹丸对人员进行面杀伤的，但在结构上有所区别。前者有一个基座和一个中央立轴构成的骨架，1.5英寸（38分米）直径小铁球按照一定数量装到布袋里然后把口缝好，再将若干个这样的弹丸包用绳索绑缚在轴和基座上。后者则采用的质量相当但体积更小的铅制弹丸，并把弹丸装入密封的金属筒中。这两种弹在出膛后弹容器都会破碎，然后大量的小弹丸倾泻而出，形成一片致命的扇形弹雨。它们的有效射程只有300码（274米）。

第三类炮弹往往拥有多种外形，有的甚至还颇为古怪，但是最基本的结构仍是杆状和链状。顾名思义，杆弹就是一种用铸铁杆连接2个半球形铸铁块、状似哑铃的炮弹，它在装填时需要包裹碎布以保证其不在炮膛内移动。如果这样的2个半球形铸铁块用铁链连接起来，那么我们就称其为链弹，这种炮弹在出膛之后

会一边高速旋转一边飞向目标，给目标造成更大的破坏。还有一种令人恐怖的被称为"星弹"的弹种，它是安装有四五根锋利刀臂的半球形铸铁块，当炮弹出膛后，收缩于铸铁半球之后的刀臂会自动展开为星形结构。这种炮弹更容易切断绳索、撕碎船帆或者摧毁船桨和帆桁。

燃烧弹可以算作是当时海军火炮中的特种弹。这种炮弹是在中空的铸铁球里填充可燃物，然后在外壳开口插上引信制成的，通过发射时炮弹与炮膛之间的摩擦点燃引信。在海战中，燃烧弹是非常危险的，因为木制

上图: 形形色色的炮弹: 1. 链弹有各种不同的形制，本例中的所谓"链弹"比一条加重的铁链强不了多少，但也足以撕裂帆布或者杀死目标船只上某个特别不走运的水手; 2. 常见的用于打桅杆的链弹，当其射出炮口时，一个半球会绕着另一个半球高速旋转; 3. 升级版的链弹，空心弹体中间有一圆盘，在炮弹发射后会裂成3块的弹体外壳，分别有铁链与圆盘相连; 4. 一种特殊性质的杆弹，通过弯成长方形的2根铁条连接而成的扁圆柱体结构; 5. 曼拜救生弹，可用于向处于险境的船只发射救生索，炮弹底部的抓钩可在命中后钻入船体并将其牢牢抓住; 6. 另一种轻型杆弹; 7. 上面正文提到过的星型弹（也被称为利刃弹）

帆船上充满着易燃物，不过它往往对于发射的舰只也会造成危险。在反映当时海战的影视作品中，"红热弹"也经常出现，这种炮弹实际上就是将普通圆铁弹放入炉中加热至红热状态，然后装入炮膛发射的一种炮弹，它也会造成与燃烧弹类似的毁伤效果。但是安全方面的考虑使"红热弹"更多的是作为岸防炮的弹种选择之一。

炮弹的动力来自于黑火药的爆炸。最初所有的发射药包都是纸制的，但在发射时纸材料不易燃烧完全，纸质残渣会堵塞火门或继续在炮膛内燃烧，很难清理。法兰绒药包则不会有此问题。用这种材料制作的药包不但不容易在运输时破裂，而且在发射时燃烧的也非常彻底。英国皇家海军直到18世纪后半叶，才开始实验并最终确定采用带有法兰绒底托的纸药包。虽然迈出了关键性的一步，但仍比陆军炮兵晚了多年。

根据发射弹种和射程要求的不同，每种火炮都配有若干种不同规格的药包。

为了使制作药包的材料变得平整一些，需要将纸或者法兰绒材料在煮沸的明矾水中浸泡，然后再用明矾上浆。根据所需药包的尺寸，在整张纸或者法兰绒上标好切割点，然后将切下的材料绕在一个柱形设备上成型，最后将材料黏合或者用线缝好，变成一个柱形袋状的结构。当把火药装入压实后，再将药包顶部的开口结成一个疙瘩并用线缝好。每个药包都会用黑漆写上适用火炮的类型，装药类型和装药量。

根据来自皇家海军战舰"胜利"号的资料，英方使用的大颗粒发射火药主要有两种：红色颗粒火药用于远程射击，白色颗粒火药用于近战或发射礼炮。但是这种颜色上的区别到底是代表火药成分的不同，还是仅仅作为一种识别标志？对此我们尚不清楚。不过显然白色火药是一种威力较弱的消耗品。由于火炮在近距离射击时主要依靠炮弹自身的质量（而非速度）去造成破坏，而发射礼炮时仅需要产生足够大的声响即可。在这两种情况之下，白色颗粒火药的威力是足够的。

此外，由于黑色火药的危险性，它们需由一种专用的独桅小船运到大船上。根据1793年英国军械局的一份报告，皇家海军战舰"胜利"号某次弹药补充清单如下：600发32磅圆铁弹，400发24磅圆铁弹，1260发12磅圆铁弹；79桶90磅/桶的火药，205桶45磅/桶的火药和316桶25磅/桶的火药。

风帆时代的其他海军火器
榴弹炮

那个时期的榴弹炮通常被定义为一种带有小型药室、发射爆破弹的短身管火炮。有历史学家将卡隆炮也当作榴弹炮的一种，但是前者的主要任务却是在短距离内发射实心弹。虽然它也可发射爆破弹，但这种情况似乎并不常见。在船与船之间的炮战中，使用爆破弹的机会很少，所以榴弹炮通常是用于轰击岸上目标。英国皇家海军在围城战时通常使用13英寸（3.3米）口径的舰载"臼炮"（mortar）而不用榴弹炮。著名的英国火炮专家威廉·康格里夫曾设计过一种海军型的10英寸（2.54米）口径的榴弹炮来执行类似臼炮的作战任务，但是似乎从未流行。

丹麦人在海战中，更为有效地使用了安装榴弹炮的小型船艇。当丹麦海军主力舰队在1801年的哥本哈根海战中全军覆没之后，为了能够保卫海岸并抵御英国人的进攻，他们开始将很多小艇和平底船改装成炮船用于波罗的海海域的作战。在威廉·詹姆斯的鸿篇巨制《海军历史》中就曾记录过这样的战斗：

"1808年6月4日，由皇家海军上尉斯基纳指挥的双桅炮船"提克勒"号在风平浪静的斯托贝尔特海峡遭遇4艘丹麦炮艇的攻击。经过4个小时的激战，包括船长在内的36人阵亡，随后"提克勒"号被迫向丹麦人投降。几天后，炮击船"雷公"号（由海军上校考费尔德指挥）和双桅炮舰"汹涌"号（由伍德海军上尉指挥）护航的一个由70艘船组成的编队遭遇25艘丹麦炮艇的袭击，结果"汹涌"号与10~12艘英国商船被俘。同年的8月2日，海军上尉格林斯瓦德的双桅炮舰"雌虎"号也遭到16艘丹麦炮船的围攻并被俘获。"

丹麦人的经验表明小口径榴弹炮也可使用爆破弹压制大型舰船，这种炮弹不但会造成相当大的船体损坏，而且对人员来说也是致命的。英国方面的资料曾提到过这些炮船都混合装备了加农炮与白炮两种武器。但所谓的"白炮"实际上应该还是榴弹炮，因为白炮很难从这么小的船上瞄准。在英国的皇家装备博物馆中的藏品中就有一门可追溯到1771年的非常典型的丹麦海军榴弹炮。它的口径为86mm，但炮身长度只有323mm。这门炮铸有耳轴，据估计是安装在船首的。

瑞典人、俄国人和丹麦人还装备了划桨炮船。根据一些在当时流行于瑞典海军的相关设计资料，我们可以估算出这些船的排水量约为60吨，主要武器为2门24磅加农炮。这种炮艇在大量使用时也会具有相当的破坏性。小型划桨炮船则只安装1门可以向尾部射击的火炮。这些火炮也装在轮架上，但轮架则是在安装于船体底部纵向滑轨上的。普通型划桨炮船和小型划桨炮船的人员编制分别为60名和25名。当然在有的划桨炮船上也可能安装了榴弹炮或白炮等武器。为了

应对小型火炮船艇的威胁，英国人也开始建造和使用划桨炮船。根据流传至今的一些模型，可以了解到英国划桨炮船通常只装备有一门卡隆炮，这种炮的炮架可以在一个环形滑轨上移动，于是它无须调整船身就可以实现360°的射击。不过波罗的海式的纵向直滑道在此方面也没有太大的问题：因为划桨就可以改变船只的航向从而调整火炮的射击方向。

小口径火炮与回旋炮

在那个时代的战舰甲板上，安装有大量用于杀伤人员的轻型火器，但往往被历史学家们所忽视。在较大的战舰上，类似的武器通常会安装在船侧的舷墙或者战斗桅台上，而对于小型船只或者舰载小艇来说，它们则是战斗主力。装在轮架上的轻炮通常安装在船首或者船尾，用以覆盖舷侧火炮够不着的死角。因为消灭敌舰有生力量的重要性，当时各国海军中所装备的轻型火炮也非常多。这些武器在近距离内可以构成小型弹丸的炽热暴风雨，其效果往往是毁灭性的。

除了安装在轮架上的火炮以外，还有各种安装在舷墙加强支柱上的被称为"回旋炮"的小炮，它的口径通常只有1英寸（25.4分米）或2英寸（50.8分米），炮身由黄铜或者铸铁制成，然后安装在一个固定在枢轴上的锻铁"U"形支架上。这个枢轴则固定在栏杆或立柱上的基座上。"U"形支架可以在枢轴上360°转动，这样在战斗时回旋炮就会有更多开火的机会，而且还可以将炮口朝内以便装填弹药。用耳轴固定在"U"型架上的炮身则可在一定范围内俯仰调整高低角。另外，在炮尾也会有一个铁制或木制操纵杆（形状与小艇上安装的舵柄类似）用于在瞄

上图：小型舰载回旋炮，注意它们外形各异，材质也各有不同

准时让射手握持。为了能更好地承受射击时的后坐力，有时会在回旋炮尾部加装与枢轴相连的斜撑架，或者在回旋炮支架与船身基座结合的位置增加铁箍。

回旋炮大多布置在船只后甲板等较高的位置，在平时也往往将弹药装填好处于待发状态。多余火药就装在火炮旁边的一个带铜箍木桶中，装满火药后，桶口覆盖上皮革扎紧密封以防止火星溅入桶中引燃火药。回旋炮既可发射与其口径对应的普通弹，也可发射一组被称为"鹌鹑弹"的更小炮弹。对于普通弹来说，标准发射药包的重量仍然是弹重的 1/3。

军用火箭

火箭几乎是介绍拿破仑战争时代海军装备的著作中所必谈的一个话题，因为它被认为是那个时代的一个伟大的技术革新。但英国人并不是军用火箭发明者和最先使用者，中国人从明代初期就开始将这种火药推进的火箭大量用于实战。从这个角度来说，威廉·康格里夫爵士的主要贡献在于将这种武器制式化和标准化，并且使这种武器成了19 世纪英国军队装备体系的一个重要组成部分。在当时陆军与海军使用的火箭的唯一区别就是发射方式的不同。

康格里夫火箭体系中主要包括三种类型的火箭：纵火火箭、破片火箭和霰弹火箭。这些火箭都是由战斗部和推进部两部分组成，外壳基本上也都是由薄铁皮卷成的圆柱体。在箭体末端装有一根用于保持飞行状态稳定的平衡杆。三者的结构特点和区别如下：

1. 纵火火箭的战斗部前端为圆锥形，其长度要比同口径的后两类火箭大一些，这样多出来的体积就可以装置更多的用于爆炸

（燃烧）的火药。火箭战斗部的引信装在弹体内部，其末端与推进部里装置的发射药相连，无论是火箭击中目标，还是发射药燃至引信末端位置都可以引燃战斗部中的火药，从而造成火灾，这种火箭主要用来对付木制船体。

2. 破片火箭的战斗部是半球形的，实际上就是一个填装炸药的空心铁弹，只不过在外面又加装了一个整流罩而已。它的战斗部引信似乎是从推进部末端引出并沿火箭内外壳体之间的空隙直接连到空心铁弹内部的。也就是说，引信将在发射的同时被点燃，当引信燃尽，铁弹内部的炸药就会被点燃并爆炸，随后，就可以向目标倾泻大量金属弹片。

3. 霰弹火箭的外形与破片火箭类似，但内部结构有些区别，在它的战斗部中包括顶端的大量霰弹和起爆药，引信与推进部相连，当推进部中的发射药燃尽后会通过这个引信点燃起爆药，在它的作用下霰弹就会四散，在目标上空形成致命的弹雨。

康格里夫火箭体系中还包括其他类型的"特种"火箭，比如配备降落伞的照明弹等等。

火箭发射架的结构非常简单，但是因为对于容易引发火灾的担忧，海军火箭通常是在大船配备的单桅小艇上发射的，发射人员则由军舰上的陆战队士兵充当。发射架用升降索悬挂在桅杆上，这样就可以通过滑轮索具的升降来改变发射仰角，从而调整火箭的射程。发射架只需进行简单的固定，因为在发射时其发射架所承受的作用力非常微小。

火箭武器拥有低廉的造价和较远的射程（可达 3 千米）。但是它的精度很差，也容易受到风力的影响，所以只能在海面风平浪静的情况下使用。另外，它在发射时还容易引燃风帆，所以通常只能由小型船艇发射。

上图：采用不同战斗部的康格里夫火箭

这种武器主要在围攻沿海城市或者袭击敌舰队驻泊港口时使用。

火箭武器在英国皇家海军中的首次实战使用是 1805 年 11 月 18 日对法国港口城市布洛涅的攻击。在那次作战中，得到了护航舰队掩护的 112 艘可发射 6 磅与 8 磅火箭的小船在约 3.2 千米的距离上攻击了布洛涅。由于天气的影响，这次攻击成了一场严重的失败。尽管如此，康格里夫仍然未放弃。在他的强烈支持下，1806 年皇家海军舰只再次用康格里夫火箭袭击了布洛涅，这次他们将使用的金属外壳 32

磅火箭的平衡杆缩减至 4.6 米。英国人在 18 轮齐射中共发射了 200 枚火箭，并宣称这次进攻是成功的，但是根据法国方面的记载，火箭所造成的破坏仍很有限。实际上由于火箭的弹道比较弯曲，再加上它的飞行稳定性较差，所以说命中率是很低的。

1807 年皇家海军对哥本哈根的火箭攻击是一次特别成功的作战行动。在那次攻城战中它不但造成严重的物质损失，而且还给敌方（尤其是平民）造成严重的心理压力。而且任何驻锚舰队都会有遭到这种远程武器打击的风险。

在英国海军中还有 2 艘小型战船"厄若巴斯"号和"格拉哥"号被改装专门的火箭发射船，直到今天，它们的模型仍然收藏在伍尔维奇的皇家炮兵博物馆中。"厄若巴斯"号曾在第二次美英战争中被用来轰击华盛顿，所以火烧美国首都也有康格里夫火箭的一份"功劳"。在 1814 年 9 月 13 日到 14 日间，"厄若巴斯"号对巴尔的摩的麦克亨利要塞进行了长达 25 小时的火箭攻击，这给亲临战场的美国国歌词作者留下了深刻的印象，以至于《星条旗永不落》中也出现了"火箭"一词（""and the rockets' red glare, the bombs bursting in air"）。在这种船上，火箭按一定角度从舷侧炮门伸出，而火箭的长平衡杆则直接搭在底舱甲板上。总之，由于种种技术上的限制决定了当时的火箭只能是一种面杀伤武器。

风帆战舰的动力系统

通过上面的文字，相信读者们已经对风帆战舰的武器系统有了一个比较全面的认识；下面就让我们再来介绍一下在蒸汽时代之前，驰骋于海洋上的那些庞然大物的动力系统。

操纵大型风帆战舰是一项非常复杂的业务，但是一级战列舰和小型单桅帆船的基本驾驶原理是相通的。理论上说，战舰可以利用风力沿着任何想去的方向航行；但是对于大型风帆战列舰而言，它在迎风状态且船只航向与风向之夹角小于60度的区域中是无法行船的。航行速度依赖于帆片的数量，以及施加其上的风之角度。当然最好的风向通常是从船尾上甲板方向吹来的风。除非战舰是在完全的顺风中航行（即风向迎角为0），它才会沿着风吹的方向直接驶往目的地，否则它会或多或少的被风吹离航线（航海术语中称之为"making leeway"）。而舵手必须不断地调整航向，以补偿这一航向改变之趋势。

虽然大型帆船无法顶风航行，但当船只处于正横风（行驶方向与风向夹角为90度）或者小角度迎风（风向与航向之夹角为60度）状态之间的时候，它还是能够实现"抢风航行"的。当风从船侧直吹来的时候（正横风状态），风作用于船上的动力会更大，但是帆船要获

得最大的推动力，航行方向与风向夹角应为160~170度，也就是说贴着船尾后甲板侧面吹来的风，这种情况下也被称为"顺风航行"。当风向与船只前行的方向完全一致被称为"全顺风航行"被称为"before the wind"。

帆船可以通过"抢风航行"来克服风向的不利影响，通过变换航向可以使原来从船首左侧吹过来的风从船首右侧吹过，然而这种操作会使桅杆和索具承受相当大的应变。因此，很多船长在类似情况下更喜欢采取"转向下风"（wearing）的Z字航行。此时，船只首先要转到下风向，然后再继续转向（通过更长的路程有效抢风）。两种做法的结果等效，但是后者转向过程会慢一些，而且在进行机动期间会损失很多速度。

长期在海上执行封锁任务的战舰还需考虑桅杆和帆桁损坏的问题，当舰队从英国本土港口出发之前，往往需要花几个月的时间筹集备用材料。有时战舰一次出海就能在海

上图: 收放风帆不但需要大量人力，而且也是一项非常危险的工作

上待数年之久，需要面对多种复杂海况。这对于舰只本身和全体海员来说都是个很大的挑战，但这也同时让英国水手历练成为当时世界上最出色的海员，同样舰长们也能够充分认识到在指挥航海和作战方面的不足。当他们必须战斗的时候，这会是一个很大的优势。

战舰对决

战列舰存在的主要价值就是其强大的舷侧火炮火力。可是令人惊奇的是，对于一位战列舰舰长而言，舰载火炮的实弹射击训练并没有多高的优先级，因为火药是较为昂贵的商品，所以皇家海军对火药的供应也比较吝啬。事实上，海军认为火药应该用于实战，而非在日常训练中消耗，当然，很多富有的舰长解决这一难题的方式就是自己花钱多买些火药用于日常训练。火药供给的不足决定了拿破仑战争时期的战列舰炮术训练的较低标准，虽然水手们能够迅速而到位的完成操作火炮的各个流程，但是他们基本上没有精确射击与向移动目标射击的经验。

不过，在当时的多数大型海上会战中，交战双方是在非常近的距离上开火的。在这种情况下，击中战列舰这样一个庞大的目标并非什么难事。另外，由于英国炮手们往往都有数年在海上协同实战和训练的机会，因此他们的操炮速度要比法国和西班牙水手更快，也就是说他们可以在同一时间段内发射比敌人更多的炮弹。一般来说，英国水手每分钟能发射 3 发炮弹，而他们的对手每分钟往往只能打出 2 发炮弹。英国海军的优势和他们取胜的关键在于其火炮操作和操船技术，而不是在射击的准确性方面。像纳尔逊这样的优秀司令官正是认识到了这一点，因此确立了在作战中尽可能快的展开近距离炮战的战术原则。他所宣称的"当一艘战舰与敌人靠的足够近，那么舰长就不可能犯错"这样一种观点，就是近战炮术原则发挥的极致。

通常，战舰会在交火开始前的一个小时进行战斗准备。厨房灶火会被熄灭，但在此之前，老练的指挥官会让他的下属吃饱喝足。然后在战舰上会执行"战前清理"工作，甲板上所有的木质隔板、牲畜、水手箱与其他个人物品都会转移到船体底层的货舱中。这样就清理出了一系列贯穿整个甲板长度的没有障碍的通道。军舰上的小艇均被放下然后系在船尾，而防护网也在上甲板上方张开，这样可以为交火后被击落的索具掉落提供一定的防护。甲板还会撒

上图：在特拉法尔加会战开始之前，纳尔逊的旗舰"胜利"号正准备发出"英格兰要求人人尽责"（*England expects that every man will do his duty*）的旗语

上图：上层后甲板区域是全舰指挥中枢的所在，因此也是敌火力的重点打击目标之一

▮上图：在接舷战中使用的各类冷、热兵器

上沙子，以增加摩擦力，因为战斗中满地的鲜血会让甲板变得湿滑不堪。在火药库的入口挂上了用水浸湿的毛毯，消防水桶装满水，水泵也随时可用。火药和炮弹则移到每个炮位旁边，军舰上的枪炮长与他的助手们也准备好持续为炮位提供炮弹与药包。同时，随船医和助手也开始在船尾舱室做好外科手术准备，手术室通常设在候补海军少尉的住舱里。军官们则会换上他们最好的制服。

当上述工作完成后，舰长会下达命令，敲响战鼓，命令全员"各就战位，准备战斗"。所有人员都将进入其所在炮位的指定位置做好火炮射击的准备，或其到分配的其他岗位上待命。

战列舰的设计就是用作进行舷侧火炮齐射的（除非它的舰体结构过于薄弱而无法承受齐射所产生的巨大冲击力），但是在第一轮射击之后，舷侧火炮通常就可以进行所谓的"自由射击"，也就是说每炮都要以最快速度重新装填，而不必等待舷侧的所有火炮都准备好再射击。在炮战开始后几分钟之内，甲板上就会浓烟滚滚，而敌方射来的圆铁弹也会使甲板上一片狼藉，钢铁与尖利的木片形成的致命暴风雨横扫整个甲板，到处残缺不全的肢体和横七竖八翻倒的火炮。

舷侧火炮的炮组人员需要在非常拥挤的环境下作战，伤亡者甚至连倒下的空间都没有。留存于世的一份档案记下了这样的场景，"高速飞行的炮弹切断了一个名叫奥尔德里奇的人的一条手臂，并在几乎同时用一种可怕的方式撕开了他的肚子。当他倒下时，有两三个人抓住他的胳膊，因为他不可能活下来，所以就直接被扔到了海里。"

当交战双方的战舰进入所谓的"直射距

离"（通常是 100 码以内）后，葡萄弹会横扫整个上层炮甲板，而狙击手也开始向军官和炮手们瞄准射击。在激战中战列舰甲板上的那种地狱般的景象难以言状。

尽管在那个时代的主力舰队会战中很少

有接舷战的机会，但战列舰的水手也要进行有关接舷战的训练。在 1797 年的圣文森特角海战中，74 门炮战舰"船长"号的指挥官纳尔逊就率领他的下属，在接舷战中接连登上并俘获了 2 艘西班牙战列舰。如果需要用这

上图: 18 世纪末期，英国东印度公司的武装商船，它是一种耐久度极高且可以配备强大火力的船型，曾有个别的大型武装商船被征用并投入到舰队行动当中

上图: 在硝烟弥漫的甲板上，敌我双方短兵相接，用各种武器展开殊死搏斗

种方式来解决战斗，那么指挥官就会从每个炮位上抽调一二人组成接舷战分队，这些人将用弯刀、短矛、登船用的斧头和手枪等装备武装起来。当双方战舰互相接近时，水手们掷出抓钩，让2艘船靠在一起，登船分队涌上敌舰与敌人展开肉搏。接舷战往往短暂而血腥，但也是决定性的。

战列舰的主要任务是组成编队参与主力舰队之间的海上决战。但对于英国皇家海军而言，在大多数战争中，战列舰也被用来封锁像法国布列斯特或西班牙卡迪兹那样的敌对港口，这样的任务无论是对军舰还是水手都是严峻的考验。在法国大革命时期（1792—1802年），共有5次大规模海战，而在拿破仑战争（1803—1815年）中却只有1次。大多数的海上会战都是由英国皇家海军的对手所挑起的，或者是利用封锁的间歇集结舰队突围，或者是为其孤悬海外的陆军部队提供支援，或者悄悄潜出港口袭击英国的商船队。唯一的例外是1801年的哥本哈根之役，当时纳尔逊发动此役的目的就是为了摧毁丹麦舰队。

从17世纪中期开始，欧洲列强的主力舰队交战时都会将舰只排成一列或几列纵队，用舷侧火炮互相轰击，直到某一方脱离接触为止。这种作战模式很少会产生决定性的结果。因此在1782年，当时的皇家海军上将罗德尼命令他的纵队冒着敌方舰队猛烈的舷侧火力向他们的"战列线"行进，英国舰队插入到敌军战线中，并且分割包围了一部分法舰。这次英国人赢得了决定性的胜利，但是这样的舰队机动风险很高，因为当它们以斜角逼近敌舰纵队的时候会将战舰暴露在对方的舷侧炮火之下。杰维斯、邓肯和纳尔逊等英国海军将领曾经冒过这样的风险并且取得了一系列辉煌的胜利。这种战术的一个

最后的实例是1805年的特拉法尔加海战,当时纳尔逊率领的英国舰队从法西联合舰队战线的两个位置突入,分割了敌方舰队的2个分队并且发动了英国海军所擅长的近距离作战击败了对方。纳尔逊并不是这种战术的发明者。他只是充分认识到了他所指挥的舰队的优势和劣势,并以此为基础有效利用了他手头的一切资源。

从技术角度来看,英国皇家海军相对于法国及其他欧洲海权国家并无明显优势,而且俘获(而非击沉)敌舰的作战模式也使各国在舰载武器装备方面的革新很难保守住秘密。那么,英国人为什么能够在这一时期牢牢控制住制海权并在海战中屡屡取胜呢?答案是英国海员拥有更好的训练和战术组织,而他们的军官也更有经验。对于法国海军而言,在美国独立战争时期其舰队作战能力还不容小视,但20年之后却只能被皇家海军封锁在港口中成为一支处于要塞卵翼下的"存在舰队",更不用说挑战英国人的海上霸权了。本来,法国作为一个大陆国家就无法把其大部分的精力投入到对制海

权的争夺上去,而从1789年大革命开始的持续混乱与腥风血雨则使法国海军在指挥、组织以及大型舰只的编队作战能力等方面都受到了严重削弱,不但无法将工业革命所带来的新技术应用于海军装备领域,而且原本很多贵族出身的海军军官在这种风云变幻的政治局势中被清洗掉或被迫流亡国外。一次次的失败让法军主力舰只待在港中消极避战的时间越来越长。时间一久,双方实力此消彼长,对于法国海军来说情况只会越来越糟糕。

英国海军的霸主地位并非无可撼动。在1812年第二次美英战争中,新生的美国海军在海洋上不甘示弱,美国人的作战非常积极主动,并曾多次俘获英舰。那些皇家海军曾经的手下败将们也开始加速海军装备方面的革新。例如,法国海军在1822年首先在军舰上安装了由海军军官亨利·佩桑所设计的、可发射采用安全延发引信的爆破弹的新型加农炮。在1854年,拿破仑三世统治时期的法国又成了第一个装备蒸汽动力装甲战舰的国家。当然,这些就是另外的故事了。

参考书目

"British Napoleonic Ship-of-the-Line", Angus Konstam, first published in 2001 by Osprey Publishing,
"Napoleonic Naval Armaments 1792–1815", Chris Henry, first published in 2004 by Osprey Publishing
"Victory VS Redoutable ——Ships of the line at Trafalgar 1805", Gregory Fremont-Barnes, first published in 2008 by Osprey Publishing.
"Trafalgar 1805 - Nelson's Crowning Victory", Gregory Fremont-Barnes, first published in 2005 by Osprey Publishing.
"Nelson's Battles - The Art of Victory in the Age of Sail, Nicholas Tracy, first published in 1996 by Chatham Publishing.
"Nelson's Sailors", Gregory Fremont-Barnes, first published in 2005 by Osprey Publishing.
"Nelson's Navy", Martin Windrow, published in 1993 by Osprey Publishing Ltd.
"French Warship Crews 1789-1805 - From the French Revolution to Trafalgar", Terry Crowdy, first published in 2005 by Osprey Publishing.

第三篇
逐胜的哲学

战术是在战斗中使用军队的学问，战略是为了战争目的运用战斗的学问。

——卡尔·冯·克劳塞维茨 《战争论》

　　其实无论什么时代的作战，如果想要获得成功，就必须善于应用军事规律和原理，这是一切战术指挥的基础。因此，哪怕是现在看来最为笨拙和呆板的战术，也是当时物质条件下最为合理的选择，更凝结着那个时代最聪慧者的心血。

　　战略虽然可以使一支军队在其作战区域里，于开战之前获得优势。但是只有战术、勇气和幸运才能最终决定胜负的各自归属。指挥官们都懂得要把主力布置在最有利的攻击点上，但如何布置，部队该如何前进或后退，如何应对可能出现的各种突发情况，则是军事主官中的佼佼者才能真正掌握的。因此在当时，军事指挥依然是一门正在科学化的特殊艺术。

作者 /
吴畋

火焰与战马

概述拿破仑战争中的兵种战技与战术指挥

战斗是真正的军事活动，其余一切活动都是为它服务的。

——卡尔·冯·克劳塞维茨 《战争论》

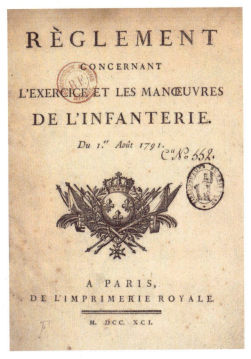

上图: *法国国家图书馆馆藏《1791年条令》第一版*

对军事史读者而言，理解"在战斗中使用军队的学问"，自然是深入了解战争史乃至军事史的不二法门。因此，要想真正看懂线式战术时代的血雨腥风，不妨稍微花一些时间，将视野延伸到承担这些致命斗争的军人身上，近距离观察那段时期里军队的组织、训练与战术细节。本文将着眼于集线式战术时代之大成、最为惊心动魄的拿破仑时代，来解读战争的哲学。

军队筋腱——步兵

"优秀的步兵无疑是军队的筋腱。"

——拿破仑批注《战争艺术评述》[1]

拿破仑时代的主要战斗承担者和决定性作战力量是步兵。对一名步兵而言，他所要学会的第一件事就是在队列中举止正确。拿破仑时代法军步兵的唯一通用条令——《1791年8月1日步兵训练与机动条令》（以下简称《1791年条令》）[2]规定了士兵的正确站姿：

"（各人的）脚后跟成一线，在人体所允许范围内尽可能地靠拢……膝盖挺直；髋部垂直于地；手臂自然下垂，肘部贴身，手掌略向外翻，小指向后，贴紧裤缝，头部挺直，

① 《战争艺术评述》（Considérations sur l'art de la guerre），罗尼亚·约瑟夫（Rogniat Joseph）1820年著。
② 《1791年1月1日国民自卫军训练指令》与《1791年条令》相当相似，但仅适用于志愿兵部队。《1792年4月5日步兵暂行条令》仅在1808年被重新启用，旋即撤回。

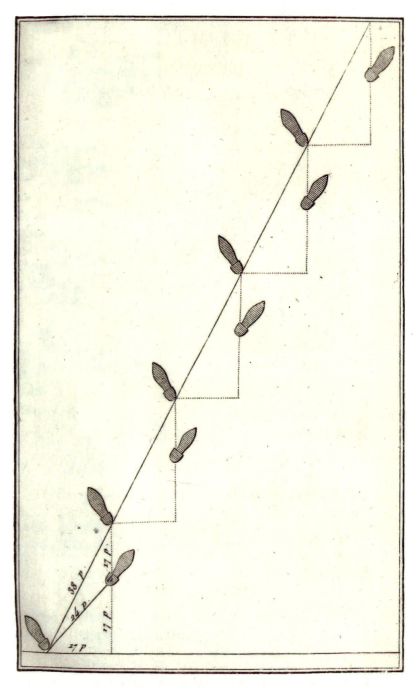

上图：《1791 年条令》中的斜步图示

下巴紧贴脖颈，目光紧盯十五步前的地面。"

对生于18世纪末的农民新兵而言，要适应上述命令并非易事。但他们如果想在军队中生存下来，就必须学会在队列中站立、行进。法军第2轻步兵团猎兵让－巴蒂斯特·布瓦松在其回忆录中描述了新兵的最初历练：

"（入伍）第二天早晨开始了恐怖的训练。军官让我们差点喘不过气来。他们让我们重复了一百次'立正！'和'稍息！'。接着是普通步法训练，步长是脚后跟起步与落地间隔两尺①，步频是每分钟七十六步，这是军士们吼进我们耳朵里的内容。我们也接受了神秘的斜步传授：'向前走……向左转……向右转……走。'不幸的新兵就像木偶一样转动，那天晚上我们都筋疲力尽。

"（我们）学个不停。春天到来了，每天早上我们都去训练……新的景象，新的担忧，还有军士们不满的吼叫。我记得这一切，就像它发生在昨天一样。新兵们排成一列展开训练，尽可能地执行命令。"

在现代人看来，布瓦松在军士怒吼声中学会的普通步法只是不慌不忙的散步。然而，在时常看似平坦，却有着无数坑洞、石块、灌木等障碍物的战场上，想要维持战线齐整，这样的步法已经让许多新兵力不从心。一旦无法保持这一步伐，推进中的军队往往会不可避免地成为秩序紊乱的乌合之众。事实上，从《1791年条令》对步兵行军动作的规定里，就可以看出战术家为维持队形花费的苦心："脚尖向下，但不要过度……脚尖略向前伸……上体前倾……伸腿……脚掌平稳着地，不要反弹……头部向前。"

倘若士兵没有按照这种细致到每一动作的规定充分掌握这种步法，结果必然极为严重。诚如条令所述："因为任意两个人的动作都不可能完全一致。要是人人各行其是，部队就会在行军时遇上麻烦乃至散架。新兵有必要学会以统一的节奏行军，否则就会全都乱成一团。"

在普通步法之外，还有加速步法。这种步法时常用于正面宽度较小、维持战线相对容易的纵队。根据条令规定，加速步法为每分钟100步。在"周边环境要求高速行进的冲锋"中，士兵可以使用步速高达每分钟120步的冲锋步法，但《1791年条令》的执笔者们显然对这种高速推进信心有限："如此行进的部队几乎无法避免队形散开，这并不符合行军准则。"因此，部队通常应当以每分钟100步的加速步法出击。

但在经受革命战争的历练后，法军士兵不仅对冲锋步法驾轻就熟，甚至能大量运用并不见于条令的、每分钟200~250步的奔跑步法。轻捷的散兵部队尤其喜爱这一做法。

至于布瓦松眼中的神秘斜步，在现代人看来，或许类似滑稽的舞步。以右转斜步为例：士兵应当先伸出右脚，使右脚位于左脚右前方，两者间距为24寸；随后伸出左脚，使之抵达右脚尖正前方17寸处。如此便完成了一个斜步动作。斜步的步速与普通步法相同，为每分钟76步，这是实战的必然要求。一旦密集队形需要在作战时斜向前进，又必须保持完整正面应对敌军，斜步就成了唯一可行的动作。

最后是在战场外行军时的道路步法。由

---

① 法国旧制长度单位换算关系如下：1步（pas）=2尺（pied）=24寸（pouce）=288线（ligne）=65.00厘米；1寻（toise）=6尺=1.95米；1里（lieue）=2000寻=3.90公里。

于士兵在道路上不用排得过分密集，道路步法自然成了所有正规步法中最为"自由散漫"的一种。通常情况下，其速度约为每分钟85~90步。士兵也不用像其他步法中那样严格遵照左手执枪、右臂紧贴躯干的规定，反而可以摆出各种携带武器的姿势，甚至还能随意说笑歌唱。

如前所述，只有让新兵接受充分的队列训练，才能保证个体士兵占据的空间最为恰当、队列最为整齐、机动最为准确。读者应当记住一点：一个最常见的营横队由三个拥挤的直线队列组成，每个队列拥有200~250名士兵，宽度却仅有百米左右①。最轻微的步法错误都有可能像波浪一般传遍整个队列，令全营士兵无法整体推进。

新兵初步掌握了各类行进步法后，所面临的下一个重要任务便是学习如何使用枪支。这一任务的第一环节就是完成持枪动作。这一动作听上去相当简单——左手托住枪托，枪身倚在左肩，但实际上对士兵把握分寸的准确性要求很高：如果持枪过高，不仅枪支会前后摇晃，左肘也会向外延伸，在队列中占据过大空间；如果持枪过低，则会导致持枪空间大大缩小，左臂与左肩过于疲劳。

其后，士兵要逐一学习装填、射击乃至刺刀拼刺的基本个人动作，继而加入以连、分营、营为单位的集体射击训练。

这一时期的步枪主力是已经沿用近百年的燧发枪，更准确地说，是滑膛燧发枪。拿破仑称其为"有史以来最优秀的兵器，在配上刺刀后尤其如此"。一般说来，这种燧发枪的总长（不含刺刀）约为1.5米，铁质枪管长约1.1米，口径16~20毫米，刺刀长度通常略大于0.4米，枪管下方附有一根锥形推弹杆②。枪管后部是木质的枪托部分，点火装置位于枪管右后方。当步兵扣下扳机后，弹簧机构会使燧石与火镰撞击生火，点燃火镰下方药池内的火药。由于枪管底部已经钻出了一个通往药池的小孔，这样就会引燃枪膛内的主装药，将子弹射出。

总体而言，这一时期的步枪通常能够正常使用五十年甚至更长时间，奥地利军队在1805年仍然装备改装后的1754年式步枪便是一个明证。法军使用的1777年式（后改称共和九年式）步枪结实耐用，更有着轻便质优的美名。1789年，时为炮兵二级上尉的蒙福尔曾使用四支1777年式步枪各自射击了10000次，发现它们依然可以正常射击。蒙福尔随即将它们编号存放在斯特拉斯堡军火库。十六年后，已经成为上校的他取出其中的第2、3号步枪再次测试，2号步枪在射击4443次后因为操作失误而炸膛，3号步枪在射击12281次后仍然状态良好。法国炮兵副总监伽桑狄评价道："法国步枪状况极好，除非出现清理失误或修理问题，不然就可以一直使用下去。"有位英国军官也感慨道："比起我们可恶的笨重枪械，他们质地优良的、长管的、轻便的小口径枪支在散兵战中更有效③。"

尽管比起火绳枪时代已经安全得多，但燧发枪时代的步兵装填任务依然是烦琐而危险的。滑膛燧发枪的基本装填步骤包括：从弹药盒中取出圆柱状纸弹壳（内含一定分量的黑火药和一颗球形铅弹）；咬开弹壳末端，将铅弹

①尽管条令中并无特别规定，但达武在1811年11月的命令中指出，总数为650人的营，全体展开成一个三列横队后其宽度应为152步6寸8线，亦即99米。
②普鲁士、奥地利等国为追求装填速度，采用重约700克、两头均可用于装填的桶形推弹杆，其重量为锥形推弹杆的2~3倍。
③法军1777年式步枪口径约为17.5毫米，英军绰号"褐贝斯"的步枪口径约为19.3毫米。

含在嘴里（不要咽下）；竖起击锤，向药池内倒少许火药；合上火镰，将弹壳内的火药全部倒入枪膛；把铅弹吐进枪膛，将纸弹壳揉成一团塞入枪膛作为弹塞；用推弹杆将弹药一推到底，但又要留下适时抽出推弹杆的余地。

自然，上述步骤在各国军队中有着细节上的差异。以法军为例，仅装填就有十二个步骤、二十多个动作：

一、装填武器：左手旋转步枪，使右手拇指停留在燧石处；

二、开药池：右手拇指用力拉开燧石所在击锤，使药池敞开，扳机处于安全位置；

三、取弹壳：取出纸弹壳，将铅弹对面一侧含在嘴唇上；

四、开弹壳：用牙齿咬开纸弹壳，倒出火药；

五、倒火药：将火药倒入药池，用右手拇指和食指夹紧纸弹壳，以防火药过量；

六、关药池：右手空闲手指压住燧石所在击锤，关闭药池；

七、向左转枪：左手旋转步枪，使枪口对准下颚；

八、弹药进膛：将剩余火药、铅弹、纸弹壳放进枪膛；

九、取推弹杆：从步枪内侧取出推弹杆，将其放入枪膛；

十、推满：用右手拇指和食指夹住推弹杆，推到底；

上图：法军 1777 年式步枪共和九年改型

十一、抽推弹杆：将推弹杆从枪膛中抽出，放回步枪内侧；

十二、持枪：左手托住枪托，枪身倚在左肩。

装填结束后，士兵还需要三步才能最终完成射击：

一、预备：枪口平指前方，右手位于枪托颈部，右手拇指扣住扳机；

二、瞄准：枪靠在肩上，贴面瞄准；

三、开火：按下扳机，射击。

不过，老兵却经常把动作简化得面目全非。以第八到第十一个步骤为例，一位英国军官曾这样描写滑铁卢战场上的两军散兵战："法国士兵迅速地装填着子弹，将枪托朝地上猛捶一两下——以此取代推弹杆的作用，这样，在我军射击一次的时间里，他们就能射击两次。我还偶尔看到我军有些'老手'同样在这么做。"

当然，用枪托捶地装填无疑会导致步枪故障率骤增，射击精度大打折扣。另外，考虑到当时的步兵文化水平和武器制造水准，射击中必定会频繁发生事故。比如药池火药无法引燃枪膛内的主装药、火药残渣堵塞枪膛、混乱中未及击发就再次装填弹药、枪膛过热炸裂[①]、忘记取走推弹杆都是司空见惯的。不过，经验丰富的射手按照标准流程，在一分钟内还是能够正常装填并发射4~5次。极其强调射速的普鲁士军队在1779年颁布的《步兵条令》中规定"新兵需日日练习，直至能够在一分钟内射击四次为止"——但过快的速度将导致射击精度骤降。在实际战斗中，多数士兵也能做到每分钟射击2~2.5次，不过这样的速度一般只会出现在紧急关头。整个交火过程中的平均射速往往只有每分钟不到一次。

当时限制射击杀伤效能的主要问题有三点：黑火药在燃烧时会产生烟雾和残渣、燧石打火时常失败、球形子弹与枪膛游隙过大。

一旦部队展开第一轮齐射，战场便会立刻笼罩在黄黑色的诡异烟雾之中，烟雾在步兵阵列上空停留不去，造成能见度大大下降。而火药残渣迫使步兵在战斗中要定期用别在纽扣或子弹盒上的通针清理枪膛和通火孔。一枚燧石一般可以打火30次左右，保养良好的能够打火50次。因此，通常情况下实战中每六到十二次射击里就有一次因为通火孔堵塞或燧石打火失败而无法击发。

伽桑狄的《炮兵纪要》堪称拿破仑帝国时代的枪炮百科全书。书中指出：滑膛枪每射击60~65次，就需要对枪膛进行彻底的清洗和擦拭，否则就会导致弹药难以装填。这一操作只能在完全拆卸枪支的前提下进行，因而操作场所应当设在战场以外。换言之，即使在弹药补充充分的大会战中，步兵也很少手持一支步枪射击60次以上。不过凡事并无绝对，英军第71步兵团的一位士兵就曾在1813年维多利亚会战当天打出108发子弹，

付出的代价则是次日上午"右手几乎没法摸到头，胳膊黑得跟煤一样"。鉴于射击会不可避免地带来枪膛污染问题，杂乱的射击更会导致军官控制力下降，所以即使是训练有素的老手也不会冒着炸膛或堵塞的危险进行长时间高速射击。

此外，由于当时制造工艺所限，即使是同一型号的步枪也普遍存在口径不一的问题。在长期的使用中，枪膛内径也可能会产生多达几毫米的偏差。因此，当时的人通常会将子弹直径制作得比较小，以免堵塞枪口。以法国为例，由于革命战争时期枪支质量普遍下降，步枪子弹重量被迫由原先的27克（1/18法磅[②]）降至24克（1/20法磅）。这显然会不可避免地导致游隙增大，子弹杀伤效能有所降低。

提到杀伤效能，自然不能不提到与其息息相关的射程。拿破仑时代的步枪射程可谓众说纷纭，读者能够在历史、军事著作中找到100米、200米、300米甚至1000米等各种数据。其实要注意的是，当时使用的滑膛枪之所以名为"滑膛"，就是因为这种步枪没有能够稳定子弹飞行轨迹的螺旋膛线。尽管这让步枪的精度大打折扣，但对步枪的极限射程却无影响。就最大射程而言，根据巴尔丹的记载，当步枪枪口仰角定为43°30′时，子弹甚至能落到974米开外。然而，这样的曲射通常会造成相当大的误差，因此在实战中大多只是朝某一特定方向进行远程骚扰的手段。法军散兵在战争中积累了丰富的曲射袭扰经验。普鲁士军官德克尔直至战后还心有余悸："要是子弹射击轨迹为弧线，它就有可能依靠普通装药打到1000步（732米）以外。法国人是这方面的行家，

①老兵夸涅曾回忆说，在马伦戈会战中，枪膛由于过热而难以装填时，他就直接尿进枪膛使其冷却，而后撒进火药粉末，慢慢燃烧使其干燥，这是战场上的常见小技巧。
②法国旧重量单位换算关系如下：1磅=16盎司=489.5克。

子弹重量（法磅）	子弹直径（毫米）	游隙（毫米）	100米靶距命中率	125米靶距命中率	150米靶距命中率	175米靶距命中率	200米靶距命中率
1/20	16	1.48	74%	59%	46%	33%	21%
1/18	16.6	0.88	88%	72%	60%	48%	38%
1/17	17	0.48	95%	80%	67%	56%	47%

他们有时能够打伤我军官兵，我们却不知道子弹从何而来。不过，那些伤员多数是挫伤，实际损害有限。"

一般情况下，平射状况下的滑膛步枪能够在200~300米距离上对敌方目标实现有效打击。巴尔丹宣称："步枪（有效）平射距离可以估计为260米，超过这一距离，射击就没有把握，而在一半距离上，射击效果尤为出色。"他在1807年出版的《步兵手册》中还详细指出：步兵应当对准98米（150步）远的目标膝盖，195米（300步）远的目标腰部，293米（450步）远的目标军帽，390米（600步）远的目标上方32.5厘米（1法尺）处——根据时人的经验，这一距离上子弹偏差可能达到两法尺。俄军名将库图佐夫则在1786年撰写的《关于步兵勤务与猎兵特别勤务的注解》中指出：射手应当在71米（100阿尔申①）距离上瞄准膝盖，107米（150阿尔申）距离上瞄准人体半高，142米（200阿尔申）距离上瞄准胸部，178米（250阿尔申）距离上瞄准面部，213米（300阿尔申）距离上瞄准头顶上方36厘米（半阿尔申）。沙恩霍斯特曾于1810年主持各国步枪测试，他将法国、英国、俄国、瑞典滑膛枪的最远标靶均设为293米（400普步）。

可见，当时各国战术家对滑膛枪的有效平射距离认识虽然有差异，但一般都认为它不会超过300米。

那么在不同的射程上，滑膛枪的精度又如何呢？

提到精度，英军汉格"上校"在1808年公开出版的《致卡斯尔雷勋爵的一封信》中的内容流传甚广："如果滑膛枪的钻膛做得不算太差，也不像常见的许多枪那样歪斜，那么士兵可以用它在80码（73米）距离上命中人体，甚至能够在100码（91米）距离上做到这一点。但是，要是一名士兵在150码（137米）距离上被瞄准他的一支普通步枪打伤，他就注定是非常不幸的，至于在200码（183米）距离上用一支普通滑膛枪射击某人，你可以认为这就和朝月亮开火一样。我坚持认为并将证明，不论在什么时候，没有人会在200码距离上被瞄准他的人打死。"

这一说法时常被用来说明滑膛枪精度低劣。不过，汉格的目的在于推广线膛枪，因而说法过于夸张了。其实在1817~1818年的梅斯实验中，法军普通滑膛枪面对200米距离上边长两米、五人大小的正方形标靶，使用常用的1/20法磅弹重子弹，获得了21%

①俄国旧制长度单位换算关系如下：1沙绳=3阿尔申=7尺=84寸=2.13米；1俄里=500沙绳=1.067公里。

的命中率，而 1/18、1/17 法磅子弹由于游隙较小，取得了较好成绩：

同时，随着弹道学的发展与军官教育的进步，拿破仑时代的其他各国也先后进行了多次靶场射击测试，为后人留下了丰富的分析材料。汉诺威炮兵军官沙恩霍斯特于 1787—1790 年间出版了旨在普及常识的《军官手册》一书，其中记录了他进行的一次快速射击测试。在此

测试射击距离	训练好的排射击 1000 发的命中数	普通排射击 1000 发的命中数
100 步（78 米）	534	403
200 步（156 米）	318	183
300 步（234 米）	234	149
400 步（312 米）	130	65

次测试中，沙恩霍斯特挑选了一个训练较好的排和一个普通排进行对比速射测试[1]：

二十年后，已经成为普鲁士军事改革领头人的沙恩霍斯特又进行了不同种类步枪的射击测试。此次测试的标靶是长 100 尺（31米）、高 6 尺（1.88 米）、厚 1 寸（2.6 厘米）的杉木板。在测试中，10 名参测士兵每人进行 20 次常规速度射击（共 200 次），耗时最短为 7.5 分钟，最长为 13~14 分钟，其结果如下表所示[2]：

值得一提的是，由于普军士兵并不适应英国褐贝斯步枪，所以在 73 米（100 步）距离上，本该实现八成命中率的英国步枪只打出了 200 发 94 中的低劣成绩，可见训练娴

步枪种类	射击距离（步）	命中（发）	穿透（发）	截至 400 步的穿透总数（发）	在 300 步上射击 20 发耗时（分）
旧式普鲁士步枪（直柄，弹重 1/17磅，装药 1 罗特，枪重 12 磅，游隙10/100 寸）	100	92	56	193	9
	200	64	58		
	300	64	56		
	400	42	23		
	500	26	8		
	600	19	2		

①汉诺威军队的连是行政单位，它在战时会分成两个排的作战单位。汉诺威计量单位换算关系如下：1 步（Schritt）=2 尺（Fuß）8 寸（Zoll）=32 寸 =77.9 厘米。
②普鲁士计量单位换算关系如下：1 步 =2 尺 4 寸 =28 寸 =73.2 厘米；1 磅 =32 罗特 =467 克。

法国步枪 （弹重 =1/20 磅，装药 3/4 罗特，枪重 10 磅~9 磅 30 罗特，游隙 7/100 寸）	100	151	151	337	10
	200	99	99		
	300	53	49		
	400	55	38		
英国步枪 （弹重 1/15 磅，装药 3/4 罗特，枪重 12 磅，游隙 8/100 寸）	100	94*	94	338	—
	200	116	116		
	300	75	75		
	400	55	53		
俄国步枪 （弹重 1/17 磅，装药 1 罗特，枪重 12 磅，游隙 9/100 寸）	100	104	104	275	10
	200	74	74		
	300	51	51		
	400	49	46		

　* 根据多里亚克《拿破仑的武器》一书的修正数据，英国步枪在正常状况下的 100 步射击成绩应当为发射 200 发，命中 165 发。

熟的步兵和新兵间运用步枪的水平差异之大。从普鲁士步枪在本国步兵手中的惨淡表现也可以看出当时各国步枪性能差异极大。即便是在短短七十多米的距离上，由于旧式普鲁士步枪在设计上不容许士兵瞄准，其杀伤能力也只有法国步枪的一半。

▌上图：滑铁卢会战中的英军，默瑟所部骑炮兵位于左侧

马伊达之战

不过，靶场与战场毕竟有所差别。按照默瑟上尉略带夸张的生动描述，真实战场上有时会出现"部队从我们左右两边通过，但是，我对他们的了解不比对月球人多多少……烟雾将我们的视野局限在很小的范围内"的状况。在这样的苛刻环境下，枪支的实际发挥究竟如何呢？

1806 年 7 月 4 日，英法军队在南意大利马伊达展开了短促而激烈的交锋，这场几乎纯粹由步兵承担的战斗为后人提供了难得的分析样板。英军右翼的轻步兵营（730 人）[①]排成两列横队，迎击法军左翼第 1 轻步兵团（1300 人）的三列横队。将近 1600 杆滑膛枪在 100 米左右的距离上对射了两到三轮后停顿下来，双方各自整理队列。法军误以为英军即将撤退，当即以横队发起突击，最终在极近距离上遭遇英军骤然齐射的火力，惊骇之下陷入崩溃，被英军持刺刀追击。英军轻步兵营在交火中战

死 8 人、伤 43 人，亦即法军每射击 35~60 发子弹便杀伤英军一人。法军第 1 轻步兵团则为误算付出了死伤 600 人，另有数百人被俘的代价。扣除刺刀战、炮击战果，轻步兵营每射击 7~10 发即可杀伤一人。优良的枪法与射击纪律固然有助于取得这一战绩，但最后一轮的极近距离射击无疑也大大提高了整体命中率。战场中部的法军始终没有过分接近英军，所以尽管双方以自由射击相持了 10~15 分钟，但法军的损失却要远低于第 1 轻步兵团，英军杀伤效率也降低到了 40~60 发子弹杀伤一人。一般而言，拿破仑时代大会战中的步枪射击命中率约在 0.25%~2.5% 之间，以奥尔施塔特会战为例，法军每消耗大约 130 发子弹便可以杀伤一名普军，而以"浪射"闻名的普军则需要射击 250~300 发才能让一名法军失去战斗力。

俄国学者切洛伦戈曾对拿破仑战争中 1584 名伤情明确的俄军官兵进行过统计：其

切洛伦戈的伤情统计表

| 时间 / 数量 | | 1812 年前 | | 博罗季诺会战 | | 1812—1814 年 * | | 创伤与挫伤统计 ** | |
伤口类型		数量	百分比	数量	百分比	数量	百分比	数量	百分比
枪伤		307	70.3%	425	69.4%	734	70.0%	1178	74.4%
炮伤	霰弹	21	4.8%	40	6.5%	63	6.0%	87	5.5%
	榴弹	6	1.4%	22	3.6%	28	2.7%	38	2.4%
	实心弹	1	0.2%	15	2.5%	23	2.2%	25	1.6%
	总计	28	6.4%	77	12.6%	114	10.9%	150	9.5%
冷兵器伤	佩剑	8	1.8%	7	1.1%	7	0.7%	16	1.0%
	长枪	0	0.0%	3	0.5%	6	0.6%	7	0.4%

[①]轻步兵营由英军参战各部抽调轻步兵连临时合编而成，并未装备线膛枪。

冷兵器伤	马刀	12	2.7%	21	3.4%	36	3.4%	57	3.6%
	弓箭	1	0.2%	0	0.0%	0	0.0%	1	0.1%
	刺刀	12	2.7%	2	0.3%	8	0.8%	23	1.5%
	总计	33	7.6%	33	5.4%	57	5.4%	104	6.6%
挫伤	枪	16	3.7%	12	2.0%	26	2.5%	46	2.9%
	霰弹	13	3.0%	23	3.8%	29	2.8%	42	2.7%
	榴弹	1	0.2%	10	1.6%	16	1.5%	17	1.1%
	实心弹	9	2.1%	23	3.8%	38	3.6%	47	3.0%
	总计	39	8.9%	68	11.1%	109	10.4%	152	9.6%
其他类型负伤		30	6.9%	9	1.5%	34	3.2%	0	0.0%
总数		437	100.0%	612	100.0%	1048	100.0%	1584	100.0%
创伤情况不明		50	10.5%	121	15.5%	192	14.9%	265	13.5%
挫伤情况不明		21	4.4%	59	7.5%	83	6.4%	108	5.5%
创伤与挫伤总数		478	100.0%	783	100.0%	1289	100.0%	1957	100.0%

* 1812—1814 年负伤统计包括博罗季诺会战负伤统计。
** 创伤与挫伤统计一栏包括 190 名负伤时间不详的官兵。

半岛战争中法军军官伤员情况统计表

伤口类型	数量	百分比
枪伤	2419	80.9%
炮伤	184	6.2%
马刀	246	8.2%
骑枪	43	1.4%
刺刀	99	3.3%
总计	2991	100.0%
伤口情况不明	654	—
总计	3645	—

中 1178 人为枪伤，150 人为炮伤，152 人为挫伤，104 人为冷兵器伤。半岛战争中，有据可查的 2991 名法军军官伤员里，也有 80% 为枪伤，可见滑膛枪的射击是当时战场上效果最为显著的杀伤原因。

从相关数据中，我们还可以发觉一个重要现象——尽管公报与回忆录中往往对刺刀战大加赞赏，刺刀冲锋也极为常见，但发生刺刀肉搏的概率其实微乎其微。奥地利名将利涅指出，尽管他一生中亲历战斗无数，却只在 1757 年的蒙斯会战中"听到过一次刺刀撞击的声音"。虽然拿破仑时代的刺刀冲击不计其数，但作战双方中时常会有一方在恐惧感和心理压力下在与刺刀接触前就放弃抵抗，因此肉搏术能够派上用场的时候极少。更为重要的是，当时各国基本上都没有用于刺刀训练的专业手册，因此刺刀拼刺技术也毫不意外地成了新兵个人技能学习中的陪衬。事实上，系统的格斗技术、体操动作和体育训练要到 19 世纪中期才逐步进入欧洲军队，拿破仑时代及其以前的军队自然还无法享受这样的专业训练。

总之，在动辄消耗数万发至数十万发子弹的战斗中，只要两支滑膛枪部队陷入持久射击，战斗伤亡就会相当可观。1811 年 5 月 16 日，伊比利亚半岛南部的阿尔武埃拉战场，在暴风骤雨的恶劣环境中，英军霍顿旅与法军佩潘师展开了持续至少半个小时的交火。在此期间，他们并未见红，战线也没有崩溃，士兵们甚至经常只能看到烟雾缝隙中的敌人。然而他们却都付出了惨重代价，双方营以上军官合计死伤率高达四分之三。以法军第 28 轻步兵团和第 100 战列步兵团为例，这两个起初成纵队的团合计死、伤、失踪至少 763 人，占参战总人数的 36%；与他们交手的英军第 57 步兵团第 1 营至多仅有 647 人列成横队参战，却损失了整整 428 人，战损率竟然高达 66%！

除了滑膛枪，线膛枪在当时的欧洲战场上也并不少见。早在 15 世纪末期，意大利和德意志的枪匠就发现在枪膛中刻上膛线可以使子弹飞得更远、打得更准。其后，线膛枪逐步成为德意志各邦猎人手中的常见装备。到了 18 世纪，富有德意志特色的专业轻步兵——猎兵已经普遍使用线膛猎枪，就连远在西亚的波斯和阿富汗军队都装备了大量的长管线膛枪。但线膛枪在英、法、俄等国的装备数量依然有限。这其中，习惯与文化、拉制膛线的高昂成本等因素固然对线膛枪的推广有一定的阻碍作用，但最重要的原因还是在于线膛枪的缓慢装填速度。和当时的滑膛枪一样，线膛枪也需要从枪口装填弹药，但由于拉制的螺旋膛线的影响，必须将子弹包裹在特制油布当中，然后用木槌敲击才能将其塞入。更糟糕的是，倘若射手未能将子弹送到枪膛底部捣实，火药会导致膛线严重损毁。此外，同样使用黑火药的线膛枪在清理枪膛时无疑要比滑膛枪困难得多。一般而言，线膛枪的装填耗时是滑膛枪的 2~3 倍。在列成密集队形的近距离战斗中，弥漫的硝烟和短暂的射击间隔也让线膛枪的射程与精度优势难以发挥。因此，在战列步兵手中装备线膛枪无疑是不合算的。

然而，自 18 世纪下半叶起，许多欧洲国家开始意识到，线膛枪可能会在更重视射程与精度、受烟雾影响更小的散兵作战中发挥特有优势。于是各国纷纷开始组建大量装备线膛枪的轻步兵单位，奥地利的蒂罗尔猎兵、勒卢猎兵，普鲁士、汉诺威、黑森等邦国的猎兵都曾以线膛枪令法军倍感头疼。英国在 1793 年招募德意志雇佣兵组成了线膛枪化的第 60 步兵团第 5 营，又于 1803 年组建了绰号"草蜢"、全体装备线膛枪的第 95 步兵团。线膛枪手对法国军官的凶狠杀伤更曾惹得苏尔特元帅抱怨连连："（英军第60步兵团第5营）装备着线膛枪，士兵选自最好的射手，他们执行侦察勤务，在交战中得到了公然指示：优先射击军官，尤其是指挥官和将领。因此，我们注意到一旦某位高级军官指挥部队或是在作战中激励部队，他就会中枪……我看到有的营只剩下两三名军官，可丧失战斗力的士兵还不到六分之一。"

至于法国，在波旁时代，法军仅有少数骑兵和猎兵部队的军官、军士偶尔装备线膛枪。革命之后，雅各宾派政府在奥、普等国线膛枪部队的威胁下终于意识到了线膛枪的优点，认为"共和国军队需要拥有与敌人匹敌的武器"，于1793年下令批量制造线膛枪——凡尔赛线膛枪。法军前线将领们则广泛利用缴获的枪支来组建线膛枪部队。比如拿破仑曾于1796年将缴获的奥地利、帕尔马公国线膛枪奖给每个轻步兵半旅中最优秀的40名射手。蒂埃博曾略带夸张地说："（第2狙击兵营的）六名双管线膛枪手就能抵得上一整个炮兵连。"线膛枪的作战效果有目共睹，但由于其成本过高、膛线加工难度过大，法国还是在1800年暂停了线膛枪的生产。对于习惯了结实耐用的1777年式步枪的法军，线膛枪的复杂操作和脆弱结构也导致事故频出。尽管自革命战争以来，法军生产了一万多支凡尔赛线膛枪，缴获的线膛枪也为数不少，但根据1805年4月21日的统计，当时法军装备的线膛枪却仅有3383支。虽然1806年拿破仑下令重开生产线，但凡尔赛兵工厂在其后六年也只生产了2212支线膛枪。

在线膛枪的普及方面，俄国堪称法国的"难兄难弟"，就连一心仿效德意志军队

■**上图：法军凡尔赛线膛枪，从左至右依次为1793年式线膛马枪、1793年式线膛步枪、共和十二年式线膛步枪**

的帕维尔（或译保罗）一世沙皇，也不过在1799年要求图拉、谢斯特罗列茨克兵工厂制造14000支猎兵短枪和928支"军士使用的线膛步枪"而已。同一份敕令中要求生产的滑膛步枪数量却高达238028支！

总之，在欧洲诸国中，像法国和俄国这样既缺乏线膛枪文化背景，又需要维持庞大军队的国度自然对它兴趣有限。伽桑狄甚至

曾为法军较少使用线膛枪找到了貌似合理的理由：这种兵器太长也太难装填了，要是子弹没有送到底部，它就有可能爆炸，膛线容易阻塞。要是油布没有准确地沿膛线塞入，射程就会降低，而且这种武器没有刺刀①。鉴于上述缺点，可以总结认为，线膛枪与法国士兵并不相容，"只适合刺客、病人和冷淡的家伙"。

拿破仑战争中，法军步兵中仅有腾跃兵连的军官和军士装备线膛枪。同期的俄军步兵中也只有猎兵团的军官和军士配备线膛枪。自1808年起，由于全力生产滑膛枪，俄军不再配发任何线膛枪。尽管英国的"草蜢"名噪一时，但在整场拿破仑战争中，英国全军也不过先后装备了两万支贝克式线膛枪。就连装备线膛枪传统悠久的奥地利军队，1809年的正规猎兵中也有三分之二的士兵装备滑膛马枪。总而言之，这一时期的线膛枪仍然只是战场上的必要补充，而绝非作战主力。

之所以说了这么多拿破仑时代的步兵武器知识，原因就在于任何战术与指挥都需要基础的武器装备。要先理解当时武器装备所能实现的杀伤效能，才能理解当时步兵所采取的战术。不过由于篇幅所限，本文无法对各国军队的步兵战术逐一详加介绍，只能选择堪称各国样板的法军作为主要介绍对象。

提到法军，一个古怪而确凿的事实是：奥斯特利茨、瓦格拉姆、博罗季诺乃至滑铁卢战场上的法军，使用的条令与半个多世纪前差别不大。1753、1755……1778、1788、1791、1792年制订的诸多主体相同但细节各异的条令和训练手册可以说是汗牛充栋。对此，富瓦将军辛

辣地评述道："若有谁想要了解法军，学习其成文法规将是一个冗长且毫无必要的任务。君主敕令与部门决议能够塞满整整一百卷书，每一步上都会碰到自相矛盾的东西，他会难以分辨哪一条依然有效、哪一条已被废弃。在每个国家里……应当做的事情和做到的事情都存在着巨大差别，但我们的法兰西国度尤为明显。"

不过，拿破仑时代的法军并未像前人一样在条令上大打笔仗。这并非是因为法国军事家改变了不断争论的喜好，而是由于漫长的战争让修订条令成了难以完成的使命。拿破仑曾在其流放地圣赫勒拿岛指出："我思考过许多（关于条令的）变革，但始终不敢将其付诸实践，要是有持久的和平就好了——但处于战争中的军队不允许我这么去做。"

总之，这一系列条令中，《1791年条令》作为集大成者，对法军的影响最为深远。

如前面所说，横队是拿破仑时代一切步兵战术的基石。顾名思义，横队指的是士兵密集排列、队列横向宽度远大于纵向厚度的步兵队形。当时各国条令中规定的横队阵形大多排成三列，每一列中的士兵在横向上大约占据不足一步的空间，即每名士兵几乎紧挨着左右士兵的肘部。根据条令规定，前一列士兵的背包与后一列士兵的胸膛间距为1法尺，亦即32.5厘米。

在1805—1807年的法军中，每个步兵营一般拥有9个连，其中7个为普通燧发枪兵连（轻步兵中称猎兵连），2个精锐连分别为掷弹兵连（轻步兵中称卡宾枪兵连）和腾跃兵连②。腾跃兵连主要由擅长射击、个头不高的士兵组成，是1804年才被正式引入法军轻

---

①此处仅指法军装备的凡尔赛线膛枪，其他国家的线膛枪大多配有剑形刺刀。
②法军各团中的掷弹兵连、卡宾枪兵连、腾跃兵连在1805—1807年战局中多次被调离原单位，混编成掷弹兵营、团、旅、师集中使用。因此许多步兵营只能以7或8个连投入战斗。

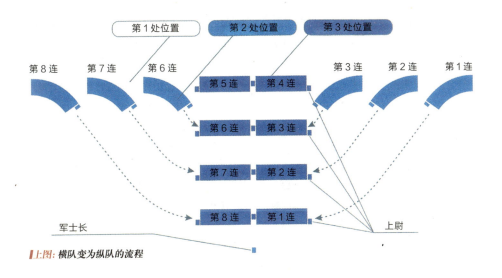

第1处位置　　**第2处位置**　　**第3处位置**

第8连　　第7连　　第6连　　　　　　　　　　　　第3连　　第2连　　第1连

第5连　　第4连

第6连　　第3连

第7连　　第2连

军士长　　　　　　　　　　第8连　　第1连　　　　　　　　上尉

上图：横队变为纵队的流程

步兵团的单位。在 1805 年开战前，法军的战列步兵团也有一部分引入了这一编制。

由于各连在人数上往往有差异，而在实战当中各个单位人数相当才便于机动和作战，因此战时指挥官会在各连之间进行人员调整，将他们重组为人员数量大体相等的作战连，两个相邻的作战连则称为分营①。约由 100 人组成的连横队是诸多大型横队乃至纵队、方阵等其他战术队形的根基。为了维持这一密集队形的正常运转，连里的军官与军士需要进行大量工作。以法军中的连横队为例，大部分军官和军士都位列横队后方，负责整理队列——他们因此而得名"队列收拢人"；上尉连长则位于横队右前方，另有一些军士身处队列之中。在连横队之上，常用的横队主要有：左右相邻的两个连横队组成的分营横队、全营所有分营横队连续展开组成一个大横队的营横队和全师所有营横队左右相连组成的师横队。

如前所述，《1791 年条令》是以线式战术为主导的 18 世纪战争战术总结。这份以三列横队为根基，对散兵几乎不置一词的条令甚至被不少人指责为太过普鲁士化。根据它的规定，横队是法军唯一的攻击队形，尽管条令中列出了"以连为单位的完全纵队"、"以分营为单位的紧密纵队"和"进攻纵队"，但它们仅仅只作为行军队形或攻击前的过渡队形存在。因此，在条令中，营横队状态被称为"战斗状态"，机动中的连、分营乃至营展开成三列横队被称为"投入战斗"，横队转变为便于机动的分营纵队或连横队被称为"解散部队"。

在实际战场上，倘若某个营的连横队前后相继列成密集队形，这些连横队便形成了"以连为单位的营纵队"，或者简称为"以连为单位的纵队"。由于这一队形宽度较小，便于行军，当前后两连间隔为连横队宽度时，它通常也被称为"行军纵队"。当一

①这一名词在法语里还可以表示师，请注意结合语境区分。

个 600~700 人规模的步兵营列成行军纵队后，其正面约有 25~30 人，前后共 24 列，形成宽约 15 米、厚约 130 米的狭长纵队。倘若这个营的分营横队前后相继，则会被称为"以分营为单位的营纵队"或"以分营为单位的纵队"。值得注意的是，当营纵队中前后两个分营横队间隔为连横队一半宽度时，它也被称为"攻击纵队"。一个 600~700 人规模的步兵营列成攻击纵队后，其正面约有 50~60 人，前后共 12 列，这样便会构成一个宽约 25 米、厚约 40 米的纵队。它所占据的战线宽度仅有同等规模营横队的四分之一，在机动和冲击上给予了部队相当程度的便利。在拿破仑战争后期，越来越庞大的作战规模催生了许多前人未曾想象的庞大纵队。以 1815 年 6 月 18 日滑铁卢会战中的第一军为例，该军第 2、3 师将各自的 9 个步兵营列成前后相继的营横队，让整个步兵师形成了横向宽度为 100~120 米、纵向长度约 200 米的"以营为单位的师纵队"或"师纵队"。尽管如此，纵队依然无法取代横队的战术核心地位，拿破仑本人认为："即便身处平地，纵队也只能在已经依靠优势炮兵展开火力准备的前提下突破横队。"

步兵对抗骑兵冲击的主要队形则是方阵。尽管《1791 年条令》中列出的是 4 个步兵营组成的、厚达 6 列的四营方阵，但革命战争中的实践淘汰了这类过于厚重、繁杂的队形。较为简易的、每边成三列横队的营方阵则成了常

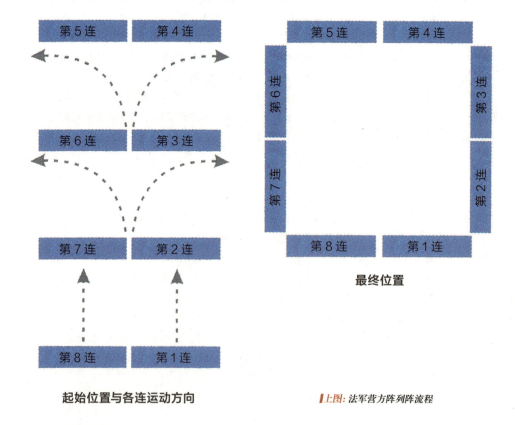

起始位置与各连运动方向

最终位置

▌**上图：法军营方阵列阵流程**

上图：艾劳会战中的法军，右上角步兵阵形为典型的混合队形

用队形。以一个列成"以分营为单位的纵队"行进、分营前后间隔为连横队宽度的步兵营为例，当营长下达"预备列方阵！"、"战线左右两侧的连组成方阵！"、"行军！"这三道命令后，排在纵队中间的两个分营会分别前往左右两侧，组成垂直于原行进方向的两个新的分营横队，最后方的分营则继续向前推进，将方阵封口后原地后转，最终让4个列成横队的分营首尾相继，形成完全封闭、骑兵无从下手的空心方阵[①]。

另外在实际交战中，法军步兵通常以纵队进军，接近敌军时展开成横队居前、纵队居后的队形，即混合队形[②]。在敌军抵抗较为顽强时，后方的纵队可能会前进并展开成横队，以火力展开厮杀。倘若敌军已经在散兵、横队和炮兵的火力下显得较为散乱，法军往往会径直展开冲击。当敌军骑兵突然出现时，混合队形也能够迅速转换成方阵。第四军军长苏尔特在呈递给总参谋长贝尔蒂埃

的奥斯特利茨会战战报中指出："我明确向各位师级将军提出建议，保持两条（战列步兵）战线和一条轻步兵战线，将作为预备队的步兵营列成以分营为单位、前后间隔为连横队宽度的纵队。这样，他们在任何状况下都能够列成方阵抵御骑兵，也可以更快地展开机动。这一队形在战斗进程中一直保持良好，只是在需要以更宽的正面与敌军交火时才让一些营展开成横队，不过，由于我军进攻十分猛烈，战斗中很少出现这种状况。"

如前面所说，在大部分战斗中，对战局拥有决定性影响的是近距离上的密集队形交火。尽管各国步兵条令中关于齐射的规定各异，但第一列士兵跪下射击、前后三列横队均参与射击的营齐射、半营齐射、连齐射在几乎所有军中都得到了广泛应用。不过，这类齐射的缺陷也相当明显。一方面，它不容许士兵进行有效瞄准，时常导致子弹轨迹过高，军官甚至不得不无奈地下令"朝着半

①鼓手、旗手和营长进入空心方阵中央。
②尽管吉贝尔等人提出过混合队形的设想，但《1791年条令》中并未列入这一概念，混合队形实际上是后世研究者对此类队形的概括称谓。

人高打"甚至"朝着鞋上的花边打"。另一方面，跪姿射击也会产生若干问题，奈伊元帅曾指出："在这类射击方式中，前排士兵必须以跪姿射击。这一动作通常令人不快，而且在他们起身装填时会造成危险。另一个不利之处也不容小觑，那就是此类射击阻止了横队快速发起刺刀冲击……当士兵在危险环境中被迫跪下时，让他在敌军火力下再站起来是有些困难的，因为他正在某种程度上躲避火力——即便在最平坦的地面上，也总会有轻微凹凸的地方可供士兵躲避。"

当时法军步兵最常用的射击方式是较为稳妥、准确的两列射击，即三列横队中仅有前两列士兵参与射击。奥地利军官德米安将其视为"最有利、最有效的射击方式"。在奈伊看来，它甚至是"唯一远远优于前述射击方式（齐射）的做法"。在前两列士兵站立射击的同时，整装待发的第三列士兵可以作为应对突发状况的预备队存在：倘若敌军军心已乱，可以出动第三列部队上前攻击；倘若战况不利，第三列也可以掩护前两列向后退却。不过，随着火力在作战中越发占据上风，法军开始认为废除第三列，让士兵进入前两列参与交火更为有利。拿破仑在 1813 年 10 月正式命令全军将三列横队改为两列。

另一方面，两列射击在火力效果上也往往优于齐射。在两列射击中，随着营长下达"两列射击！全营！预备！"的命令，前两列的士兵应当将步枪装填完毕。"开始射击"的口令发出后，每个连中最右侧一行的两名士兵便着手瞄准并射击，右起第二、三……行士兵随

后依次射击。简而言之，火力会在每个连的正面按行轮转一次。因此，两列射击有时也被称为"按行射击"。在第一次轮转后，前两列的全体步兵便开始乱射或自由射击。以战时常见的 650 人规模战列步兵营为例，运转良好的全营两列射击可以让前两列的 400 余名士兵在一分钟内射出大约 800~1000 发子弹，而且并不存在火力大大减弱的集体装填时间[1]。这就意味着，区区 100 米的战线上每秒钟都会掠过 14~17 发子弹！在当时，交火中的步兵营堪称硝烟风暴的制造者。激战中，每秒都会有十几甚至几十枚燧石猛烈击打火镰，通过通火孔引燃枪膛里的装药。在嘈杂混乱的战场上，单纯依靠人类的吼叫来阻止自由射击几乎是不可能的事。因此，通常要用短促的鼓点敲击声来发出停止射击的信号。此外，为了不阻挡部队射界，原先位于每连侧前方的连长和旗手在射击时会退到后方。

在两列射击或自由射击中，士兵无须像齐射时那样匆忙上阵。他们并不是单纯由军官操纵的射击机器，可以耐心装填乃至瞄准，其杀伤效果也往往优于过分追求节奏、时常让士兵手忙脚乱的齐射。早在 18 世纪，堪称战术先驱者的吉贝尔与苏沃洛夫就开始提倡自由射击并否定齐射。随着法军在 1805—1807 年间所向披靡，各国战术专家开始普遍承认这一点。德米安在 1809 年指出，法军在不少场合运用自由射击，获得了很大的优势，尤其是在他们处于防御位置的奥斯特利茨会战和上一次波兰战局当中。俄军哈托夫中校则在《战术通论》的第一卷"试论初阶战术"中表示，以排[2]为

---

①尽管理论上第三列士兵可以与第二列士兵交换枪支以提高射速，但这一行为本身就极易带来混乱，第二列士兵也并不信任由他人装填的枪支，因而在战时极少出现。

②1805—1807 年，俄军每个步兵营下辖 4 个连，每连辖 2 个排，法军每个步兵营下辖 9 个连，因此俄军的排大体相当于法军的连。

单位的齐射只能用于守备野战工事或对付非正规军，以营为单位的齐射只能对付骑兵或手持冷兵器的敌军，唯有自由射击才是真正有效的正规步兵野战做法。沙恩霍斯特在检讨普军1806—1807年惨败时反省道："我们在战前让士兵迅速装填，却不管效果如何；让士兵快速射击，却不让他们瞄准。这种想法大错特错，因此，我们必须竭尽全力弥补这一过失。"法国陆军部在1806年出版的《手持火器与冷兵器使用说明》中指出："倘若步兵的火力未能造成应当取得的效果，那必定要归咎于缺乏训练。就这一目的而言，（单纯）追求射击次数是有害的，展开射击时，应当更强调精准、明确而非速度。"

拿破仑战争中，除了传统的密集队形的战列步兵之外，疏开队形的轻步兵在各国军队中的应用也可谓方兴未艾。

德米安说："在史无前例的十年血战（指革命战争）后，每支军队都配备着庞大数量的轻步兵返回国内。不管人们是否能够确定轻步兵的建制、倾向或创立过程，这一兵种已经是军队中不可或缺的一部分。"普鲁士激进军人比洛更是在1805年宣称："军队里的步兵应当只有轻步兵，也就是能够灵活地、自然地、快速地运动的步兵。"根据德米安在《军事科学自学手册》中的详细定义，轻步兵是以疏开队形或散兵队形作战的次数远多于紧密队形，机动速度也远快于其他兵种的（步兵）部队。他们能够根据自己的想法或环境所需调整作战队形。

在当时的战斗中，几乎每次密集步兵队形交手前后，都会发生或多或少的散兵交火。散兵交火主要是为了完成侦察敌军、破坏敌军队列完整性、消耗敌军实力等辅助工作。以法军为例，他们在1805年战局中多次投入若干个腾跃兵连乃至轻步兵营参与散兵战，甚至在必要时刻将普通战列步兵投入此类战斗。通常情况下，训练有素的散兵是两人一组成对活动。组内的一名士兵展开射击时，另一名士兵便在他的掩护下装填枪支、准备战斗。这样做主要是为了保证在任何时刻这组散兵中都有人能够应付紧急状

上图: 别列津纳河会战中的法军胸甲骑兵

况。在这些成对散兵组成的散兵链的后方，与上述散兵来自同一单位的士兵会列成密集队形作为后援，以便在敌军大队骑兵突然出现等紧急状况下收拢散兵，继而退往主力部队方向。

通常情况下，双方散兵在对决时都会充分利用地形地物减小己方损失。法国军官皮蒂尼曾这样描述他在共和国初年亲历的一场交火：

"我军准确瞄准的火力迫使奥军躲到牧场的一堵矮墙后方。烟雾就像云一样，子弹砰砰撞进墙壁，百叶窗被打得粉碎。我尽己所能藏身在窗框后方，几乎完全靠猜测射击。我身边是勒穆瓦索内上尉，他已经受了伤，左臂被吊腕带吊着，但他单靠右手使用一把手枪瞄准射击。子弹如同一群群黄蜂般涌进窗子里，他就像在训练场上一样朝着窗外射击。"

在许多场合，由于散兵交火容许士兵以个体为单位展开准确瞄准射击，所以往往能够造成远高于齐射的杀伤。由于散兵受烟雾影响较小，他们精心瞄准后展开射击的效果也经常出乎旁人预料。法国轻步兵专家迪埃姆将军在《轻步兵论》中提到，一位在革命战争中效力于奥军的法国流亡军官曾告诉他一个极端案例：有个法国步兵营距离他的连仅有一百步远，但步兵营的火力只让这个连损失了三四个人，与此同时，在该连侧翼三百步远的地方，一个小树丛里的一群散兵却导致这个连死伤三十余人。

迪埃姆本人则在 1800 年 12 月下旬突破明乔河的作战中发现："（法军）第 91（战列步兵）半旅第 2 营遭到了（奥军）比西团①某营的齐射，却没有损失一个人。但是，比

①法国流亡者安托万－弗朗索瓦－阿尔芒·米尼翁·德·比西伯爵在奥地利的支持下创立了保王党部队比西志愿军，1798 年，比西志愿军骑兵与其他若干保王党骑兵合并为奥军比西猎骑兵团，通常与保王党轻步兵营一同作战。迪埃姆因而将轻步兵营误认为比西猎骑兵团的一部分。

西部队的散兵在掩护退却时，却在短短几分钟内就杀死我军三十余人。"

德米安在其《军事科学自学手册》中还指出："轻步兵可以凭借较宽的正面包抄敌军，以交叉火力将其歼灭。因此，非常明显的是，一个列成密集队形的重步兵营会被哪怕人数上处于劣势的轻步兵包围并歼灭。

"轻步兵的特性确保他们能够在行进间完成射击，而战列步兵只能在训练场上做到这一点。无论如何，以疏开队形或散兵队形展开射击是最好的，松散战线上每个人都能够毫无限制地射击时的火力始终是最有效的。倘若比较列成密集队形的战列步兵和技艺娴熟的射击兵，后者的射击成果会多达前者的四倍。此外，即便是在近距离正面交火当中，队形分散、时常快速射击的轻步兵损失也要小于以西班牙式步法推进的战列步兵。散兵在火力上不仅优于纵队，甚至要强于横队和炮兵，只有骑兵的冲击能够在威力上超过散兵。因为在散兵能够列成互相支撑的密集队形之前，骑兵就可以抢先发起攻击。"

不过，尽管散兵部队在火力杀伤效力上占据绝对优势，选择横队、纵队等密集队形还是散兵线等疏开队形，仍然是一个值得反复权衡的问题。纵观拿破仑时代，虽然疏开队形的应用越发广泛，密集队形却始终占据主导地位。沙恩霍斯特曾在他写于革命战争之前的《军官手册》中指出，双方以密集阵列交锋时应当避免各人单独射击，尽量只进行齐射。在他看来，一次齐射倘若造成十名靠在一起的敌军士兵同时倒下，其威慑效果将远胜于导致五十名士兵在不同时间地点倒下的散乱射击。尽管他的看法日后有所改变，但这一论述却指出了密集队形射击的优势——在短暂时间和狭小空间内造成杀伤，对敌军士气影响更为强烈。

此外，对步兵而言（骑兵也是如此），他们在攻防中最有力的武器并非枪支、刺刀或马刀，而是紧密排列在一起的稳定队形。无论步兵采用的是能够发扬火力的横队，还是动作轻快的纵队，胜负多数时候仍然取决于部队决心是否坚定、是否团结一致。更不用说，步兵在面临骑兵时，最可靠的保证就

▌依托地物交火的法军

是刺刀林立的方阵。因此，尽管散兵在作战中扮演着越来越重要的角色，战斗队形的基石依然是密集排布的横队、纵队和方阵。

有这样一个著名战例：拿破仑征俄之战中，1812年11月28日，俄国第三西方军团来到别列津纳河西岸，阻击撤退中的拿破仑大军团。俄军司令奇恰戈夫海军上将自知陆战能力平平，便告知来自陆军的军团参谋长萨巴涅耶夫中将："伊万·瓦西里耶维奇，我不知道如何指挥陆战，所以请你率领部队进攻敌军。"萨巴涅耶夫虽是个近视眼，却在俄军中享有"散兵专家"的盛誉，他在革命战争中亲历过法军散兵在起伏地形上的威力，1799年被法军俘虏后更是与法国军官进行了多次战术交流。鉴于战场上丛林密布，萨巴涅耶夫果断发挥其指挥特长，将俄军第9、18步兵师列成疏开队形，让这些在巴尔干半岛久经沙场的老兵充分发挥其散兵战经验，给正在勉力坚持的法国第二军造成了相当大的杀伤。然而，奈伊元帅此时却抓住了俄军队形松散的良机，果断指挥第4、7、14胸甲骑兵团（约400人）和第2、7、15波兰枪骑兵团（约700人）克服不利地形展开猛烈冲击。其结果是，在第二军步兵的协助下，一千余名法军骑兵击溃了整整两个俄军步兵师，不仅俘获了六百余名战俘，还消除了俄军对法军侧翼的威胁，更追击了俄军将近四公里。尽管俄军龙骑兵和骠骑兵随后展开了反击，先是阻止了法军的推进，后来又夺取了第14胸甲骑兵团的鹰旗，却依然未能改变拿破仑大军幸运脱身的事实。

别列津纳河畔的散兵惨剧堪称密集队形重要性的最佳说明，它也印证了拿破仑本人所持的必须留有密集阵形的观点："掷弹兵是战斗队形中的坚固要素……掷弹兵在战斗时的功能必须与所在营大部队留在一起，他们一定不能作散兵。"

同时代的奥地利第一名将卡尔大公则展开了更为详尽的论述："散兵削弱了攻击的冲力……如果没有密集步兵阵列支援散兵，给予他们动力、持久和稳定，一群散兵就会毫无力量。当正规化的、受过训练的坚定步兵勇猛地以密集队形快速向前推进，并得到炮兵支援时，散兵是无法阻止他们的……步兵应当以尽可能快速的步伐和尽可能良好的秩序接近敌军，粉碎敌军，决定会战结果……这实际上是最珍惜生命的做法。"

还有，尽管在面对火炮与枪支射击时，横队、纵队与方阵的损失往往会高于疏开队形，但它们却能有效抵抗猛烈冲击，确保部队不至于迅速陷入失败和溃逃的困境。因此，拿破仑时代以及其之前时代的线式战术中，最基本的问题便是如何培养士兵在密集队形中笔直安静站立的习惯。哪怕是在弹雨纷飞的战场上，军官也常常禁止士兵弯腰避开致命的炮弹。这并非仅仅源于看似可笑的荣誉感或虚荣心，而是基于十分简单的逻辑：一旦允许士兵弯腰，他就会自然而然地东躲西藏，最终溜之大吉……因此，即便实心弹会一次次在队列中"犁"出一条条血腥通道，战场上依然会回荡着"收紧队列！"的冷酷命令。

而凝结了沙恩霍斯特等普鲁士军事家的心血、反映了拿破仑时代军事科学成就的1812年《普鲁士王国军队步兵训练条令》，对密集与疏开队形的特点与联系做出了精彩的论述，其结论至今仍可谓颠扑不破：

"以密集队形作战的部队（步兵营的前两列士兵）必须最为重视士兵的沉着和近战、集群火力、刺刀攻击。另一方面，以散兵队形作战的部队（步兵营的第三列士兵）战斗力则来自出色的瞄准射击、对地形的利用、敌军阵地与机动所给予我军的优势。尽管这两种部队拥有不同的主要作战目的，但他们还是需要随时能够接过对方的任务，在必要情况下，前两列士兵也要能够用散兵方式战斗，第三列士兵同样要以密集队形作战。"

总体而言，拿破仑战争中的各国步兵通常情况下都能顺利完成横队、纵队、方阵等密集队形间的转换，也能在必要情况下投入疏开队形的散兵作战，表现出了相当的战术灵活性。自然，历经革命战争磨砺和布洛涅军营高强度训练的法军在1805—1807年可谓独占鳌头。他们既能娴熟地将纵队展开成横队，以便在敌军实心弹火力下减少伤亡，也能将横队展开成松散却不忙乱的散兵队形，削弱敌军步兵的推进势头，或是组成方阵抵御敌军骑兵的袭扰。当然，还有给人留下最深刻印象的，在"皇帝万岁！"的吼声中或以横队，或以纵队展开的刺刀突击……

马没有爱国主义——骑兵

骑兵是负担，骑兵是花销，但骑兵不可或缺。

——法国大元帅萨克斯

法国大元帅萨克斯曾在《我的遐想》中写道："老兵和老马都是好的，新兵与新马毫无用处。"这充分体现了骑兵需要长期进行专业技术战术养成训练。如前所述，新兵要成为合格的步兵已经颇费周折，而要想成为"高高在上"的优良骑兵，所付出的努力将远多于步兵战友。培育、保养战马也需要漫长的时间与可观的精力。正如法军骑兵名将南苏蒂所述——马没有爱国主义，精神力量可以让士兵在困苦环境下坚持奋战，却无法作用到战马身上，它们需要反复的训练与足够的补给。

尽管骑兵在挑拣新兵时倾向于选择来自牧区或拥有骑乘经验的人员，但绝大部分新兵依然是从未骑过马的普通农民。最开始的训练不会设在马上，新兵要和步兵一样学习站姿与行进。在俄军看来，这是为了"让新兵学会笔直站立和处事有效率"，法军骑兵条令更是明确地指出："步行练习是骑兵训练的重要组成部分。这不仅可以让他们（新兵）知道对骑兵而言绝对应当了解的许多步兵机动知识，还能让他们完全脱离大部分人天生的蹩脚乡下人步法和习惯，给予他们士兵所应有的超出众人的自信、优雅步伐和军事氛围，使其成为训练有素的士兵。"

步行练习有所收效后，新兵就要开始以个人为单位学习骑乘相关动作。当然，这一部分训练也不会直接上马进行，新兵需要首先学习如何给马装上马勒、马鞍和其他各类马具。通过检查后，新兵才能在负责教授骑术的军士的监督、保护甚至打骂下完成上马动作，有人甚至要通过木马来学习基本动作。当新兵终于学会上马后，军士便会要求坐在马鞍上的骑手不许触碰缰绳，还要将双手交叉在胸前，单纯凭借下身使力稳坐于马上。此后，新兵将逐步学习如何以单手、双手操纵缰绳，以缰绳控制马匹；如何使用马刺；如何控制马匹的速度和方向；如何在缺乏马勒、马鞍、马镫的状况下快速上下马；如何在马上使用冷兵器乃至装填、拆卸、组合枪支。

新兵的单人马术逐步成熟后，也会进行四人一队的初步队形练习，最终和步兵一样学会以密集队形展开机动和战斗。能力最强的一批骑兵还会接受马上散兵战训练，成为执行前哨战任务、在行进中护卫侧翼的侧卫骑兵。一般而言，资质较好的骑兵新兵需要

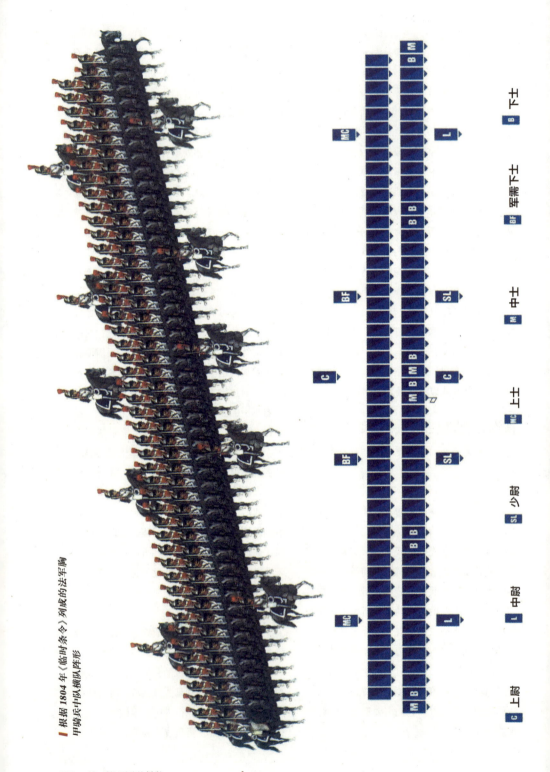

根据 1804 年《临时条令》列成的法军胸甲骑兵中队横队阵形

C 上尉　L 中尉　SL 少尉　MC 上士　M 中士　BF 军需下士　B 下士

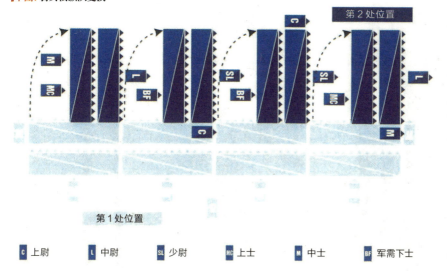

下图: 骑兵横纵队变换

第 2 处位置

第 1 处位置

C 上尉　　L 中尉　　SL 少尉　　MC 上士　　M 中士　　BF 军需下士

三到六个月时间掌握基本技能，资质较差的新兵可能需要长达一年的基础训练时间。

与步兵一样，骑兵冲击力主要来自队形和速度，各国正规骑兵的基本战术单位均为中队。以法军为例，其每个团下辖 4 个中队，尽管重骑兵中队理论编制为 172 人，轻骑兵、龙骑兵中队为 232 人，但实际上胸甲骑兵、卡宾枪骑兵中队人数约为 100 人，猎骑兵、骠骑兵中队人数略多，在战时能达到 150 人左右。每个中队下辖 2 个连，每连辖 2 个排。与步兵相似的是，战时这两个连将进行人员调整，编成两个人数大体相当的骑兵分队。有趣的是，当时的法军并没有设立专门的中队长军职。一般而言，在战时负责指挥中队的是该中队资历较高的连长，而名为"中队主官"（当时已变为军衔名）的骑兵少校通常会指挥身边的两个骑兵中队。

在战斗中，中队里的大部分军官与军士都会身处横队侧后方收拢队形。不过，由于骑兵通常情况下无须向前大量输出火力，指挥官们往往会赶到横队正前方，为下属官兵做出无畏冲击的榜样。一般而言，密集队形中骑兵占据的左右宽度约为 1 米。根据 1804 年出版的《骑兵机动与训练临时条令》，展开成两列横队的 96 人规模胸甲骑兵或卡宾枪骑兵中队，横向宽度应为 37~38 米。同等规模的龙骑兵中队宽 36~37 米，猎骑兵或骠骑兵中队宽 35~36 米。当然，在实际战斗中，严格按照条令执行的骑兵之间不可避免地会发生若干挤压乃至碰撞，中队宽度往往会扩大到 40 多米，甚至会演变成 50 米以上。1832 年的《法军骑兵条令》便根据实际情况，将 96 人规模骑兵中队的最大容许宽度调整为 48 米。俄军于 1831 年刊布的《训练手册》中也规定，120 人规模的骑兵两列横队正面宽度为 57 米（80 阿尔申）。至于前后间隔，两列横队中的骑兵一般在 0.65 米（2 法尺）左右，横队厚度通常在 6 米左右。

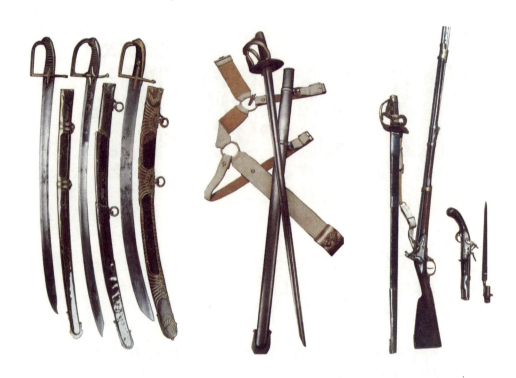

上图：法军骠骑兵匈牙利马刀　　　　　上图：法军胸甲骑兵共和十三年式直剑　　　上图：法军龙骑兵装备：共和四年式
直剑，1777 年式龙骑兵步枪，1763—
1766 年式手枪、刺刀

　　根据条令规定，法军当时的主要骑兵步法可分为慢步、快步、跑步三种，速度依次为每分钟 100、200、300 米。俄军的规定略有不同，其慢步、快步、跑步速度分别为每分钟 50、120、150 沙绳（107、256、320 米）。

　　与步兵类似，骑兵在变换队形时的单位是骑兵排。在战场上机动的骑兵中队，多数情况下列成以排为单位的纵队。以法军为例：当骑兵中队抵达预定地点，指挥官下达"注意！各排右转！进军！"这三道口令后，中队便会全体展开成横队。在战斗中，骑兵时常需要改变阵地，在转移时经常还需要收拢成纵队——事

实上，骑兵使用最多的队形变换就是横队与以排为单位的纵队间的转换。

　　拿破仑曾对滑铁卢会战中法军第一军在英军骑兵面前的溃败做出点评："骑兵冲锋在战斗开始、中间和结束时都同样有用。只要有可能，骑兵就应当冲击步兵侧翼，当步兵进行正面交战时，更需如此。"

　　当骑兵碰到期待已久的进攻机会后，纵队便会再次展开成横队，各个中队间留下大约 10 米的间距，骑手们抽出随身刀剑，伴着号角声缓慢加速，以各式步法向敌军发起冲锋。届时，钢铁相击的碰撞声、马蹄踩踏的

嘈杂声难免令骑兵或战马兴奋起来。军官在这时就要确保士兵"保持队形,不断发出禁止士兵散开的命令,收紧士兵,确保他们处于完全静默之中"。根据条令规定,开始冲锋150步后,号手就应当吹响"跑步……前进!"的号声,随后骑兵便应当全体加速(不过在实际战斗中,缪拉麾下的法军骑兵却以"冲锋时快步,退却时跑步"闻名)。距离敌军大约100米时,指挥官奋力吼出"冲锋!",号手们随即奏出冲锋号音。听到号声的第一列骑兵当即将刀剑平指向前,第二列骑兵则高举兵器蓄势待发。静默已久的骑手们发出雷鸣般的"皇帝万岁!"的欢呼声,将胯下战马的速度催到极限……片刻过后,

疯狂的人马潮流便已涌向不远处的敌军。

此外,百战余生的法国大军团军官们还总结出了许多与冲锋相关的小技巧。轻骑兵专家德布拉克建议,冲锋之前不妨稍稍收紧马匹肚带,士兵也可以喝点东西缓解情绪。要是骑兵打算冲击步兵或炮兵阵地,最好让骑手先在敌军炮弹和子弹火力下暴露一段时间,使其精神更加坚强。事实上,受过些许伤害的士兵冲锋起来会更勇猛。这不仅是因为士兵具备了复仇意志,还因为这一经历已经令他们意识到冲锋比留在原地更安全,一次迅猛大胆的冲击就有可能一劳永逸地解决问题。

骑兵在战场上的另一个重要任务是扩张

第4骠骑兵团在弗里德兰会战中发起冲击

上图: *1812 年 7 月 25 日，法军骑兵纵队在奥斯特罗夫诺战斗中冲击俄军炮兵*

胜利，阻止敌军重整部队，这一任务时常会上升到战略高度。缪拉、贝纳多特、苏尔特在 1806 年耶拿—奥尔施塔特会战后进行了行程六百多公里的"三元帅追击"，切尔内绍夫、本肯多夫等人指挥哥萨克在 1812—1813 年之交从涅曼河一路推进到易北河，这些都可谓拿破仑战争中的战略大手笔。在 1805 年战局当中，堪称典范的战例是法军四千骑兵在少量步兵协助下打垮费迪南德大公所部主力，俘获奥军一万二千余人，缴获火炮 128 门、军旗 11 面、弹药车数百辆。

当己方部队面临敌军追击威胁时，骑兵也需要执行后卫作战任务。反法联军骑兵在不少后卫战场合有所表现。奥斯特利茨会战当天下午，奥军的三个骠骑兵团与俄军的若干哥萨克团，在特尔尼茨与奥格茨德之间，冒着法军炮兵的猛烈火力掩护步兵退却，甚至击退了试图展开追击的法军龙骑兵。

如前所述，对主要依靠步枪进行火力输出的步兵来说，密集队形在冲击中尚且能够发挥重要作用，而对于主要使用冷兵器的骑兵而言，队形的重要性就更不言而喻了。在骑兵历史上，腓特烈大帝于 18 世纪中叶对普鲁士骑兵进行的革新堪称这一论断的最佳注脚。依靠残酷甚至血腥的高强度训练[1]，原本"害怕他们的马匹，很少骑行，只知道和步兵一样进行训练"

---

[1] 赛德利茨曾冷淡地回答因训练伤亡而感到吃惊的腓特烈大帝："陛下，如果您对少数几个摔断脖子的家伙大惊小怪，就无法得到在战场上所需要的无畏骑兵。"

的劣质骑兵变成了能够以密集队形展开，进行快速且协同良好的机动的优秀骑兵。他甚至取消骑兵中队之间的间隔，让骑兵如移动长墙一般，以连绵不断的正面发起墙式冲锋。据说，普鲁士骑兵名将赛德利茨在作战时从不携带马刀，仅仅挥动马鞭。这虽然只是个传言，却在某种程度上象征性地体现出了普军骑兵的变革，骑兵的主要兵器不再是手中的刀剑，而是疾行狂奔的骑兵阵列。换而言之，为了赢得胜利，骑兵集群猛烈狂奔所带来的冲击力比会战中的单兵武器重要得多。腓特烈大帝在 1754 年说："我让骑兵中队以大跑步展开冲锋的原因是：恐惧感会让懦夫和其他人一样前进，他们知道如果在冲击中途犹豫的话，就会被中队里的其他人碾死。我的目的在于用我军冲锋的速度迫使敌军在进入肉搏战前就崩溃。军官在秩序与凝聚力丧失的混战中，价值不比普通士兵高。"普鲁士国王在后来给将军们下达的指令中说得更直白："快速、密集地展开冲锋……可以让骑兵没有时间去思考（从而没有机会去胆怯）……去除单个骑兵对大规模作战结果的一切影响。"

这样可怕的高速冲击无疑会大大削弱敌军的士气，往往导致双方未及接触，受冲击的一方便仓皇败逃。著名战术家阿尔当·迪皮克就曾指出，"在五十次骑兵交锋里，有四十九次其中一方会犹豫、惊慌、陷入混乱，在另一方的坚定决心前溃逃"。不过，高速的墙式冲锋对骑兵骑术和默契配合要求颇高，在许多场合下反而会导致己方队形散乱甚至伤亡惨重。赛德利茨对此颇有微词，他的学生瓦尔内里更是直言道："有过在完整（墙式）战线中作战经验的人，都会意识到战线阵列混乱后恢复阵列时会遭遇的困难。

此外，当（墙式）战线发起攻击后，它就不可能绕袭敌军侧翼或执行任何队形变换。当将军和下士们混在一起，而不是像训练时那样位于战线前方 100 步远时，我们就会产生混乱。此外，我们在交战之前通常无法侦察到战线前进过程中可能会遭遇的每一处障碍物……在冲击结束后，我们如何重整一个两翼毫无间隙的骑兵中队？要是一匹马倒下，它旁边的另一匹就会转向，我们尽力避免去踩踏死伤后倒在地上的人员马匹，我们必须在军官倒下后帮助他。因此，许多战马就要被推到一边去。上述种种都说明，中队会不可避免地陷入混乱。我问你，要是骑兵中队之间没有间隔，如何才能补救？"

瓦尔内里的论述充分体现了过分密集的队形快速机动时可能产生的种种问题。毕竟连步兵在快速推进时也经常无法保持阵形完整，更不用说既没有爱国主义、也听不懂人话的战马了。因此，当步兵考虑火力和冲击力，需要在密集与分散间做出权衡时，骑兵为了保持冲击力，也需要在密集和速度间维持一定平衡。关于这一点，各国骑兵的选择往往差异甚大，同一军队中的不同种类骑兵也态度各异。

《战争艺术概论》的作者若米尼曾在法军中长期服役，他的看法显然受到了法军骑兵的影响：

"不能得出结论说，骑兵同骑兵的战斗中，总是高度的神速性起决定作用。我倒反而认为，快步是成横队冲击的最好步法，因为这里一切都取决于猛攻的统一性，决定于信心和秩序，而这些条件在骑兵全速冲击时是不可能具备的。全速冲击只是在对付炮兵时才特别适宜，因为这里重要的问题不在于成什么队形，而在于尽快到达。

"这个兵种最杰出的将领是倾向于快步冲击的。拉萨尔，这位十分老练的骑兵将军有一天看到敌军骑兵跑步过来时说道：'瞧这些人来送死！'果真，这些部队被小快步击败了……全速跑步会搅乱自己的队伍，把突击变成混战。这在快步冲击时是可以避免的。著名的马胸撞击算是跑步的唯一好处，但不过是用来吓唬没有实战经验的骑兵的一种怪念而已。"

至于腓特烈大帝的狂热崇拜者、英国历史学家莫德上校则在《骑兵：它的过去与未来》中开宗明义地指出："过去的伟大骑兵领袖们从未特意重视过队列中单个骑兵携带的武器。对他们而言，膝盖贴着膝盖发起攻击的整个中队、团乃至旅是胜利的基本要素，只要战马在靠在一起跑步时保持良好的队形，不管骑手携带的是手杖还是弯刀，其实际效果都一样，因为他们知道只有力量、凝聚力和速度能够决定结果。"

法国的马尔蒙元帅在 1814 年背离拿破仑后，便对旧主的战术能力大加贬抑。尽管两人都是炮兵出身，但马尔蒙却认为自己对步兵的理解更为深刻，其对骑兵的看法也独树一帜："骑术就是一切……必须教导骑兵展开全速冲击，这就是击败敌军的最好方法。不用特意考虑维持队形问题，因为在剧烈的机动中是不大可能做到这一点的。不过，与此同时，骑兵必须习惯在第一个收拢信号发出后迅速归队。"

德布拉克在这一点上大体赞同马尔蒙："最快的冲锋总是最能确保成功的冲锋，也是最安全的冲锋……冲锋号声响起后，就应当仅仅使用一种步法——跑步。"

以口无遮拦而闻名的英国元帅威灵顿公爵对他的骑兵与炮兵都有若干不敬之词（这并不是说他对步兵毫无怨言），这里仅举一例："我的骑兵会跑步冲锋，却不会维持队形。因此，

除非我可敬的步兵已经将法军骑兵逐出战场，不然我就不能使用骑兵。"

无论各国战术家们评述如何，萨克斯大元帅的一段话却堪称不刊之论："总体而言，骑兵这行是个精细的行当，对地形的了解是绝对必需的，一眼就看穿战局的能力和无畏的精神就是一切。"而无畏正是拿破仑时代法军骑兵冲锋中的普遍特征。

总之，尽管法军骑兵普遍在骑术、马匹上劣于联军，但他们拥有勇气、冲劲、坚定的信念、战友间的团结和大规模作战中的有效配合。在 1805—1807 年，法军还具备显著的各兵种协同训练优势。最重要的是，法军骑兵拥有大批目光锐利、能够一眼洞悉战局的骑兵指挥官和几乎难以比拟的数量优势：克勒曼、拉萨尔、缪拉、蒙布兰、拉图尔－莫堡、格鲁希、科尔贝、帕若尔、布吕耶尔、科尔比诺……这一连串令人眼花缭乱的名字无不承载着一份份反法联军的血泪账单。因此，在拿破仑战争前期，法军骑兵往往能够适时出现在关键场合，给予联军沉重打击。

战争之神——炮兵

"别和我扯你的骠骑兵，面对那混蛋（拿破仑），我们要炮，足够的炮！"

——骠骑兵出身的普鲁士元帅布吕歇尔

公元 14 世纪初，火炮正式进入了欧洲人的视野。其后，随着科技、战术、组织结构的不断进步，炮兵在战争中的地位也逐步提高。到 18 世纪末，人们已经不再将火炮视为唯有君王才能够负担的玩物。美国历史学家约翰·埃尔廷甚至戏言："昔日的君王将火炮视为爱好，拿破仑则是以废立君王为嗜好的炮手。"炮兵摆脱了中世纪行会般的角色，变得越发正规化、专业化，对战争进程的影响也愈发重要。当时

有人甚至假借拿破仑之口宣称："上帝为拥有最好炮兵的一方而战。"

与步兵和骑兵类似，革命战争与拿破仑战争中的炮兵也没有在条令上发生太大改变。但与前两者不同的是，当时的炮兵条令仅仅规定了与火炮个体相关的操作、机动、射击问题，却对如何以炮兵连为单位展开机动、如何组织炮群展开射击不置一词。伽桑狄虽然在他的《炮兵纪要》中专门列出了"战斗中的火炮机动"一章，却又指出："机动并不是由条令规定的，我们所要遵循的不过是在某些团曾用过的旧例，或是我们打算采取的新做法。"

事实上，正如普鲁士的霍恩洛厄亲王在其《军事通信：野战炮兵篇》中所述："那时的炮手乐于让自己笼罩在神秘的面纱当中，这尽管疏远了其他兵种，却依靠鲜为人知的博学赢得了一定程度的尊重。"纵然各国普遍建立了炮兵学校，但拿破仑时代的炮兵多数时候仍只能像中世纪的游吟诗人那般将经验口耳相传。换言之，当法军或其他军队的庞大炮群展开行动时，由于各部指挥官都需要凭借自己的经验判断如何行事，其混乱与不确定性将始终存在。翻阅当时的任何一本炮兵回忆录，都可以发现各国炮兵内部良莠不齐的专业技术水平与认知能力，拿破

AIDE-MÉMOIRE,

A L'USAGE
DES OFFICIERS D'ARTILLERIE
DE FRANCE,
ATTACHÉS AU SERVICE DE TERRE.
TROISIÈME ÉDITION.

REVUE ET AUGMENTÉE

d Jacq. Barilon de *……*

D'un rien de plus, d'un rien de moins,
Dépend le succès de nos soins. (PANHARD.)

A PARIS,
Chez MAGIMEL, Libraire pour l'Art Militaire,
Quai des Augustins, n°. 73, près le Pont-Neuf.

AN IX.—1801.

DE L'IMPRIMERIE DEMOUVILLE, rue Christine, n°. 12.

上图：《炮兵纪要》第三版开篇

仑本人也曾感慨："普通炮兵将领不算什么，然而像德鲁奥那样能够恰当部署、管理、指挥三十门火炮的将领就值得一提了，那种人十分稀少。"

虽然如此，法兰西帝国的炮兵依然取得了可观的成绩。这不仅得益于他们堪称模范的训练、罕有匹敌的数量，也是因为他们在战术上不断推陈出新。较之波旁时代，革命战争与拿破仑战争中的法军炮兵在两个方面有了长足进步，一是骑炮兵的广泛运用，二是大规模炮群的近距离轰击。

"骑炮兵"即骑乘炮兵的简称，指炮手骑乘在马上行进的炮兵部队[1]。它机动速度较快，使用的火炮也较为轻便。步炮兵虽然同样使用挽马拖曳，但炮手仍需要下马步行。早在17世纪，欧洲各国就在作战中不定期地将轻型火炮配属给骑兵协同作战。在七年战争中，俄军的骑兵团均配备了2~3门炮手乘马机动的团属火炮。深受俄军骑乘炮兵威胁的普鲁士腓特烈大帝最终痛下决心，在1759年4月给每个骑兵团配备了4门6磅轻加农炮，其挽马数量双倍于步行炮兵，以便火炮快速机动，炮手也全部骑马行进，时人称之为"飞行炮兵"，这就是战争史上的第一支独立正规骑炮兵。尽管他建立的头两支骑炮兵部队先后被俄、奥军队俘获，但腓特

①各国骑炮兵在缺乏乘马时也采用部分或全部炮手乘坐在弹药车上行进的做法，在德意志国家，这些车辆因为还会储存香肠等食物而被称为"香肠车"。奥地利的骑炮兵则让炮手和食物、小弹药箱一起坐在炮车底板的"香肠座"上。

烈依然百折不挠，使骑乘炮兵成为普鲁士军队中的正规建制，为欧洲各国骑炮兵的独立发展奠定了基础。1778年，在巴伐利亚王位继承战争中，奥地利体验到普军骑炮兵的威力，于是建立了自己的骑炮兵。1792—1794年，法、英、俄相继组建了固定编制的骑炮兵独立兵种。不过，新兴的骑炮兵在普鲁士军队中备受骑兵压制，甚至到18世纪90年代，自莱茵战场凯旋、通过柏林城门的骑炮兵还被强行要求取下军帽上的羽饰，以免"盗用"胸甲骑兵的识别标志。

上图：德鲁奥在瓦格拉姆。此役中法军动用了102门火炮集中轰击奥军

骑炮兵相对于步炮兵的最大优势在于行进速度。俄军的哈托夫认为，骑炮兵能够在平坦地面上以每分钟213米（300阿尔申）的快步行进，而在同等条件下，步炮兵每分钟至多只能推进85米（120阿尔申），每小时至多只能够行进4.3公里（4俄里）。普鲁士炮兵上尉格雷费在《炮兵作战教学评论》中指出"骑炮兵的速度至少是步炮兵的三倍"，并列出了骑炮兵的常见推进速度：前进300普步（220米）并开火需要1分钟，1100普步（803米）3分钟，3500普步（2555米）10分钟，6000普步

（4380米）22分钟。当火炮挽马出现死伤时，骑炮兵也可以迅速以炮手乘马取代挽马。骑炮兵的缺点则在于火炮威力有限，易遭对方重炮压制，炮手下马就位和解开前车所需时间也较长——格雷费认为骑炮兵需要22秒，而步炮兵仅需不到14秒。不过，根据德克尔《普鲁士炮兵袖珍手册》中记载的火炮放列射击所需时间，骑炮射击准备所需时间与步炮并无明显差异。

▌行进中的法军骑炮兵

从指挥官发布"炮兵连停止前进"命令到第一发炮弹射击之间装卸、装填、射击所需时间（单位：秒）

弹种 ＼ 炮种	步炮			骑炮	
	6 磅加农炮	12 磅加农炮	7 磅榴弹炮	6 磅加农炮	7 磅榴弹炮
实心弹 / 榴弹	34	41	75	30	107
跳弹	38	40	103	33	107
霰弹	26	33	36	26	33

总之，骑炮兵的速度优势使其成了理想的炮兵预备队，时常在关键时刻投入到重要地段作战。它也是骑兵的天然伴侣，由于步炮兵的速度难以满足伴随骑兵作战的需求，骑炮兵的出现对缺乏攻击火力的骑兵而言可谓福音，两者间的密切联系从名称上便可窥知一二。奥地利骑兵火炮也因伴随骑兵作战而被称为"骑兵炮"。正如拿破仑所说的一样："骑兵没有火力，只能依靠冷兵器，因而敌方炮兵和步兵可以尽其所能轰击却不用担心遭遇反击。自从骑炮兵出现，骑兵才拥有了自己的炮队。与步兵相比，骑兵更需要炮兵。无论在进攻、防守还是集结时，骑兵都不应当脱离炮兵。"

除了骑炮兵，拿破仑时代的炮兵战术也在不断发展。其实早在 18 世纪 70 年代，当法国军事理论家为横队与纵队展开热烈争论时，他们也同样对炮兵战术的未来进行了展望。其中影响最为深远的依然是吉贝尔伯爵，他在 1772 年出版的《战术总论》中提出："炮兵的使用目的不应当是杀戮整条战线上的敌军，与此相反，它必须被用来粉碎、歼灭一部分敌军战线。"

要做到如吉贝尔所要求的那样撕裂敌军战线，为后续进攻打开通道，较好的选择无外乎两种：以庞大炮群展开集中轰击，或以一定数量的火炮在近距离上展开"大炮上刺刀"般的攻击。

前者正如拿破仑的意大利军团炮兵主任莱斯皮纳斯总结炮兵作战时所说的："将火炮沿着战线分散便违背了炮兵的目的……野战炮兵以大规模集群作战时，比其他任何时候都有效。"后者的原则也早已出现在吉贝尔和迪泰伊的著作当中，二人均认为炮兵应当尽量接近敌军（尽管他们眼中的"接近"与后来的实践存在一定的差别）——"我们需要炮兵习惯于展开大胆、冒险的机动，不管是否得到支援，都要能在危险的前沿阵地上坚持住。当敌军接近炮兵，当炮击能够取得决定性效果也最为致命时，不要放弃火炮，因为最后的射击效果最为恐怖。炮兵所要考虑的首先不应当是保全火炮，那终究不过是易于补充的东西，他最优先考虑的应当是如何尽可能有效地展开射击……"

这些观点在当时可能显得过于激进，但在革命战争与拿破仑战争的实践中却逐步成了现实，其原则甚至被与法国敌对的各国普遍接受。博罗季诺会战前夕，俄军第一西方军团炮兵主任库泰索夫伯爵下达了一个命令："在近距离上射出最后一轮霰弹！即使炮兵连在这之后被俘获，也会给敌军造成抵得上火炮损失的代价！"从中可以轻易看出吉贝尔的痕迹。

　　显然，完成迅速接近敌军并在近距离上展开猛烈袭击的最佳选择便是骑炮兵。但波旁时代法军骑炮兵的发展相当滞后，而革命政府建立骑炮兵之初也遭遇了相当的困难。由于缺乏马匹，许多炮手只能坐在弹药车上前进，有人试图模仿奥军的"香肠座"试验，却发现这会让有限的挽马不堪重负。虽然如此，法军深厚的炮兵战术积淀和共和国士兵的高昂革命热情让骑炮兵得到了长足发展。芬兰军事史学家马蒂·劳埃尔马在《革命战争时期的法军野战炮兵》一书中写道，在1793年6月9日的阿隆村战斗里：

　　"奥军步兵中有一千五百人列成了方阵，挫败了四百名法军重骑兵精锐——卡宾枪骑兵的一切攻击，骑兵徒劳地绕着方阵试图突破，却让自己损失惨重[1]。正在这时，索尔比耶携带火炮前来增援。在一阵激烈的跑步后，（炮兵）来到距离奥军方阵最近一面仅有50米远的地方，随后掉转炮车，（四门）火炮倾泻出四份霰弹，同时麦开了奥军队列。就像半个世纪前的丰特努瓦会战一样，卡宾枪骑兵手执长剑冲进炮兵打开的缺口，以胜利终结了战斗。

　　"但是，炮兵所具备的刚毅、无畏和迅捷是萨克斯元帅那个时代所无法想象的。这是法军骑炮兵的第一次漂亮冲锋，到最后都一直保持着出色表现。"

　　黑森军官波贝克对法军的观察几乎完全印证了吉贝尔的设想："法军将领在进攻与退却中将手头的优秀炮兵发挥到了极致：他们总被部署在危险的地段，给敌军造成尽可能大的损失，支援他们的稚嫩步兵发起攻击，并在步兵溃退时展开掩护。法军骑炮兵的作用极为重要。骑炮兵的炮组成员是军队中最聪明、最强壮、最活跃的人员，为品质低劣的法军骑兵提供了无价的帮助。骑炮兵总是最早进入战场，最晚离开战场，全程参与所有战斗。"

　　此外，法军指挥官的基本准则之一是：倘若炮兵能够在近距离上发射几轮具备破坏性效果的霰弹，给推进中的敌军造成严重损失，继而钉死火炮，让人员撤离战场，他们就不注重己方的火炮损失——因为法军可以很容易地得到补充。

　　总之，富瓦将军所说的"尽可能接近敌军，尽可能快速射击"，可以极好地总结这一时期炮兵的作战原则。但遗憾的是，拿破仑时代的炮兵条令在炮群机动、组织和战斗上并无具体描述，不同单位间的做法自然也差异甚大。不过，依靠时人的记载与后人的研究，我们依然可以在一定程度上还原炮兵集群的战斗历程。

　　炮兵连是各国的基本行政单位。以1805年战局为例，此时的法军步炮连配备8门火炮，骑炮连配备6门火炮；俄军炮兵连均拥有12门火炮，奥军炮兵连则配备6门火炮。就法军而言，在战局之初，炮兵连会与配属给它的车队连编组成基本战术单位炮兵分队，并一同行动。尽管炮兵分队的火炮数目时常不能达到满编数目，但在作战当中，炮兵分队通常都会将自身分拆成若干个排，每排由2门火炮组成。

　　炮兵分队进入战场后，会在地形允许的情况下列成横队进军。邻近火炮尽量保持齐平，炮手们分列在火炮两侧，弹药车则位于火炮战线后方大约30～40米处，跟随它所对应的火炮行动（炮车上本身携带有一定数量的弹药）。

<hr>

[1] 综合奥军团史记载，该方阵应为第47步兵团第1、2营，第47团此役战死91人、伤272人、失踪10人，损失占奥军总损失（551人）一半以上。据法军团史及官方刊物记载，第1卡宾枪骑兵团死伤军官21人、士兵104人，被俘22人，丢失军旗1面，法军总损失800~1000人。

步炮连最终抵达目的地后，指挥官便会下达"炮兵放列！"的命令。行进中的横队随即停顿下来，炮手迅速解下前车，将火炮转向敌军方向，列成相邻火炮间距约为8米的战斗队形。通常情况下，加农炮中口径较大的火炮位于队形右侧，榴弹则位于左侧。自然，在必要情况下，这一惯例也会有所调整。

骑炮连的行进和战斗过程大体与步炮连相同，不过，为了尽快根据需要展开机动，只要骑炮兵抵达训练场或战场，就应当将火炮置于运输状态。在横队进军阶段，骑炮连的炮手也不会身处火炮两侧，而是在火炮后方以两人纵队跟进。在抵达放列地点时，指挥官将预先下达"停止前进，下马！"的命令，炮手们尽量凑到一起，以减小展开半径。

另外，尽管以横队推进可以令炮兵迅速投入战斗，大大节约时间，但地形并不总能满足炮兵以横队前进的需求。在必要情况下，炮兵分队也会列成以排为单位的纵队行进。炮兵在横队与纵队间的转换方式大体与骑兵相似。例如，法军将横队收拢成纵队时，指挥官需要发出"以排为单位，向右转，分队解散！""前进！"的命令。随后，所有炮兵排便会右转九十度，列成纵队。齐头并进的两门火炮间不允许炮手进入，以免在快速行进中伤及人员或马匹，炮手均需位于炮兵排两侧。当地形连两门火炮都无法并行时，炮兵分队便会以类似方式列成单炮纵队。纵队展开横队的指令如下："以第一排为基准，展开成横队！""左侧部分，斜向左转！""前进！"届时，位于最前方的炮兵排继续前进，其余部队则向左前方开进，最终让分队里的所有火炮平行推进。当炮兵放列完毕后，射击自然而然地成了重点工作。

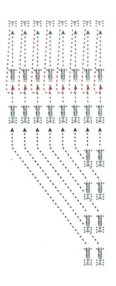

炮兵连准备完毕

炮兵连得到"放列"命令，进入作战阵地
炮兵连列成横队

炮兵连得到"以第一排为基准，展开成横队"命令，向前推进

炮兵分队（炮兵连）列成以排为单位的纵队行进

■上图: 炮兵纵队展开流程

具体来说，炮兵射击前的准备工作并不轻松。除非炮兵与敌阵近在咫尺，否则，面对敌军目标，炮兵就必须率先完成瞄准。因此，瞄准具一经发明便成了不可或缺的炮兵装备。对炮手而言，他们首先需要凭借肉眼和简陋的辅助工具粗测火炮与目标间的距离。一般来说，肉眼能够在1200米距离上分辨敌军步骑部队，900米距离上分辨单个人员（大约相当于分辨100米开外的20厘米大小物体），600米距离上辨认出人头，450米距离上分辨头部、躯干和手臂，200米距离上通过军官的服饰特征将其识别出来。瞄准的关键工具是表尺，当表尺上的缺孔、准星、射击目标连成一线，瞄准工作就大体完成了。

以法军为例，为了维持火炮的正常射击，野战火炮一般情况下需要8~15名士兵从事瞄准、射击、装填、清理、搬运等相关工作，

俄军阿拉克切耶夫体系火炮不同表尺下的实测初次落地距离数据

炮种	弹种	表尺读数（单位：线）								
		0	5	10	15	20	25	30	35	40
		实测初次落地距离（单位：米）								
12磅加农炮（中）	实心弹	512	619	719	811	898	982	1060	1131	1197
12磅加农炮（短）	实心弹	307	427	538	640	738	832	920	1003	1082
1/2普特独角兽炮	榴弹	307	405	495	576	653	725	792	853	911

其中最重要的是6名直接负责操纵火炮的炮兵。炮兵条令严格规定了他们的站位与职责，其中2名关键人员是炮手，其他4人则是炮兵随从[1]。另有2名炮兵随从和若干名步兵随从负责传递弹药等工作。

苏格兰诗人托马斯·坎贝尔在诗歌《霍恩林登》中写道：

> 霹雳撕裂，山峦震颤；
> 战斗打响，马匹狂奔。
> 比天堂闪电更响亮的，
> 是远处闪烁的红色火炮。

这首诗对火炮发射效果的形容可谓入木三分。不过，火炮震耳欲聋的吼声刚刚过去，飞向敌军的致命炮弹尚未落地，黑火药产生的浓稠烟雾也未散尽时，炮手就要着手准备装填火药了。根据基本物理定律，后坐力影响下的火炮会向后退去数米。理论上，炮手可以在火炮的新位置上抓紧时间就地装填，不过，倘若炮兵如此操作数次，整个炮群就会变得散乱，战术上陷于混乱，火炮也会靠近弹药车，这相当

危险。因此，通常情况下，所有炮手会立刻将火炮推回原地。随后由右炮手进行水平瞄准并调整炮口水平方向，如果火炮较重，单人难以转动，就会招呼炮手之外的人员上前协助。水平瞄准结束后，炮长暨右炮手发出装填命令，此前已将炮刷伸进桶里、蘸足了水和醋（醋的沸点低，能更好地带走热量）的右一随从在左一随从的协助下，用炮刷清理炮膛，尽量清除干净此前留在膛内的药包残渣。与此同时，左炮手移动螺杆，进行竖直瞄准。当火炮瞄准完毕、炮膛清理干净后，炮手之外的弹药搬运人员便将此次射击所需弹药搬来，并移至炮口位置。左一随从使用炮刷末端作为推弹杆，将弹药推入膛底。自清理炮膛开始到装填结束期间，左炮手还需要戴上皮质指套，一直用手指堵住火门，阻止空气从火门倒灌进急速冷却的膛内，避免残余火星复燃引发事故。当左炮手放开手指后，左二随从将人称"火门通针"的木柄长金属针插入火门，弄破药包，再将引信放入火门。与此同时，负责保管火种的右

---

[1] 包括担任炮长并负责水平瞄准的右炮手、负责竖直瞄准的左炮手、负责刷洗炮膛的右一随从、负责水桶和火种的右二随从、负责装填的左一随从、负责火门通针和引信的左二随从。

右二随从　　右炮手
弹药搬运人员
右一随从
左炮手
左二随从
左一随从

上图：正在装填火炮的法军炮兵

二随从点燃手中的火绳，高举另一臂，向负责军官表明火炮发射的准备工作至此全部完成。获取射击许可后，右二随从以火绳点燃引信，火炮再次轰鸣起来……

不过，当时火炮的实际操作流程远比上述文字所描写的复杂得多。不同部队间也时常存在令人诧异的区别——毕竟，这是当时少数能够以"神秘化科学"面目示人的兵种。

这一时期最重要的炮弹是由铸铁制成的实心弹。在各类炮弹中，实心弹的制造最为简单，对包括野战工事在内的多数战场目标均有良好的杀伤效果，因而一般占炮兵携行炮弹总数的百分之七十左右。重达数千克的实心铁球是可怕的人马杀伤利器，炮兵通常喜欢用实心弹正面射击纵队和方阵，或是侧面射击横队。如果入射角度和高度适宜，一发实心弹往往能够像保龄球撞飞瓶柱一样连续击倒几十名士兵。俄国炮兵拉多日茨基描述的"一名士兵被削了头，另一名士兵的腹部被撕裂，第三名士兵没了腿"是实心弹肆虐过后再正常不过的景象。

对马匹而言，实心弹的威力同样可怕。撒丁王国军队曾进行过一次"活马实验"，军中退役的老马被驱赶到一起模拟人类阵形，以1马相当于2人来计算伤亡，测试实心弹的射击效果。马儿们的悲惨死亡再次证明了实心弹在密集队列中的可怕威力。

较为"爱护动物"的法军则采用木板穿深作为人员杀伤效力的依据，根据穿透1米厚橡木板相当于穿透46人折算，其结果同样骇人。

当时，使用实心弹展开跳弹攻击是炮兵最青睐的战法之一。一般而言，跳弹射击时

活马实验推算所得人员死亡数量

距离\火炮	400步（约300米）	800步（约600米）
12磅炮	48	36
6磅炮	39	28
3磅炮	30	19

火炮 \ 距离	100 米	200 米	300 米	400 米	500 米	600 米	800 米	1000 米
12 磅炮（装药 2 千克）	50	46	41	37	34	30	23	17
8 磅炮（装药 1.25 千克）	42	38	34	30	26	23	16	12

法军 24 磅加农炮不同仰角下的射击数据记录（距离单位：米）

仰角（°）	第一次落地距离	第一次跳跃距离	第二次跳跃距离	第三次跳跃距离
0	292	886	477	275
1	707	579	335	272
2	1027	458	334	222
3	1288	406	236	210
4	1521	402	220	199
5	1754	332	172	148
6	1926	274	153	85
7	2101	198	90	66
8	2270	157	72	59
9	2422	77	34	—
10	2567	65	—	—

火炮仰角相对较小，有时也会配备较少的装药，所以跳弹第一次落地时距离较近，但在干燥坚实的地面上，动能依然十分强劲的实心弹会再次飞起，形成多次高度较低的跳跃，造成长距离上的连环杀伤。沙恩霍斯特认为，跳弹射击适用于草地、沙石地面和土地相对平整的农田，沼泽、凹路、沟渠纵横或高低不平的农田则是不利地形。

根据沙恩霍斯特在 1795 年对 6 磅加农炮进行的跳弹射击测试数据，法国索邦大学硕士埃里克·多里亚克计算出了跳弹的飞行过程，其结果如下：

跳弹同样具备强大的杀伤力，哪怕经过三四次反弹后也足以致命。即便是看似缓慢的、"像板球一样滚动"的实心弹，其威胁也不可小视。在 1801 年的埃及争夺战中，英军第 92 步兵团的一名裁缝发觉法军打来的一发实心弹正在缓慢运动。他不知轻重地伸出脚，想让这

	第1段	第2段	第3段	第4段	第5段	第6段
发射角（°）	2.4	2.4	2.4	2.1	2	2.3
落地角（°）	3.2	2.4	2.6	2.2	2	2.3
初速（米/秒）	400	200	140	110	90	75
落地速度（米/秒）	230	166	127	105	86	73
水平距离（米）	920	295	158	87	56	45

个铁球停下，最终因为自己的好奇心而丢掉了一整条小腿。在拿破仑战争中，此类悲剧可谓层出不穷。

榴弹是榴弹炮与臼炮的主要弹种。它实际上是内部装满了火药的空心铁球。由于身管较长的加农炮膛压过高，容易导致榴弹提前破裂，通常情况下它只能由身管较短的榴弹炮和臼炮发射。炮手在射击前需要预判好飞行时间，确定引信长度，而后引燃装药，在发射的同时点燃引信。榴弹爆裂后产生的碎片对坚固目标影响有限，因此主要用于杀伤人员或马匹。榴弹的理想目标是位于开阔地带的部队阵列，如果飞行时间拿捏准确，榴弹在目标头顶前方不远处炸裂，其杀伤效果最为显著。当攻击目标为骑兵时，榴弹不仅会造成相当的破片杀伤，爆炸声也会对马匹造成惊吓。不过，在实际操作中，炮手切割导火管时经常出现误差，榴弹可能会在空中炸裂，或者落地后仍未爆炸，这无疑会导致杀伤效果降低——各国都不乏奋勇熄灭未炸榴弹引信的勇士。此外，如果在空心铁球中灌入一些松节油、树脂、动物脂、硫、硝之类的易燃物及助燃物，便可制成用于纵火的燃烧弹。它常用于攻打城市、村落据点，可以破坏房屋、造成人员财产损失。在攻城炮兵

落在后方时，燃烧弹和加热到红热状态的实心弹是少数能够给城市造成严重威胁的野战炮兵弹种。它们在腓特烈攻打德累斯顿、拿破仑攻取斯摩棱斯克的战斗中扮演了重要角色。

霰弹则堪称绝大多数炮兵的最后一道防线，它的目的在于杀伤接近炮兵的敌军人员。加农炮与榴弹炮都可以发射霰弹，但后者的威力相对较弱。霰弹一般最外层是圆柱形的薄锡罐，锡罐底部则为铁制，内部包括20~200发直径在10~50毫米之间的子弹。弹体离开炮膛的瞬间，火炮内外压差巨大，锡制外壳随即破裂，子弹崩裂出去，在空间中形成圆饼状弹幕。显然，这样的火力覆盖会给近距离上的密集队形敌军造成可怕的损失，但霰弹的构造也使得它在发射期间对炮膛伤害较大，奥军炮兵名将斯莫拉在《奥地利皇家与王家炮兵军官手册》中指出，崭新的6磅青铜加农炮可以经受5404次实心弹射击，却只能承受208次霰弹射击。在18世纪下半叶，许多欧洲国家用铁弹取代了霰弹里原有的铅弹，铁质子弹反弹能力较强，易于造成跳弹，有效增加了杀伤效力。由于子弹大小不同，霰弹可分为重霰弹[1]与轻霰弹两种：前者子弹数目较少，重量较大，能

①重霰弹有时也被英美军队习惯性地称为葡萄弹，但它与海军所使用的葡萄弹并不一样。

够实现较远距离上的有效杀伤；后者子弹数目较多，短距内效果更佳，但射程仅有前者的三分之二。

法军曾就霰弹射击效果进行测试，面对长35米（18法寻）、高5.8米（18法尺）的标靶，轻重霰弹分别交出了如下答案：

通常情况下，当炮兵也进入敌方步兵有效射程时，轻霰弹便能够达到最佳杀伤效果。在极近距离上，炮手往往也会采取双份霰弹或一份霰弹加一发实心弹（实心弹居后）的

火炮种类	弹种（子弹数）	标靶距离（法寻）	命中数量（发）
12磅加农炮	重霰弹（41）	400	7~8
		350	10~11
	轻霰弹（112）	300	20~25
		250	35
		200	40
8磅加农炮	重霰弹（41）	350	8~9
		250	10~12
	轻霰弹（112）	300	25
		250	40
4磅加农炮	重霰弹（41）	300	8~9
		250	16~18
	轻霰弹（61）	200	21

装填方式。这虽然会严重降低炮膛的使用寿命，但其杀伤效果却会大大增强。在奥斯特利茨会战中，蒂埃博就不顾炮兵军官的反对，采用霰弹加实心弹的装填方式，有效杀伤了奥军尤尔奇克旅。

当时的战术家一般认为，霰弹散布直径为其飞行距离的十分之一左右，并最终会形成一个类似弓形的四边形杀伤区域。英王德意志军团工兵军官米勒在他的《战争科学要素》中援

引他人数据指出，奥地利霰弹每飞行91米（100码），其子弹的散布直径就要扩大6.1米（20英尺）。英国霰弹在飞行同样距离后，子弹的散布直径则会扩大9.7米（32英尺）。沙恩霍斯特则一如既往地提供了坚实的测试数据[①]：220米（300普步）距离上霰弹子弹散布直径为23米（75普尺），439米（600普步）距离上霰弹子弹散布直径为53米（170普尺）。倘若120人规模的连横队在150米距离上遭遇

①米勒书中有大量文本和数据引自沙恩霍斯特《炮兵手册》。

弹种 ＼ 火炮	步炮			骑炮	
	6 磅加农炮	12 磅加农炮	7 磅榴弹炮	6 磅加农炮	7 磅榴弹炮
实心弹 / 榴弹	23	42	53	21	50
跳弹	45	—	35	45	40
霰弹	17	21	20	16	30

炮兵射击，通过简单的计算便可以发现，霰弹几乎可以将其完全覆盖。不过，霰弹的穿透力远不如实心弹，对纵队的杀伤效果自然也略逊一筹。

至于榴霰弹和火箭，拿破仑战争中只有英国已经进行了试验和大量装备，所以就不细说了。

总体上，不管使用什么弹种，拿破仑时代的炮兵弹药都包括炮弹、弹托和药包。在实心弹和榴弹弹药中，一定分量的黑火药事先已经放置在布或纸制成的药包里，其重量约为加农炮实心弹的三分之一，榴弹炮榴弹的六分之一。炮弹用两条金属带固定在木弹托上，置于弹药箱底部。霰弹则是将霰弹弹筒、弹托和黑火药一并包裹在药包里。定装药包最早由奥地利炮兵采用，格里博瓦尔在18世纪60年代将其引入法军。由于它可以让炮兵有效地实施定量装填，不用像之前那样用长柄勺掏火药，进行漫长而危险的火药装填，所以迅速风靡了全欧。不过，法军使用的木弹托虽然增强了射击时的密闭性，有利于火药发挥威力，却对炮膛寿命有影响，奥军以马鬃编成护垫作为弹托，对炮膛的影响就要小得多。

拿破仑时代，火炮的射击速率几乎与枪支相当。尽管火炮在射击训练场上出现过每分钟13到14发空包弹、5到7发实弹的恐怖射速，但在实战状况下，3、4、6、8磅加农炮实心弹射速只有每分钟2发以上，12磅加农炮及各类野战榴弹炮则约为两分钟3发。霰弹射速一般高于实心弹，有时甚至能够达到其两倍之高。出版于1828年的《普鲁士袖珍炮兵手册》中对各类火炮两次射击的间隔时间（单位：秒）记载如下：

不过，随着时间的推移，炮身会越来越热，射速也会逐渐下降。沙恩霍斯特认为，即使是装填最快的3磅加农炮，通常也只能在9分钟内射击20次。

然而，倘若战斗进行到重要关头，炮兵仍然时常会不顾火炮和自身安全，进行速度快到不考虑瞄准的射击，此时的霰弹消耗量往往尤为惊人——6磅加农炮甚至可以在一分钟内打出5轮霰弹！

至于射程，19世纪初的火炮在理论上可以以接近45度的仰角，实现长达4公里的射程，不过加农炮的仰角正常情况下至多只能抬高到6~8度。以法军为例，其野战火炮有效直射距离大体如下：

总体上，对于当时的野战火炮而言，其使用的主要目的依然在于尽可能多地命中敌军。实心弹无法爆裂，榴弹也只能杀伤至多20米范围内的人员。因此，这一阶段的炮兵仍然以直瞄射击为主流。

如前所述，炮兵作战的效力主要取决于

格里博瓦尔体系不同口径火炮的有效射程（单位：米）*

火炮 \ 弹药	实心弹 / 榴弹	重霰弹	轻霰弹
12 磅加农炮	1100	700	500
8 磅加农炮	1000	600	400
4 磅加农炮	900	500	300
6 寸榴弹炮	900	400	—

* 12 磅加农炮使用的重霰弹包括 41 发 38 毫米直径弹丸，轻霰弹包括 80 发 27 毫米直径弹丸、32 发 25 毫米直径弹丸；8 磅加农炮使用的重霰弹包括 41 发 29 毫米直径弹丸，轻霰弹包括 80 发 23 毫米直径弹丸、32 发 22 毫米直径弹丸；4 磅加农炮使用的重霰弹包括 41 发 26 毫米直径弹丸，轻霰弹包括 4 发 26 毫米直径弹丸、59 发 23 毫米直径弹丸；6 寸榴弹炮仅使用重霰弹，包括 61 发 38 毫米直径弹丸。

炮手的技艺与炮兵组织水平，而拿破仑时代的法军炮兵无疑在这两点上做到了极高水平。他们的实际表现不仅超过了所有 18 世纪理论家的设想——迪泰伊曾认为将火炮推进到距离敌军战线 800 米的炮兵就堪称活跃——甚至超过了拿破仑本人的预期。1796 年 8 月 5 日，拿破仑与奥军的武姆泽元帅在卡斯蒂廖内展开激战。当法军左翼的攻击将奥军注意力吸引到右翼后，法军总指挥立刻看到奥军左翼梅多洛诺山上的多面堡战机乍现。以后人的视角来看，梅多诺山争夺战实际上决定了拿破仑、意大利军团乃至整个法兰西共和国的命运……当时

▌战斗中的法军炮兵(1796 年)

的马尔蒙身为炮兵专家，同时也是拿破仑最喜爱的副官之一。他尽管只是一位少校，却肩负了指挥炮兵并以猛烈轰击为夺取梅多洛诺山这一要点做好准备的任务。他在自己的回忆录中对此战描述如下：

"我把遇到的所有骑炮兵都集结起来，一共包括来自五个炮兵连的十九门火炮，他们注定要扮演重要的角色……敌军火炮口径较大，我军只有接近之后才能与之对抗。尽管地势开阔，但在进入适当距离展开前，我们还要通过一段狭窄道路。敌军的炮弹打到了路上，道路宽度只够我军以两门火炮为一排并行。我将最没有信心的炮兵连放在最前面，命令整个炮兵纵队跑步前进，虽然先头火炮被打坏了，但其余部队迅速展开，在近距离上展开炮击。猛烈的火力和得当的指挥在片刻间就毁伤了敌军一半火炮。一部分火力落到了敌军步兵头上，他们也在我的火炮射击下损失惨重。最终，塞吕里耶师在关键时刻抵达了战场……会战在此刻取得了胜利。"

在1807年的弗里德兰会战中，塞纳蒙率领麾下步兵炮兵与骑炮兵各半的炮兵，更是以36门火炮①果断发起了史无前例的精彩炮兵冲锋。他指挥其中30门火炮全速推进到距俄军战线400米远的距离上，对准巴格拉季翁所部俄军展开射击。俄军当即抽调炮兵展开火力压制，但塞纳蒙对俄军炮火不以为意，对准俄军步兵轰击五六轮后，反而顶着火力继续推进，在300米距离上射击一两轮后又继续挺进，最终来到俄军战线200米之前。巴格拉季翁出动骑兵展开反击，但法军及时

跟进的步、骑部队在塞纳蒙的霰弹火力支援下将其击溃。俄军第一线部队出现了动摇，堪称全军精锐的伊斯梅洛沃近卫团和帕夫洛夫斯克掷弹兵团随即发起刺刀冲击，试图挽回战局，但同样在法军的炮火面前崩溃。仅仅十五分钟的"最具毁灭性的火力"，让伊斯梅洛沃团第3营参战的520人中仅120人尚存有战斗力。挫败俄军反击后，塞纳蒙再接再厉，将火炮推进到距离俄军阵地仅120米远处，成为压垮俄军的决定性打击力量，赢得了拿破仑"塞纳蒙，你让我胜利！"的盛赞。在三个小时的激战中，塞纳蒙所部冒着俄军的炽烈火力奋战不止，共死伤炮兵56人、挽马53匹，一共用去各类炮弹2516发（其中霰弹362发），平均每门火炮消耗炮弹约80发。这既是法军炮手优秀作战技能与顽强精神的最佳证明，也是法军炮车车队输送弹药的经典之作。在滑铁卢战场上，杜尚上校指挥的近卫骑炮兵甚至全速跑步，推进到了距离英军仅霰弹射程四分之一（100米以内）远的地方，让皇帝身边的参谋们目瞪口呆。德布拉克声称，当时连拿破仑都情不自禁地喊出："杜尚叛逃了！"然而，杜尚却用英军第30、33、69、73步兵团的累累尸骸证明了他的忠诚与无畏。

读到这里，读者想必已经对拿破仑战争的三大主流兵种②有所了解了。然而，我们不能忘记德布拉克的箴言——"在充斥着战斗的时代，理论只占到我军教导的百分之一，日常的危险与经验占了百分之九十九"，若要全面深入地了解战争，我们仍需仔细审视历史记载中的每一场实战。

---

① 2门12磅加农炮、22门6磅加农炮、6门3磅加农炮、6门4寸6线榴弹炮，后两者均系缴获品。
② 此时的工兵依然地位较低，一定程度上从属于炮兵，法、俄军队舟桥兵隶属于炮兵。

元帅的权杖

法国奈伊元帅遗作《军事研究》

作者 /
米歇尔·奈伊

人们总是从右翼行进，他们就会把主动权交给等候随时执行我命令的奈伊元帅。

——拿破仑

背景及意义

米歇尔·奈伊，第一代埃尔兴根公爵、莫斯科瓦亲王，他有着与"勇士中的勇士"其名的军事天赋。

本篇"研究"是奈伊在1804年担任蒙特勒伊大营司令时写给自己麾下将领的，并非为公开出版物而且所有部署都是基于1791条令（les manœuvrepréscrites pal'ordonnancesurl'instruction de 1791）。这时期瑞士人若米尼正在奈伊的参谋部供职，有人说[1]奈伊是受了若米尼的影响开始研习战术方面的内容。其实不然，早在奈伊混迹于行伍时他就想完全精通自己的领域，而且奈伊注重的不是检阅时的雄伟壮丽和浮夸的外表，他的著作更与作战息息相关、更贴近于士兵、指挥官的日常。在蒙特勒伊期间，奈伊亲身体验了正规大规模操练的缺乏，而且意识到了教导麾下军官的必要性。

他在每个团的营地后面都建了一座大屋，用来当军官的会议、学习室。各自部队的军官，上至校官下至最小的参谋尉官都要在此处学习专业知识。奈伊认为各自单独学习会产生误解且不易被发现，公开的学习和讨论则会避免这种情况。在学习室，每个军官都要解释他们用的阵型变换，并讨论它们的优点和实用性。奈伊也会给出自己的看法，参与到讨论中。这些房子实际上就是军官们的战术教室，元帅定期轮流造访各团的教室，给出让他们学习的课题。

正是出于以上目的，奈伊写了很多战术构思，当时他只打算用来指导自己的军官，并且让他们熟悉自己的调动方式。让他欣慰的是，他的努力没有白费，奈伊的军官普遍被认为是受过最好指导的，而且在战斗中也是准备最充分的。

本篇是奈伊写给下属军官学习战术构思的文件，奈伊在当时负责的是"左侧部分"（left division），这一军语和编制现在已经没有了，因此著作的小标题叫"对左军的指导"更为合适。

《军事研究》最初只是作为奈伊元帅回忆录的一部分发表。众所周知，米歇尔·奈伊并没有那么长的命活到退休，

上图：米歇尔·奈伊（1769–1815）元帅，第一代埃尔兴根公爵，第一代莫斯科瓦亲王

[1] 十有八九是若米尼自己说的。

从而能够在库德霍的城堡一边蘸着墨水一边望着窗外的落日写回忆录。所谓的"回忆录"只是他的长子——约瑟夫·奈伊和妻子——阿格莱·奈伊整理元帅在世时的文件和笔记的产物。可以这么说，《军事研究》是这位英勇、聪慧、爱国、不幸的法兰西元帅最后的遗产。他的箴言是正确的，他的策略是出色的，他所涉及的领域是广泛的，可能由于自身学识和语言的限制，有些地方他无法清楚地写明。但这些不能妨碍奈伊的一些策略、阵型的变换在军中被广泛使用，甚至成为法国操典的重要部分。奈伊涉及的调动策略都是基于最基础最不容易出错原则，他总是假设敌人出现时如何做，这正是行军布阵需要的。他高度融合了速度、灵活、精准和安全等关键因素。尽管他总是假设 4 个 2 营团，呈 2 条战线，每个营有 4 个分营或 8 个连，但也同样适用各种规模。

时至今日，奈伊大部分的构思和阵型变换已经无处使用，但从中仍能看出这个大兵在自己领域的刻苦和聪慧，用英译者的话说，"His sword is the sword of Caesar, his pen is the pen of Dundas." [1]

对左军的指导

各位师长（或师将军）阁下，在指导下属各团训练时，针对后文描述的主要变阵方法，会十分愿意应用我的下列观察结论：无论是在执行变阵中需要获得尽可能的快速和准确，还是简化其中一些变阵，抑或将 1791 年训练条令中规定的机动与战场上常用的方法作比较，经验都会告诉我们哪种用法更好。

当今所有的将领都一致认可，在战争中拥有熟练执行大规模机动的战士是多么大的优势！这可以减少战争事业的不确定性，并且能够排除很多看似难以逾越障碍。有如此的战士，协同作战行动的结果将不会再让偶然因素有机可乘。此外，由于战术优势而形成的自信，会让他们实战中执行起任务来

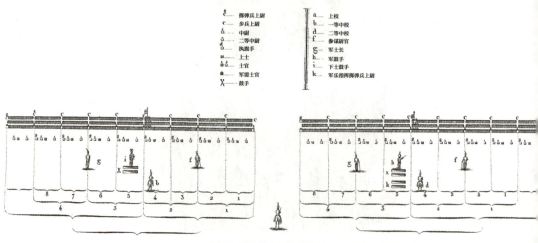

上图：横队状态下团的构成

---

[1] 他有恺撒之武，他有杜达斯之智。

让人满意，而且维持个人名誉、团的荣誉和帝国军队的光荣。

第一部分，调动与阵型变换①

纵队（Column）的行进和变阵

纵队的行进和变阵是战术的基本构成。在此类场合，营②、连指挥官不得不多花精力留意所有与行军方向有关的事宜，观察垂直侧面的向导，构成纵队的连或分营③间的距离，不同营或团之间的间隔。

从而使总指挥有能力让部队迅速、灵活向各个方向展开：在前进中，或是以中央的分营、分排为基准，或是以两翼分营、分排为基准恢复成横队，还是能够执行与原方向相反的机动，或是执行反转行军。

纵队迂回行进至敌军侧翼准备进攻的范例

I.

在由 4 个团向敌军右翼行进时，总指挥应该以左翼为基准推进战线；营应该列成以连为单位的纵队，左侧连在前，间隔为全间距（分营横队宽度）或半间距（连横队宽度）。在向前推进时，纵队应当使每个营的纵队先头部队沿左对角线方向排列。当前 3 个连转到左对角线方向后，余下的部队应当向右斜步行进，逐步恢复纵向的竖直。纵队先头沿左对角线行军，当向左推进足够接近迂回到敌人侧翼的关键点后，即以迅速行动恢复垂直、各连带头人员相隔全间距，随后应当通过整体右转恢复横队。

值得考虑的是，如果情况允许，为了缩短调动（距离），可以将纵队的间隔保持在半营横队或分营横队宽度；无论何时纵队需要改变方向，纵队内部各连间隔都应当变为半间距。上述方法应避开地势过于起伏的状况。

II.

但是，如果由每个纵队执行的沿左对角线推进不足以迂回敌人右翼，指挥官务必用后续的营组成新的战线，从已有 2 条战线的右侧起列队。指挥官应该发布如下命令："以 2 条战线右侧为基准，由后续营执行向右展开横队。"第一个以右侧连为基准展开为横队的营应用以连为单位的纵队前进 25 步（1 法步 =65 厘米）以便列成用于这一目标的斜线。余下的营继续推进直到每一个（营）的右侧都与上一个已经展开成横队的营左侧齐平，之后他们应当以连为单位右转，并相继到达横队上各自预定的位置。

如果进攻方向为敌人左翼，那么战线就要沿右侧推进，纵队就要以右为先导，方法可以参照 I 和 II 中。在纵队沿对角线推进时，指定 2 条战线中的基准营是十分必要的，若左侧在前，则最后一个营为基准；若右侧在前，则第一个营为基准。要十分注意让第二条战线的纵队先头部队朝着第一条战线各营中的间隔行进，并且维持规定的间距。但当（第一条战线的）纵队径直前进时，第二条战线的纵队应恢复垂直。

III.

敌人列阵平行于你 4 个团的正面，而且指挥官要使敌军错误判断攻击点——如果真实目标是敌人右翼，2 条战线的各个营应列成以连为单位向左构成纵队，做出撤退的假

①原文并没有此类标题，本文为方便阅读特做出分类。
②营（battalion），基础战术单位。
③分营（division），由 2 个连构成。

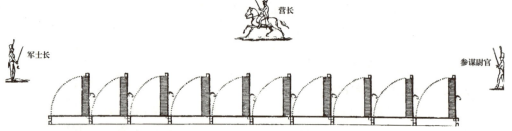

营长

军士长

参谋厨官

上图：营横队右转向前构成以连为单位的纵队

象。当 2 条战线的先头延伸超过敌军战线 1 个或 2 个营宽度时，便可以用下列方式构成新的斜形战线。下令"组成斜形战线，左翼在前"——第一条战线第三营第四连，以及第二条战线的第三营第八连，或者其他这样被指定的连，向右侧行军，并以右端行为轴心转向；所有位于上述基准连前方的连也应当如此行动，新战线就此展开。后面的连向左侧行军，而后列队垂直向前。作战命令下达后，战线整体右转。

IV.

如果，（与前文）正相反，指挥官打算进攻敌人左翼，2 条战线中的营应当向右推进，而且当战线先头超过敌人前线 1 个或 2 个营宽度时，便应当列成右翼居前的斜形战线，以第一战线第二营第八连和第二战线第一营第八连为基准。位于指明斜形战线部队（即基准连）前方的所有连应当相继向左侧推进，列成新的战线；后方部队向右侧行进，以便恢复间隔，随后列队垂直向前。作战命令下达后，战线整体左转。

V.

但是如果战线里纵队的先头部队以右侧居前，且沿左对角线方向开往敌军战线中部，而你计划攻击敌人战线的左侧；这种情况下，

位于基准连之前的连应当向右侧推进，后面的将向左侧行进；而且，当行进方向变为垂直后，战线将通过整体左转恢复（横队）。尽管如此，如果在行动中，敌军表现出进攻态势，应当小心地将陆续抵达的连列成前述战斗队形，无论是想迎击敌人还是保护后续行动的顺利完成。

如果，在相反状况下，纵队先头部队左侧在前，沿右对角线行军并向敌人中部推进，而你意图打击敌人战线的右翼——位于 2 条战线基准连前全部的连应当向左侧推进，后面的连向右侧行进；而且这个战线将通过各连右转恢复。

VI.[①]

4 个团以连为单位列成纵队推进，右侧在前，行军路线与敌军战线平行，看上去他们打算进攻敌人左翼，但相反，他们的目标是敌人右翼：这种情况下，应当组成斜形战线，第一条战线第三营的第一连和第二条战线第三营的第八连，或者其他被指派的队伍均向左侧推进；位于上述部队前面的连，向右侧行进并沿新的垂线推进；后面的连向左侧推进，以右端行为中心转向。各连整体左转，列成所需的战斗队形。

① 该调动与 V 营下连纵队调动相似。

值得注意的是，执行这番行动时需要快速机动或与敌人相距甚远，因为，有一段时间内纵队后方朝向敌军。

VII.

同样的机动也适用于如果我方战线以连纵队朝敌军战线右翼推进，但指挥官却打算列成朝向敌军左翼的斜形战线状况。在这种情况下，基准连作为中轴，其后方各连将向右侧推进，以右行为轴心转动；基准线前面的（各连）向左侧行进。建立垂直推进线后，通过2条战线的整体右转恢复横队。指挥官无论何时想要改变纵队的垂直推进线，就像变换正面一样，他需要小心确立其余部队用以参考的基准连。

使用纵队实现某些机动

I.

4个团保持间隔呈纵队向前推进，连或分营之间保持全间隔或半间隔，右侧居前：——如果总指挥需要以纵队经团正面行进，基准侧对侧维持自然秩序，总指挥在停顿之后应该下令：——"各团奇数营以连（或分营）为单位向右展开成横队。"

执行此次机动后，他需要将右翼前推通过每个团中部的交换正面来恢复他的战线：即，以每个团偶数营的第一分营为基准。但如果他想用另一侧翼的团通过反方向转动来组成战线，那么就要左翼前推来实现交换正面；即，以每个团奇数营的第四分营为基准。如果指挥官想让团纵队经特定轴线推进，他必须让分营或连执行向左的转动。

II.

团呈纵队部署，指挥官可以容易的将他

4个团组成中空方阵。如果他正打算这么做，第一团应保持不动；第二和第三团的奇数营向右转，若以连为单位则向右侧转45°（demi à droit），偶数营向左重复同样机动。第四团在收紧队列后构成后部。方阵可以向任何方向推进，也可以在需要时按上述步骤分解。

III.

指挥官可以将方阵分散构成横队，方式与构成纵队相同，第一团应在通过第二团后以连为单位向右行动；后者应稍后推进1个分营的距离，以便构成整个战线的基础。第一个团应停下展开成横队，第三和第四团应该以连为单位继续行动，直到相继构成横排。

如果这番行动将作用于第二团的正面，纵队应收拢为分营间距，之后向前并转动。

但是如果指挥官打算组成2条战线，奇数团应该保持不动，而偶数的（团）则执行上面第三、第四团预定的行动。

IV.

如果指挥官发现规章中调动4[1]执行起来很缓慢，他可以让团组成单一纵队。他将以每个营的持旗队作基准，让团右侧在前组成密集纵队；（纵队）全部收拢后，他可以以营的集群为单位组成战线，或以特定营（为基准）展开横队。

V.

4个团已经呈横队展开，而指挥官想要立即组成奇数营在前，偶数营在后的2条战线，他应让他的团以奇数营第四分营为基准构成右侧在前的密集纵队，之后以第二团为基准收拢为营间隔的集群，并以每个营的执旗分营为基准展开横队。

但如果指挥官想要偶数营在前，奇数营

---

① 指上一节的 IV.

在后的战线，他应该让他的团以偶数营第一分营为基准构成左侧在前的密集纵队；集群以第三团为基准呈营间距收拢，之后以每个营的执旗分营为基准展开横队。

VI.

如果指挥官想让所有团以特定序列，呈左侧在前的纵队行进，如：（让我们假设奇数营在第一战线，偶数在第二战线）他应该下令以每个营的执旗队为基准交换正面，使右翼在前。如果，相反，他希望行进纵队由左侧在前，则下令以每个营的执旗队为基准交换正面，使左翼在前。以上营需要通过转动展开横队。

如果偶数营在第一战线，而奇数营在第二战线，每个团右侧在前组成纵队时，以每个营的执旗队为基准将左翼前推；但是，如果纵队左侧在前，则通过执旗队使右翼前推。在这种情况下，以上的营可以用相同方式展开横队。

VII.

4个团或8个营组成的战线按 V 的方法充分呈展开为横队，如果指挥官打算让这8个营以2连续纵队行进，以便隐藏力量和使行动更加紧密，这些团应向后构成分营纵队，也就是：第一团的左侧在前，第二团的右侧在前。第三和第四团执行同样的机动。本战术应在指挥官下令："以奇数营左侧为基准，左侧在前向后组成纵队；以偶数营右侧为基准，右侧在前向后组成纵队"后执行。

战线推进与前线的扩大

战线推进的原则在1791年训练条令中已有详述，士兵和营在他们的阵地前线组成精确方阵；为了保持行进节奏指引行进方向和防止某些营在行进中凸出行动路线，执旗队应保持

在行进战线前方6步的距离。

这种措施，虽然本身足够好，但是很少在实战上见到他们。不过，如果团仍继续用这种方式行进，我认为，这需要在目标为整个战线可见的情况下，且便于指挥官在正确的位置让战线停下。

指挥官准备：营（或战线）前进，执旗队留在队列中：指定营在同时应前进3步，这样后面的团就可以恰好和左右两侧在一条线上。其他营的基准部分也做同样机动。当指挥官下令"停止"时，指向营将呈横线展开。无论何时第一战线展开刺刀攻击，指向营都不应挪动他们在战线中的位置。

同样，在实战中的诸多情况下，大规模的前进可能是因为需要扩充前沿战线，如果指挥官判断情况所需，他需要用下述方式实现：

我们始终假设有4个团或八个营在1条或2条战线上，而且战线前沿将由两翼增援。

假设前面的战线两翼有4个营，这些营的第三横排向右转半圈，朝后面走30步，之后转向前方，迅速组成2个横排，以两倍速度与前两横排最右边的连平齐。每个连第三横排应该有2个士官（sous-officiers）1个中尉。士官应该在每个排（section）的右侧，而中尉应当担任指挥。参谋尉官（adjutant-major）应命令每个团有2个营这样构成，还要包括4个鼓手。这样的编队同样适合左翼2营的第三横排，除了转动的方向相反。这些营便可以根据情况所需而派上用场[1]。

越线换防

越线换防，除了常规的方式方法，还可以通过纵队用不同的方式实现。

---

[1] 目前最好的延伸战线的方式就是将3个横排列变为2个横排。

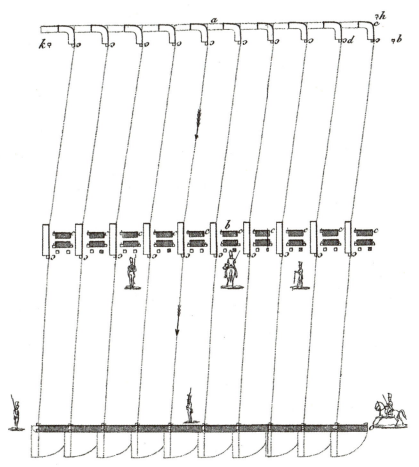

上图: *1791 条令中的越线换防，图中为第二战线不动，第一战线执行向后的越线换防*

I.

2 条战线有 4 个团或 8 个营，要通过纵队来实现向前的越线换防：第一战线保持不动；第二战线的营在分解成以连为单位后向右，再前进，每个营纵队改变方向向左通过第一战线右侧，以第一连或分营为基准展开横队，或以中间的分营或分部（subdivision）展开横队；但是如果指挥官明确希望恢复第一战线与第二战线的平行，在他们（第二战线）穿过第一战线右侧营后，纵队的先头需

要向左倾斜推进至足够程度，以恢复因行进而失去的连前线。此调动即适用于第一战线也适用于第二战线。

第二战线的营可以同样迂回第一战线左侧营到达前线阵地。在后面这种情况下，他们应该分散为以连为单位后向左行进，在达到特定固定营左侧后向右。

向后的行动道理相同：第一战线的营向右分散为连纵队并右转后，向前推进，在经过第二战线左边营后转向左；后续的战线或另一战线同样适用。

II.

向前的越线换防可以同样靠 2 条战线的团纵队起到作用。在这种情况下，第二战线必须组成右侧在前的团纵队，即可以以偶数营的第一分营为基准，也可以以奇数营的第四分营为基准。每路纵队应前进并穿过在他前面第一战线每个团中 2 个营之间的间隔，一旦获得足够的空间，纵队应以指定分营为基准展开横队。第二战线的团也可以用后面的方法以纵队从中部执行越线换防。这种模式执行起来会花费更少的时间，并且纵队先头可以及早地展开连的驳火。

团纵队向后执行越线换防，在实践中被证明在靠近敌人时操作是十分危险的，因此我们限制在操练 1791 训练条令和 I 中的纵队越线换防即可。

假设要整体进攻，第二战线每个团的纵队应前进嵌入前面第一战线每个营之间的间隔，在这厚队列变薄的调动中，整体进攻必须要更有气势。前面行动结束后，各团将呈横队展开。

交换正面

1 个或 2 个大战线的交换正面在实战中是少有的。但是，大部分的这种调动是通过纵队实现的，我将对此做出讲解。

I.

4 个或 8 个营组成的 1 或 2 条战线，正在执行右翼在前的纵向或斜向交换正面，即无论是从中部还是两侧面中靠近的一侧进行交换正面。

如果 4 个营为 2 条战线，那么第一战线要以第三营第一分营为基准组成右侧在前的纵队，第二战线以第二营第一分营为基准。

如果是 8 个营，方式相同，第一战线以第五营第一分营为基准构成纵队，第二战线以第四营第一分营为基准。

纵队这种构成适用任何假设，所有在前面的分营构成第一战线（以第三营第一分营或第五营第一分营为基准）纵队从正面或右侧开始恢复间隔；后面战线的分营在向左转半圈后，纵队从后面或左侧开始恢复间隔：之后纵队相继恢复间隔，他们再转面向前。

第二战线在第一战线开始行动时便全部向前推进，从先头开始恢复间隔并保持与第一战线的平行。[①]

分营整体向左精确执行恢复 2 条战线。

这番行动可以依靠连来完成，需要更为迅速。

交换正面的原则，就像公认的那样，与条令一致：就是说，如果是第一战线以第四营为基准右翼在前，第二战线就以第三营为基准行动；同理，若第一战线以第三营为基准左翼在前，那么第二战线就要以第四营为基准，后续同理。

II.

4 或 8 个营组成的 2 条战线打算在交火状态下交换正面，从一翼或两翼相继以连或分营为单位向后行进，以便倚靠一侧组成新的斜型战线。

当指挥官下达这番行动的命令后，第一战线右侧营的第一分营将做左侧翼并列队经左侧向后行进；它在推进全长后转面向右并与正面保持一定距离，以便让他们在战线左边独立展开横队。当第一分营已经水平经过第二分营中部时，后者同样做左侧面的行动，其他分营同理。一旦第一战线的营将第二战线营的正面暴露，上一个的位置要立刻被顶替。第二战线的

<hr>

① 此处提到的方式比 1791 年操典上的更为先进，与 1831 年操典的记录更为相似。——英译注

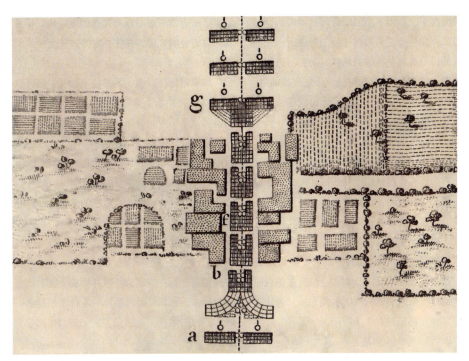

营应在第一横队执行调动时进行火力掩护，直到他们完成行动；之后，如果指挥官想用第二战线延长他的战线，他需要进行相同的机动；或者，用同样的方法，他可以恢复第二战线的战斗位置。

如果行动要通过战线左侧展开，最后营的第四分营将做右侧翼列队经右边向后，在推进全长后转面向左朝正面后方行进，在战线右边展开横队，其他分营类推。

Ⅲ.

通过营单独进行的交换正面需要对战争机动原理的巧妙应用。他们只需花费两三分钟，而且它们可以让指挥官在很短的时间内交换正面，无论是左翼在前而第一战线右侧营向后的以营为单位的斜向交换正面；还是

左翼在前，最后一个营横队前进。最后，这种斜向部署可以进行梯队的进攻。

通过窄道和桥梁

以纵列经侧面通过窄道到后方，根据1791年条令所述，队伍整体会很长，而且在边缘有敌人出现时也容易出现恐慌。这番运动无论是在正面还是背面（穿过窄道），可以以排、连或分营纵队为单位。

I.

从中部穿过窄道到前线，根据条令，第一营以排为单位向左行进，第二营以排向右；继续行进并展开成与窄道同宽的横队。

假设有一个营在正对着一条窄道，它的宽度无法让一个连以上的编制一次通过。在

这种情况下，右侧半营的所有排组成左侧在前的纵队，向后行进到第四连第二排之后；左侧半营的排组成右侧在前的纵队，向后行进到第五连第一排之后。营以这种进攻纵队序列前进，为排间距通过窄道，在道路渐宽时应逐步以中部为基准恢复为横队。

II.

如果窄道的宽度足够分营自由通过，他需要让右边所有连在第四连身后以连间距组成左侧在前的纵队；而左边在第五连身后组成右在前的纵队。那些连的正面由左右两侧营排构成的战斗横队，行进方式与纵队此法相同。

同样的方式也适用于由多个营组成的战线，这种情况下，只需让奇数连组成左侧在前的连或排纵队，而偶数营则右侧在前。纵队应保持紧密，甚至只有3步间距。

III.

在后撤中，自然序列下的排、连或分营通过窄道可用如下方式：

两翼的营同时以排为单位向后散开，我们假设窄道在第四连第二排和第五连第一排之后。右翼所有排相继经从左侧向后散开，而后转正面推进；在左翼的要经右侧向后散开，而后转正面推进。在到达窄道入口时，右侧的排转向向左并且左侧的排转向右，同时一同达到预定战线。为了掩护反向的行动，在窄道口的连或分营应向前行进25步，同时要派出若干散兵保护。最后，当两翼行动到位后，前文的连或分营需通过鼓点将散兵召回，再右转半圈，回到营中部3步远的正面作为整体横队的基准。

IV.

如果反向的运动要通过团两翼的连同时行动，第一营第八连和第二营第一连要用同方式向左和右斜线推进，以掩饰后面通过窄道的指

定点。所有营右边的连和左边的连应用同样方式向后方分散成排，在按指定方式重新构成战斗横队。

如果相比较以连（为单位）散开，指挥官更想以分营（为单位）散开：在这种情况下，他需要让第一营的第四分营与第二营的第一分营来执行同样的调动。

为了让营和连的指挥官在行进中观察队伍在行进中的间隔，能够及时停止军队，以便战线不会展开过长能让右边来的连左转，让左边来的连右转进而恢复为横队，他们（指挥官）应计算他们连队列的步数，之后乘以身后跟着的连数，减去正在牵制敌人的部分。通过这种方式营指挥官在控制营停下并构成横队上就会容易得多，尤其是通过整体的左转实现与第一战线正面的平行。

梯队的行进与进攻

梯队作战行动在战争中是非常有利的；但它需要非常完善的部队行进，这也是为了快速机动的支援对敌人的攻击，而且抵抗敌人攻击的营应在一个合适的位置，以便执行任何情况下需要的行动。

I.

8个营的2个战线要进攻与他们正面平行的敌人右翼。本行动应由左侧以全部间隔开始，团或营无论哪种形式都是可取的。当第一战线最后一个营前进时，第二战线应跟上，其他营也是如此。假设敌人在它的右侧抵抗（进攻），而且从左侧向我军右侧做出佯攻：这种情况下，所有的营都以自身为单位一齐向右转；如果要更简洁迅速，他需要以2条战线中营的执旗队为基准执行左翼在前的交换正面。这番调动完成，各营应继续以梯队进攻，或继续前进将自己以2条战线右侧第一营为基准展开横队。本

次部署，可以左右两翼交替进攻。①

　　如果进攻将在敌战线左翼展开，那我军的行动必须由两战线右侧开始，营改变的方向是向左；变换正面时右翼在前。

II.

　　如果指挥官希望只有第一战线的营呈梯队进攻，无论左右，营在梯队构成后需以全部间隔行进；但如果他们被骑兵攻击，每个营应以连间距组成（以）分营（为单位的）纵队，如果行动作用于战线右侧的话，则以

每个营的执旗分营为基准组成右侧在前的纵队；相反如果在左侧，纵队需左侧在前。在完成后，每个纵队的第一分营保持不动；第二和第三分营中奇数的转右，偶数转左；第四营靠近合拢，之后转身使呈梯队的营构成方阵。

Ⅲ.

　　梯队经中路进攻，这在战争中频繁使用是很危险的，除非指挥官能确定敌人鲁莽的将中部力量削弱去支援两翼；而且当他嵌入

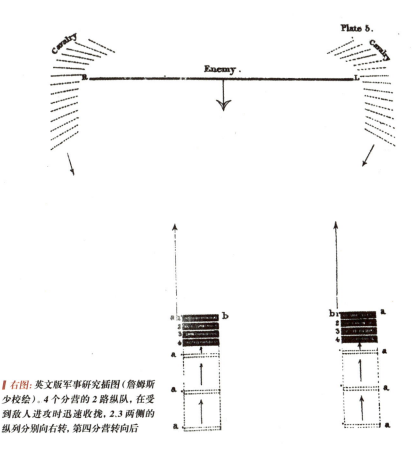

右图：英文版军事研究插图（詹姆斯少校绘）。4个分营的2路纵队，在受到敌人进攻时迅速收拢，2，3两侧的纵列分别向右转，第四分营转向后

　　① 本调动很完善，在法军中已被使用。（法文原注）

中部位置时我军能稳固阵地，切断敌人两翼并分别于两翼交战。向敌人中部的攻击需要进攻者的迅速和果断。

假设 8 个营的战线中第一战线率先进攻。这种情况下，第四和第五营要前进一半的间隔，余下的营同理行进一半的间隔，这样行动就会更加集中。第二战线不要以战斗横队以外的阵型行进，以便能够支援第一战线梯队的两翼，并且能够在必要时保护第一战线。

方形编队撤退或交替撤退

2 个战线呈方形编队撤退，可以按条令上说的通过营后退 100~150 步来执行。但是为了能够在交火中交叉掩护，第二战线的偶数营与其与第一战线偶数营同时后撤，更应该在第一分营后组成一个或半个间隔的右侧在前的分营纵队，之后行进到在执行撤退的第一战线偶数营右外侧，在第一战线奇数营左侧后方几托阿斯[①]（toises）处展开横队。本调动可以通过奇数偶数营执行 2 战线的交替后退。

方阵

根据皇帝指示，方阵厚度由 3 个横排构成；但有时也根据 1791 年条令对内部排加倍。通过这种独立纵队，团可以从四面开火；而且就像实战中常见的，让士兵习惯这种方式是有好处的。

I.[②]

4 个团以连或分营纵队穿过平原。如果他们被骑兵进攻，而且没有时间构成预定方阵，团应该迅速收拢为"集群"，其本身基准侧的 3 纵列[③]（trois files）（假设纵队是右侧在前的）

应面朝左侧，而对面的侧面则面朝右；后面的分营也转身向后。

II.

但如果 4 个团纵队以 2 条战线行进，谨记，第一战线的第一和第二团需要组成右侧在前的纵队，如果以连为单位，则以偶数营的第八连为基准，若以分营为单位，则以偶数营的第四分营为基准；第二横队的第一、二团也同样呈纵队，但需要以奇数营第一连为基准向后组成右侧在前的纵队，若以分营为单位，基准营为同连的第一分营。这番部署可以让指挥官无论是将半间距的分营纵队奇数连转右，偶数连转左构成方阵还是用纵队左右基准侧的 3 纵列，分别如上左右转动构成集群。如果情况允许，可以构成十字交叉战线（le quinconce），这样交火就不会对部队造成不便。

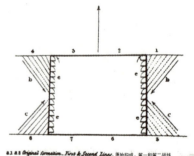

a.2 & 2 *Original formation...First & Second Lines.* 原始构成，第一和第二战线
b.b. *Batt.ⁿ 1 forming in rear of 8ᵗʰ Platoon.* 第一营以第八连为基准向后
　　Batt.ⁿ 4. d.ᵗ in rear of 1ˢᵗ Platoon. 第四营以第一连为基准向前
c. 5 *Batt.ⁿ 5 forming col.ⁿ in front of 8ᵗʰ Platoon.* 第五营以第八连组成纵队
　　Batt.ⁿ 8 forming Col.ⁿ in front of 1ˢᵗ Platoon. 第八营以第一营前组成纵队
e. *Batt.ⁿˢ 1 & 5. Wheel up to the right, & form Right Face.* 第一和第五营转向右
　　Batt.ⁿˢ 4 & 8. Wheel up to the left, & form Left Face. 第四和第八营转向左
　　Batt.ⁿˢ 2 & 3 stand fast as Front Face. 第二和第三营为朝线保持不动
　　Batt.ⁿˢ 6 & 7 go to the right about... & form Rear Face. 第六和第七营构成背面

上图：英译版军事研究 IV 调动插图（詹姆斯少校绘），图中第二战线 5、6、7、8 营可等同于文中第二战线 1、2、3、4 营

---

① 托阿斯，法国古单位，约为 1.95 米。　② 此结构适合于准备对抗骑兵进攻。
③ 为基本构成，由分属一、二、三横排的 3 个人组成。

Ⅲ.

4个团同样用如下方式构成纵队：第一战线的第一团以偶数营的第四分营为基准向前组成右侧在前的纵队；第二团向后也组成右侧在前的纵队，以奇数营的第一分营为基准。第二横队的第一团以奇数营第一分营为基准向前组成左侧在前的纵队，后面的第二团向后以偶数营第四分营组成左侧在前的纵队。

Ⅳ.

4个团组成的2条横队可以容易的组成中空方阵，并把物资和他们在行动中需要保护和掩护的战争用品放在中间。在这种情况下，2个战线的连和团之间应该不留间隔。第一战线的第一营应以连为单位，向后分散为以第八连为基准保持完整间隔的左侧在前的纵队，同一战线上的第四营在第一连后组成右侧在前的连纵队；第二战线第一营以第八连为基准组成右侧在前的纵队，第四营以第一连为基准组成左侧在前的纵队。右侧翼以连为单位向右转，合拢这一部分的方阵，然后左侧翼以连为单位左转，同样合拢方阵的这一部分；第二战线第二和第三营经右侧向后转。掷弹兵连应被置在方阵各凸角（les angles saillans）内外做掩护。

结论 / 总论

连和团应逐渐习惯执行上面提到的，既有停驻又有行进的所有调动。

师将军应监督部队完成行动，并将命令的复制件下达给旅将军和下属的上校。

所有的军事战术都基于科学的构成纵队并让他们展开横队行进，我现致力于详尽示范讲解通过营的纵队简单运动而实现战线机动的实用性，以及通过这种方式执行可能的

交换正面，无论是停驻还是行进，都包含了大部分实战运动原则。

我并不打算就大规模作战所需要的知识进行展开，但我会在基本原理的演变上稍事介绍。执行这种战线的大规模行动是靠指挥官的个人天赋的，而且如果可能，在适当时机下，可以利用环境与偶发事件在战场上迅速完成后续行动。

战争中所有行动的成功都依靠部下对统帅的信任，这信任只能通过将军在危难中身先士卒来获得。他必须，毫无懈怠的，留心和注意士兵的所需并确保他的命令得到坚决执行。在战争中没有什么比军队的迅速果断更重要的，而且在行进中特定时刻要尽可能的准时，以便让联合行动达到预期效果。无经验之人对命令的误读和误解，参谋军官必须用简洁、明了、规范的命令予以纠正，若纠正命令没有及时执行，则会造成巨大伤亡。

观察报告与综合概论

保持连间隔的营纵队同时构成1条或2条战线，能够让指挥官执行任何可能的机动，任意改变行进方向，构成左侧在前的纵队沿左侧对角线行进，或右侧在沿右对角线行进；改变方向向右同理。

单独营的交换正面是最为简单的，因为指挥官只需正向或反向转动连的方向。这番行动相较条令要花费更少的时间，而且不会将任何一部分的后方暴露给敌人。

单独营经中部向前越线换防——第二战线的营以通过窄道（的阵型）行进，经过中部前进，而且展开横队时几乎不需要任何指挥官的特别命令。后退中的越线换防便没有此优点；此情况应以条令所写为优先考虑。

第二部分，军队的成员及构成

参谋校官（adjudans-commandans）

在战争中，此类军官应供职于现役勤务或军团办公室，但更多的是前者，以便选择营地和在情况允许时巡视岗哨。他们将与师级指挥部和总指挥部保持联络；规划分配供粮草等供应品的地点；在前锋的方向，进行整体或特别的侦查；派遣部队观察敌人的兵力、阵地和调动。在军团军官中，任职的参谋校官应特别承担收集兵力情报的任务；他们也要为士兵提供生活和需要的物品；撰写周围村庄的侦查报告和营地、边境、交战地的地势报告等等，并监管个人和全员的军备物质。

助理参谋校官应帮助长官处理要务，助理参谋为了获得参战资格，并且通过自己的观察或其他军官的指导获得进益，任何事都不应该分散他们对部署好坏的关注，并且不能忽视任何于他们职业有利的细节，应该以笔记的形式记录下来。对参谋军官（officier d'état-major）来说最重要的事情就是适应战役伊始的疲惫，而且不能脱衣脱靴，以便随时能在第一时间出现在交战地点，及时向上级汇报。助理参谋和其他军官应在每次物资分配和任何与士兵有关的事物时在场；他们应在晚上巡查营地和前哨。参谋校官应制定执勤人员（名单），从细节开始：任何与现役有关的事物——基础的物资分配、跑腿和杂役。

副官（aides-de-camp）

除了将军或军官的信任之外，副官必须让自己有不知疲倦的热情，他们应当积极主动，熟知所在师或旅的兵种、各级指挥官和军需官的名字，这样他们能够精确的传达命令并且监督他们执行。

指挥部的指挥官

他应该亲自获取总参谋长的命令，负责组织检阅和监督指挥部内外勤务。口头命令只有在卫戍时可以下达，当营地扩充过大时这种命令就很少见到了，尤其是在众多师组成一个军单独追击敌人时。

指挥部成员

炮兵指挥官[1]

1个基准骑兵连，从军团各个军中选出

1个基准步兵连

半个轻炮兵连

1个连的架桥兵（pontonnier）

1个排的坑道工兵（mineur）

1个连的战斗工兵（sapeur）

1个武装炊事兵连（boulangers armés），以及2排的屠夫

1个连的桨手（nageurs）

工程军官

地理测绘军官

战务委员（commissaire de guerres）

集合点名监察长和副监察长（inspecteur et

上图：用浮船过河，图为1792年的普鲁士渡过莱茵河

---

[1] 从本条至7不分顺序。奈伊元帅直觉上觉得需要这些，而且他也敢着手做。本组织原则在新条令上得到了体现。（法文原注）

sous-inspecteur aux revues）

保健军官及药剂师。负责健康的军官应备轻便小马车，可以跟随（军官和士兵）去任何地方。

1 个分营的乘骑宪兵队

军事委员会或长期的军事法庭

驿夫

岗哨管理，以及指挥部兽医

军需官，由总指挥的基准兵护卫

4 个洗衣妇和 2 个小贩，乘二轮小货车

归属于参谋部的必备物品

（建造）桥梁的装备包含有浮船[1]，用来横渡 100~200 步宽河流的木板，还备有固定钩、绳索、固定桩、小艇、长厚木板做的横梁、木料、木匠工具、火把、易燃物、测角器等；在情况所需城墙或其他人工天然工事不那么牢靠时，可以用带固定钩的梯子可以横向展开，并由马车和货车堆叠加固。

隶属指挥部的轻炮兵应保有数量充足的信号弹，为夜晚行动定向，或为天亮时在开阔乡村的进攻，或对多面堡、棱堡的作战或攻克防御工事做校准。

应由双轮货运马车（tumbrils）运送供应物资及饲料。

指挥部的物资数量要精确统计，并且在行军中保持严格秩序；但是维持纪律总是困难的，运送中要对士兵特别监督。

负责装备、物资、信号弹、桥梁设备、浮船和其他战斗物资的军官要性格严谨、善于组织，而且要特别严格。负责运送的士兵也要学习（如何进行）调动，为了在需要的时候，物资指挥官可以组成方阵，并可以同样灵活的组成 1 个或 2 个纵队，这种调动需要特别的迅速和精准。

参谋长（le chef de l'état-major）

除了法律和条文中规定的在参谋长手下的参谋军官外，还有固定在参谋长手下的副参谋（sous-chef d'état-major），他们应负责监督军官工作和命令的执行，规范军队行进方向以及绘制侦查图，等等。

副参谋应将司令部的命令下达给参谋校官。有关指挥部的治安条令以及所有与指挥部有关的实施细则都应该在指挥部内部招贴。宪兵军官，尤其是执行与现役有关的任务，应该进行登记——记录有关粮草、兵营、内外勤务、治安有关的命令，以及小贩、洗衣妇、战俘、间谍、开小差的士兵、囚犯、惩罚执行、新兵、逃兵的情况。

营地一旦分配好后，在战争中就不应该改动。

副参谋接到指挥部长官的命令或宪兵指挥官的命令，应为将军、炮兵军官、工程军官、助手、参谋军士、副官、指挥官以及其他指挥部军官分配营地。

士官和宪兵的营地由指挥部或从属参谋分配给军官或区域宪兵长。

基准兵指挥官——为乘骑基准兵和步行基准兵及半个连的轻炮兵分配营地；

宪兵指挥——为小贩和洗衣妇安排营地；

工程军官——为工兵和架桥兵安排营地；

战务委员——为炊事兵和屠夫安排营地；

炮兵指挥官——为桨手和预备炮兵安排营地；

军需官——为文职和其他财务人员安排

---

[1] 一款平底儿像箱子的浅船，头尾有倾斜，船身由木材和锡构成，由四轮马车运送。

营地；

岗哨指挥——为驿夫和岗哨主管安排营地；

面包、饮品和草料监管官——为承包人安排营地；

指挥部和参谋部军官由乘骑和步行基准兵警戒；

炮兵指挥官由乘骑、步行炮兵警戒；

工程军官及其他备战军官由工兵、架桥兵、坑道工兵和桨手警戒；

军队巡视员、副巡视员和战务委员由屠夫和炊事兵警戒；

岗哨管理由指挥部基准兵警戒；

面包、肉类、酒水、草料的保管军官应由就指挥部近的步兵师选出的小队警戒；

财务人员的警戒应由从指挥部的基准兵中选出，或由参谋部的掷弹兵组成。

师参谋部（état-major dicisionnaire）

师级将军，他的参谋长应从参谋校官中遴选；2个旅级将军，则配有2个参谋校官和4个助理。

指挥部指挥官从师的校官中选择或从未任命的校官中选择。

1个分营或下属分营（subdivision）的宪兵负责治安，这一部队的指挥官要与指挥部的宪兵指挥官保持联系。

桨手、战斗工兵和坑道工兵由他们所在部队的分队陪同。

2个工程军官负责军事侦察，建造军事设施，描绘、标定营地与阵地，绘制周围与行进或交战的计划图。

师的发饷员

负责地质测量分队的军官

为渡过100~200步宽的河的建造栈桥的桥梁设备，收集到1艘轻船上，锚、绳索、横梁、木材、工匠工具、可燃物、点火器、带钩的梯子存放一处，信号弹在夜间为纵队指向，或用来为白天的战斗、交火和渡河做新号，等等。

1个连的炊事兵；

1个连屠夫；

1个连桨手；

战务委员；

军队巡视员、副巡视员；

炮兵指挥官；

工程指挥官；

运送物资的马车；

岗哨、面包、饮品和草料的管理；

保健军官、外科医生、药剂师——外科医生应骑马或做轻便马车随时跟随部队；

1个连的掷弹兵为指挥部警戒，以及1队百人步兵轮流警戒物资、马车和岗哨等；并且为军队巡视员、副巡视员，战务委员和发饷员警戒。

由步兵、骑兵和炮兵组成的师

4个团的步兵为1条战线，组成2个旅；

1个团为轻步兵，作前锋；

4个团的胸甲、龙骑兵或猎兵；

1个团的猎骑兵或骠骑兵，为先锋；

2个轻炮连，部署在步兵旅中间；

半个炮兵连给前锋；

8个部分的重炮，为12或8磅，以及6或8寸（pouce）榴弹炮（obusier）；

炮兵停靠点务必提供军火，除了轻炮、重炮的弹药外还要有骑兵和步兵的子弹。①

整个师的掷弹兵应集合起来以便在重骑

---

① 该组织方式因交战场地而定，而且要求己方物资充分，目标在视线可及范围，并且兵力占优。

兵、重炮兵到位后构成师的预备部。

大炮停靠点务必要供有手榴弹，掷弹兵需练习使用它们夺取工事、要塞或卫戍地等。

为了形成构成人员，参谋校官应有前锋指挥。他们应每个月一更替，由前线校官接替。

其他师，应该，尽可能地用上文相同的构成。

师应该由军团参谋长指挥，将军军官，线列团的1个或多个上校，营长，连长轮流当值监督与前哨、宿营、治安、夜巡有关勤务命令的执行。

营地

步兵团分配到师下辖的各个旅，或那些单独在某处由多个师构成的军团，从右到左番号为1、2、3、4，除非特殊情况外，需要严格这么做，这是为了防止个人习惯或偏好造成混乱。法国军队对荣誉攸关之事是如此执着，以至于任何军官都很谨慎地加以区分并授予勋章。

轻步兵在战线正面、侧面的位置应该固定，而且有时在营地后方：

骑兵在营地的后方或侧面

轻骑兵在前锋

轻炮在营地的前方和两翼

重炮，在旅的空隙还要在营地或横队后方后备

预备队，在营地或横队后，应整合大炮、物资和行囊等。

临时板房或营房，无论是用木板还是稻草搭建的，都应以两三横排放置。营房彼此之间及各营、团之间要保有间隔，务必严格遵守，防止失火。骑兵与炮兵也应该如此。营地各区应用木桩钉入地下标记，同样要与前锋、岗哨、预备部、供给分发处和指挥部保持联络。

枪束（faisceau）应排列在营房旗帜前15步处。步枪（fusil）应放置在他们连的区域；弹药和马刀应尽可能避免潮湿和雨水，用木板或杂草遮蔽。

每个营的旗帜和军鼓都应该安放在各团步枪中央。

每个步兵团都应在左右两侧前方有一个标杆，在尾部钉一个木板写有团的番号。

上校也应该在他的营房前立1个小牌，上面写着他的名字。

骑兵也应安营，如果地形允许就要靠近营地。如果情况不许，马匹应该用尖木桩围

上图：骑兵营地

上图：各种营地

成 2 排，人的营房在它们后面。前后障碍都需要打扫干净以便集合，为了方便集合骑兵中队应该留空。

骑兵上校应该即为他们自己也为他的团用标杆标识出团的人数和校官姓名，就像步兵那样。

炮兵也应按照步兵和骑兵的那一套做；前锋和后卫亦是。

警戒卫队在警戒时要时刻保持镇定、警惕以及营地的有序和整洁。

生火做饭应根据营地地形选择营地前或后的拐弯处。

注意侧面的隐蔽。

营地勤务

起床鼓应在早上 2 点—3 点敲，4 点部队及装配应集合在旗帜前，士兵全副武装，准备好随时执行任何情况所需的行动。部队调动时，营地的警戒卫队和治安护卫队都应该在岗位。他们应阻止任何想要接近营地的人。如果部队不调动，他们就会在破晓巡逻完毕后解散。

号手需在集结鼓点敲响后吹上马号。马匹应上好鞍，上缰绳，待命，此外骑兵部队应该非常安静的抵达预定地点。上校下令尉官点名，但如果没有调动，骑兵中队检查完装备、马具和武器后，以相同顺序回到营地。

重炮兵需在骑兵上马号（吹响）的同时，将马匹挽在大炮上，而且炮兵也整装待发。

轻炮兵也应上马，并将马匹分批套上挽具。

同样的安排也应适用于后卫、货运马车、辎重部队以及所有，简而言之，属于大军团的一切。

前卫（人员）应在白天减少任务，以便在夜晚更有活力和警惕性。当夜晚降临，骑哨兵应加倍。巡逻队的任务也是这种方式（执行），

而且总要保持一致。如果通往主要岗哨的不同路口需要守卫，他们应该用梯子、倒下的树木或无轮的货车充当街垒，而且要有步兵守卫。骑兵营在白天护卫前锋哨点，并占领周围有利阵地。夜幕降临，他们应退到步兵的后方相当距离，并且只留 4 或 5 个骑兵在主要步兵岗哨，以便将前线情况反馈给司令官。天亮后，骑兵应根据他们收到的命令肃清周围村庄，此外步兵要保持武装状态直到他们回来。负责侦查的新（到岗）骑兵卫队有必要、也应该由换过岗的人陪伴同行，以便了解所在地和地势凹凸。

检阅之后才可以下达 1 天的命令，或清晨侦查之后即刻行动。

将军和参谋应在 4 点，军队集合时到达营地。他们应在侦查队归来后再返回。

营地勤务和前哨勤务应在鼓点敲响后开始。岗哨应为双倍兵力，直到侦察兵给出敌人的方位；倘若没有新的消息，换班的卫队也应回到营地。

如果军队想要从营地向敌方行进，团级的校官甚至军官军士，都应在他们笔记本上写下他们预计的行动和整体部署。渴望完成任务的军官不应该表现得事不关己，要充分了解他所在营地中部和左侧（的情况），尤其是照护伤员的医院、物资分配，以及在战斗、交火或冲突时了解大炮的后备地点。

当天的报告由军官交给他们师的参谋长，后者将其转寄给总参谋部。

步枪子弹应在前锋回营后分发。每个营的参谋尉官（adjutant-major）应集合，为换岗下来的士兵补充弹药。每个士兵应分配给一个长杆用来疏通枪管，2 块用铅皮包着的燧石，放在背包的弹药筒备用，1 块擦拭火药池的布以及 1 小瓶润滑保险栓的润滑油。

骑兵士兵，除了文章提到的，还有必需

的手枪之外还应该在左边的皮套里放一把斧子，代替第二把手枪①。小斧子由木柄和半月形的锋利刀片——整块儿金属组成。手柄底部有螺钉和螺母，方便骑手将马拴在树上。

步兵和骑兵上校应在白天空闲时间操练不同等级的预备队，步兵以连或营为单位，骑兵以中队为单位。军官和士兵应严格保证1周操练2次，理论上应涉及指挥方式以及执行位置变换和大规模调动，也有军事理论和士兵管理。然后熟识战争艺术的校官会受到关于边境进攻、岗哨攻防、平原或丛林侦查的考核。而且最后，在战争中突发事件前，军官的职责尤为重要。

骑兵军官或士官应学习有关所属兵种的理论。在战争中，骑兵应特别有2匹装有驮鞍的马，驮鞍上用皮绳挂2个篮子，里面有步枪子弹或其他火器的弹药；此外还要节约燧石和推弹杆的使用。

哨所营设在前锋岗哨，违反纪律的人将被遣送到那里，那里没有木屋，而且伙食只有干面包，1周有2口汤喝。

奖惩条例以及渎职罪责应于每周日在各连前宣读。

撤退号令应在特定时机下达，提前1小时在枪束、旗帜和军鼓堆放地吹响号角，并且要在营中央。

归营号吹过之后人员要即刻归队点名，营火在8点—9点熄火号后熄灭；或者在10点发完汤后。骑兵1天点4次名，早上：人员上马时，中午，下午2点，以及晚上给马匹梳毛前。同样的管理也适用于步兵，对于勤务、警戒的每一条规则都同样适用（于全军）。骑兵如果条件允许，要用尖头包铁木

钉将马匹限制于营地。由于实际营地勤务的纪律松弛，这条对骑兵来说是必要的，但因为在行动中的不便，这很少能维持若干月。

士兵应练习如何做柴捆、柴筐、石筐以及一切地面工事，如堑壕、多面堡等。军官应努力从这些工作中学习技术，以便在情况需要时能率分布于岗哨、树林、村庄、窄道、桥梁、河流、浅滩防守。哨兵和骑哨兵应习惯晚上睡在自己挖的洞中。这样，他们不仅能出其不易的袭击敌人，而且还可以通过头靠在土地上听到很远地方人接近的动静。

步兵和骑兵都要在夜晚提供卫队，担任卫队的士兵每晚在熄火号前集合于上校的木屋后，以备不时之需。

夜晚，骑兵应派出巡逻队沿通往后方各营地及指挥部的交通线巡逻。

粮草分配

参谋长应下达1天的命令：详细叙述粮草分配的安排，命令可以管2~4天。当有粮草分配时，每个团应派武装小队陪同负责分配的杂役士兵、副官和军官。军队应考虑粮草的优先分配，包括：面包、肉、米、盐、干蔬菜、白兰地、葡萄酒、醋、草料、稻草、燕麦等。水要固定分配：营地周围的泉水、井水、溪水都要有步兵岗哨专门看守。

骑兵分配粮草的方式与步兵相同，而且他们应该考虑马匹的给水，这要与步兵的水源储备分开，此外还要有巡逻队看守。

参谋军官应轮流监管分配情况，以保证秩序良好并检查面包、肉食、草料、饮品的质量。物品质量不合格，有损坏或腐败应拒绝给承包商钱，并要责令烧毁。参谋军士和

---

① 骑兵的手枪皮套子多在马镫边上，步兵和军官的手枪皮套子挂在腰上或肩带上。

司务长的收据应当着参与分配的战务委员和军粮供应官的面，交给仓库管理。

第三部分，作战与交火

军（corps-d'armee）、师、旅、侦察队、警戒队的行进

部队不能无故离开营地，除非有指挥官的正式命令，而且要有参谋或其他指派监督命令执行的军官在场时，在有关军官解释完行进的方向和目的后方可离开。如果行军不是秘密的，队伍调动前，负责的指挥官务必当众宣读命令，观察士兵的反应以及他们（对命令）可能有的想法。参谋应将一切向将军汇报。如果他不参与行军，这种情况下应派骑兵传令兵送信。

当军在执行调动时，无论是进攻还是撤退，士兵们都要在行动 1 小时前保持安静。旅长应在他们各自负责的纵队前行进，而参谋军官在交火前应在纵队的侧面和后面行进，以便让各团军官坚守岗位，并观察纵队间距有没有被拉长或纵队长度有没有被延长。每个步兵、骑兵团都要有后卫队伍要求所有人坚守岗位，统领他们的指挥官有严谨和严守军纪的性格。因违反军纪而被捕的士兵，以及被关禁闭的士兵应在他们隶属部队的最前头行进，他们的外套要反穿，枪背在背后，没有刺刀、马刀和弹药筒。他们要与散兵作战，行动开始后刺刀和军火会发给他们。行动结束后，他们应回到禁闭室，除非上校认为他们在战斗中的行为能够将功抵过。（处于）监禁状态的士兵，要负责营地和战场上所有的杂活和累活。

前锋在行进时应时刻保持警惕并派侧卫侦查敌人情况，以便保证行军顺利。行进阵前开路为 1 个轻骑兵中队、1 个卡宾枪骑兵连、1 门 8 磅或 4 磅炮、1 个轻步兵营，3 个骑兵中队在轻步兵营侧面，营后有 2 个部分的炮兵：

1 门榴弹炮和 8 磅或 4 磅炮，以及 1 个部分的战斗工兵。剩下的步兵应跟着炮兵。而且在行军时，骑兵应该收拢。纵队前的炮兵发现敌人大规模行动时，应尽可能快的开火，以便给全军提醒。参谋立刻向指挥官汇报，报告观察到敌人的兵力、位置、动向。

军应该在地势允许的情况下尽可能远的前进，以半个间距的距离，以连或分营、甚至半营或营纵队行进。如果乡下（地势）逐渐开阔，而且当军队需要迅速占领阵地时，军需要迅速地组成战斗横队。各师中骑兵应在侧面的路上行进。营之间的间距应为 20 托阿斯，团间距为 60 托阿斯，旅间距为 120 托阿斯。但为了确保部队能精确执行这番安排，步兵团的参谋军官或参谋尉官和监督员应骑马在队伍中行进，以防止纵队被阻或停滞。如果敌人相距较远，军队在 2 个小时的行军后应停下休息半个小时。若为强行军，军队应 4 个小时休息一个小时恢复体力。

军官要习惯将一些士官沿纵深安置，在作为基准的一侧，如果纵列、排、连或分营行进中需要停下时，要靠他们来重复指挥官的"停下"命令，从前面向后传；同样当指挥官打算恢复行军时，再依次传达"前进"的命令。此措施虽简单，却至关重要。

鼓手和笛手应在各自的营前，他们集合于军乐队的尉官或士官四周，由笛子伴奏敲奏不同的鼓点。在白天敌人距离远时，军乐队应留在他们隶属的团前，并时不时演奏不同的军乐。骑兵号也要响亮吹奏，骑兵的行军全凭号声控制，所以它要足够嘹亮让整个纵队停下。在士兵喝完汤后，行军随时可以恢复。

运有辎重和供应品的马车应在行军中保持良好的秩序，由从预备部队或整体部队中选出的步兵和骑兵分队护送。指挥部、军需官、宪

兵长官及随队小贩应遵守总司令的命令。

停靠的大炮、桥梁工具和其他战争物资营留在后备，此处也要有外科医生和移动医疗车。

军下辖的 1 个或多个师在行进中的一般指令①

行进命令……

将军指挥的师，前卫或旅的前卫、后卫或侧卫，应在深夜2点全副武装安静离开……（阵地）。行进应右（或左）在前，以确保行军和侧面在调动中保持秩序向营地、阵地或某特定阵地前进。工程军官和参谋军官根据命令规划和标记营地边界。它的右侧应……（在安置完前哨队列后）在小溪后的村子，中部应……的高地上，左侧应延伸至……的树林，它的出口和转弯处应有守卫。预备队，停靠的大炮和物资营安置在村子后面，在河流或树林……而且师的参谋部应安置在……（村子中）

第一、二、三和四师应离开营地向……前进，而且当到达预定阵地时，右面的岗哨要与第一师的左面相连，左面与第三师的右面相连。这样第一师应占领……，第二师……，第三师……，第四师……等等。预备队营尽可能好的安置在他们各师的中后方。第一师的指挥部应在……二、三、四师一样。

如果军队以不同纵队行进，这在实战中最为常见，为了迅速行军和更好的供给食物，方便前线的展开：行进命令应逐个指明方向、营地方位等细节，并且应该在侧面安置侦查和巡逻队，以防从侧面或后面敌人大举进攻

将部队分隔。负责侧卫的部队应派出 1 个营，2 部分轻炮兵，和 2 中队轻骑兵，由参谋校官指挥，奉将军的命令侦查预占领阵地，而且他们要将侦查的发现如实上报。

师将军应向总司令汇报他行军途中发生的每件事，后者应被明确告知他在作战、战斗或行军中负责的师。所有的汇报都应写下或口头告知副官——他有小笔记本，应写下报告并且将命令下达给不同的部队。

如果执行的是秘密行军命令，此过程中纵队要避免放枪。如果子弹已经上膛好几天，参谋尉官应集合营里的士兵，让他们一起卸下子弹。

与战俘有关的任何物品都要被送到师参谋部，并从那儿转递将军的指挥部。明文规定参谋军官应写特殊收条，无论是犯人抵达还是收到送来的大炮、旗帜或其他战争物品。收条应写明总司令规定的款项总金，这个数目应由师军需官支付给各团指挥部。应有专门的参谋军官监管战俘的运送与交换。他们的行动应有记录，以及每一个关卡都要对总指挥部的口令②，这位军官也应负责我方为被敌人俘获的己方士兵准备的钱款，以及我们抓获敌方战俘的钱款。

战斗与交火

旅、师或军的掷弹兵应组成预备部队，并通过他们的英勇行动决定战斗命运。这样的安排无论是在平原还是在沟壑、树林交错或有其他干扰的地形都一样必不可少。

在战斗前所有的部队都要经过严格的检查；并且将军需要向士兵慷慨陈词，以激起

---

① 本节原文多处不清楚，翻译时只能尽力去还原作者的意思。
② 通过步哨区必须对答的暗号。

士兵斗志。他们应宣读政府许诺给士兵中出色之人的奖励，以唤起他们的正义感——这足矣让士兵们在战斗中击败任何敌人。

将军和军队参战军官应坚守在他们各自的岗位上，以便执行总指挥下达的调动和行动命令。在交战当天，将军应增加他的下属，从每个骑兵团遴选1位军官或士官；以及从每个步兵团选出1名参谋尉官或参谋士官，骑马，负责把命令传递给他们所属团的长官。所有重要的报告都应由参谋校官呈递给总司令或由通讯军官上呈。需要执行的调动和要汇报的事宜他们都需要记录在本子上，以防派遣他们的将军（出于种种原因）不能写字或签署文件、备忘。

物资、装备、货运马车等，在行动中应被集中于预备队后方；从营地派出的武装分队回到各自军中，预备队担任卫队。停靠的大炮、桥梁工具和其他战争物品不要离开预备队；但在后面要交战时，预备队的指挥官应留1个营或中队作为安全护卫，并派军官骑马向总指挥报告。

战地医院应分配在部队的右、中、左翼沿线，以便接收军医做了初步处理的伤员。如果伤员增加，以至于任何一所医院都满员，预备队的指挥官要给负责医院的军官足够的卫队，能够让后者可以快速集合一定数量的货运马车来装载伤员。从医院转移伤员时一定要慢，动作务必小心。

战斗中阵亡者的尸体应立刻埋葬或移出士兵视线。但如果战斗持续时间长且损失大，这只是临时手段；胜利之后，应为这些英勇献身的人举行葬礼并竖立纪念碑。为提升军队战斗力和增强士兵对军队的信任，重要的是让他们相信受伤会得到良好的照料，并且倘若战死，他们会有体面而光荣的葬礼。简而言之，他们

会带着战死者的荣耀进入坟墓。

任何情况下，士兵都不应离开岗位，除非受了重伤，修复武器是他们常用的逃离战斗的借口，在后面的军官和士官要留心这点——可以用伤员或阵亡者的武器来替换这些士兵手中要修补的武器。

每个团都要有1辆或几辆货运马车用来收集要修理的武器和缴获的敌军物资。军械员应在团第一次停驻时就把前者的武器补上，而其他将被送到指挥部。（余下的）被毁坏或被拆分，要好好把他们留给被占领村的村民，他们经常投敌，甚至用它们与我军对抗……

战斗中最严酷的命令是任何由同伴护送的伤员不应越过第一座战地医院，2个人足够运送1名骨折的伤员，1个人就可以运送1个受轻伤的士兵。

患有疥疮或梅毒的人士要去随将军指挥部的医院接受治疗。

团里的校官应庄重宣读因战斗表现出色而受到褒奖的士官和列兵，后者们应全副武装在团里游行，军官应就他们的事迹进行适当演说。这番安排将唤起士兵的勇猛气魄和对荣誉的渴望。

对于胆小的逃兵惩罚也应是公开的。倘若军官、士官或列兵被证实犯了此罪，他们必须解除武装在全团面前示众。校官的训话要简短、有力，以便激起士兵对荣誉的热爱，并痛斥这些胆小鬼的行为让国家和军队蒙羞。每个团都应有3个教务长（provost）来执行军法。

团如果失去他们的旗帜或鹰徽、大炮，在战斗期间是不会有另一个替补的，除非他们同样报复了敌人。

缴获的大炮、旗帜、团徽、辎重或其他战争物品应由政府出资购买，价格参考整体作战指令。钱由团里的行政主管（conseild' administration）支付，在士官和列兵中平均分配。

战斗期间，团里的乐队应在团后方演奏军乐，军乐队演奏让人振奋的音乐：鼓手和笛手应被派到右面并在他们各自营的后方演奏上校指定的乐章。工兵应集合在团的右面，哪里需要去哪里。他们要有步枪武装，背在小短斧的旁边。军官要在腰带上挂 1 对手枪；此外还要有一个小弹药筒，上面写着团号。每个军官、士官和列兵的大衣正面都要标记上团号。

战斗结束后，每个上校应详细检阅他的团，确定人数和确认武器、着装情况。无故缺勤 4 天又无正当理由者，应被处以监禁，监禁期费用自理，罚金交给团里用来补充装备。上校要给所在师的参谋写信，准确汇报他们团遭受的损失——战俘、受伤或死亡人数，后者要将其上呈给将军指挥部。他的报告要尽可能详尽，包括任何战斗中发生的事：调动、阵地转变、进攻、撤退等。

当敌人正要撤退时，而且我方停顿整队时，军乐手要演奏胜利乐章，骑兵号也要响亮。没有什么比这次停歇能让士兵得到缓和的，也没有什么情况比现在更需要他们的英勇无畏。如果这时校官能分配给士兵一些葡萄酒或白兰地，会更增加士兵的热情。红酒是首选，因为它能无副作用的增强士兵们的力量；反之，白兰地是夜晚行军或进攻一个重要岗哨、多面堡、堑壕时的唯一指定品。当行动成功后，这些人要由未参与行动的人换班。渴望行动的人会在防守中表现出与进攻相同的充沛精力。

如果胜利得到司令部的注意，军队应在战斗结束后或第二天集合。大炮鸣炮庆祝：

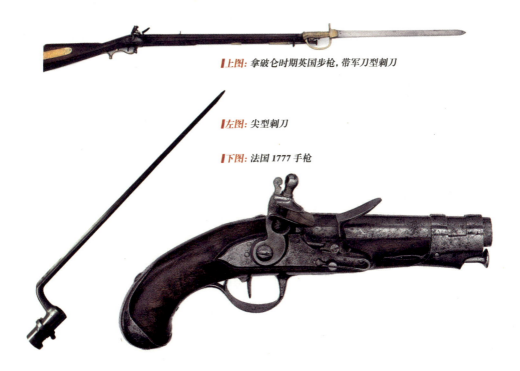

上图： 拿破仑时期英国步枪，带军刀型刺刀

左图： 尖型刺刀

下图： 法国 1777 手枪

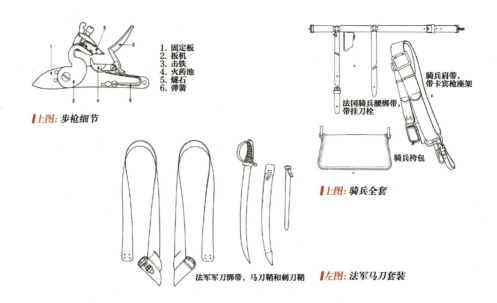

1. 固定板
2. 扳机
3. 击铁
4. 火药池
5. 燧石
6. 弹簧

上图：步枪细节

法国骑兵腰绑带，带挂刀栓

骑兵肩带，带卡宾枪座架

骑兵挎包

上图：骑兵全套

法军军刀绑带，马刀鞘和刺刀鞘

左图：法军马刀套装

士兵放枪5轮，与大炮交相呼应，二者根据命令从右到左依次开火。将军要在各自岗位上：他们要告诉士兵国家感谢他们英勇战斗而得来的一切，并希望他们能继续勇猛战斗直到敌人提出和平，这是进行战斗的最终目标。法军的情报信息工作需要充分告知士兵他们作战的意义；而且只有在武力成为合理时，士兵才会有过人的英勇（ce n'est qu'autant que l'agression est légitime, qu'on peut attendre d'elles des prodiges de valeur）。不义的战争是受人厌恶的，了解战争主题的士兵，会表现得缺少英勇；而且如果他们宁愿战死也不愿违背长官命令，那么他们就不会在危险的进攻中表现出同样的勇敢。除非正当理由，法国士兵不应该被召上战场。

武器片论

步兵的军刀必须适合于步枪枪管。

在行动中，很多尖型刺刀会被大炮折断或损坏；士兵摔倒时也会折断或压弯军刀，这样他们就无法用来抵抗了。如果士兵能有一把军刀型刺刀（sabre-baïonnette）那么他就安全了。战争中只有一种情况士兵既不能使用步枪也不能使用它的刺刀，就是在夜晚行军中。他们可以带上步枪，像龙骑兵带卡宾枪那样，而且当步枪受到局限时便会使用刺刀。

军刀型刺刀应有1尺长的锐利锋面，但也要有1.5尺的钝面，以防止士兵们在装卸时弄伤自己。它的重量只有普通刺刀的2倍，还有1只轻便且坚固的柄，有防护装置而且可以翻下来把它固定在步枪上。插槽长3寸，手柄4.5寸，上文提到的防护端有弹簧可以内折，这样不会影响到步枪正常使用。刺刀的长度应为2尺6寸[①]。

① 全部单位为法制。

当第一横排的士兵刺刀进攻时，他们步枪的挂锁应挂在他们右腰上。45°倾斜手臂持枪时，枪竖直方向缩短14寸——加上刺刀的步枪将超过第一横排士兵5尺10寸；第二横排的超过第一横排4尺4寸；第三排超过第一横排2尺10寸。要注意，第一横排与第二横排的间隔为10寸，第二横排与第三横排的距离同样。如此密集的刺刀横队，敌人的骑兵是很难攻破的；对步兵的刺刀进攻，倘若不严密武装，那样对后者是致命的。但是第三横排的士兵，为了避免危险，应在行进时让步枪与地面保持垂直，直到他们接近敌人才放下刺刀；如果第三横排的人无法看清被前面人挡住的地面而摔倒，他们就会伤到前面的人。此外，刺刀只有在看到敌人骑兵准备进攻或有命令向步兵进攻时才会被装上。

猎骑兵和骠骑兵，现在他们也配了枪，一定程度上与步兵相同。卡宾枪在末端应有一杆带滑槽和圆环的推弹杆，圆环可以翻到枪口对面，这样推弹杆便可以自然的进入枪管，免去为了压实弹药而必须将枪口翻转。装弹后，推弹杆又能将圆环带回原位。这样推弹杆就不会丢，即使是把枪挂在木桩上。这种推弹杆也适用于步兵。为了方便取出推弹杆，它末端可能还有个螺钉，平时不用拧。这种配备的缺点是，一旦推弹杆折断，士兵们无法借用别人的。但相比大多数部队遗失推弹杆的情况，这里只能两害取其轻。

（骑兵）要有一把手枪放在右边的皮套子里，弹径和卡宾枪要一致，比我们都常用的手枪要大点儿；左边皮套子里有一把小斧，近战中倘若他们的剑断了，便可以用小斧自卫并用刺刀刺伤敌人。小斧在战争中可以用来切割任何东西：营地的木桩以及其他。手柄末端要有螺钉和螺母，方便把小斧挂在和缚在马上。

上图：刺刀进攻——①为3横排同时刺刀进攻；②为持械行进（多为第三横排）

步兵第三横排作为后备在战争中不同情况下的有效使用

三横排的步兵战线在刺刀进攻时很难不会出现危险。任何地势的起伏，哪怕只是小起伏，都会干扰进攻（队形）的精确。第三横排士兵由于他们不能分辨横队经过的地形，他的刺刀会很容易伤到第一横排的士兵，因为它刚好接触到前面人的肩部。

为避免这种危险，刺刀进攻只由队列第一、二横排发起，第三横排持枪跟上。当战线到达敌人阵地时，（前两横排）不用改变刺刀冲锋时的位置便可以开火；第三横排执行狙击任务，除非收到开火指令。如果敌人抵御了进攻，他们不要离开阵地，而是将刺刀下降到冲锋位置，来支援和增加第一横排的冲力。

假设团以排、连或分营纵队向预定位置行军，在路上受到敌人的骑兵进攻或骚扰：上校应派出第三团第一营或第四团最后一营和纵队所有营的第三横排来清扫和掩护行进。奇数连第三横排经所属分营右侧行进，无论是以一横排还是两横排行进；偶数连队列的第三横排，同样方式经分营左侧行进。无论纵队行进是左侧在前还是右侧在前，都可应用本部署。

每个连的中尉和鼓手总要与横排的士兵一起行进，以观察行进动向。

如果步兵营被大量骑兵进攻（假设地形无法让营组成方阵——对抗这种情况的有效阵型），当前面两排开火后，第三横排应做散兵前进；当战线重装弹药后，它应借着第三横排前进的冲力很快形成刺刀进攻。但如果散兵反过来被敌人攻击，中尉应下令敲集合鼓点，组成集团（groupes），他们（散兵）可以在中央稳住自己，鼓手也应在里面，等候攻击。如果危险没有解除，第三横排需要恢复原始位置；如果情况相反，他们就可以继续前进。

敌人的部分骑兵可能、也许会成功穿过侧翼并进攻后方：这种情况下我方战线应全部停下，后面的横排转身，交火后重新准备刺刀进攻。前面两个排也要在开火后投入刺刀进攻。如果在以上反击中，敌人向我方战线正面和后方分别攻击，上校应下令队列第二横排士兵分别向前后开火，奇数纵列向后，偶数纵列向前。第一和第三横排同时保持刺刀进攻状态直到危机结束。在这种情况下，预备队应分派到第二横排的间隔中，在靠近第三横排上尉和军士之后。其他将被安置在掷弹兵左侧，即第七、八连之间。

如果一路步兵纵队在平原斜对角撤退时，被许多骑兵进攻，它必须以分营为单位组成密集纵队，如果需要稍后构成方阵。第三横排需快速前进，从抵御进攻的方阵中出来以掩护行军，直到危险结束。

当一个团在任何一个规定或标出的营地展开为横队，第三横排必须离开横队前进到指挥官规定的距离，以便掩护横队，留在阵地的前两横排需要进行钉木桩、设立前哨、安排警戒和营地巡逻等营地勤务。当这些都准备完成后，第三横队便可以恢复原位。

如果营地遭到进攻，第三横排的士兵不需要指挥官任何命令就要在他们的阵地上集合，在横队前集合，以便给其他人或全团时间准备行动。如果要派一队步兵去寻找森林、村庄和有遮挡的农舍，这个任务应由第三横排的士兵去做，这样可以不扰乱全军安排。

不同交火方式的观察

正向（direct）和斜向（oblique）驳火，战争中对于观察交火效果的步兵校官来说是困惑最少也是最容易观察结果的，以便根据情况需要进行变换。

武器准备

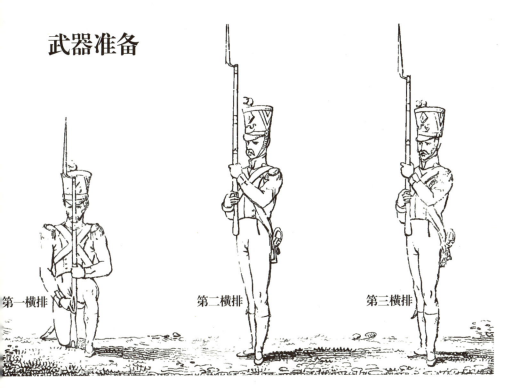

第一横排　　　　　第二横排　　　　　第三横排

瞄准

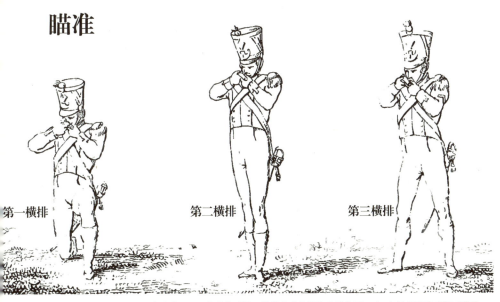

第一横排　　　　　第二横排　　　　　第三横排

上图: 3 横排武器准备和正向瞄准——正向瞄准时第三横排士兵右脚向右后方迈 8 寸；左斜向瞄准时第三横排士兵左脚向左前方迈 6 寸，右侧同理

这种开火方式下，前排的士兵需要单膝跪着。士兵并不喜欢这种方式，在他们直起身子填弹时会暴露在弹火中。另一个缺点，相较前一个并不那么重要，就是无法让横队快速组成刺刀进攻。正向开火，在上一场战役中，鲜有战例，在取得大胜利的战斗中并不多见。这种情况会对训练产生不利影响。什么时刻士兵会愿意执行这种危险行动？如果执行它在战争中有种种不利，那么这种行动就要在训练中被立刻否决。

需要注意的是，在危机处境下，士兵已经单膝斜跪，在敌人的炮火下让他们站起来很困难，因为他们多多少少被遮挡；即便是最平坦的土地也都会有少许的起伏遮挡视线。

两横排开火或纵列驳火（file-firing），除了极少情况，这是唯一一种对步兵来说好过上述的交火方式。第三横排在交火时，将他们装填好了弹的枪与第前一排未填弹的枪交换；但士兵们对这种方式没有好感，第一横排的士兵对不是自己装填的枪不是很信任。

许多步兵军官都会注意到最难下达的是阻止纵列开火命令，尤其是当敌人出现在射程内；尽管开火由战场指挥下达而且它也是由类似级别的军官取消。因此，在前 2 横排开火后，发起刺刀进攻并通过勇猛战斗迫使敌人撤退更为好些。

德意志（allemand）的士兵，由最严厉的军纪组成，并比任何其他（国家）都严酷。在这种情况下，如果交火时间长，就会在交火中逐渐显露优势。

当交火限制在前两排，第三横排应持枪做预备准备投入任何需要他们的位置上时，就没有什么缺点了。此外，早有人证明最训练有素的步兵不见得是战场上最出色的。到战争最后，军火（运送）总会掉链子，这会削减士兵的信任感；啥事儿他们都有借口，无论是步枪的质量还是他们自己不耐烦积极"劝退"，除非行动是展开进攻。

观察报告意在督促步兵团校官准备并操练他们的士兵用主力进攻，尤其是让他们适应法国士兵有别于别国特有的精力充沛与积极。

在前两排开火后，第三横排作为预留火力以便增大敌人被突破阵线的混乱。如果出现未能预见的状况需要撤退时，这一横排也同样可作为掩护。第三横排的后备作用非常重要，他能提供给指挥官大量兵源以便随时应对各种情况采取措施。

步兵火力，无论是何种类型，只有在军队防御时才会显现出真正的优点。

有树林、交错的树篱、壕沟和窄道，难以接近的村庄、河流、浅滩、沼泽、和桥梁适用于此种战斗；这种自然形成的障碍可由多面堡、堑壕、倒下的树木及其他战争工事加固。

防御作战对法军士兵来说不是个好打算，除非士兵们的精力能被其他事物分散并且有连续的短途行动。简而言之，如果没有能让士兵参与的连续行动而仅仅是处于守势，懒惰会毁掉整个部队的战斗力。在夜晚或白天都有被突袭的危险，无论去哪儿都要小心谨慎的联合行动，以此提升士兵信心并避免他们发现自己的危险处境。

在进攻中，法国士兵总是不知疲倦的；他们有活跃的思维、过人的勇气以和充沛的精力，法军指挥官应在地形适合一个或多个营横队同时进攻时，毫不犹豫的下令士兵刺刀冲锋。

在进攻中，法军士兵可以于任何战斗中作战，无论是冒着敌人的炮火：这很少有大规模杀伤性，还是在需要他们的才智与勇气的战斗中。

战争中最大的困难就是让士兵持续行军。

欧洲其他国家达到法军这个水平是有困难的，后者的节制和身体素质让他们更能对抗疲劳，尤其相较奥地利人，这给了他们更大的优势。

强行军或娴熟的行进总是决定战争的胜利。因此，步兵团校官不应忽视任何能够完善普通行进或强行军的先进观点。达成这一获胜的基本目标，必须让士兵从战役开始就背着背包，而且还要让他们熟悉军事行动中所涉及的各种工作。士兵的健康有赖于此，它会挽救失去部分战斗力的士兵并节省大笔医院开支。

行进的力量也是构成步兵团战斗力的主要力量；急行军中获得的优势会缓和士气低落带来的困难。

一些有关步兵调动及其他与战斗有关部分的思考

很多和平时期的调动操练都不太适用于实战；最好理解的（理论）应构成调动的根本，并且要严格执行。多余之事要毫不犹豫的摒弃，至于空置的冬营，现在用来教授步兵军官和士官无用的战术变化，他们几乎很少会在战争中有机会用到。他们（步兵军官和士官）应学习在防御工事前的进攻与防御方法；他们应练习建造在进攻或防御以及侦查时用到的军事工事；以及，最后一点，练习无论是在进攻还是防御行动中对地形的判断能力，快速的规划阵地以及营房。

所有军界人士都认可步兵是战争中的强大动力，而炮兵和骑兵是不可缺少的附件。正因如此，军官和士官应尽可能充分的被告知所处境地。民族精神为战争胜利提供了丰富资源，尤其是在现今这个升迁人人平等的时代。

欧洲最强大的军队总是在操练和组合他们的步兵上花费大量精力，除去和平时期大量虚构的军事调动让士兵感到苦恼外，由军官设计出来的演习会比实战获得的经验更为系统。构成步兵优势的 2 个基本条件：

· 士兵是出色和不知疲倦的行动者
· 对开火命令的良好执行

法军的身体素质和国民精神可以充分满足前者，而士兵的活力和才智会确保后者的成功。

步兵行动之后的变换应受到控制，无论是在战时还是在和平时期，我认为这是要与政府和步兵条令一致。

横队演习

第一部分

· 将团展开为构成横队（军官和士官在队列中，密集阵型）
· 横排的展开与收拢
· 武器操练
· 枪械装填与操作
· 纵列、排、连和分营的构成与分散
· 战线变为密集纵队
· 一条战线横队展开

第二部分

· 横队行进，密集纵队行进，纵队后撤
· 斜向或对角行进
· 交换正面或行军方向
· 从两翼或中部通过窄道，无论是前进还是后退
· 梯队序列
· 正方形编队撤退
· 越线换防
· 组成对抗骑兵的阵型（方阵）

连和营士兵的指令应建立在这些演习的基础上。

为了让士兵在执行实际行动时更为容易，这很重要，除了训练他们常规步速、快步之外还要有跑步行进①。这种方法可以快速组成不同纵队，同样也可以用在不同调动上。法国士兵要比其他国家更适合实现这种完善结构，这也与他们的才智相配。

就我的经验总结，我认为，应当建议步兵团的校官小心谨慎地避免在战役开始时的后退。最小的停滞也会造成士兵对余下行动的猜测，这会降低部队的信心而且还会增加他们对指挥官才能的质疑。开局最轻微的胜利则正相反，军事上的信心会让他们力量倍增，而且会被认为是伟大胜利的前兆。

胜利只会对懂得充分准备的指挥官微笑。它很少会受机会或难以预料的好运影响，但（胜利）的果实和财富会被经验丰富、有决心行动果断，且有敏锐洞察力支撑的士兵收获。

优柔寡断是指挥官的大忌，尤其是在敌人接近时。他必须快速下定决心，并且要首先避免在士兵中引起不满。军旅生涯出色的士兵总是一直重复这句格言："在敌人接近时立即准备好进攻或防御，如果你不得不在劣势下作战，别犹豫！"你的敌人都是出色的观察家，他们会利用你的犹豫不决。通常一个当机立断的坏决策要好过在多个好决策中犹豫不决；坏决策里总会有获得成功的有利一面！谨慎的头脑不应该因敌人的出现而感到窘迫，反而更能激发出大胆的想法。

防御工事的进攻与防守

战争中有 3 种常见的防御工事：

· 多面堡或密闭工事

· 连续防御阵地

· 前哨工事，咽峡部（gorge）敞开

见多识广经验丰富的士兵相信，多面堡，尤其是五点建构的（quinconce），是所有防御工事的首选; 他们也是唯一一真正适合法国人的，因为可以用防御阵地进行反攻，这尤其符合法国人的性格。

善用各类型的防御工事总会取得巨大成功，并在诸多重大战役中决定胜负；例如波尔塔瓦会战（Pultawa）和丰特努瓦战斗（Fontenoy）；弗雷德里希大王也对它们表现出了极大重视；并且它们也非常有用，在大王最后的战役中，杜塞尔多夫小溪边固守营（intrenched camp）正是应用此法。

堑壕或连续防御阵地在旧时战争中非常常见，适合绝对防守行动。这种防御工事想要在范围内延伸是很不方便的，造成的结果就是无法强化所有敌人可能进攻的点。

此外这种防御最大的缺点就是倘若阵地任何一部分被占领，守方就要被迫放弃所有阵地。

英军常用这个，在埃及决定最后命运的战斗中，英军就是应用它们来固守阵地的。

前哨工事中应考虑只留单一炮兵连，人员来自炮兵部队或某一军队。我认为，他们应被用在除了后卫多面堡外的地方，炮兵连和部分预备部队安置于其中。但这种防御工事不适用于长时间抵抗。

两条战线对五点建构的多面堡防御工事的进攻与防守

第一，防御

防御工事的抵抗，军队必须分成四部分：

① 步兵行进速度分快、中、慢三档。正常情况下速度为 76 步 / 分；加速行进速度为 100 步 / 分；进行战术部署或进攻时为 120 步 / 分；跑步行进速度为 250 步 / 分。——数据来源 Imperial Bayonet

一部分在多面堡里，两部分在他们后方 150 托阿斯，第四部分作为预备部分。

多面堡要安放必需的大炮。轻型炮和重型炮应安放在最有利的位置。

安排完毕后，而且敌人已经有了进攻意图，多面堡彼此独立的诸多小堡垒可以迫使进攻者分散他们的队列，也能防止敌人的步兵、炮兵的火力增援。如果个别多面堡被拿下，而且其他的也陷入困境，这时大炮就要集中火力轰向敌人。现在就该第二战线上场了：他们必须冲向溃散的敌人，他们采取的攻势已经减弱正由于蒙受损失而失去信心，并且吃惊于他们从攻方变成被攻方。这番进攻会带来很好的效果，而且会迫使敌人撤退。如果第二战线没有达到预期效果，预备部队就要掩护他们撤退。

第二，进攻

每 8 个营的 2 个师进攻 1 处地面工事：要以纵队接近并且在敌人射程外展开为横队。

进攻的第一战线，应从每个营分出 1 个连充当散兵；至于志愿兵应携带小斧、锄头、柴捆和轻梯协助每个营或分营的战斗工兵。

进攻主力点在左或在右均可，并且第二战线必须包围 2 个凸角多面堡与在里面防守的敌人。

当军队到达敌人大炮射程一半时，散兵应跑步前进，并跳入防御工事的堑壕中，以便破坏围栏，打通通往内部的道路。同时，进攻战线与轻型大炮以良好秩序行进，在行进途中便开始射击，由留在第二分营的重型炮掩护。

散兵必须拿下多面堡；如果他们不够强大，应有掷弹兵增援。进攻战线绝对不能散开，这是为了更好的应对敌人的第二战线和预备部队。

多面堡被拿下后，进攻战线应持枪快速行进；在接近敌人 25 步范围内开火，之后立即上刺刀进攻。

骑兵必须紧跟进攻部队，一旦多面堡成功拿下并且敌人溃逃，他们便扩大这一优势。

第二师营部署在大炮射程距离，佯装进攻敌营的左侧，时刻准备进攻，或倘若友军进攻失败反被驱逐，应当掩护撤退。

一个或多个师进攻堑壕或连续防御阵地

1 个师、4 个团、8 个营，进行主要进攻时，在他们要进攻的多面堡大炮射程外应组成战线。每个与行动细节有关的命令都要清楚、明确和简洁。在进攻开始前，参谋军官为纵队指明方向，应确定是否所有军官都清楚理解下达的命令，并避免对命令产生误解给行动带来灾难性后果。指挥官应慷慨陈词，让士兵以战士特有的精力投入到战斗中。

准备完成后，鸣炮 3 声为进攻信号，军队以下顺序和阵型向敌人进攻。

散兵连的指挥官应该是战场军官和参谋军官十分信任的，他们负责掩护正面。这些士兵每个人应有一把小斧，挂在他们步枪旁边；散兵一旦进入敌人射程就要用最快的速度跑进防御工事的壕沟，砍断栅栏，扯开柴捆和柴筐以敞开道路。

工程军官和工兵跟随这个部分行动，与散兵目的相同。军官视察完敌人的防御工事的情况后，立即派士官或本人亲自向上级汇报，如果情况需要，及时修改进攻方案。

4 个步兵团的战斗工兵应分为相等的 4 个部分：

第一部分为 2 个掷弹兵连开路，组成连纵队在第一团第一营前，在散兵后 150 托阿斯，距进攻纵队正面 150 托阿斯。

第二部分在右侧旅第二团第一营 2 个掷弹兵连前，以右侧旅第二团第一营为基准组成连纵队。

第三部分在左侧旅第三团第一营 2 个掷弹兵连前，以左侧旅第三团第一营为基准组成连纵队。①

奇数营应组成纵队，右侧在前。他们应尾随掷弹兵行动，规定间距为 150 托阿斯，直到掷弹兵接近敌人的防御工事 50 托阿斯内，以 2 倍的速度靠拢并支援进攻。

营中组成纵队的士兵以及掷弹兵，如果需要，在左臂下夹 1 个柴捆（fascine），以便用来填补沟壑或通过敌人为抵御进攻而设置的障碍。

偶数营呈战线行进，与前面 4 路纵队保持 300 托阿斯的距离，这个空隙由轻骑兵方阵填补。

轻炮兵应部署在进攻纵队的侧面，即第一团和第四团旁边，与掷弹兵连在同一水平上，它们跟随纵队行进到敌人防御工事 150 托阿斯范围内。

余下的骑兵和炮兵做预备队，在第二战线偶数营后方 300 托阿斯当作第三战线行进，以便在情况需要时投入战斗。

工程军官或参谋应跟随每路进攻纵队。

在防御工事被拿下后，散兵应追赶溃逃的敌人，并清除工事内部障碍。

参与进攻部队的工兵应填上壕沟，并为骑兵进攻或由工程军官、参谋军官圈定的纵队进攻关键点扫清障碍。掷弹兵应留在工事内。

当进攻纵队通过防御工事时，他们应构成第一战线，在掷弹兵前 150 托阿斯。

偶数营右侧在前以连为单位行进，穿过第

一战线间隔后展开横队，并向敌人的后备部队发起刺刀进攻，如果他们有的话。我方应由散兵领队。

8 个连的掷弹兵应做预备队，在他们后方 150 托阿斯距离处行进。

轻炮兵和骑兵应在偶数营侧面行进成为第一战线，不断向敌人侧翼展开；并且轻骑兵在机会得当时，要作散兵进攻。

如果，主要进攻在一侧，地势充分占优，战线中的大炮应集结以压制敌人火力，并保护纵队进攻。

如果敌人的防御工事展开超过了 1 个师的进攻前线，第二师要用同样方式部署火力，并且第三师作为预备在前面 2 个师展开的横队中后行进，以便支援或掩护进攻。

如果行动失败，撤退应与进攻用同样的方式，直到军队回到初始位置；而且如果敌人兵力众多，我方被迫后撤，这种情况下，应呈方形编队撤退。在此窘境下，骑兵和炮兵应在侧翼以备不时之需。

进攻掩护咽峡部的前哨工事

对有一排凸角堡（redan）保护或在咽峡部有前哨工事掩护的军队的进攻，应在天亮时进行。

进攻的部队以分营为单位组成密集纵队，由侦察兵在前引路。

进攻纵队应穿插于凸角堡之间进攻，以将敌人组成的战线击溃，让他们无法包围进攻他们的众多纵队。第二师应以战斗横队，跟随第一师行动。

① 奈伊自己没写第四部分。